시경집전변정

이 책은 2018년도 정부(교육부)의 재원으로 한국고전번역원의 지원을 받아
수행된 '특수고전협동번역사업'의 결과물임.

This work was supported by Institute for the Translation of Korean Classics - Grant funded by the Korean Government.

시경집전변정 2

詩經集傳辨正

심대윤 沈大允 지음

성원규
윤은숙
김형석 옮김

일러두기

1. 이 책의 번역 대본은 고려대학교 도서관에 소장된《시경집전변정(詩經集傳辨正)》(육당A3A4-1~6)으로 하였다. 규장각에 소장된 또 다른 필사본(古1324-3)은 대동문화연구원에서 간행한《심대윤전집》제2책과 한국경학자료시스템(http://koco.skku.edu)에서 볼 수 있다.
2. 내용이 간단한 역주는 간주(間註)로, 긴 역주는 각주(脚註)로 처리하였다.
3. 한자는 필요한 경우 이해를 돕기 위하여 넣었으며, 운문(韻文)은 원문을 병기하였다.
4. 맞춤법과 띄어쓰기는 한글 맞춤법과 표준어 규정을 따랐다.
5. 이 책의 번역문에서 사용한 부호는 다음과 같다.
   ( ) : 번역문과 음이 같은 한자를 묶는다.
   〔 〕: 번역문과 뜻은 같으나 음이 다른 한자를 묶는다.
   " " : 대화 등의 인용문을 묶는다.
   ' ' : " " 안의 재인용 또는 강조 문구를 묶는다.
   「 」: ' ' 안의 재인용을 묶는다.
   『 』: 「 」 안의 재인용을 묶는다.
   《 》: 책명 및 각주의 전거(典據)를 묶는다.
   〈 〉: 책의 편명 및 운문·산문의 제목 또는 보충역을 묶는다.
6. 이 책의 후반부에 고려대본을 저본으로 하여 표점·교감한 원문을 실었다.
7. 본문의 오류로 의심 가는 점이 있으나 근거할 만한 대조본이 없을 경우에는 교감기에 그 내용만 언급하였다.
8. 판각이나 필사 과정에서 관행적으로 통용하던 글자는 문맥에 맞게 고쳐 쓰고 교감기는 달지 않았다.
9. 이 책에 사용된 표점부호는 다음과 같다.
   。 의문문과 감탄문을 제외한 문장의 끝에 쓴다.
   ? 의문문의 끝에 쓴다.
   ! 감탄문이나 감탄사의 끝, 강한 어조의 명령문·청유문·반어문의 끝

에 쓴다.

, 　한 문장 안에서 일반적으로 구의 구분이 필요한 곳에 쓴다.

、 　한 구 안에서 병렬된 단어 사이에 쓴다.

; 　복문 안에서 구조상 분명하게 병렬된 어구 사이에 쓴다.

: 　완전한 인용문의 경우 인용부호와 함께 쓰거나, 화제 혹은 소표제어로서 문장을 이끄는 어구 뒤에 쓴다.

“ ” ‘ ’ 　직접 인용된 말이나 강조해야 하는 말을 나타내는 데 쓰되, 1차 인용에는 “ ”를, 2차 인용에는 ‘ ’를, 3차 인용에는 「 」를 쓴다.

【 】 　原文의 註를 나타내는 데 쓴다.

· 　서명부호(《 》) 안에서 서명과 편명 등을 구분하는 데 쓴다.

《 》 　서명, 편명, 악곡명, 서화명 등을 나타내는 데 쓴다.

＿＿ 　인명, 지명, 국명, 민족명, 건물명, 연호 등의 고유명사를 나타내는 데 쓴다.

□ 　빠진 글자의 자리에 쓴다.

▨ 　훼손된 글자의 자리에 쓴다.

차례

詩經集傳辨正2 校勘・標點

정 鄭

《집전》에 말하였다. 정(鄭)은 읍의 이름이니, 본래 서도(西都 호경(鎬京))의 기내(畿內)인 함림(咸林)의 땅에 있었다. 선왕(宣王)이 아우 우(友)에게 정을 채읍(采邑)으로 주었는데, 우가 유왕(幽王)의 사도(司徒)가 되어서 견융(犬戎)의 난에 죽으니, 이가 환공(桓公)이다. 그의 아들인 무공(武公) 굴돌(掘突)이 평왕(平王)을 동도(東都 낙읍(洛邑))에 안정시키고 사도가 되어 회(檜)와 괵(虢)의 땅을 얻고는 마침내 그 봉읍을 옮기고 옛 칭호를 새 고을에 사용하니, 이것이 신정(新鄭)이다. 함림(咸林)은 지금의 화주(華州) 정현(鄭縣)에 있었고, 신정은 바로 지금의 정주(鄭州)이다.
◯연릉 계자(延陵季子)가 말하였다. "아름답다! 그런데 번쇄(煩碎)함이 너무 심하여 백성들이 감당하지 못할 것이니, 이 나라는 아마도 다른 나라보다 먼저 망할 것이다."[1]

치의 緇衣

치의(緇衣)의 걸맞음이여　　緇衣之宜兮

1 아름답다……것이다 : 《춘추좌전》 양공(襄公) 29년 조의 두예(杜預)의 주에 "음악에 정사를 다스리는 음이 있음을 찬미하였으나, 음악이 번쇄함을 비평하여 그 정치가 오래갈 수 없음을 안 것이다.〔美其有治政之音, 譏其煩碎, 知不能久.〕"라고 하였다. 양백준(楊伯峻)의 주에서는 음악은 아름다우나 시의 가사가 남녀 간의 번쇄한 일이라고 하였다.

해지면 내 또다시 만들어 주리라　敝予又改爲兮
그대의 관사(館舍)에 가는지라　適子之館兮
돌아와 내 그대에게 흰쌀밥을 주리라　還予授子之粲兮

《집전》에 말하였다. 치(緇)는 흑색이다. 치의는 대부가 사조(私朝)에 거처할 때 입는 의복이니, "치의에는 염소 가죽 갖옷을 입었다."[2]라고 한 것이 이것이다. 찬(粲)은 곡식을 깨끗이 쓿은 것이다.[3] 구설에 정나라 환공과 무공이 서로 이어 주나라의 사도가 되니, 주나라 사람들이 그 어짊을 사랑하여 이 시를 지었다고 하였다.

○비이다.[4] 검은 옷이 해지면 다시 만드는 것으로써 환공과 무공 부자가 모두 어질어서 아버지가 죽자 아들이 능히 선친의 사업을 계승함을 비유하였다. '그대의 관사에 가는지라 돌아와 내 그대에게 흰쌀밥을 주리라'는 그대에게 가서 좋은 말을 듣고 돌아와서 들은 바를 실행하여 이로써 그대에게 보답하겠다는 것이다. 무릇 음식을 말함은 이로써 실제의 덕을 비유한 것이다. 그대의 말을 실행하는 것이 그대에 대한 보답이므로 "돌아와 내 그대에게 흰쌀밥을 주리라."라고 한 것이다.

《예기》에 "현자를 좋아하기를 〈치의〉와 같이 한다."[5]라고 하였으니,

2 치의에는……입었다 : 《논어》 〈향당(鄉黨)〉에 "공자는 치의에는 염소 가죽 갖옷을 입고, 흰옷에는 사슴 가죽 갖옷을 입고, 누런 옷에는 여우 가죽 갖옷을 입으셨다.〔緇衣, 羔裘; 素衣, 麑裘; 黃衣, 狐裘.〕"라고 보인다.

3 찬(粲)은……것이다 : 【집전】 찬(粲)은 음식〔餐〕이니, 혹자는 찬은 곡식을 깨끗이 쓿은 것이라고 한다.

4 비이다 : 《집전》에는 부로 보았으니, 이하의 장도 같다.

5 현자를……한다 : 《예기》 〈치의(緇衣)〉에 "현자를 좋아하기를 《시경》 〈정풍 치의〉와 같이 하고, 악한 이를 미워하기를 《시경》 〈소아 항백(巷伯)〉과 같이 하면, 관작을 자주 내리지 않아도 백성들이 삼감을 진작하며 형벌을 쓰지 않아도 백성들이 모두 복종하게 된다.〔好賢如《緇衣》, 惡惡如《巷伯》, 則爵不瀆而民作愿, 刑不試而民咸服.〕"라고

현자를 높여 예우하고 후(厚)하게 봉양하는 것은 현자를 좋아한다고 할 수가 없고, 오직 그 말을 실행하여 그 도를 버리지 않아야 하니, 그런 뒤에야 현자를 좋아한다고 할 수 있다. 실제로 현자를 좋아하고 현자에게 보답함은 모두 다른 방법이 없다. 그러므로 "돌아와 내 그대에게 흰쌀밥을 주리라."라고 한 것이다. 문왕(文王)을 사랑한 자는 주공(周公)만한 분이 없고, 공자를 사랑한 자는 안자(顔子)만한 분이 없으니, 능히 그 말씀을 실행하는 것이 바로 진실로 그를 사랑함이요 그에게 보답함이다.[6] -《집전》에는 옷을 만들어 주고 음식을 주는 것이 현자를 좋아한 것이라고 하였는데, 이는 말단의 일이다. 그 말을 실행하지 못하면 비록 하루에 천금(千金)을 바치고 만종(萬鍾)의 녹을 주더라도 현자는 단 하루도 머물려고 하지 않으니, 여기에 어찌 현자를 좋아함이 있겠는가.-

치의의 걸맞음이여	緇衣之好兮
해지면 내 또다시 만들어 주리라	敝予又改造兮
그대의 관사에 가는지라	適子之館兮
돌아와 내 그대에게 흰쌀밥을 주리라	還予授子之粲兮

보인다.

6 문왕(文王)을……보답함이다 : 주공이 문왕의 덕교(德敎)를 계승하여 주나라에 교화를 행한 것과 안회(顔回)가 공자의 덕을 잘 실천한 것을 가리키는데, 관련된 내용으로 《중용》에 "무왕(武王)과 주공은 누구나 공통으로 칭찬하는 효이시다. 효는 사람(부모)의 뜻을 잘 계승하며, 사람의 일을 잘 전술(傳述)하는 것이다."라고 하고 "무왕이 말년에 천명을 받으시자, 주공이 문왕·무왕의 덕을 이루셨다."라고 한 것과 《논어》〈위정(爲政)〉에 공자가 "내가 안회와 더불어 온종일 이야기를 하였으나 내 말을 어기지 않아 어리석은 사람인 듯하더니, 물러간 뒤에 그 사생활을 살펴봄에 충분히 발명하니, 안회는 어리석지 않구나!"라고 한 것 등이 있다.

비이다.

치의의 편안함이여 緇衣之蓆兮
해지면 내 또다시 만들어 주리라 敝予又改作兮
그대의 관사에 가는지라 適子之館兮
돌아와 내 그대에게 흰쌀밥을 주리라 還予授子之粲兮

비이다. 석(蓆)[7]은 안온(安穩)함이다.

이상은 〈치의〉 3장이니, 장마다 4구이다.

장중자 將仲子

바라건대 중자(仲子)[8]는 將仲子兮
내 마을을 넘어오지 말아 無踰我里
내가 심어 놓은 버드나무를 꺾지 말지어다 無折我樹杞
어찌 감히 이것을 아껴서이리오 豈敢愛之
우리 부모를 두려워해서이니라 畏我父母
중(仲)을 그리워할 만하나 仲可懷也
부모의 말씀이 父母之言
또한 두려울 만하니라 亦可畏也

7 석(蓆) : 《집전》에는 '큼〔大〕'이라 하고, 정자(程子)의 말로 "석(蓆)은 편안함〔安舒〕의 뜻이 있으니, 의복이 그 덕에 걸맞으면 편안한 것이다."라고 하였다.

8 중자(仲子) : 《집전》에 중자는 남자의 자(字)이고 아(我)는 여자 자신이라 하였다.

부이다.[9] 장(將)[10]은 훗날을 바라는 말이다. 25가(家)를 리(里)라 한다. 기(杞)는 《집전》에 "버들의 등속이니, 물가에 자라고 버들과 같으며 잎이 거칠고 색이 희며 나뭇결이 약간 붉다."라고 하였다.

무릇 일을 할 적에 형적(形迹)을 드러내서는 안 된다. 손자(孫子)가 "싸워서 승리했을 적에 천하 사람들이 모두 잘 싸웠다고 말하는 것은 잘하는 중에 잘하는 자가 아니다."라고 하였으니,[11] 천하 사람들이 모두 그가 잘 싸우는 것을 알면 다시 싸울 수가 없다. 선행(善行)을 한 형적이 드러나서 사람들이 모두 선하다고 하면 사람들이 공경하면서도 어려워하고 멀리하여, 선을 하려고 해도 다시 할 수가 없게 되고, 악행을 한 형적이 드러나서 사람들이 모두 악하다고 하면 사람들이 대비하면서 엿보고 관찰하여, 악을 하려고 해도 다시 할 수가 없게 되니, 모든 일이 다 그러하다.

《주역》에 "천지(天地)의 도가 인(仁)에 드러나며 용(用)에 감추어져 만물을 고무하면서도 성인(聖人)과 함께 근심하지 않는다."[12]라고

9 부이다 : 《집전》에는 음분(淫奔)한 자의 말로 보았다.

10 장(將) : 【집전】 청함〔請〕

11 손자(孫子)가……하였으니 : 이 내용은 《손자병법(孫子兵法)》 〈군형(軍形)〉에 "승리를 발견함이 보통 사람이 아는 바를 넘지 못하는 것은 잘하는 중에 잘하는 자가 아니요, 싸워서 승리했을 적에 천하 사람들이 잘 싸웠다고 말하는 것은 잘하는 중에 잘하는 자가 아니다.〔見勝, 不過衆人之所知, 非善之善者也. 戰勝, 而天下曰善, 非善之善者也.〕"라고 보인다. 손자는 춘추전국시대 병법가인 손무(孫武)로 제(齊)나라에서 오(吳)나라로 가서 합려(闔閭)를 섬겼고, 저서에 《손자병법》 13편이 있다.

12 천지(天地)의……않는다 : 이는 《주역》 〈계사 상전(繫辭上傳)〉에 보이는데, 심대윤은 이에 대하여 "사람들이 음식을 먹고 마시지 않는 이가 없지만 제대로 맛을 아는 이는 적고, 이 도를 따르지 않는 이가 없지만 제대로 그 중(中)을 얻은 이는 적다. 사람마다 요순의 도를 깨우치게 하고 집집마다 주공(周公)과 공자의 도를 행할 수 없다. 그러므로 군자가 용(用)에 감추어 때를 따르니, 이는 시중(時中)을 말한 것이다. 성인

하였다. 풀과 나무는 자라는 것을 볼 수 없으나 꽃과 열매가 이루어지고, 해와 달은 운행하는 것을 볼 수 없으나 아침과 저녁이 번갈아 바뀐다. '내 마을을 넘어오지 말아 내가 심어놓은 버드나무를 꺾지 말지어다'는 형적을 노출해서는 안 됨을 말한 것이요, '어찌 감히 이것을 아껴서이리오'는 이 도리를 아는 자는 비록 용에 감추더라도 알고 비록 형적을 드러내더라도 괴이하게 여기지 않는 것이다. '우리 부모를 두려워함'은 이 도리를 알지 못하는 자들은 그 형적을 보고 놀라니, 비록 군주와 아버지처럼 높이고 친애하는 분께도 형적을 드러내어 보여서는 안 되는 것이다.

'중을 그리워할 만하나 부모의 말씀이 또한 두려울 만하니라'는 일이 비록 선하나 형적을 보고 놀라서 말이 떠들썩하게 나오면 일을 이룰 수 없음을 말한 것이니, 무릇 사람들에게 지목받아 아무개라고 불리는 자는 무슨 일을 제대로 할 수가 없다. 여자가 남자를 사사로이 좋아함이 이 뜻에 가장 부합하므로 가탁하여 밝힌 것이다. 중자(仲子)가 마을을 넘어와서 형체를 드러내고 나무를 꺾어서 자취를 드러내면 나와 같이 아는 자는 꺾인 나무를 아까워하지 않으나, 부모는 알지 못하시고 이것을 보면 반드시 장차 놀라고 괴이하게 여겨 말씀이 있을 것이니, 이렇게 되면 우리 두 사람의 일이 실패하게 되는 것이다.

은 엄숙한 행실이 없고 혁혁한 이름이 없고 밝게 드러난 형적이 없기 때문에 능히 만물을 고무하면서도 만물이 그와 함께 근심할 수 없고, 보통 사람과 다른 점이 없기 때문에 사람들이 그 구분되는 사이를 엿볼 수 없는 것이다. 감추지 않음에 감추고, 하는 것이 없음에서 하니, 이 때문에 능히 덕업을 이루고 천지에 합하고 귀신과 함께한다.〔人莫不飮食而鮮能知味, 莫不由是道而鮮能得其中. 不可人堯舜而戶周孔, 故君子藏用以隨時, 時中之謂也. 无斬斬之行, 无赫赫之名, 无昭昭之迹, 故能皷萬物而萬物不能與之同憂. 以其无異於人, 故人不能窺其際也. 藏於不藏, 爲於无爲, 是以能成德業, 合乎天地, 而同乎鬼神矣.〕"라고 풀이하였다.《周易象義占法》

바라건대 중자는 將仲子兮
내 담장을 넘어오지 말아 無踰我墻
내가 심어 놓은 뽕나무를 꺾지 말지어다 無折我樹桑
어찌 감히 이것을 아껴서이리오 豈敢愛之
우리 여러 형을 두려워해서이니라 畏我諸兄
중을 그리워할 만하나 仲可懷也
여러 형의 말씀이 諸兄之言
또한 두려울 만하니라 亦可畏也

부이다.

바라건대 중자는 將仲子兮
내 동산을 넘어오지 말아 無踰我園
내가 심어 놓은 박달나무를 꺾지 말지어다 無折我樹檀
어찌 감히 이것을 아껴서이리오 豈敢愛之
남의 많은 말을 두려워해서이니라 畏人之多言
중을 그리워할 만하나 仲可懷也
남의 많은 말이 人之多言
또한 두려울 만하니라 亦可畏也

부이다.

이상은 〈장중자〉 3장이니, 장마다 8구이다.

숙우전 叔于田

숙(叔)이 사냥을 나가니　叔于田
골목에 사는 사람이 없도다　巷無居人
어찌 사는 사람이 없으랴마는　豈無居人
숙처럼　不如叔也
진실로 아름답고 또 인(仁)하지 못하기 때문이니라　洵美且仁

부이다. 우(于)는 감이요, 전(田)은 사냥이다. 군자는 남을 이기려고 하지 않으니, 일마다 남을 이기면 명예가 혁혁하지 않은 것이 아니나 시기하는 자가 많게 된다. 《주역》에 바람과 우레가 합하여 익괘(益卦)가 되는데, 우레가 세차게 치면 바람이 기세를 빼앗기고 바람이 차가우면 우레가 소리를 거두니, 우레는 명성이요, 바람은 문덕(文德)이다. 남의 명성이 너무 성하면 나의 문덕이 기세를 빼앗기고, 나의 문덕이 너무 지나치면 남의 명성이 사라진다. 이 때문에 시기가 일어나는 것이다. 오직 군자는 공손히 표현하고 겸손히 행하기 때문에 이런 근심이 없는 것이다.[13] 이제 골목에 사는 사람이 없다고 말했으면 사람

13 주역에……것이다 : 익괘(䷩)는 손(巽 바람)이 위에 있고 진(震 우레)이 아래에 있는 괘이다. 또 손괘(損卦 ䷨)는 괘의 모양이 익괘와 위아래가 정반대이며, 간(艮 산)이 위에 있고 택(澤 못)이 아래에 있는데, 심대윤은 익괘는 손괘의 반대라고 하여 손괘와 함께 다음과 같이 설명하였다. "바람과 우레는 서로 함께하여, 바람이 일어나면 우레가 빠르고 기세가 웅장하며, 우레가 왕성하면 바람이 울부짖어 소리가 커지니, 이는 서로 유익하게 해주는 것이다. 우레가 격렬하게 치면 바람이 기세를 빼앗기고 바람이 차가우면 우레가 소리를 거두니, 이는 서로 손해를 입히는 것이다. 손(損)의 가운데 겸하여 손과 익이 있고 익의 가운데에도 겸하여 손과 익이 있으니, 이는 손과 익이 같은 것이다. 손은 산과 못이 합하여 형체가 있고, 익은 바람과 우레가 합하여 형체가 없다. 손은 아래로부터 올라가고 익은 위로부터 내려오니, 무릇 백성이 윗사람

들이 어떻게 감내하겠는가. 그리고 스스로 진실로 아름답고 또 인(仁)

에게 주는 것은 모두 형체가 있어 실(實)하고, 윗사람이 백성을 이롭게 하는 것은 모두 형체가 없어 허(虛)하다. 이는 손과 익이 다른 것이다. 손은 취함이고 익은 줌이며, 손은 실리(實利)이고 익은 명덕(名德)이니, 이로움은 실이고 덕은 허이다.……손의 가운데 취하고 줌이 있으니, 덕을 주고 이로움을 취하는 것이다. 익의 가운데 취하고 줌이 있으니, 덕을 주고 이름을 취하는 것이다. 덕은 실이고 이름은 허이다.……손은 배움이니 배움은 실리이고, 익은 가르침이니 가르침은 명덕이다. 배움은 실이고 가르침은 허이니, 손과 익의 배움과 가르침에도 허와 실의 차이가 있다. 손의 배움과 가르침은 실덕(實德)과 실리이고, 익의 배움과 가르침은 문덕(文德)과 명성이다. 산과 못이 서로 손해를 입힘에 형체가 있으니 지나치면 산이 무너지고 못이 막히는 재해가 있고, 바람과 우레가 손해를 입힘에 형체가 없으니 지나치면 기세를 빼앗기고 소리를 거두는 손해가 있다. 우레는 명성이고 바람은 문덕이다. 남의 명성이 너무 성하면 나의 문덕이 기세를 빼앗기고 나의 문덕이 지나치면 남의 명성이 사라지니, 이 때문에 시기가 일어난다. 그러므로 군자는 공손히 표현하고 겸손히 행한다. 그렇다면 덕은 지나치면 안 되는가? 다만 문덕을 많이 쌓아서 구변(口辯)과 박학(博學)으로 남을 핍박하는 경우에 그러한 것이다. 중용(中庸)의 실덕과 실리에 어찌 지나침이 있겠는가.〔風、雷相與, 風發則雷迅而勢壯, 雷震則風號而聲宏, 交相益也. 雷激奮則風奪其勢, 風寒冽則雷收其聲, 交相損也. 損之中, 兼有損益, 益之中, 亦兼有損益. 此損益之所同也. 損, 山、澤合而有形; 益, 風、雷合而无形. 損, 自下而上; 益, 自上而下. 凡民之所以與上者, 皆有形而實; 上之所以益民者, 皆无形而虛. 此損益之所不同也. 損, 取也, 益, 與也, 損, 實利也, 益, 名德也, 利實而德虛也.……夫損之中, 有取與者, 與德而取利也. 益之中, 有取與者, 與德而取名也. 德實而名虛也.……損, 學也, 學, 實利也; 益, 教也, 教, 名德也. 學實而教虛也, 損益之學、教, 亦有虛實之不同. 損之學、教, 實德、實利也; 益之學、教, 文德、聲聞也. 山、澤之相損而有形, 過則爲崩竭之災; 風、雷之相損而无形, 過則爲奪勢收聲之害. 雷, 名聞也; 風, 文德也. 人之名聞太盛, 則我之文德奪其勢; 我之文德太過, 則人之名聞收其聲, 故猜忌生焉. 故君子遜出而謙行也. 然則德不可過乎? 曰: 惟多畜文德以辯博逼人者爲然也. 如中庸之實德實利豈有是哉? 夫名德所以爲實利也.〕" 심대윤은 실덕(實德)에 상대하여 명덕(名德)과 문덕(文德)을 말하고 있는데, 이에 대하여 "덕에는 실덕과 문덕이 있다. 몸소 행하는 것을 실덕이라 하니 충서(忠恕)와 중용이 이것이요, 정사(政事)를 문덕이라 하니 문장과 제도가 이것이다.〔德有實有文, 躬行曰實德, 忠恕、中庸是也, 政事曰文德, 文章、制度是也.〕"라고 하였다. 《周易象義占法 益卦 序, 彖傳》

하다고 하나, 죽음에서 멀지 않을 것이다. 이 시는 겉으로 찬양한 듯하나 속뜻은 실로 조소(嘲笑)한 것이다. 아래 장의 술을 마시고 말을 잘 타는 것에서도 모두 남보다 잘하면 사람들이 어찌 감내하겠는가. 이로써 그 말이 조소임을 아는 것이다. 군자는 남과 재능을 다투지 않고 남의 재능을 잘 쓰니, 이것이 군자가 보통사람보다 크게 뛰어나서 천하에 대적할 사람이 없는 이유이다.-이 시는 누구를 가리킨 것인지 알 수 없으나, 《집전》에 공숙단(共叔段)이라고 한 것[14]은 믿을 수가 없다.-

숙이 사냥을 나가니 叔于狩
골목에 술 마시는 사람이 없도다 巷無飮酒
어찌 술 마시는 사람이 없으랴마는 豈無飮酒
숙처럼 不如叔也
진실로 아름답고 또 좋지 못하기 때문이니라 洵美且好

부이다.

숙이 들에 나가니 叔適野
골목에 말을 잘 타는 이가 없도다 巷無服馬
어찌 말을 잘 타는 이가 없으랴마는 豈無服馬
숙처럼 不如叔也
진실로 아름답고 또 굳세지 못하기 때문이니라 洵美且武

14 공숙단(共叔段)이라고 한 것 : 정나라 장공(莊公)의 아우이다. 아래 〈대숙우전〉의 각주 참조. 《집전》에는 "공숙단이 의롭지 못하면서 뭇사람들의 인심을 얻으니, 국인(國人)들이 그를 사랑하였다. 그러므로 이 시를 지은 것이다."라고 하였다.

부이다. 복(服)[15]은 말을 탐에 익숙한 것이다. 〈장중자〉는 형적을 드러내지 않음을 말한 것이고, 〈숙우전〉은 재능을 자랑하지 않음을 말한 것이다.

이상은 〈숙우전〉 3장이니, 장마다 5구이다.

대숙우전 大叔于田

숙(叔)이 사냥을 나가니	叔于田
네 마리 말을 탔도다	乘乘馬
고삐를 잡기를 실끈같이 하니	執轡如組
두 마리 참마(驂馬)가 춤추는 듯하도다[16]	兩驂如舞
숙이 수풀에 있으니	叔在藪
불꽃이 일제히 일어나도다	火烈具擧
옷을 벗고 맨손으로 범을 때려잡아	襢裼暴虎
공소(公所)에 바치도다	獻于公所
바라건대 숙은 이것을 익히지 말지어다	將叔無狃
그대를 상할까 경계하노라	戒其傷女

《집전》에 말하였다. 부이다. 화(火)는 불을 지르고 사냥하는 것이다. 열(烈)[17]은 불꽃〔炎〕이다. 구(具)는 구(俱)와 통한다. 단석(襢裼)

15 복(服) : 【집전】 탐〔乘〕

16 춤추는 듯하도다 : 여무(如舞)는 《집전》에 "화(和)하여 절도에 맞음을 이르니, 이는 모두 말을 잘 모는 것을 이른다."라고 하였다.

은 웃통을 벗어 상체를 드러내는 것이다. 포(暴)는 맨손으로 때려잡는 것이다. 유(狃)는 익힘이다.

○구설에 정나라 사람이 공숙단(共叔段)을 위하여 지었다고 하였다. 공숙단이 용맹을 좋아하고 의리가 없으니, 시의 뜻은 이를 풍자한 것이다.[18] 활쏘기와 말 몰기를 잘하는 것만을 말하고, "바라건대 숙은 이것을 익히지 말지어다 그대를 상할까 경계하노라."라고 하였으면 이는 풍자이지 칭찬이 아님을 알 수 있다.

군자는 의(義)를 숭상하니, 의가 없이 용맹을 좋아하면 난을 일으키게 된다. 숙의 재주와 무용(武勇)으로 겸양하고 공손하고 예를 좋아했으면 거의 도(道)에 가까울 터인데, 자기의 재주와 무용을 믿고서 함부로 불의(不義)를 저지르니, 이와 같은 자는 반드시 결국 난을 일으킨다. 시인은 그가 장차 반란을 일으킬 줄 알고서 풍자하여 장공(莊公)으로 하여금 이에 대처함이 있기를 바란 것이다.-장공(莊公)은 공숙단이 악행을 하도록 내버려두어 죽게 하고, 그를 의로운 방법으로 인도하여 형제간의 친함을 온전히 할 것을 생각하지 않았다.[19] 《춘추》에 쓰기를 "정백(鄭伯)이 언(鄢) 땅에서 단(段)을 극(克)하였다."라고 하였으니, 형제의 도리를 잃음을 말한 것이다.[20]-

17 열(烈) : 【집전】 불길이 센 모양〔熾盛貌〕

18 공숙단이……것이다 : 【집전】 공숙단이 재주가 많고 용맹을 좋아하므로 정나라 사람들이 사랑하기를 이와 같이 한 것이다.

19 장공(莊公)은……않았다 : 장공은 아우 공숙단을 총애하는 어머니 무강(武姜)의 요청으로 공숙단에게 경성(京城)을 봉해 주었다. 큰 도성을 아우에게 주는 것은 위험한 일이라고 간언하는 신하에게 장공은 "불의한 짓을 많이 행하면 반드시 스스로 패망할 것이니, 그대는 우선 때를 기다리라."고 하였고, 이후에 공숙단이 영토를 확장하며 임금처럼 행동하였으나 장공은 이를 제지하지 않았다. 공숙단이 결국 반란을 일으켜 정나라 도성을 기습하려고 하자 장공은 드디어 경성을 쳤고, 공숙단이 도망하여 언(鄢)에 들어가자 다시 언을 치니, 공숙단이 공(共)나라로 도망갔다. 공숙(共叔)은 그가 공나라로 도망하였으므로 이름한 것이다. 《春秋左傳 隱公 元年》

숙이 사냥을 나가니	叔于田
네 마리 황마(黃馬)를 탔도다	乘乘黃
두 마리 복마(服馬)는 멍에에 메우고	兩服上襄
두 마리 참마(驂馬)는 기러기처럼 뒤따라 가도다	兩驂雁行
숙이 수풀에 있으니	叔在藪
불꽃이 일제히 일어나도다	火烈具揚
숙이 활쏘기를 잘하며	叔善射忌
또 말몰이를 잘하니	又良御忌
말을 달리고 멈추며	抑磬控忌
오늬를 놓아 활을 쏘고 활고자를 덮도다	抑縱送忌

《집전》에 말하였다. 부이다. 승황(乘黃)은 4마리 말이 다 황색인 것이다. 양(襄)은 멍에이니, 상양(上襄)은 멍에에 메우는 것이다.[21] 안항(雁行)은 참마가 복마의 뒤에 조금 뒤쳐져 따라가서 마치 줄지어 날아가는 기러기 행렬과 같은 것이다. 기(忌)와 억(抑)은 모두 어조사이다. 말을 달리는 것을 경(磬)이라하고, 말을 멈추는 것을 공(控)이라 한다. 발(拔)-발은 오늬이니, 화살에서 활시위에 끼이는 곳이다.-을 놓는 것을

20 춘추에……것이다 : 《춘추좌전》에 "《춘추》에 쓰기를 '정백(鄭伯)이 언 땅에서 단을 극하였다.'라고 하였으니, 이는 단이 아우답지 못하였기 때문에 '아우'라고 쓰지 않았고, 장공과 공숙단이 마치 두 임금 같았기 때문에 '극(克)'이라고 한 것이다. '정백'이라고 쓴 것은 아우를 잘못 가르친 것을 비평하고, 공숙단을 죽이려 한 것이 장공의 본심임을 말한 것이다. 〈실은 공숙단이 공나라로 출분(出奔)한 것인데,〉 출분이라고 쓰지 않은 것은 그렇게 쓰기 곤란하기 때문이다.〔書曰'鄭伯克段于鄢', 段不弟, 故不言弟, 如二君, 故曰克. 稱鄭伯, 譏失教也, 謂之鄭志. 不言出奔, 難之也.〕"라고 하였다. 《春秋左傳 隱公 元年》

21 양(襄)은……것이다 : 《집전》에는 "양은 멍에이니, 상품(上品)의 말을 상가(上駕)라 하니, 상사(上駟)라는 말과 같다."라고 하여 상양을 '상품의 말'로 해석하였다.

종(縱)이라하고, 소(彇)를 덮는 것을 송(送)이라 한다.-활고자를 소(彇)라 한다. 억(抑)은 반어사(反語辭)이다. 말을 달리고 멈춤과 오늬를 놓고 활고자를 덮음은 그쳤다가 움직였다 하는 것이요, 아래 장의 화살통을 풀어 놓음과 활을 활집에 넣음은 그치어 움직이지 않는 것이다. 한 구절 한 구절 갈수록 깊어지니, 이는 장공이 공숙단을 제지함에 점진적으로 하기를 바란 것이다.-

숙이 사냥을 나가니	叔于田
네 마리 오추말을 탔도다	乘乘鴇
두 마리 복마는 머리를 나란히 하고	兩服齊首
두 마리 참마는 손처럼 조금 뒤에 있도다	兩驂如手
숙이 수풀에 있으니	叔在藪
불꽃이 모두 성하도다	火烈具阜
숙의 말이 느릿느릿 달리며	叔馬慢忌
숙이 활쏘기를 드문드문 하니	叔發罕忌
화살통을 풀어 놓으며	抑釋掤忌
활을 활집에 넣도다	抑鬯弓忌

장공이 약간 잡았다 풀었다 하면서 공숙단이 조금 그치기를 기다린 뒤에 마침내 그를 제지하기 바란 것이다. 급히 제지하면 변란이 생긴다.

《집전》에 말하였다. 부이다. 검은 털과 흰 털이 섞여 있는 말을 보(鴇)라 한다. 두 복마는 멍에〔軛〕에 메워져 있어서 머리가 나란하고, 두 참마는 끌채를 좌우로 끼고 있는 것이 손과 같은 것이다. 부(阜)는 성함이요, 만(慢)은 느림이다. 붕(掤)은 화살통이니, 《춘추좌전》에는 빙(氷)으로 되어 있다.[22] 창(鬯)은 활집이니, 창(韔)과 같다.

22 붕(掤)은……있다 : 붕은 《집전》에 '화살통 뚜껑〔矢筩蓋〕'이라 하였고, 《춘추좌

이상은 〈대숙우전〉 3장이니, 장마다 10구이다.-소씨(蘇氏)가 말하였다. "〈숙우전〉이 두 편이 있었기 때문에 '대(大)'를 덧붙여 구별하였다."-

청인 淸人

청읍(淸邑) 사람이 방(彭)땅에 있으니 淸人在彭
네 마리 갑옷 입힌 말들이 달려가도다 駟介旁旁
두 자루 창에 중첩된 창 꾸밈으로 二矛重英
하수(河水) 가에서 고상(翱翔)하도다 河上乎翱翔

《집전》에 말하였다. 부이다. 청(淸)은 읍의 이름이요, 팽(彭)은 하수 가의 지명이다. 사개(駟介)는 네 마리 말에 갑옷을 입힌 것이다. 방방(旁旁)은 말을 달리기를 쉬지 않는 뜻이다. 두 자루 창은 추모(酋矛)와 이모(夷矛)[23]이다. 영(英)은 붉은 깃털로 창을 꾸민 것이니, 두 자루 창을 수레 위에 나란히 세우면 그 영이 중첩되어 보인다. 고상(翱翔)[24]은 한가로이 배회하는 뜻이다. 정나라 문공(文公)이 고극(高克)을 미워해서 그로 하여금 청읍의 군대를 거느리고서 하수 가에서 적(狄)을 막게 하고는 오랫동안 부르지 않자, 군사들이 흩어져 돌아가니, 정나라 사람이 이 때문에 이 시를 지었다.[25]

전》의 두예(杜預) 주에도 빙(氷)은 화살통 뚜껑이라 하였다. 모형(毛亨)의 전(傳)에는 "붕은 화살을 덮는 것이다.〔掤, 所以覆矢.〕"라고 하였다.

23 추모(酋矛)와 이모(夷矛) : 길이가 각각 20척(尺)과 24척인 모(矛)이다. 《周禮 考工記 廬人》

24 고상(翱翔) : 【집전】 유희(遊戲)하는 모양

○《춘추》에 쓰기를 "정나라가 자국의 군사를 버렸다."라고 하였다. 문공이 고극을 미워하였다면 주벌을 하는 것도 가하고 떠나가게 하는 것도 가하고 원한을 풀고 예우하는 것도 가한대, 지금 그로 하여금 군사를 거느리게 하고서 군사를 버리면 군사들이 무슨 죄가 있는가. 고극이 군사와 함께 버려졌으니, 그에게 죄가 없음이 명백하고, 군사들이 흩어져 돌아간 것은 또 주벌할 수 없는 것이다. 이는 군주의 은혜와 위엄이 둘 다 없어지고 법이 백성들에게 신임을 받지 못하는 것이니, 어떻게 백성의 군주가 되겠는가. 시인이 이 때문에 깊이 애석하게 여긴 것이다. 하수 가에서 고상한다고 말했으나, 뜻은 말 밖에 있다.

청읍 사람이 소(消) 땅에 있으니 淸人在消
네 마리 갑옷 입힌 말이 씩씩하게 다니도다 駟介麃麃
두 자루 창에 중첩된 창 갈고리로 二矛重喬
하수 가에서 소요(逍遙)하도다 河上乎逍遙

《집전》에 말하였다. 부이다. 소(消)도 하수 가의 지명이다. 표표(麃麃)[26]는 다니며 움직이는 모양이다. 교(喬)는 영(英)을 매다는 곳이다.[27]

25 정나라……지었다 : 고극은 정나라 대부이다. 《모시서》에는 "고극이 이익을 좋아하고 군주를 돌보지 않으니, 문공이 그를 미워하여 멀리하려 하였으나 할 수가 없었다. 이에 고극으로 하여금 군사를 거느리고 국경에서 적(狄)을 막게 하니, 군사들을 진열하고 하수 가에서 고상(翱翔)하였다.〔高克好利而不顧其君, 文公惡而欲遠之, 不能, 使高克將兵而禦狄于竟, 陳其師旅, 翱翔河上.〕"라고 하고, 시의 작자를 공자 소(公子素)라고 하였다.

26 표표(麃麃) : **【집전】** 굳센 모양〔武貌〕

27 교(喬)는……곳이다 : 《집전》에 "모(矛)의 위 갈고리〔上句〕를 교(喬)라 하니, 영

청읍 사람이 축(軸) 땅이 있으니 淸人在軸
네 마리 갑옷 입힌 말이 유유자적하도다 駟介陶陶
좌우로 수레를 돌리며 활과 칼을 뽑거늘 左旋右抽
중군(中軍)은 아름답게 있도다 中軍作好

《집전》에 말하였다. 부이다. 축(軸)도 하수 가의 지명이다. 도도(陶陶)는 즐거워하여 유유자적하는 모양이다.

○선(旋)은 반선(盤旋 빙빙 돎)이요, 추(抽)는 화살과 칼을 뽑음이니, 좌우로 빙빙 돌면서 칼로 공격하고 활 쏘는 것으로 놀이를 함을 말한 것이다.《집전》에는 좌(左)와 우(右)를 수레의 왼쪽에 타는 자와 오른쪽에 타는 자라고 하였으니,[28] 잘못이다.-길사(吉事)에는 오른쪽을 높여서[29]

(英)을 매다는 곳이다. 영이 해져 다하여 남은 것이 교일 뿐이다."라고 하였다. 모에는 공격을 위한 갈고리는 없는바, '위 갈고리'는 창 자루와 창날의 연결 부위의 갈고리를 말한 것으로 보인다. 공영달(孔穎達)의 소에, 교는 "모(矛)의 자루에서 위쪽 머리 가까이 공실(銎室 창날에 창 자루를 박는 구멍) 아래에 미쳐 마땅히 표지하는 물건이 있으니, 그 표지한 것이 털과 깃을 매다는 곳이다.〔矛之柄近於上頭及矛之銎室之下, 當有物以題識之, 其題識者, 所以懸毛羽也.〕"라고 하였다.

28 좌(左)와……하였으니 :《집전》에는 "좌는 장군의 왼쪽에 있는 어자(御者)를 이르니 고삐를 잡고 말을 모는 자이다. 선(旋)은 수레를 돌리는 것이다. 우는 장군의 오른쪽에 있는 용력이 있는 장사를 이르니, 병기를 잡고서 적을 치고 찌르는 자이다. 추(抽)는 칼날을 뽑는 것이다."라고 하여, '左旋右抽'를 '왼쪽 사람은 수레를 돌리며 오른쪽 사람은 칼을 뽑는다'고 해석하였다.

29 길사(吉事)에는 오른쪽을 높여서 : 이는《도덕경(道德經)》과《예기》에 보이는 글과 반대인데, 심대윤은 이에 대하여 "노자는 '길사에는 왼쪽을 숭상하고 흉사에는 오른쪽을 숭상하니, 부장(副將)이 수레의 왼쪽에 타고 상장(上將)이 수레의 오른쪽에 타는 것은 상례(喪禮)로써 자리를 정함을 말한 것이다.'라고 하였다. 그런데 경전을 살펴보면 모두 길사에 오른쪽을 숭상하고 흉사에 왼쪽을 숭상하니, 노자의 글은 등사한 자가 잘못하여 바꿔 쓴 것이다. 부장을 융우(戎右)로 삼아 오른쪽에 태우고 상거(祥車 장례할 적에 타는 수레)에서 왼쪽의 신위(神位)를 비우니, 지금 전쟁과 상사(喪事)의 예에

높은 자가 중앙에 있고, 흉사(凶事)에는 왼쪽을 높여서 상장(上將)이 수레의 왼쪽에 있고 어자(御者 수레를 모는 자)가 중앙에 있다. 《춘추좌전》에 한궐(韓厥)이 꿈에 그 할아버지가 자기에게 말하기를 "수레의 왼쪽과 오른쪽을 피하라."라고 하자, 한궐이 가운데에서 어자가 되어 제(齊)나라 군대를 추격하였는바,[30] 이때 한궐이 사마(司馬)였고 어자가 아니었으니 어자를 대신하여 고삐를 잡은 것이다. 공씨(孔氏 공영달(孔穎達))가 "병거(兵車)에는 왼쪽에 있는 자가 활을 잡고, 오른쪽에 있는 자가 창을 잡고, 가운데 사람이 수레를 몬다."라고 하였으니,[31] 이 말이 맞는다. 지금 수레의 왼쪽에 있는 자가 수레를 몰아서 돌린다고 한 것은 잘못이다.-

왼쪽을 숭상함이 분명하다. 부장이 왼쪽에 탄다는 것은 잘못이 아니고 무엇이겠는가.〔老子曰: '吉事尙左, 凶事尙右. 偏將軍處左, 上將軍處右, 言以喪禮處之.' 而考之經傳, 皆吉事尙右, 凶事尙左, 老子之文, 蓋傳寫者誤換易也. 戎右偏將而居右, 祥車曠左, 今日戎喪之禮尙左明矣. 偏將軍處左者, 非誤而何?〕"라고 하였다. 또 《예기》〈단궁 상(檀弓上)〉에 "공자께서 문인들과 함께 서 계시면서 공수(拱手)를 하여 오른손을 위에 놓으시니, 여러 제자들도 모두 오른손을 위에 놓았다. 공자께서 말씀하시기를 '자네들의 배우기를 좋아함이여! 나는 누님의 상(喪)이 있기 때문에 오른손을 위에 놓았다.'라고 하시자, 여러 제자들이 모두 왼손을 위에 놓았다.〔孔子與門人立, 拱而尙右, 二三子亦皆尙右. 孔子曰: '二三子之嗜學也! 我則有姊之喪故也.' 二三子皆尙左.〕"라고 한 것에 대하여, 진호(陳澔)의 주에 "길사에는 왼쪽을 숭상하니 왼쪽은 양(陽)이고, 흉사에는 오른쪽을 숭상하니 오른쪽은 음(陰)이기 때문이다."라고 하였는데, 심대윤은 《예기》의 내용을 잘못된 것으로 보고 "공수를 할 적에 오른쪽을 숭상하고 왼쪽을 숭상하는 것을 과연 예(禮)로 삼을 수 있겠는가.〔拱而尙右與尙左, 果足以爲禮乎?〕"라고 하였다. 《禮記正解 曲禮上, 檀弓上》

30 좌전에……추격하였는바 : 이는 《춘추좌전》 성공(成公) 2년 조에 진(晉)나라와 제나라가 안(鞍) 땅에서 벌인 전투에서 있었던 일이다. 한궐은 진나라 대부이다. '할아버지'라고 한 것은 잘못이고, 한궐의 아버지로 되어 있다.

31 공씨(孔氏)가……하였으니 : 이 내용은 《모시정의(毛詩正義)》의 소에 보이는데, 이는 사졸의 수레에 해당하고, 장수의 수레에서는 장수가 가운데에서 북을 치고 어자가 왼쪽에 있다고 하였다. 소에서 말한 장수는 군대의 진격을 명하는 원수(元帥)를 가리킨다. 한궐의 경우 사마이므로 수레를 모는 자가 중앙에 있는 것이 원칙이고, 원수에 해당하는 진나라 중군(中軍) 대장의 수레에서는 대장이 수레의 중앙에 있다.

이상은 〈청인〉 3장이니, 장마다 4구이다.-〈대숙우전〉은 자기가 친애해야 할 사람을 버린 것이고, 〈청인〉은 자기 백성을 버린 것이다.-

고구 羔裘

염소 갖옷이 촉촉히 젖은 듯하니 羔裘如濡
진실로 순하고 또 아름답도다 洵直且侯
저 그 사람이여 彼其之子
목숨을 바쳐도 변치 않도다 舍命不渝

부이다.[32] 염소 갖옷은 대부의 옷이다. 후(侯)는 아름다움이다. '피기지자(彼其之子)'는 도저히 미치지 못하는 뜻이다. 사(舍)는 버림이요, 명(命)은 생(生)과 같으니, 사명(舍命)은 목숨을 바친다는 말과 같다. 투(渝)는 변함이다.[33]-'염소 갖옷이 촉촉히 젖은 듯함'은 자질이 아름다운 것이요, 2장의 '염소 갖옷에 표범 가죽으로 선을 두름'은 자질이 아름다우면서 재주가 있는 것이요, 3장의 '염소 갖옷이 곱고 성함'은 위의(威儀)가 편안함이니, 이것은 평소의 행실을 살피고 삼가는 것이다. 그러므로 능히 일을 만나서 목숨을 바쳐도 변치 않는 것이다.-

염소 갖옷에 표범 가죽으로 선을 둘렀으니[34] 羔裘豹飾

32 부이다 : 【집전】 이는 대부를 찬미한 말이나, 누구를 가리킨 것인지는 알지 못하겠다.

33 사(舍)는……변함이다 : 《집전》에는 사(舍)는 '처함〔處〕'이라 하고, '舍命不渝'를 《집전》에는 '생사의 즈음에 또 능히 받은 바의 이치에 따라 처신하여 그 뜻을 빼앗을 수 없음〔當生死之際, 又能以身居其所受之理而不可奪.〕'으로 풀이하였다.

심히 굳세고 힘이 있도다 孔武有力
저 그 사람이여 彼其之子
나라의 사직(司直)이로다 邦之司直

부이다. 사(司)는 주관함이다.

염소 갖옷이 편안하고 羔裘晏兮
삼영(三英)이 찬란하도다 三英粲兮
저 그 사람이여 彼其之子
나라의 아름다운 선비로다 邦之彥兮

부이다. 안(晏)[35]은 편안함이다. 삼영(三英)은 《집전》에 갖옷의 꾸밈이라 하였다. 찬(粲)은 광명(光明)함이다. 언(彥)은 선비의 아름다운 호칭이다.

무릇 사람으로서 이해(利害)와 화복(禍福), 사생(死生)의 갈림길을 만나서 두려워하고 의혹하고 동요되고 혼란하여 자신이 지키던 바를 바꾸는 자는 세상에 있어도 그만이요 없어도 그만인 자이다. 능히 나라의 사직(司直)과 아름다운 선비가 되는 것은 능히 목숨을 바치고 변치 않기 때문이다. 그 마음이 산처럼 움직이지 않으니, 그런 뒤에 능히 흔들리지 않고 의혹하지 않아서 변고에 대응하기를 흐르는 물처럼 할 수 있는 것이다.

34 염소……둘렀으니 : 【집전】 식(飾)은 소매에 선을 두르는 것이다. 예(禮)에 군주는 한 가지 물건을 사용하니, 신하는 그보다 낮기 때문에 염소 갖옷에 표범 가죽으로 꾸밈을 하는 것이다.

35 안(晏) : 【집전】 곱고 성함〔鮮盛〕

중용(中庸)은 반드시 이롭고 반드시 복을 받고 반드시 사는 방도요, 과(過)와 불급(不及)은 재앙이 이르고, 과와 불급이 심하면 사망에 이른다. 이는 하루아침에 이루어지는 일이 아니요, 오랫동안 행하고 두텁게 쌓아서 천명이 이루어지면 옮기고 바꿀 수가 없는 것이다. 이는 마땅히 평소의 행실을 살피고 삼가야 하는 것이고, 한때의 일에 달려 있지 않은 것이다. 죽을 천명이 이미 이루어졌으면 귀신이라도 죽음을 면할 수가 없고, 사는 천명이 이미 이루어졌으면 비록 물속에 들어가고 불속에 들어가더라도 걱정이 없게 된다. 군자는 오직 평소의 행실을 살피고 삼가서, 이해와 화복과 사생의 연고를 밝게 알아 지극히 선함을 얻으며, 일을 만나면 오직 의리를 따라서 이해와 화복과 사생에 대한 계책을 일찍이 털끝만큼도 마음속에 두지 않는다.-이해와 화복과 사생에 대한 계책이 평소 마음속에 정해져 있어서, 한때 일을 만난 즈음에 두지 않는 것이다.- 공자가 "나는 기도한 지가 오래이다."[36]라고 하셨으니, 일을 만나서 또 무슨 기도를 하겠는가. 또 말씀하시기를 "하늘에 죄를 얻으면 기도할 곳이 없다."[37]라고 하셨으니, 기도가 또 무슨 유익함이 있겠는가.

36 나는……오래이다 : 이는 《논어》 〈술이(述而)〉에 공자의 병환이 위중하자, 제자 자로(子路)가 기도할 것을 청하였을 때 공자가 대답한 말이다. 심대윤의 《논어》에는 "신(神)의 도(道)는 선한 자에게 복을 주고 간사한 자에게 재앙을 내리니, 오직 지극히 선한 자가 제대로 기도를 잘하는 것이다.……공자는 이미 지극히 선하시고 또 기도할 만한 이유가 없으니, 장차 천명을 순히 받을 뿐이다.〔神道福善禍淫, 唯至善者, 爲能善禱也.……夫子旣已盡善矣, 又無可禱之故焉, 將順受天命而已.〕"라고 풀이하였다.

37 하늘에……없다 : 이는 《논어》 〈팔일(八佾)〉에 위(衛)나라 대부 왕손가(王孫賈)가 부엌신에게 잘 보여야 한다고 넌지시 말하자, 공자가 대답한 말이다. 여기의 '하늘'에 대하여 주자는 천리(天理)로 해석한 반면에 심대윤은 천리와 천시(天時)로 해석하여, "천리를 거스르고 천시를 거스르면 화가 당장 이르고, 천리를 순히 따르고 천시를 순히 따르면 복록이 무궁하고, 천리를 순히 따르나 천시를 거스르면 명성은 높으나 몸에 재앙을 입고, 천리를 거스르나 천시를 순히 따르면 몸은 온전하나 명성에 큰 치욕을 당한다. 군자는 천리를 거스르지 않고 천시를 거스르지 않는다.〔逆天理, 逆天時, 則禍

이 때문에 능히 일을 만나서 두려워하지 않고 목숨을 바쳐도 변치 않는 것이다.

이상은 〈고구〉 3장이니, 장마다 4구이다.

준대로 遵大路

큰길을 따라가 遵大路兮
그대의 소매를 잡노라 摻執子之袪兮
나를 미워하지 말지어다 無我惡兮
옛 사람을 소홀히 해서는 안 되느니라 不寁故也

부이다.[38] 준(遵)은 따름이요, 삼(摻)은 잡음이요, 삼(寁)[39]은 소홀함이다.

군자는 사사로운 정으로 의리를 해치지 않고 작은 것으로 큰 것을 침범하지 않는다. 그리하여 기뻐함과 노여워함과 사랑함과 미워함이 각각 제 분수를 얻어서 서로 차례를 빼앗음이 없으니, 시장에서 노여워하였어도 집에서는 얼굴빛에 나타내지 않고, 집안에서 형제간에 싸웠어도 밖으로부터 당하는 모욕을 막아 준다. 이 때문에 한때의 원망으로 오래된 친근한 이를 버리지 않고, 한 가지 일의 나쁨으로 전체의 좋음

不旋日; 順天理, 順天時, 則福祿無窮; 順理而逆時, 則名高而身殃; 逆理而順時, 則身全而名戮辱. 君子不逆理, 不逆時.〕"라고 풀이하였다.

38 부이다 : 《집전》에는 음탕한 부인이 자신을 버리고 떠나는 남자를 만류하는 내용으로 보았다.

39 삼(寁) : 【집전】 속히 함〔速〕

을 버리지 않는다. 그러므로 오래된 친근한 이를 잃지 않는다. 친한 이를 잃지 않으면서도 원망과 노여움과 증오가 그 가운데 행해진다. 부자간의 사랑으로도 악함이 있으면 노여워하고, 원수 사이의 원한으로도 선함이 있으면 옳게 여겨서, 노여워하면서도 친함을 손상하지 않고 옳게 여기면서도 원한을 풀지 않으니, 이것은 내 마음에 기쁨과 노여움과 사랑과 미워함이 있는 것이 아니요, 마땅히 발현될 감정을 그대로 드러내는 것이다.

'큰길을 따름'은 대의를 따라 작은 일이 대의에 끼어들지 못하게 하는 것이요, '그대의 소매를 잡음'은 그대가 비록 나를 버리지만 나는 그대를 버리지 않는 것이요, -잘못을 본받아 서로 비교하지 않는 것이다.- '나를 미워하지 말지어다. 옛 사람을 소홀히 해서는 안 되느니라'는 한때의 원망으로 오래된 친근한 이를 버리지 않는 것이요, 2장의 '나를 추하게 여기지 말지어다 좋아하던 사람을 소홀히 해서는 안 되느니라'는 한 가지 일의 나쁨으로 전체의 좋음을 버리지 않는 것이다. 옛 사람을 소홀히 하지 않으면 친한 이를 친애하는 도를 잃지 않게 되고, 좋아하던 사람을 소홀히 하지 않으면 현자를 높이는 도를 잃지 않게 된다.

큰길을 따라	遵大路兮
그대의 손을 잡노라	摻執子之手兮
나를 추하게 여기지 말지어다	無我魗兮
좋아하던 사람을 소홀히 해서는 안 되느니라	不寁好也

부이다. 수(魗)는 《집전》에 "추(醜)와 같다."라고 하였다.

〈고구(羔裘)〉는 평소에 삼가하여 일을 만났을 때에 동요하지 않는 것이요, 〈준대로〉는 대체(大體)를 온전히 하고 작은 일에는 소략하게 하는 것이다.

이상은 〈준대로〉 2장이니, 장마다 4구이다.

여왈계명 女曰鷄鳴

여자가 닭이 울었다고 말하자	女曰鷄鳴
남자는 매단(昧旦)이 되었다고 말하네	士曰昧旦
그대는 일어나 밤을 보라	子興視夜
계명성(啓明星)이 찬란할 것이니	明星有爛
장차 고상(翶翔)하여	將翶將翔
오리와 기러기를 주살로 잡아올지어다	弋鳧與雁

《집전》에 말하였다. 부이다.[40] 매단(昧旦)은 매상(昧爽 어슴푸레한 새벽)과 같다. 명성(明星)은 계명성(啓明星)이다. 익(弋)은 주살이니, 생사(生絲)를 화살에 매어 쏘는 것이다. 부(鳧)는 물새이니, 오리〔鴨〕와 비슷하다.

○'여자가 닭이 울었다고 말함'은 군주를 경계한 것이요, '남자는 매단이 되었다고 말함'은 신하를 경계한 것이니, 군주와 신하가 서로 태만과 안일을 경계한 것이다. '장차 고상함'은 더불어 주선(周旋)하고 화합하는 뜻이요, '오리와 기러기를 주살로 잡아옴'은 군주와 신하가 서로 협력하여 현자를 구하는 것이다.

주살로 쏘아 맞추거든	弋言加之
그대와 맛있게 요리하여	與子宜之

40 부이다 : 《집전》에는 어진 부부가 서로 경계하는 말이라고 하였다.

맛이 있거든 술을 마셔서 宜言飮酒
그대와 함께 백년해로하리라 與子偕老
자리에 있는 금슬(琴瑟)도 琴瑟在御
고요하고 아름답지 않음이 없도다 莫不靜好

《집전》에 말하였다. 부이다. 가(加)는 맞힘이다. 의(宜)는 알맞은 바를 조화시키는 것이다.

◯'의지(宜之)'는 행(荇) 나물을 삶고 빈(蘋)과 조(藻)를 삶는 것[41]과 같은 것이요, '의언음주(宜言飮酒)'는 이미 맛있게 요리하였으면 실제로 쓰는 것이다. '그대와 함께 백년해로함'은 군주와 신하가 좋고 나쁨을 함께하는 것이요, '자리에 있는 금슬도 고요하고 아름답지 않음이 없음'은 군주와 정승이 마음을 합하여 현자를 좋아해서, 가까이 모시는 신하와 조정에 있는 신하가 모두 올바른 사람인 것이다.

그대가 불러온 분임을 알진댄 知子之來之
잡패(雜佩)를 풀어 선물할 것이며 雜佩以贈之
그대가 따르는 분임을 알진댄 知子之順之
잡패를 줄 것이며 雜佩以問之
그대가 좋아하는 분임을 알진댄 知子之好之
잡패로 보답하리라 雜佩以報之

41 행(荇)……것 : 이는 〈주남 관저(關雎)〉에 "들쭉날쭉한 마름 나물을 좌우로 삶아 올리도다.〔參差荇菜, 左右芼之.〕"라고 하고, 〈소남 채빈(采蘋)〉에 "이에 마름을 뜯기를 남간(南澗)의 물가에서 하도다. 이에 마름을 뜯기를 저 흐르는 물에서 하도다.……이에 삶기를 세 발 가마솥과 가마솥에 하도다.〔于以采蘋, 南澗之濱. 于以采藻, 于彼行潦. ……于以湘之, 維錡及釜.〕"라고 한 것을 가리킨다. 행(荇)·빈(蘋)·조(藻)는 모두 마름의 종류이다.

《집전》에 말하였다. 부이다. 패옥(佩玉)의 제도는 위에 가로 댄 옥을 형(珩)이라 한다. 그 아래로 세 가닥의 끈을 매달고 진주를 꿰며, 그 가운데 끈의 중앙에 하나의 큰 구슬을 두니 이것을 우(瑀)라 한다. 그 끈의 끝에 하나의 옥을 매다는데 옥의 좌우 양쪽 끝이 모두 뾰족하니 이것을 충아(衝牙)라 하고, 두 옆쪽 끈의 중앙에 각각 하나의 옥을 두는데 길쭉하고 넓적하며 네모지니 이것을 거(琚)라 하며, 그 끈의 끝에 각각 하나의 옥을 매다는데 반벽(半璧 반원형의 옥)과 같은 모양으로 반원이 안을 향하니 이것을 황(璜)이라 한다. 또 진주를 꿴 두 끈을 위로는 형에 매달고 아래로 우에 교차시켜 꿰고 다시 아래로 두 황에 매다니, 사람이 걸어가면 충아가 황에 부딪쳐 소리가 난다. 여씨(呂氏)가 말하였다. "잡패(雜佩)는 비단 옥뿐만 아니라 뿔송곳·수(燧)[42]·행주·수건[43] 따위가 다 이것이다."

○내(來)[44]는 불러옴이요, 순(順)[45]은 그 뜻에 순히 따름이다. 군주가 경애(敬愛)하는 자를 신하 또한 경애해서, 총애를 독점하려 하고 현자를 질투하는 마음이 없는 것은, 군주와 신하의 사랑하고 미워함이 한결같이 공정한 이치에서 나와서 사사로운 생각이 없기 때문이다.

이상은 〈여왈계명〉 3장이니, 장마다 6구이다.

42 수(燧) : 수(燧)는 불을 일으키는 도구로 ,《예기》〈내칙(內則)〉에 햇빛에서 불을 취하는 금수(金燧)는 왼쪽에 차고 나무를 뚫어 불을 취하는 목수(木燧)는 오른쪽에 찬다고 하였다.

43 행주 수건 : 원문의 분세(紛帨)는 그릇을 닦는 행주인 분(紛)과 손을 닦는 수건인 세(帨)의 두 가지로 보기도 하고, 물건을 닦는 헝겊의 한 가지로 보기도 한다.

44 내(來) : 《집전》에는 내지(來之)는 '그가 오도록 만드는 것〔致其來者〕'이니, 《논어》에 이른바 "문덕(文德)을 닦아서 오게 한다."는 것과 같다고 하였다.

45 순(順) : 【집전】 사랑함〔愛〕

유녀동거 有女同車

여자가 수레를 함께 타니　有女同車
얼굴이 무궁화꽃 같도다　顔如舜華
장차 고상(翺翔)하려 하니　將翺將翔
패옥(佩玉)이 경거(瓊琚)로다　佩玉瓊琚
저 아름다운 맹강(孟姜)이여　彼美孟姜
진실로 아름답고 또 한아(閑雅)하도다　洵美且都

《집전》에 말하였다. 부이다.[46] 순은 무궁화이니, 꽃이 아침에 피었다가 저녁에 떨어진다. 도(都)는 한아(閑雅)함이다.

○'장차 고상하려 하니 패옥이 경거로다'는 남을 투기하고 배척하는 마음이 없어서 힘을 합해 주선하여 서로 호응하는 것이요, '저 아름다운 맹강이여 진실로 아름답고 또 한아(閑雅)하도다'는 여러 여자가 모두 어질어서 질투하는 마음이 없는 것이 아니라 모범이 되는 자에 교화되어 그렇게 되었음을 말한 것이다. 아내에게 태임(太任)과 태사(太姒)[47]의 어짊이 있으면 후궁에 투기하는 첩이 없게 되고, 신하에게 주공(周公)과 소공(召公)의 덕이 있으면 조정에 붕당을 짓는 사람이 없게 된다. 재상이 〈여왈계명〉의 마음을 지니면 조정 신료들이 〈유녀동거〉의 아름다움을 지니는 것이다.

46 부이다 : 《집전》에는 음분(淫奔)의 시인 듯하다고 하였다.

47 태임(太任)과 태사(太姒) : 태임은 주나라 문왕(文王)의 어머니이며, 태사는 문왕의 아내이자 무왕(武王)의 어머니로 모두 어진 후비(后妃)로 일컫는다. 태임(太任)은 태임(太妊) 또는 태임(大任)으로도 쓴다.

여자가 함께 길을 걸어가니 有女同行
얼굴이 무궁화꽃 같도다 顏如舜英
장차 고상하려 하니 將翱將翔
패옥 소리가 쟁쟁히 울리도다 佩玉將將
저 아름다운 맹강이여 彼美孟姜
덕음(德音)을 잊지 못하리로다 德音不忘

부이다. '덕음을 잊지 못함'은 말을 하면 사람들에게 시행되어서 사람들이 모두 그 말을 잊지 못함을 말한 것이다. 아내가 능히 이와 같이 하기 때문에 여러 첩의 질투하는 마음을 사라지게 하고, 재상이 능히 이와 같이 하기 때문에 조정 신료들의 다투려는 마음을 사라지게 하는 것이다.

이상은 〈유녀동거〉 2장이니, 장마다 6구이다.

산유부소 山有扶蘇

산에는 무성한 나무가 있고 山有扶蘇
습지에는 연꽃이 있거늘 隰有荷華
자도(子都)를 만나지 못하고 不見子都
마침내 광인(狂人)을 만난단 말인가 乃見狂且

흥이다.[48] 부소(扶蘇)[49]는 부소(扶疏)와 같으니, 가지가 무성한 나무이다. 자도(子都)[50]는 아름답고 한아(閑雅)한 자이다. 산에 좋은 나무가 있고 습지에 좋은 풀이 있으니, 어찌 세상에 좋은 사람만 유독 없겠는가. 자도를 얻지 못하고 오직 광인을 얻은 것은 본래 인재를 알아보는 식견이 밝지 못하고 사람을 알아 발탁함이 정밀하지 못한 것일 뿐이니, 어찌 온 세상을 크게 무함할 수 있겠는가. 한겨울 심한 추위에도 양기(陽氣)가 없는 것이 아니요, 깊은 땅속에 숨어서 나오지 않을 뿐이다. 어진 인재는 양기이니, 숨어서 나오지 않는 것이지 일찍이 없는 것이 아니다. 음기(陰氣)가 위에서 성하기 때문에 양기가 아래에서 숨어 있을 뿐이다. 이 시를 지은 자는 아마도 이치를 아는 듯하다.

산에는 우뚝한 소나무가 있고	山有橋松
습지에는 제멋대로 뻗은 홍초(紅草)가 있거늘	隰有游龍
자충(子充)을 만나지 못하고	不見子充
마침내 교활한 아이를 만난단 말인가	乃見狡童

흥이다. 교(橋)[51]는 교(喬 높이 솟음)와 통한다. 유룡(游龍)[52]은 《집전》에 "마료(馬蓼)이니, 잎이 크고 색이 희며 높이가 한 길 남짓하다."라고 하였다. 자충(子充)[53]은 학식이 충분한 사람이다.

이상은 〈산유부소〉 2장이니, 장마다 4구이다.

48 흥이다 : 《집전》에는 음탕한 여자가 자신과 사통하는 자를 놀리는 내용으로 보았다.

49 부소(扶蘇) : 《집전》에는 부서(扶胥)라는 작은 나무라고 하였다.

50 자도(子都) : 《집전》에는 아름다운 남자라고 하였다.

51 교(橋) : 《집전》에는 나무가 위로 쑥 올라가고 가지가 없는 것이라 하였다.

52 유룡(游龍) : 《집전》에는 용(龍)은 홍초(紅草)이니 일명은 마료(馬蓼)라 하고, 유(游)는 '가지와 잎이 제멋대로 뻗은 것〔枝葉放縱〕'이라 하였다. 정현은 홍초가 습지 가운데에 제멋대로 뻗은 것이라 하였다. 또 유룡을 홍초의 다른 이름으로 보기도 한다.

53 자충(子充) : 《집전》에는 자도(子都)와 같다고 하였다.

탁혜 蘀兮

잎이 떨어지려 함이여 떨어지려 함이여	蘀兮蘀兮
바람이 너를 불어 떨어뜨리리라	風其吹女
숙(叔)이여 백(伯)이여	叔兮伯兮
나를 부르면 내 너에게 화답하리라	倡予和女

흥이다. 탁(蘀)[54]은 떨어지는 잎이다.

천하의 일에 홀로 해내는 것은 있지 않으니, 홀로 해내려 하면 수고롭기만 하고 공효가 적으며, 함께 일하면 편리하여 이루기가 쉽다. 오른손이 하지 못하는 것을 왼손이 도와주고, 앞사람이 잡아당기지 못하는 것을 뒷사람이 밀어주며, 장차 떨어지려 하는 잎이라도 반드시 바람이 불기를 기다려야 비로소 떨어지고, 할 만한 일이라도 반드시 서로 도와주기를 기다려야 비로소 이루어진다. 숙이여, 백이여, 어찌 나를 불러 내가 화답하기를 기다리지 않는가.[55]

잎이 떨어지려 함이여 떨어지려 함이여	蘀兮蘀兮
바람이 너를 날려보내리라	風其漂女
숙이여 백이여	叔兮伯兮
나를 부르면 내 너의 뜻을 이루어 주리라	倡予要女

흥이다. 표(漂)는 표(飄 바람에 날림)와 같다. 요(要)는 이룸이다.

54 탁(蘀) : 【집전】 나무가 말라서 장차 떨어지려 하는 잎이다.

55 숙이여……않는가 : 《집전》에는 음탕한 여자의 말로 보아서, 숙・백은 남자의 자(字)이고 '나'는 여자 자신이라고 하였다.

〈산유부소〉는 인재 없는 세상이 없음을 말한 것이고, 〈탁혜〉는 홀로 이루는 일이 없음을 말한 것이다.

이상은 〈탁혜〉 2장이니, 장마다 4구이다.

교동 狡童

저 교활한 아이가	彼狡童兮
나와 더불어 말도 하지 않네	不與我言兮
그대 때문에	維子之故
나는 밥을 먹을 수 없네	使我不能餐兮

부이다.[56] '나와 더불어 말도 하지 않음'은 말해도 들어주지 않는 것이요, '사아불능찬(使我不能餐)'[57]은 나로 하여금 실행하지 못하게 하는 것이다.

저 교활한 아이가	彼狡童兮
나와 더불어 밥도 먹지 않네	不與我食兮
그대 때문에	維子之故

56 부이다 : 《집전》에는 음탕한 여자가 거절을 당하고서 그 사람을 희롱한 말이라고 하였다.

57 사아불능찬(使我不能餐) : 《집전》에는 "나를 좋아하는 자가 많으니, 그대가 비록 거절하나 나로 하여금 밥을 먹지 못함에 이르게 할 수는 없다고 말한 것이다."라고 하였고, 《시경언해(詩經諺解)》에 '날로 히여곰 能히 息디 못ᄒᆞ게 ᄒᆞ랴'로 해석하였다.

나는 편안히 쉴 수 없네 使我不能息兮

부이다. '나와 더불어 밥도 먹지 않음'은 행하여도 신임을 받지 못하는 것이요, '사아불능식(使我不能息)'은 말을 들어주지 않고 도가 행해지지 않으면 버리고 떠나는 것이니, 이는 신하가 군주를 떠나는 의리이다.

이상은 〈교동〉 2장이니, 장마다 4구이다.

건상 褰裳

그대가 사랑하여 나를 그리워할진댄 子惠思我
내 치마를 걷고 진수(溱水)를 건너가겠지만 褰裳涉溱
그대가 나를 그리워하지 않을진댄 子不我思
어찌 타인이 없으리오 豈無他人
광동(狂童)이 미쳤도다 狂童之狂也且

부이다.[58] 진(溱)과 유(洧)는 모두 정(鄭)나라의 물 이름이다.

그대가 사랑하여 나를 그리워할진댄 子惠思我
내 치마를 걷고 유수(洧水)를 건너가겠지만 褰裳涉洧
그대가 나를 그리워하지 않을진댄 子不我思
어찌 다른 선비가 없으리오 豈無他士
광동이 미쳤도다 狂童之狂也且

58 부이다 : 《집전》에는 음탕한 여자가 사통하는 남자에게 하는 말로 보았다.

부이다. 본국의 군주가 나를 등용하지 않으면 또한 떠나가서 외국에서 군주를 구할 수 있는 것이다. 군주와 신하는 의리로써 합하니, 종속된 관계가 아니다. 그러므로 아버지의 군주가 나의 군주가 아니고 자식의 군주가 나의 군주가 아니니, 비록 대대로 녹을 먹는 신하로서 종묘와 분묘(墳墓 선영)가 그 나라에 있더라도 또한 떠날 수 있는 것이다.

두 장을 모두 '광동이 미쳤도다'로 끝맺은 것은 고국의 군주를 떠나는 도가 다른 나라를 떠날 때와 다른 것이다. '광동이 미침'은 그 미침이 심함을 말한 것이니, 군주가 심히 불가한 경우가 아니라면 떠나가지 않는 것이다. 공자가 노(魯)나라를 떠나가실 적에 그 시(詩)에 이르기를 "저 여인이 알현함이여! 나라를 망하게 할 수 있도다."라고 하셨고,[59] 공자의 말씀에 "산에 있는 다리의 꿩이 사람의 얼굴빛이 나쁨을 보고 날아간다."[60]라고 하셨으니, 이는 위험과 재앙이 장차 닥쳐오기 때문에 부득이하여 떠나가신 것이다. 그러나 말씀하시기를 "더디고 더디다. 내 걸음이여."[61]라고 하셨으니, 이는 부모의 나라를 떠나는 도리가 이와

59 공자가……하셨고 : 노나라 대부 계환자(季桓子)가 제(齊)나라의 여악(女樂)을 받아들이고, 또 제사지낸 고기를 대부에게 주지 않자 공자가 노나라를 떠나면서 "저 여인의 입이여, 사람을 쫓아 낼 수 있도다. 저 여인이 알현함이여, 나라를 망하게 할 수 있도다. 내 유유자적하며, 세월을 보내리라.〔彼婦之口, 可以出走. 彼婦之謁, 可以死敗. 蓋優哉游哉, 維以卒世.〕"라고 노래하였다.《史記 卷47 孔子世家》

60 산에……날아간다 :《논어》〈향당(鄕黨)〉에 "새가 사람의 얼굴빛이 나쁨을 보고 날아가 빙빙 돌며 살펴본 뒤에 내려앉는다. 공자께서 말씀하셨다. '산에 있는 다리의 암꿩이 때에 맞는구나! 때에 맞는구나!'〔色斯擧矣, 翔而後集. 曰: '山梁雌雉, 時哉時哉!'〕"라고 보인다.

61 더디고……걸음이여 : 이 내용은《맹자》〈만장 하(萬章下)〉와〈진심 하(盡心下)〉에 보이는데,〈진심 하〉에는 "공자께서 노나라를 떠나실 적에는 '더디고 더디다, 내 걸음이여.' 하셨으니 이는 부모의 나라를 떠나는 도리요, 제나라를 떠나실 적에는 밥을 지으려고 담갔던 쌀을 건져 가지고 떠나가셨으니 이는 다른 나라를 떠나는 도리이다.〔孔子之去魯, 曰'遲遲吾行也' 去父母國之道也. 去齊, 接淅而行, 去他國之道也.〕"라고

같은 것이다. 이는 종척(宗戚)과 세신(世臣)이 나라를 떠나는 의리이다.

이상은 〈건상〉 2장이니, 장마다 5구이다.

봉 丰

풍채 좋은 그대가 子之丰兮
나를 골목에서 기다리더니 俟我乎巷兮
나는 그대를 전송하지 않음을 후회하노라 悔予不送兮

부이다.[62] 봉(丰)은 모습이 풍만한 것이다.

건장한 그대가 子之昌兮
나를 당(堂)에서 기다리더니 俟我乎堂兮
나는 그대를 전송하지 않음을 후회하노라 悔予不將兮

부이다. 창(昌)은 기운이 성하고 풍족한 것이다. 중용의 덕은 추상같은 말과 드높은 행실과 빛나는 자취와 혁혁한 광채가 없어서, 있어도 없는 것처럼 여기며 가득해도 빈 것처럼 여기니, 은은하여 소리도 없고 냄새도 없어서 감추지 않으면서도 감추어지고 하는 것이 없으면서도 하게 된다. 그러므로 천하가 그 끝을 엿보지 못하는 것이다. 풍채 좋고 건장한 그대가 나를 기다렸는데도 내가 알아보지 못하고 따라가지 않

하였다.

62 부이다 : 《집전》에는 부인(婦人)이 남자를 따르지 않은 것을 후회하는 내용으로 보았다.

은 것은, 군자는 그 끝을 엿볼 수 없어서 그에게 미칠 수 없음을 말한 것이다.

비단옷에 홑옷을 덧입고　　衣錦褧衣
비단 치마에 홑치마를 덧입으니　　裳錦褧裳
숙(叔)이여 백(伯)이여　　叔兮伯兮
말을 멍에하여 나를 데려가리라　　駕予與行

비이고 부이다.[63] 경(褧)은 얇은 홑옷이니, 안으로 재주와 덕을 간직하고 밖으로 문채를 거두어서 군자의 행실을 배움을 말한 것이다. 이 편은 《중용》의 편말(篇末)[64]의 뜻이다.

비단 치마에 홑치마를 덧입고　　裳錦褧裳
비단옷에 홑옷을 덧입으니　　衣錦褧衣
숙이여 백이여　　叔兮伯兮
말을 멍에하여 나를 데려가리라　　駕予與歸

비이고 부이다.

이상은 〈봉〉 4장이니, 두 장은 장마다 3구이고, 두 장은 장마다 4구이다.

63 비이고 부이다 : 《집전》에는 부라고 하였으니, 아래 장도 같다.

64 중용의 편말(篇末) : 심대윤은 《중용》을 16단(段)으로 나누어 설명하였는데, 마지막 16단은 《중용장구(中庸章句)》 31장에서 33장까지이다. 그러나 여기서 말한 편말은 《시경》에서 "비단옷에 홑옷을 덧입는다.〔衣錦尙絅.〕"라고 하고, "잠긴 것이 비록 엎드려 있으나 또한 심히 밝다.〔潛雖伏矣, 亦孔之昭.〕"라고 한 것 등을 인용한 《중용장구》 33장을 가리키니, 이 〈봉〉 편의 주석이 《중용장구》 33장의 경문과 그에 대한 심대윤의 주석과 유사하다. 《中庸訓義》

동문지선 東門之墠

동문(東門)의 터 닦은 곳에	東門之墠
꼭두서니가 산비탈에 있도다	茹藘在阪
그 집은 가까우나	其室則邇
그 사람은 매우 멀도다	其人甚遠

흥이다.[65] 동문(東門)은 군자가 거주하는 곳이다. 선(墠)은 땅을 고름이니, 이곳이 낮고 평평함을 말한 것이다. 여려(茹藘)는 《집전》에 "모수(茅蒐)이니, 일명은 꼭두서니인데, 붉은색을 물들일 수 있다."라고 하였다. 여려는 하찮고 평범한 풀인데 이것으로 물을 들이면 그 색깔이 붉으니, 이로써 군자의 행실이 여러 사람과 다르지 않으나 그를 등용하면 공업(功業)이 혁혁함을 흥하였다. 군자가 집에 거처함을 보면 보통 사람과 같으나, 그가 천하에 일을 시행하면 비로소 월등히 뛰어나다. 그러므로 "그 집은 가까우나 그 사람은 매우 멀다."라고 한 것이다.

자공(子貢)이 성인(聖人)을 칭찬하기를 '부자(夫子)께서 나라를 얻으신다면'이라고 하였으니,[66] 사람을 논하는 것은 훗날의 성취를 논해야 비로소 사람을 잘 논한다고 할 수 있고, 사람을 알아보는 것은 훗날

65 흥이다 : 《집전》에는 부로 보았으니, 아래 장도 같다. 《집전》에는 함께 간음하는 자를 그리워하는 내용으로 보았다.

66 자공(子貢)이……하였으니 : 《논어》 〈자장(子張)〉에 자공이 "부자께서 나라를 얻으신다면 이른바 '세우면 이에 서고 인도하면 이에 따르고 편안하게 해주면 이에 따라오고 고무시키면 이에 화하여, 살아 계시면 영광스럽게 여기고 죽으면 슬퍼한다.'는 것이니, 어떻게 따를 수 있겠는가.〔夫子之得邦家者, 所謂立之斯立, 道之斯行, 綏之斯來, 動之斯和, 其生也榮, 其死也哀, 如之何其可及也?〕"라고 하였다.

의 성취를 알아보아야 비로소 사람을 잘 알아본다고 할 수 있다. 집에 거처하는 가까운 모습을 살펴서 그 사람의 원대함을 알아본다면 사람을 잘 논하는 자라고 할 수 있고, 사람을 잘 알아보는 자라고 할 수 있다.

동문의 밤나무 아래 東門之栗
즐비한 집이로다 有踐家室
어찌 그대를 생각하지 않으랴마는 豈不爾思
그대가 나에게 오지 않기 때문이니라 子不我卽

비이다. 율(栗)은 그가 능히 공경하고 두려워함을 말한 것이다.[67] 천(踐)은 줄지어 있는 모양으로, '유천가실(有踐家室)'은 군자의 집이 여러 사람의 집과 나란히 있는 것이니, 군자가 집에 거처함이 보통 사람과 같음을 말한 것이다. 이와 같이 하는 것은 군자가 공경하고 두려워하여 행여 천하 사람들의 마음을 잃을까 두려워하기 때문이다. -감히 행실을 준엄하게 하고 말을 고상하게 하여 남을 억누르지 않고, 감히 재주를 발휘하고 광채를 내어 남을 가리지 않으니, 이는 천하의 민심을 잃어서 원망과 시기를 부를까 두려워해서이다.- '어찌 그대를 생각하지 않으랴마는 그대가 나에게 오지 않기 때문'이라는 것은, 군자가 남과 함께함이 바로 보통 사람보다 크게 뛰어난 점이니, 군자가 자신을 낮추어 남에게 나아가 함께함은 단지 남과 함께하는 것이 아니라 더욱 미칠 수 없는 점이다. 군자가 나에게 옴은 나와의 간격이 더욱 커지는 것이므로, '그대가 나에게 오

67 율(栗)은……것이다 : 율(栗)은 밤나무인데 밤송이가 가시로 덮여 있어 밤송이를 보면 공경하고 두려워한다 하여 전율(戰栗)의 뜻으로 쓰이므로 말한 것이다. 후세에는 여기에 심방변(心傍邊)을 붙여 율(慄)로 쓴다.

지 않는다'고 한 것이다.-이 시의 두 장은 첫 번째 구가 서로 같은 내용인데 하나는 흥이라 하고 하나는 비라고 한 것은 어째서인가? 앞 장은 아래에 서로 비추는 말이 있기 때문에 흥이 된 것이고 이 장은 아래에 서로 비추는 말이 없기 때문에 비가 된 것이니, 이것을 살펴보면 흥과 비의 구분을 알 수 있다.[68] ○안성 유씨(安城劉氏)는 "예로부터 시를 해설하는 자들이 정나라 시에서 오직 〈동문지선〉과 〈진유〉만을 음분(淫奔)의 시라고 하였는데,[69] 주자는 정나라 시를 으레 음분의 시라고 배척하였다."라고 하였다.[70] 그러나 이 편의 '그 사람은 멀리 있고 나에게 오지 않는 것'이 어찌 음분에 부합하는가.-

이상은 〈동문지선〉 2장이니, 장마다 4구이다.

68 앞……있다 : '비추는 말〔映發之言〕'이란 가탁한 말과 본래 읊고자 하는 말이 함께 나와서 뜻을 서로 밝혀 주는 것을 말한다. 1장의 경우 1·2구의 가탁한 말과 3·4구의 본래 읊고자 하는 말이 서로 비슷한 종류로서 뜻을 밝혀주므로 흥이지만, 2장의 경우 1·2구의 가탁한 말이 3·4구의 뜻을 밝히는 것이 아니므로 비라고 한 것이다. 심대윤은 〈국풍〉의 서문에서 '흥은 비슷한 종류에 가탁하여 서로 비추어 말한 것'이고 비는 '비유할 뿐이고 본래의 일을 가지고 비추어 말하지 않은 것'이라 하였다.

69 예로부터……하였는데 : 〈모시서〉에서는 〈동문지선〉과 〈진유〉를 제외한 〈정풍〉의 시를 나라의 혼란이나 태자 홀(忽) 등의 인물에 대한 풍자로 보았다.

70 안성……하였다 : 이 내용은 《집전》에 "정나라와 위(衛)나라의 음악은 모두 음탕한 음악이다.……정나라 시는 21편 중에 음분의 시가 이미 7분의 5가 넘는다."라고 한 것에 대한 《시전대전》의 소주에 보인다. 또 안성 유씨는 "정나라 시 가운데 〈치의〉·〈고구〉·〈여왈계명〉·〈출기동문〉 등의 몇 편이 있는 것은 조약돌 가운데 옥이 있는 것이다. 그 외 〈대숙우전〉과 〈청인〉과 같은 시는 비록 숭상할 것은 없지만 그래도 다행히 음분에 대하여 쓴 것은 아니다. 〈숙우전〉의 경우에도 남녀상열지사(男女相悅之詞)의 의심을 피할 수 없다. 이는 〈정풍〉 21편 중에 분명히 음분에 대하여 쓰지 않은 시가 5~6편뿐인 것이다. 그러므로 주자가 '음분의 시가 7분의 5가 넘는다.'라고 한 것이다.〔鄭詩之有《緇衣》《羔裘》《女曰鷄鳴》《出其東門》數篇, 乃礫中之玉也. 他如《大叔于田》及《淸人》詩, 雖無足尙, 猶幸非爲淫奔而作. 若《叔于田》則亦未免有男女相悅之疑. 是其二十一篇之中, 曉然不爲淫奔而作者, 五六篇而已. 故曰: '淫奔之詩, 不翅七之五.'〕"라고 하였다.

풍우 風雨

비바람이 쌀쌀한데 風雨凄凄
닭은 꼬끼오 울도다 鷄鳴喈喈
이미 군자를 만나 보니 旣見君子
어찌 마음이 화평하지 않으리오 云胡不夷

흥이다.[71] 처처(凄凄)는 추움이다. 시대가 혼란하여도 군자가 홀로 서서 외로이 나아가서 세속에 따라 변하지 않으니, 마치 비바람 부는 밤에도 닭 우는 소리가 태연하여 평소와 다르지 않은 것과 같다.-구설에 〈동문지선〉의 장소를 간음하는 자가 사는 곳이라 하고 이 시의 때를 음분하는 때라 하였으니,[72] 어찌 그리도 간음하는 곳과 음분하는 때를 잘 안단 말인가. 너무 추하지 않은가.-

비바람이 쏴쏴 부는데 風雨瀟瀟
닭은 꼬끼오 울도다 鷄鳴膠膠
이미 군자를 만나 보니 旣見君子
어찌 병이 낫지 않으리오 云胡不瘳

흥이다. 소소(瀟瀟)는 비바람이 부는 소리이다. 교교(膠膠)는 교교

71 홍이다 : 《집전》에는 부로 보았으니, 이하의 장도 같다. 《집전》에는 음분한 여자가 이때를 당하여 만나기로 약속한 사람을 만나 보고는 마음에 기뻐함을 말한 것이라고 하였다.

72 구설에……하였으니 : 《집전》에 〈동문지선〉의 '동문의 터 닦은 곳'과 '동문의 밤나무 즐비한 집'은 더불어 간음하는 자가 사는 곳이라 하였고, 이 시의 비바람이 불고 날이 어두운 때는 아마도 음분하는 때일 것이라고 하였다.

(嘐嘐)와 같으니, 닭이 우는 소리이다. 추(瘳)는 병이 나음이다.

비바람이 몰아쳐 어둡거늘　風雨如晦
닭 울음소리 그치지 않도다　鷄鳴不已
이미 군자를 만나 보니　旣見君子
어찌 기쁘지 않으리오　云胡不喜

흥이다. 군자가 어찌 여러 사람이 미쳤다고 하여 그들과 함께 미치며, 어찌 여러 사람이 술에 취했다고 하여 그들과 함께 취하겠는가. 오직 자신의 성품을 온전히 하고 자신의 좋아하는 것을 따른다. 그러므로 능히 홀로 울기를 그치지 않는 것이다.

이상은 〈풍우〉 3장이니, 장마다 4구이다.

자금 子衿

아름다운 그대의 동정이여　靑靑子衿
아득하고 아득한 나의 그리움이로다　悠悠我心
내 비록 가지 못하더라도　縱我不往
그대 어찌 말을 잇지 않겠는가　子寧不嗣音

부이다.[73] 청청(靑靑)은 청절(淸絶 매우 깨끗하고 맑음)하고 형철(瑩澈

73 부이다 : 《집전》에는 음분의 시라고 하였다.

맑고 투명함)하고 영롱(玲瓏)한 색깔이다.-세속의 방언(方言)에 매우 아름다운 것을 청(靑)이라 하고, 칼날이 매우 예리한 것을 청이라(시퍼렇다) 하고, 문벌이 매우 높은 것을 청이라 하고, 말이 매우 도리에 합당한 것을 청이라 하고, 사람이 매우 맑고 고결한 것을 청이라 한다. 오색 중에 청색이 유독 청절하고 형철하고 영롱하므로 매우 아름다운 것을 일러 청이라 하니, 청청에 그런 뜻이 있다.- 금(衿)은 옷깃의 동정으로, 옷의 위에 다는 것이니, 여러 사람의 위가 됨을 말한 것이다. '아름다운 그대의 동정'은 그가 특별히 뛰어나고 절묘해서 남의 윗사람이 됨을 말한 것이다. 사음(嗣音)[74]은 그 음성을 계속하는 것이다. 군자가 홀로 서고 외로이 행하여 보통 사람보다 크게 뛰어난데, 만약 세상을 비하하고 사람을 추하게 여겨서, 뜻을 굽혀 아랫사람을 구제하려고 하지 않는다면 그런 자는 귀하게 여길 것이 없다. 홀로 자신만 선하게 하고 남과 관계를 끊는 것은 사람을 살리는 방도가 아니다. 이렇게 하면 덕이 남에게 베풀어지지 못하고 이로움이 자신에게 돌아오지 못하니, 나무를 안고 서서 말라 죽거나 그렇지 않으면 돌을 안고 물에 투신하여[75] 사람의 세상에 용납될 수 없게 된다. 이 때문에 군자는 존귀하면서도 비천한 사람을 만나고 크면서도 작은 사람을 포용하여, 남의 장점을 취하고 단점을 버리며 남의 선을 칭찬하고 부족한 점을 가르치니, 마치 부형이 어린아이를 기를 적에 관용으로 성취시키는 것과 같다. 자신의 행실과 재능을 가지고 남에게 교만하여 멸시하거나 버리지 않기 때문에 사람들이 모두 그를 사랑하고 사모하고 그에

74 사음(嗣音) : 【집전】 소식〔聲問〕을 계속 전하는 것

75 나무를……투신하여 : 이는 주나라 은사(隱士)인 포초(鮑焦)가 절개를 지키다가 낙수(洛水) 가에 서서 말라 죽은 고사와 초나라 대부 굴원(屈原)이 나라를 근심하다 멱라수(汨羅水)에 투신하여 죽은 고사를 인용한 것이다. 《史記正義 卷83 魯仲連列傳》《史記 卷84 屈原列傳》

게 복종하고 귀화하는 것이다. '내 비록 가지 못하더라도 그대 어찌 말을 잇지 않겠는가'는 내가 그대에게 미치지 못한다고 해서 그대가 나에게 말을 안 하지 않는다고 한 것이다.−금(衿)은 비스듬한 동정을 심의(深衣)의 네모진 모양의 옷깃 안에 달아서 속옷을 가리는 것이니, 《의례(儀禮)》에 "동정을 달아 준다.〔施衿〕"[76]라고 한 것이 이것이다. 때가 끼어 더러워지면 세탁하고 다시 다는데, 흰색을 사용하고 청색을 사용하지 않는다. 그런데 여기서 청금(青衿)이라고 한 것은 가탁하여 말한 것이다.−

아름다운 그대의 명성이여 青青子佩
아득하고 아득한 나의 그리움이로다 悠悠我思
내 비록 가지 못하더라도 縱我不往
그대 어찌 오지 않겠는가 子寧不來

부이다. 패(佩)[77]는 그의 명성을 말한 것이니, '아름다운 그대의 명성'은 그가 특별히 뛰어나고 절묘해서 남의 칭찬을 받음을 말한 것이다. '그대 어찌 오지 않겠는가'는 내가 그대에게 미치지 못한다고 해서 그대가 나를 안 만나지 않는다고 한 것이다.

76 동정을 달아 준다 : 《의례》 〈사혼례(士昏禮) 기(記)〉에 "모친이 시집가는 딸의 동정을 달아 주고 허리에 수건을 매주며 '힘쓰고 공경하여 아침저녁으로 집안일을 어긋남이 없게 하라.〔母施衿結帨曰: '勉之敬之, 夙夜無違宮事.'〕"라고 보인다. 심대윤은 여기에서 금(衿)을 동정의 뜻으로 보았는데, 《집전》에는 금을 옷깃으로 보아 부모가 모두 살아 계시면 청색으로 옷에 선을 두른다고 하였으며, 《소학집주(小學集註)》 〈명륜(明倫)〉에는 '시금(施衿)'의 금을 '작은 띠'라고 하였다.

77 패(佩) : 《집전》에는 패옥(佩玉)이라고 하였다. 또 청청(青青)은 패옥의 끈 색깔이라 하였다.

고상하고 광달(曠達)하니 挑兮達兮
성궐(城闕)에 있도다 在城闕兮
하루 동안 보지 못함이 一日不見
석 달과도 같도다 如三月兮

부이다. 도(挑)[78]는 고상하게 행동함이요, 달(達)[79]은 광달(曠達 도량이 넓고 큼)함이다. '성궐에 있음'은 그의 심오함을 말한 것이다. 그대는 고원하고 심오하므로 나와 동떨어졌다고 여겨 그대를 생각하지 않을 듯하다. 그러나 그대가 능히 아랫사람을 구제하기 때문에 나로 하여금 사랑하고 사모하는 마음이 깊어서 끊임없이 그리워하게 하여, 하루 동안 보지 못함이 석 달과 같은 것이다.-내가 가지 못하고 그대도 오지 않는데, "하루 동안 보지 못함이 석 달과도 같도다."라고 하였으니, 그렇다면 이 또한 날마다 보지 않는 날이 없다는 말이다. 이로써 가지 못하고 오지 않음이 가탁한 말임을 아는 것이다.- 〈풍우〉의 홀로 나아감이 있어도 〈자금〉의 아랫사람을 구제함이 없으면 또한 덕을 이루지 못한다.

이상은 〈자금〉 3장이니, 장마다 4구이다.

양지수 揚之水

작은 물이여[80] 揚之水

78 도(挑) : 【집전】 몸이 가볍고 빠르며 뛰는 모양〔輕儇跳躍之貌〕
79 달(達) : 【집전】 방자(放恣)함
80 작은 물이여 : 심대윤은 양지수(揚之水)는 작은 물로, 모래와 돌에 부딪혀 물이

묶어 놓은 나뭇단도 떠내려 보내지 못하도다 不流束楚
끝내 형제가 적은지라 終鮮兄弟
나와 너뿐이니 維予與女
남의 말을 믿지 말지어다 無信人之言
사람들이 실로 너를 속이느니라 人實迂女

흥이다. 광(迂)은 《집전》에 "광(誑)과 같다."라고 하였다. 공자가 말씀하시기를 "인재를 얻기 어렵다는 말이 맞는 말이 아니겠는가."[81]라고 하셨다. 인재가 드문데도 다행히 내가 그대와 함께 일을 하니, 어찌 안에 시기하는 마음을 품고 밖으로 참소하고 이간질하는 말을 들어서 서로 의심하고 멀리하며 배척하겠는가. 나의 일이 실패하면 그대의 일도 실패한다. 예로부터 지금까지 이 때문에 둘 다 실패한 자가 없었던 시대가 없었으니, 인상여(藺相如)[82]와 구순(寇恂)[83]과 같은 자가 몇

드날리며 흘러가는 것이라 하였다. 반면에 《집전》에는 양(揚)은 물이 느리게 흐르는 모양이라 하였다. 《詩經集傳辨正 王風 揚之水》

81 인재를……아니겠는가 : 이 내용은 《논어》 〈태백(泰伯)〉에 "인재를 얻기 어렵다는 말이 옳은 말이 아니겠는가. 당(唐)·우(虞)의 즈음만이 주나라보다 성하였으나, 열 사람 중에 부인이 있으니, 아홉 사람일 뿐이다.〔才難, 不其然乎? 唐虞之際, 於斯爲盛, 有婦人焉, 九人而已.〕"라고 보인다.

82 인상여(藺相如) : 전국 시대 조(趙)나라 사람으로, 진(秦)나라에 사신으로 가서 보물인 화씨벽(和氏璧)을 온전하게 가지고 돌아온 공으로 상경(上卿)에 올랐다. 이에 조나라의 명장인 염파(廉頗)는 인상여를 시기하여 해치려 하였는데, 인상여는 조나라의 안전을 위해 매번 염파를 피했다. 이 사실을 안 염파가 자신의 잘못을 뉘우치고 사죄하자, 두 사람은 생사를 함께하는 문경지교(刎頸之交)를 맺고 조나라를 보좌하여 강력한 진(秦)나라의 침공을 막아 내었다.

83 구순(寇恂) : 동한(東漢)의 장수로 자는 자익(子翼)이며, 광무제(光武帝)를 도와 동한을 건립하는데 공을 세웠다. 구순이 영천(穎川) 태수로 있을 때 가복(賈復)의 부장(部將)이 영천에서 사람을 죽이자 구순이 그를 사형에 처하였는데, 가복은 이를 치욕으

사람이나 있었던가.

작은 물이여 揚之水
묶어 놓은 섶 단도 떠내려 보내지 못하도다 不流束薪
끝내 형제가 적은지라 終鮮兄弟
우리 두 사람뿐이니 維予二人
남의 말을 믿지 말지어다 無信人之言
사람들이 실로 거짓말하느니라 人實不信

흥이다.-《집전》에 "음탕한 자가 서로 말하기를 혼인한 자[84]가 적어서 오직 나와 너뿐이라고 한 것이다." 하였으니, 세상에 어찌 한 여자에 지아비가 여럿인 경우가 있겠는가.-

이상은 〈양지수〉 2장이니, 장마다 6구이다.

로 여겨 자신의 군대가 영천을 지날 때 구순을 죽이려고 하였다. 구순이 술과 음식을 준비하여 가복의 군대를 맞이하러 가다가 병을 핑계로 돌아왔는데, 가복이 구순을 추격하려 하였으나 군사들이 모두 술에 취해 영천을 떠나고 말았다. 구순이 이를 광무제에게 보고하자, 광무제는 두 사람을 불러 주연을 베풀어 화해하게 하였다. 《後漢書 卷46 寇恂列傳》

84 혼인한 자 : 《집전》에 "형제는 혼인으로 맺어진 사람의 칭호이니, 《예기》에 이른바 '계속하여 형제가 될 수 없다.'는 것이 이것이다."라고 하였다. 《시전대전》의 소주에 《이아(爾雅)》를 인용하여 "며느리의 친족을 혼형제(婚兄弟)라 하고, 사위의 친족을 인형제(姻兄弟)라 한다."라고 하였고, 《집전》에 인용한 《예기》의 내용은 〈증자문(曾子問)〉에 보이는데 진호(陳澔)의 주에 형제를 부부의 뜻으로 해석하였는바, 《집전》에서는 형제를 부부 또는 인척으로 본 것이다.

출기동문 出其東門

동문(東門)을 나가니 出其東門
여자들이 구름과 같도다 有女如雲
비록 구름과 같으나 雖則如雲
내 마음 그들에게 있지 않도다 匪我思存
흰 옷에 쑥색 수건을 쓴 여인이여 縞衣綦巾
그런대로 나를 즐겁게 하도다 聊樂我員

부이다.[85] 《집전》에 말하였다. '구름과 같음'은 아름답고 또 많은 것이다. 호(縞)는 백색이고, 기(綦)는 푸른 쑥색이다. 운(員)은 운(云)과 같으니, 어조사이다.

○동문은 여러 사람들이 출행(出行)하는 곳이니, '구름과 같음'은 비록 아름답고 또 많으나 부허(浮虛)하여 실제가 없음을 말한 것이다. '흰 옷에 쑥색 수건을 쓴 여인'은 자질이 아름답고 문채가 적음을 말한 것이다. 세상에 고귀하고 깨끗함이 구름과 같아 귀하게 여길 만한 자가 적지 않으나, 결국 부허하여 일을 확립하는 실제가 없으니, 나는 그런 자를 생각하지 않는다. 오직 자질이 아름답고 문채가 적어서 더불어 공(功)을 함께할 수 있고 이름을 꾸미지 않는 자가 바로 내가 즐거워하는 사람이다.-'구름과 같은' 자는 동한(東漢)이래 명현(名賢)이 다 이들이고, '삘기처럼 아름다운' 자는 양호(羊祜)[86]와 송홍(宋弘)[87]의 무리가 이들이다.[88]-

85 부이다 : 《집전》에는 시인이 음분한 여자들을 보고 말하기를, 그들은 자신이 생각하는 바가 아니니, 비록 가난하고 누추하나 그런대로 스스로 즐길 수 있는 자신의 실가(室家 아내)만 못하다고 한 것이라 하였다.

86 양호(羊祜) : 221～278. 진(晉)나라의 장수로 자는 숙자(叔子)이다. 오(吳)나라

인도(闉闍)를 나가니　出其闉闍
여자들이 삘기처럼 아름답도다　有女如荼
비록 삘기처럼 아름다우나　雖則如荼
내 마음에 생각하는 사람이 아니로다　匪我思且
흰 옷에 붉은 수건을 쓴 여인이여　縞衣茹藘
그런대로 더불어 즐길 만하도다　聊可與娛

《집전》에 말하였다. 부이다. 인(闉)은 곡성(曲城)[89]이고, 도(闍)는

와 인접한 양양(襄陽)을 지키면서 둔전(屯田)을 실시하여 군량을 비축하며 오나라 공략을 준비하였다. 오나라와 교전할 때마다 약정한 날짜에 공격하였으며, 오나라 땅의 곡식을 군량으로 사용했으면 모두 계산해서 보상해 주는 등 성실함으로 오나라 백성과 군사들을 회유하였다. 양호가 자신의 후임으로 두예(杜預)를 추천하고 죽은 지 2년 뒤에 오나라가 평정되자, 진나라 무제(武帝)는 눈물을 흘리며 이는 양호의 공이라고 하였다.《晉書 卷34 羊祜列傳》

87 송홍(宋弘) : 동한(東漢) 광무제(光武帝)의 신하로 자는 중자(仲子)이며 대사공(大司空)을 역임하였다. 정직하고 청렴하였으며, 황제에게 직간하였고, 현사(賢士)들을 천거하여 공경(公卿)에 오르게 하였다. 관련된 일화로, 유학자인 환담(桓譚)을 천거하였는데 광무제가 연회에서 매번 환담에게 거문고를 타게 하자, 송홍은 "제가 환담을 천거한 것은 그가 충성과 정직으로 군주를 인도하기 바라서였는데 그가 조정을 정(鄭)나라의 음탕한 음악에 빠지게 하니, 저의 죄입니다."라고 하였다. 또 광무제의 누이가 과부가 되어 송홍을 마음에 두었는데, 광무제가 넌지시 묻자 송홍은 조강지처(糟糠之妻)는 버릴 수 없다고 대답하였다.《後漢書 卷56 宋弘列傳》

88 이들이다 : 양호와 송홍은 비난할 만한 점이 없는데도 불구하고 이렇게 말한 것은 심대윤이 그들을 겉으로만 화려하게 꾸미고 실제가 없는 인물로 보았기 때문이다.《논어》에 "사람의 과실은 각기 그 종류대로 하니, 그 사람의 과실을 보면 인(仁)한지 인하지 않은지를 알 수 있다.〔人之過也, 各於其黨, 觀過, 斯知仁矣.〕" 하였는데, 심대윤의 주에 "타고난 성품의 조화로운 자질이 최상으로 높지 않고 학문에 탁월한 공력이 없으면서 언행에 과실이 없는 자는 바로 그 지혜가 겉을 꾸밀 수 있는 것이지 성실(誠實)에서 나온 것이 아니다. 이를테면 송홍과 양호와 같은 자가 이들이다."라고 하였다.《論語 里仁》

성문 위의 대(臺)이다. 도(荼)는 띠의 꽃이니, 가볍고 희어서 사랑할 만하다. 여려(茹藘 꼭두서니)는 붉은색을 물들이기 때문에 이로써 의복의 색깔을 이름한 것이다.[90]

◯인도(闉闍)는 여러 사람들이 모여 있는 곳이다. '삘기처럼 아름다움'은 화려하기만 하고 실제가 없음을 말한 것이다. '흰 옷에 붉은 수건'은 자질이 아름다우면서 문채를 낼 수 있음을 말한 것이다. 세상에 겉으로 꾸며서 삘기처럼 화려하여 사랑할 만한 자가 없지 않으나, 끝내 경박해서 중후한 덕의 실제가 없다. 오직 자질이 아름다우면서 문채를 낼 수 있고 덕을 세울 수 있어서 명성이 저절로 성대한 자는 바로 내가 함께 즐기는 사람이다. 고귀하고 깨끗한 자는 더불어 공을 세우기가 어렵고, 겉을 화려하게 꾸미는 자는 더불어 덕을 세우기가 어려우니, 오직 실제가 있으면서 문채가 저절로 충족된 자라야 더불어 훌륭한 일을 할 수 있다.

〈양지수〉는 인재를 얻기 어려움을 알아서 사랑하고 아낀 것이요, 〈출기동문〉은 인재를 얻기 어려움을 알아서 자세히 살펴서 선택한 것이다.

이상은 〈출기동문〉 2장이니, 장마다 6구이다.

89 곡성(曲城) : 성문을 방어하기 위해 반원 또는 네모 모양으로 성문 밖을 둘러 가리는 작은 성.

90 여려(茹藘)는……것이다 : 정현의 전(箋)에는 "꼭두서니로 수건을 물들인 것이다.〔茅蒐染巾也.〕"라고 하였다.

야유만초 野有蔓草

들에 만초(蔓草)가 있으니	野有蔓草
내린 이슬이 흠뻑 맺혀 있도다	零露漙兮
아름다운 한 사람이여	有美一人
청양(淸揚)이 예쁘기도 하도다	淸揚婉兮
우연히 서로 만나니	邂逅相遇
나의 소원에 맞도다	適我願兮

《집전》에 말하였다. 단(漙)은 이슬이 많은 모양이다. 청양(淸揚)은 눈썹과 눈이 아름다운 것이다. 해후(邂逅)는 기약하지 않고 우연히 만나는 것이다.

○흥이다.[91] 들에 만초가 있으면 자연히 이슬이 짙게 내리고, 사람에게 어진 덕이 있으면 자연히 서로 합한다. 덕이 있는 사람이 덕이 있는 사람과 가까워지는 것은 이슬이 만초에 모이는 것과 같으니, 자연의 이치이다. 《주역》에 "같은 소리는 서로 응하고 같은 기운은 서로 구하여, 물은 습한 곳으로 흐르고 불은 건조한 곳으로 나아간다."[92]라고 하였다. 같은 기운이 서로 감응하는 것은 아무리 멀어도 도달하고, 아무리 막혀 있어도 통하니, 이는 천리의 자연이다. 만일 내가 실제의 덕이 없으면 비록 팔뚝을 맞대고 침상을 함께 쓰며 가까워지려 해도 되지 않을 것이요, 진실로 내가 실제의 덕이 있으면 비록 산이 막혀 있고 바다가 막혀 있더라도 끝내 서로 합할 것이다. 일의 향방은 같은

91 흥이다 : 《집전》에는 부이고 흥으로 보았으니, 아래 장도 같다. 《집전》에는 남녀가 이슬 맺힌 들에서 만나 읊은 것으로 보았다.

92 같은……나아간다 : 이 내용은 《주역》 〈건괘(乾卦) 문언전(文言傳)〉에 보인다.

종류끼리 모이고 물건은 같은 무리끼리 나누어지니,[93] 선한 사람과 선한 사람이 만나 함께 구제하고, 악한 사람과 악한 사람이 만나 서로 해치는 것이다. 공자가 "덕이 외롭지 않아 반드시 이웃이 있다."[94]라고 하셨고, 횡포한 자는 반드시 적수를 만난다.[95] '나의 소원에 맞음'은 내가 덕을 좋아함이 정성스럽고 간절하면 천하의 덕 있는 자들이 귀의하는 것이다.

들에 만초가 있으니	野有蔓草
내린 이슬이 많고 많도다	零露瀼瀼
아름다운 한 사람이여	有美一人
예쁘기도 한 청양이로다	婉如淸揚
우연히 서로 만나니	邂逅相遇
그대와 친해지도다	與子偕臧

93 일의……나누어지니 : 이 내용은 《주역》 〈계사 상전(繫辭上傳)〉에 "하늘은 높고 땅은 낮으니 건(乾)과 곤(坤)이 정해지고, 낮은 것과 높은 것이 진열되니 귀(貴)와 천(賤)이 자리하고, 동(動)과 정(靜)이 떳떳함이 있으니 강(剛)과 유(柔)가 결단되고, 일의 향방은 같은 종류끼리 모이고〔方以類聚〕 물건은 같은 무리끼리 나누어지니 길과 흉이 생기고, 하늘에 있어서는 상(象)을 이루고 땅에 있어서는 형체를 이루니 변(變)과 화(化)가 나타난다."라고 보이는데, 《주역본의(周易本義)》에서 주자는 "방(方)은 사정의 향하는 바를 이르니, 사물의 선과 악이 각각의 종류로써 나뉘어짐을 말한 것이다.〔方, 謂事情所向, 言事物善惡, 各以類分.〕"라고 풀이하였다.

94 덕이……있다 : 이 내용은 《논어》 〈이인(里仁)〉에 보인다.

95 횡포한……만난다 : 이 내용은 《공자가어(孔子家語)》 〈관주(觀周)〉에 "횡포한 자는 제대로 죽지 못하고, 이기기 좋아하는 자는 적수를 만난다.〔强梁者不得其死, 好勝者必遇其敵.〕"라고 한 것을 줄여 쓴 것이다. 이는 후직(后稷)의 사당에 있던 동상(銅像)의 명문(銘文) 내용으로 공자의 말은 아니다.

흥이다. 양양(瀼瀼)은 또한 이슬이 많은 모양이다. '여자해장(與子偕臧)'[96]은 기운의 종류가 같고 취향이 서로 어울리기 때문에 서로 화합하고 또 서로 친한 것이다.

〈양지수〉 이하 4편은 순서가 있으니, 〈양지수〉는 인재를 아껴서 그와 협조하고 그를 보전하는 것이니 첫 번째 일이요,-최초에 하는 바를 말한다.- 〈출기동문〉은 인재를 가려서 선택하고 평가하는 것이니 두 번째 일이요, 〈야유만초〉는 덕이 같고 마음이 합하여 서로 친한 것이니 세 번째 일이요, 〈진유〉는 신기함을 구하지 않고 한결같은 덕을 항상 행하는 것이니 네 번째 일이다. 〈봉〉 이하 4편은 군자의 덕을 말한 것이고, 〈양지수〉 이하 4편은 사람을 등용하는 방도를 말한 것이다.

이상은 〈야유만초〉 2장이니, 장마다 6구이다.

진유 溱洧

진수(溱水)와 유수(洧水)가	溱與洧
봄물이 막 성하거늘	方渙渙兮
남자와 여자가	士與女
막 난초를 잡고 있도다	方秉蕑兮
여자가 "구경가자"고 하자	女曰觀乎
남자가 "이미 하였노라" 하도다	士曰旣且

96 여자해장(與子偕臧) : 《집전》에는 장(臧)은 '좋음〔美〕'이라 하고, '與子偕臧'은 각기 그 원하는 바를 얻었음을 말한 것이라 하였다.

"또 가서 구경할진저　　且往觀乎
유수 밖은　　洧之外
진실로 넓고 또 즐겁다" 하여　　洵訏且樂
남자와 여자가　　維士與女
서로 희학을 하면서　　伊其相謔
작약(勺藥)을 선물하도다　　贈之以勺藥

《집전》에 말하였다. 환환(渙渙)은 봄물이 성(盛)한 모양이다. 간(蕑)은 난초이다. 우(訏)는 큼이다. 작약은 향초(香草)이니, 3월에 꽃이 피는데, 사랑할 만하다.

○흥이다.[97] '봄물이 막 성함'은 물이 밖에서 구하지 않아도 스스로 성한 것이요, '막 난초를 잡음'[98]은 일하는 바에 마음을 오로지 하여 밖의 일을 사모하지 않는 것이다.

진수와 유수가　　溱與洧
빛나고 맑거늘　　瀏其淸矣
남자와 여자가　　士與女
성대하게 꽉 찼도다　　殷其盈矣
여자가 "구경가자"고 하자　　女曰觀乎
남자가 "이미 하였노라" 하도다　　士曰旣且
"또 가서 구경할진저　　且往觀乎

97 흥이다 : 《집전》에는 부이고 흥이라 하였으니, 아래 장도 같다. 《집전》에는 음분한 자가 스스로 서술한 말이라 하였다.

98 막 난초를 잡음 : 【집전】 정나라의 풍속은 3월 상순의 사일(巳日)에 물가에서 난을 캐어 불길(不吉)함을 제거하였다.

유수 밖은	洧之外
진실로 넓고 또 즐겁다" 하여	洵訏且樂
남자와 여자가	維士與女
서로 희학을 하며	伊其將謔
작약을 선물하도다	贈之以勺藥

흥이다. 류(瀏)[99]는 밝게 빛나고 윤택한 모양이다. 은(殷)[100]은 성한 모양이다. '빛나고 맑음'은 물이 혼탁하게 섞이지 않아 맑은 것이요, '성대하게 꽉 참'은 사람을 다른 데에서 구하지 않고도 충분한 것이다. 이미 구경한 사람과 구경했던 곳을 다시 구경하는 것은 기이한 일을 좋아하는 신진(新進)을 등용하여 신기한 공을 바라지 않고, 오직 덕이 한결같은 신하와 더불어 오래된 떳떳한 법칙을 지킴을 말한 것이다. '유수 밖은 진실로 넓고 또 즐겁다'는 오래된 떳떳한 법칙보다 좋은 것이 없음을 말한 것이다. 장(將)은 마땅히 상(相)이 되어야 하니, '남자와 여자가 서로 희학을 함'은 군주와 신하의 교제가 화평하며 즐겁고 흡족해서, 시기하거나 간격을 두지 않는 것이다. 오미(五味)가 조화로운 것을 작약(勺藥)이라 하니, '작약을 선물함'은 군주와 신하의 취향이 서로 부합해서 여러 공적을 조화롭게 이루는 것이다.

군주가 신기한 일을 벌이기 좋아하면 기이함을 좋아하고 일을 만드는 신하가 나온다. 그러므로 먼저 '막 난초를 잡음'을 말한 뒤에 '성대하게 꽉 참'을 말한 것이니, '막 난초를 잡음'은 기이한 공을 구하지 않는 것이요, '성대하게 꽉 참'은 특이한 사람을 용납하지 않는 것이다. 주나라 목왕(穆王)이 《여형(呂刑)》을 만들자 왕도(王道)가 망하였고,[101]

99 류(瀏) : 【집전】 깊은 모양〔深貌〕

100 은(殷) : 【집전】 많음〔衆〕

송(宋)나라 신종(神宗)이 왕안석(王安石)을 등용하자 천하가 혼란하였으니,[102] 군주에게 기이함을 좋아하는 마음이 있고 신하 중에 일을 만드는 사람이 있으면 그 화가 큰 것이다. 오직 떳떳한 덕이 있는 신하를 등용해서 선왕의 법을 삼가 지켜야 거의 병폐가 없을 것이다. 공자가 "이단(異端)을 다스리면 해로울 뿐이다."[103]라고 하셨으니, 천하의

101 여형(呂刑)을……망하였고 : '여형'은 본래 목왕이 사구(司寇)인 여후(呂侯)에게 형벌을 가르친 것을 기록한 《서경》의 편명인데, 여기서는 여후가 목왕의 뜻을 받들어 지은 형서(刑書)를 가리킨다. 〈여형〉에 형벌의 조목과 속전(贖錢)으로 사면하는 법을 말하였는데, 심대윤은 이에 대하여 "이는 목왕이 선대에 하지 못한 것을 자신이 홀로 능히 할 수 있고 예로부터 없었던 묘함을 홀로 얻었다고 여긴 것이다. 그러나 선왕은 형벌의 조목을 정할 수 없었던 것이 아니고 그 어지러움을 싫어한 것이다. 형법은 큰 강령을 세워 움직이지 않고 그 조목은 사람에게 맡겨 권도로 제정해야 한다.…… 진(秦)·한(漢) 이후로 법망이 더욱 치밀해졌으나 범죄는 날로 증가하였다. 법이 범죄에 대응하기에 부족하면 다시 법을 더 제정하였으나 범죄도 따라서 늘어나서 범죄를 이기지 못하여 어찌할 수 없었다. 이것이 사람에게 맡기는 것이 좋고 법에 맡기는 것이 좋지 않다는 분명한 증험이다. 형벌에 의심스러운 것을 속전으로 사면하면 부자는 돈을 내고 바로 풀려나고, 가난한 자는 종신토록 노역하여 그 값을 갚아야 하니, 이는 빈부에 따라 벌을 달리하는 것이다.〔蓋穆王自以爲獨能先世之所不能而獨得自古未有之妙也. 然先王非不能定其條目也, 惡夫亂也. 夫刑典立其大綱而不動, 其條目則任人而權制. ……自秦漢以後法網愈密而奸日增. 法不足以待姦, 則又益制之, 而姦亦隨長, 法終不能勝奸而無可奈何矣. 此其任人之善而任法之不善之明驗也. 刑罰之疑以贖, 則富者納金而卽釋, 貧者終身勞役以償其直, 是貧富異罰也.〕"라고 비판하였다. 또 "덕화(德化)가 망하고 오로지 형벌로 다스리는 것이 《여형》으로부터 시작되었다.〔德化亡而專用刑治, 自《呂刑》始.〕"라고 하였다. 《書經蔡傳辨正 呂刑, 文侯之命》

102 송(宋)나라……혼란하였으니 : 왕안석(1021~1086)은 북송(北宋)의 정치가로 자는 개보(介甫)이며 호는 반산(半山)이다. 왕안석은 신종 때 재상이 되어 청묘법(青苗法)·보갑법(保甲法) 등의 신법을 실시하였는데, 신법에 피해를 보는 관료·대지주·대상인 등의 반발에 부닥쳤다. 신종이 죽은 뒤에 신법은 폐지되었고, 신법으로 대립했던 구법당(舊法黨)과 신법당(新法黨)의 당쟁은 왕안석이 죽은 뒤에도 계속되었다.

103 이단(異端)을……뿐이다 : 이 내용은 《논어》 〈위정(爲政)〉에 보인다. 이단은 성인의 도가 아닌 것이다. 이에 대해 심대윤은 "성인의 도는 다름이 아니라 사람의 성품이

일이 기이한 것을 좋아하여 성공하는 자가 드물다. 지극히 묘한 것은 지극히 평범한 것에 있고, 지극히 신묘한 것은 지극히 범상한 것에 있다. 천하의 선은 신묘하고 기이한 것에 있지 않으니, 신묘하고 기이한 것은 반드시 좋지 못하다.

이상은 〈진유〉 2장이니, 장마다 12구이다.-2장에서 첫머리 구 외에 한 글자도 바꾸지 않은 것은 한결같은 덕을 고치지 않는 뜻을 나타낸 것이다.

이상은 〈정풍〉 21편이다.

이로움을 좋아하는 것을 따라서 사람을 이롭게 할 뿐이다. 그러므로 성인의 도를 인도(人道)라고 하는 것이다.……인도를 버리고 이단을 다스려 허탄하고 사리에 어긋나고 괴벽하고 특이한 언행을 많이 하면 날마다 공허함으로 나아가고 실제를 떠나니, 자신을 해치고 남을 해침이 크다.〔聖人之道無他, 因人性之好利而利之耳, 故曰人道也.……舍人道而攻異端, 多爲虛誕詭僻高奇之言行, 則日趨於虛而背其實, 其爲自賊而賊人也大矣.〕"라고 하였다.

제 齊

《집전》에 말하였다. 제(齊)는 《서경》 〈우공(禹貢)〉의 청주(靑州) 지역이니, 주나라 무왕(武王)이 이곳에 태공 망(太公望)을 봉해주었다. 태공은 강성(姜姓)이니, 사악(四岳)의 후손이다. 지금 청주 · 제주(齊州) · 치주(淄州) · 유주(濰州) · 덕주(德州) · 체주(棣州) 등지가 바로 이 지역이다.

○연릉 계자(延陵季子)가 말하였다. "아름답다! 음악 소리가 커서 대국의 풍도가 있습니다. 동해 제후의 모범이 되는 것이니, 아마도 태공 나라의 시일 것입니다. 나라의 장래를 헤아릴 수 없습니다."

계명 鷄鳴

닭이 이미 울었으니 鷄旣鳴矣
조정에 이미 신하들이 가득하리라 하였더니 朝旣盈矣
닭이 운 것이 아니라 匪鷄則鳴
창승(蒼蠅)의 소리로다 蒼蠅之聲

부이다. '조기영의(朝旣盈矣)'는 것은 조회하러 모인 신하들이 이미 가득한 것이다. 재상이 감히 나태하고 편안하지 못하여 조심하고 두려워하고 경계해서 행여 닥쳐오는 만기(萬機 군주의 여러 가지 정무)를 소홀히 하여 대응함에 제때를 잃을까 두려워하였다.[1]-기미가 오는 것이 때가 있으니, 제때를 잃으면 실패한다.- 그러므로 정신을 전일하게 하고 유념해서 기미와 유사함의 구분을 살피는 것이다. 무릇 편안함과 위태로움, 화와 복의 기미가 항상 은미하고 유사한 가운데에 숨어 있으니, 일찍 분변하여 처음 싹틀 때에 방비하지 못했다가 이미 드러나게 되면 대처하기가 어렵다.

'닭이 이미 울었으니 조정에 이미 신하들이 가득하다.'는 것은 조심하고 두려워함을 잊지 않아서 행여 때를 잃을까 염려하는 것이다.

'닭이 운 것이 아니라 창승의 소리'라는 것은 생각함이 기미의 앞에 있어서 조기에 분변하는 것이니, 생각함이 기미의 앞에 있으면 이미 싹트기를 기다리지 않고도 알고, 조기에 분변하면 이미 드러나기를 기다리지 않고도 도모한다. 《주역》에 이르기를 "기미를 앎이 신묘할 것이다."[2] 하였고, 《서경》〈고명(顧命)〉에 이르기를 "나쁜 기미로 어둡고 잡되게 나아가지 말라.〔毋冒貢于非幾〕"[3] 하였으니, 모공(冒貢)이라

1 재상이……두려워하였다 : 《집전》에는 어진 후비(后妃)가 일찍 일어날 때를 당하여 마음에 항상 늦을까 두려워한 것으로 보았다.

2 기미를……것이다 : 《주역》〈계사전 하(繫辭傳下)〉에 "기미를 앎이 신묘할 것이다. 군자는 위로 사귀되 아첨하지 않고 아래로 사귀되 함부로 하지 않으니, 기미를 아는 것이다. 기미는 동함의 은미함으로 길흉이 먼저 나타난 것이니, 군자는 기미를 보고 떠나가서 하루가 마치기를 기다리지 않는다.〔知幾其神乎. 君子上交不諂, 下交不瀆, 其知幾乎. 幾者, 動之微, 吉之先見者也, 君子見幾而作, 不俟終日.〕"라고 보인다.

3 나쁜……말라 : 《서경》의 원문에는 "너희들은 소(釗 강왕(康王)의 이름)를 데리고 나쁜 기미로 어둡고 잡되게 나아가지 말라.〔爾無以釗冒貢于非幾.〕"라고 되어 있다. 이에 대하여 심대윤은 《서경채전변정》에서 "모(冒)는 어둡고 가리움이다. 공(貢)은 잡되게 나아감이다. 비기(非幾)는 채침(蔡沈)의 《서경집전(書經集傳)》에 '나쁜 기미이다.'라고 하였으니, 어둡고 가려져 나쁜 기미로 잡되게 나아가는 것이다. 나쁜 기미로 잡되게 나아가지 않아야 마음을 정(精)하게 하고 한결같이 하여 중도(中道)를 잡게 된다. 기미는 그 조짐이 움직여 마음속 은미한 가운데에 싹터서, 터럭만한 사이와 미세한 일에 나타나는 것이다. 일찍 스스로 분변하여 끊지 못하고 일찍 삼가 살펴서 막지 못하면,

는 것은 어둡고 가려져 잡되게 나아가는 것이다. 불선(不善)의 기미가 군주와 정승의 마음에 어둡고 잡되게 나오는데도 이것을 성찰하지 못하면 근본이 병들게 되고, 불선의 기미가 정사에 어둡고 잡되게 나오는데도 깨닫고 살피지 못하면 조정이 위태롭게 되고, 불선의 기미가 천하에 어둡고 잡되게 나오는데도 두루 살피지 못하면 풍속이 무너진다.

〈계명〉의 군자로 말하면 거의 이것을 면할 수 있을 것이다. 능히 유사한 것을 마음에 분변하여 정일(精一)함을 이루고, 능히 유사한 것을 정사에 분변하여 화합을 이루고, 능히 유사한 것을 천하에 분변하여 태평성대를 이룰 것이다.

동방이 밝은지라	東方明矣
조정에 이미 신하들이 많으리라 하였더니	朝旣昌矣
동방이 밝은 것이 아니라	匪東方則明
달이 떠서 빛남이로다	月出之光

부이다. 창(昌)은 창성함이다. '닭이 이미 울음'은 귀로 살피는 것이고, '동방이 밝음'은 것은 눈으로 살피는 것이다.

벌레가 윙윙거릴 때까지	蟲飛薨薨
그대와 함께 꿈꾸고 싶지만	甘與子同夢

이미 자란 뒤에는 고치려 하여도 할 수 없고 간하려 해도 할 수 없게 된다. 모(冒)는 어둡고 가려져, 분변하여 살필 수 없는 것이다.〔冒, 蒙蔽也. 貢, 雜進也. 非幾, 《集傳》曰 '不善之幾也', 毋蒙蔽昏冒以雜進于不善之幾也. 不雜進于不善之幾, 則精一執中矣. 幾者, 動其兆, 萌於心術隱微之中, 而見於毫忽之間、瑣細之事者也. 不能早自辨而絶之, 不能早謹察而遏之, 及其旣長, 雖欲改之, 不可得矣, 雖欲諫之, 不可得矣. 冒, 蒙昏而不能辨察也.〕"라고 풀이하였다.

신하들이 모였다가 장차 돌아가게 되면　會且歸矣
나와 그대를 미워하지 않을까　無庶予子憎

부이다. 날이 밝으면 벌레가 날고, 벌레가 날아 윙윙거리면 편안히 잠잘 수가 없으니, 기미가 이미 드러나고 난이 이미 일어나서 편안할 수 없음을 말한 것이다. '벌레가 윙윙거릴 때까지 그대와 함께 꿈꾸고 싶음'은 안일을 탐해서 몽매하여 살피지 못하고 벌레가 나는 때에 이름을 말한 것이다.

"모였다가 장차 돌아가게 되면 나와 그대를 미워하지 않을까."라고 한 것은, 안일을 탐하지 않는 것은 아니나 조정에 모였던 신하들이 〈군주가 나오지 않아〉 장차 흩어지면 나와 그대가 장차 남에게 미움받게 됨을 말한 것이니, 사람들이 장차 이반하여 위태로움과 망함이 이름을 말한 것이다. 서(庶) 또한 '장차〔且〕'이다. 먼저 나를 말하고 뒤에 그대를 말한 것은, 재상은 훌륭한 군주를 만드는 것을 자신의 임무로 여기고, 난을 다스림으로 자책하기 때문이다.

이상은 〈계명〉 3장이니, 장마다 4구이다.

선 還

몸이 재빠른 그대가　子之還兮
나와 노산(狃山)의 사이에서 만난지라　遭我乎狃之間兮
함께 수레를 몰아 두 마리 큰 짐승을 뒤좇았는데　竝驅從兩肩兮
나에게 읍(揖)하면서 나더러 날렵하다고 이르는구나　揖我謂我儇兮

《집전》에 말하였다. 부이다. 선(還)은 민첩한 모양이다. 노(峱)는 산 이름이다. 짐승이 3년 된 것을 견(肩)이라 한다. 현(儇)은 재빠름이다.

◯'몸이 재빠른 그대'는 군주가 나랏일에 민첩한 것이요, '나와 노산의 사이에서 만남'은 군주가 홀로 다스리지 못하여 반드시 어진 신하를 만난 뒤에야 비로소 이름이 있음을 말한 것이다.[4] '함께 수레를 몰아 두 마리 큰 짐승을 뒤쫓음'은 군주는 군주의 직책을 행하고 신하는 신하의 직책을 행하여, 한 마음에 다른 것이 없고 달려감에 힘을 다해서 일찍이 조금도 태만하지 않은 것이다.

사냥하는 자들이 서로 만났을 적에 각각 자기가 목표로 하는 짐승을 쫓아가서 마음을 전일하게 하여 달려가서 조금도 휴식하지 않는 것이 가장 여기에 가깝기 때문에 가탁한 것이다. 양견(兩肩)은 두 사람이 쫓는 두 마리 짐승의 크기가 똑같은 것이니, 군주와 신하가 각각 자기의 직분을 다해서 함께 나랏일을 다스리는 것이다. '나에게 읍하면서 나더러 날렵하다고 이름'에서의 현(儇)은 직책을 수행함에 민첩한 것이다. '몸이 재빠른 그대'를 주체로 하고 '나더러 날렵하다고 이름'으로 글을 끝마친 것은, 군주는 통솔하는 자가 되고 신하가 이것을 이루는 것이다.

아름다운 그대가	子之茂兮
나와 노산의 길에서 만난지라	遭我乎峱之道兮
함께 수레를 몰아 두 마리 큰 짐승을 뒤쫓았는데	竝驅從兩牡兮

4 몸이……것이다 : 【집전】 사냥하는 자가 도로에서 교착(交錯)하면서 또 몸놀림이 재빠르고 날렵함으로써 서로 칭찬하기를 이와 같이 하여, 스스로 그 나쁨을 알지 못하였으니, 그렇다면 그 풍속의 아름답지 못함을 볼 수가 있다.

나에게 읍하면서 나더러 문덕(文德)이 훌륭하다고 이르는구나
揖我謂我好兮

부이다. 무(茂)는 문덕이 뛰어난 것이다.[5]

창성한 그대가 子之昌兮
나와 노산의 남쪽에서 만난지라 遭我乎猫之陽兮
함께 수레를 몰아 두 승냥이를 뒤쫓았는데 竝驅從兩狼兮
나에게 읍하며 나더러 잘한다고 이르는구나 揖我謂我臧兮

부이다. 창(昌)은 사업이 창성한 것이다. 군주가 자기의 직책에 힘을 다하고 다른 마음이 없으면 군주 자신이 편안하고 이롭게 되고, 신하가 자기의 직책에 힘을 다하고 다른 마음이 없으면 신하 자신이 복을 받고 영화롭게 된다. 군주와 신하가 함께 국사를 다스리면서 함께 자신을 위해 도모함은, 사냥하는 자가 짐승을 잡음이 각각 자신의 이로움이 되는 것과 같다.

이상은 〈선〉 3장이니, 장마다 4구이다.

저 著

나를 문간에서 기다리나니 俟我於著乎而

5 무(茂)는……것이다 : 【집전】 무는 아름다움〔美〕이다.

충이(充耳 귀막이)를 흰 실로 하였고　　充耳以素乎而
그 위에 경화(瓊華)를 더하였도다　　尙之以瓊華乎而

《집전》에 말하였다. 귀막이는 솜을 사용하고, 귀막이 옥을 매다는 것은 귀막이 옥 끈을 사용한다.[6] 상(尙)은 더함이다. 경화(瓊華)는 옥돌이다.

○부이다. 저(著)는 저(宁 문과 문병(門屛)의 사이)와 같으니, 군주가 신하들에게 조회를 받을 적에 문병을 등지고 저(宁)에 서 있는다. 저(宁)는 저(佇)와 뜻이 같으니, 우두커니 서서 기다림을 말한 것이다. 이는 신부가 신랑의 집에 이름에 신랑이 문안에서 기다리면 신부가 성대하게 꾸미고 들어오는 것에 가탁한 것이다. 그러나 혼례에는 신랑이 저와 뜰과 당에서 기다리는 의식이 없고 저는 또 사가(私家)에 있는 것이 아니니, 이는 가탁한 말임을 밝힌 것이다.

'나를 문간에서 기다림'은 군주가 어진 신하에게 유념함을 말한 것이다. '충이를 흰 실로 함'과 '그 위에 경화를 더함'은, 신하가 탁마하고 담금질하여 군주에게 나아가서, 기다리는 군주에게 잘 보여서 뜻이 순하고 거슬리지 아니하여 점차 군주를 인도하여 날로 도(道)에 들어가는 것이 마치 여자가 남편이 기다리는 것을 보고 성대하게 스스로 꾸며 나아가서 남편에게 잘 보이고 순하여 감히 거스르지 않는 것과 같다고 말한 것이다.-이 뜻이 《원위침폄(原委針砭)》의 육불경(六不敬)의 조목에

6 충이(充耳)는……것이다 : 《집전》에는 "충이는 솜으로 귀막이 옥을 매단 것이니, 이른바 담(紞 귀막이 옥 끈)이라는 것이다.〔充耳, 以纊懸瑱, 所謂紞也.〕"라고 하여, 솜을 귀막이 옥 끈의 뜻으로 썼다. 그러나 심대윤은 '充耳以纊, 而懸瑱以紞也'라고 바꾸어 썼으니, 귀막이 옥과 별도로 솜을 귀막이로 사용한다고 본 듯하다. 본래 충이는 귀막이 옥과 귀막이 옥 끈을 통틀어 말하기도 하고, 귀막이 옥만을 말하기도 하는데, 시에서는 귀막이 옥 끈을 위주하여 말한 것이다.

자세히 보인다.[7]-

충이를 가지고 말한 것은 좋은 말과 계책이 군주의 귀에 가득하면 바르지 않은 말이 들어갈 곳이 없기 때문이다. 신하가 능히 군주를 선하게 하면 이는 또한 신하의 선이다. 그러므로 충이를 흰 실로 하고 그 위에 경화를 더함은 신하 입장에서 말하여 군주까지 겸한 것이니, 신하의 선이면서 군주의 선이 이 가운데에 들어 있다. 신하가 군주를 선하게 하지 못하고 홀로 자신만 선하게 한다면, 신하 노릇을 살한다고 할 수가 없다.

나를 뜰에서 기다리나니 俟我於庭乎而

7 이……보인다 : 《원위침폄》은 〈패풍(邶風) 백주(柏舟)〉의 각주 참조. 육불경(六不敬)은 군주를 대하는 신하의 여섯 가지 불경으로 《원위침폄》에 "우리 군주는 훌륭한 군주가 될 수 없다고 생각하여 말하지 않는 것을 일러 '군주를 속임〔欺君〕'이라 하니 군주를 속임이 불경이요, 군주에게 삼가지 않아서 가벼이 마음을 놓는 것을 일러 '군주에게 태만함〔慢君〕'이라 하니 군주에게 태만함이 불경이요, 간곡히 말하여 군주를 인도하여 도에 들어가게 하지 못하고서 갑자기 어려운 일을 군주에게 요구하는 것을 '군주를 해침〔賊君〕'이라 하니 군주를 해침이 불경이요, 군주에게 불선이 있을 적에 군주가 밝게 아는 것을 인하여 깨우치고 완곡한 표현과 비유로 서서히 깨우칠 것을 생각하지 않고 발끈하여 군주를 범하여 티격태격하는 것을 '군주를 그르침〔誤君〕'이라 하니 군주를 그르침이 불경이요, 여유와 너그러움으로 군주가 능하지 못함을 용서하며 할 수 있는 바를 미루어 나아가게 하지 못하고, 각박하고 엄하고 급하게 하여 군주가 감당하지 못하게 하는 것을 '군주를 위협함〔劫君〕'이라 하니 군주를 위협함이 불경이요, 기회를 틈타 때에 알맞게 하여 군주의 마음의 향배를 살펴서 때에 맞게 은미한 계책을 올리지 못하고, 군주의 기색을 살피지 않고 시끄럽고 번거롭게 자주 간하여 군주가 싫어하게 하는 것을 '군주를 떠남〔離君〕'이라 하니 군주를 떠남이 불경이다.〔吾君不能, 是謂欺君, 欺君, 不敬也. 不愼乎君, 輕失其心, 是謂慢君, 慢君, 不敬也. 不能委曲引誘以入道, 驟而責難, 謂是賊君, 賊君, 不敬也. 君有不善, 不思因其所明而牖之, 諷譬以徐喻, 勃然觸之而層激, 是謂誤君, 誤君, 不敬也. 不能優游寬假, 恕其不能而推其所及, 操切嚴急, 使君不堪, 是謂劫君, 劫君, 不敬也. 不能因幾適時, 察志向背而時薦微計, 聱躁煩數, 使君厭苦, 是謂離君, 離君, 不敬也.〕"라고 보인다.

충이를 푸른 실로 하였고　　充耳以青乎而
그 위에 경영(瓊瑩)을 더하였도다　　尙之以瓊瑩乎而

부이다. 경영(瓊瑩)과 경영(瓊英)은 모두 옥돌이다.

나를 당(堂)에서 기다리나니　　俟我於堂乎而
충이를 누런 실로 하였고　　充耳以黃乎而
그 위에 경영(瓊英)을 더하였도다　　尙之以瓊英乎而

부이다.

이상은 〈저〉 3장이니, 장마다 3구이다.

동방지일 東方之日

동방의 해여!　　東方之日兮
저 아름다운 그대가　　彼姝者子
내 방에 있도다　　在我室兮
내 방에 있으니　　在我室兮
내 발자취를 밟아 따라오도다　　履我卽兮

흥이다. '동방의 해'는 2장의 '동방의 달'과 나란히 이어져서 흥을 하였으니, 마치 《주역》의 〈건괘(乾卦)〉와 〈곤괘(坤卦)〉가 나뉘어 있으나 실은 연결되어서 합하여 하나인 것과 같다. 달은 햇빛을 받아서 자기의 광채로 삼으니, 신하가 임금의 덕을 받아서 자기의 덕으로 삼는 것과 같다. 그러므로 해와 달을 가지고 흥을 한 것이다. 동방은 해가 나오고 보름달이 뜨는 곳이니, 군주와 신하가 서로 시작하고 끝마침을 말한 것이다. 군주는 비유하면 물그릇이고 신하는 물이니, 물그릇이 네모지면 물이 네모지고 물그릇이 둥글면 물이 둥글며, 군주는 푯대이고 신하는 그림자이니, 푯대가 곧으면 그림자도 곧고 푯대가 굽으면 그림자도 굽는다. 신하는 일정한 마음이 없어서 군주를 마음으로 삼고, 신하는 정해진 형체가 없어서 군주를 형체로 삼으니, 마치 달은 본래 광채가 없어서 햇빛을 가지고 광채로 삼는 것과 같다.

"저 아름다운 그대가 내 방에 있도다."라고 한 것은 신하가 군주를 따라서 덕에 나아감을 말한 것이다.-남에게 선과 악을 베푸는 것을 다 덕이라 한다.- '내 발자취를 밟아 따라옴'은 나의 발자취를 밟아 자리로 나아감을 말한 것이니, 자리로 나아간다는 것은 나아가서 이곳에 머무는 것이다.

동방의 달이여!	東方之月兮
저 아름다운 그대가	彼姝者子
내 문안에 있도다	在我闥兮
내 문안에 있으니	在我闥兮
내 발자취를 따라 출발하도다	履我發兮

흥이다. '내 발자취를 따라 출발함'에서의 발(發)은 출발하여 길을 떠나는 것이다. 나의 발자취를 밟아 길을 떠남을 말한 것이니, 길을 떠남은 출발하여 정사에 시행하는 것이다. 〈저〉는 신하가 군주를 도에 이르게 하는 것이요, 〈동방지일〉은 군주가 신하를 덕으로 교화하는 것이다.[8]

이상은 〈동방지일〉 2장이니, 장마다 5구이다.

동방미명 東方未明

동방이 아직 밝지 못하였거늘	東方未明
의상(衣裳)을 전도(顚倒)하여 입노라	顚倒衣裳
넘어지고 엎어지거늘	顚之倒之
공소(公所)로부터 부르도다	自公召之

부이다. '동방이 아직 밝지 못함'은 군주가 밝지 못함을 말한 것이다. '동방이 아직 밝지 못하였는데 의상을 전도하여 입는다.'는 것은 때가 이르고 또 신하가 마음을 다하는 것이다. 공소에서 이미 재촉하여 부르니, 이는 군주가 밝지 못하여 분수를 알지 못함을 풍자한 것이다. 분수는 명(命)이니, 그 품부받은 입장에서 말하면 명이라 하고, 분한(分限 지켜야 할 한계)의 입장에서 말하면 분수라 하는데, 실제는 똑같으니, 재주와 지위와 때가 이것이다. 재주에 따라 때가 다르고, 지위에 따라 때가 다르다. 그러므로 홀로 때만 말하였으나 재주와 지위의 뜻이 함께 들어 있다.

군주가 신하를 부릴 적에 마땅히 재주에 합당하게 하고, 지위에 합당하게 하고, 때에 합당하게 해야 하니, 그런 뒤에 온갖 직책이 그 분수를 얻어서 사공(事功)이 이루어진다. 이제 때의 이르고 늦음과 남이 마음

8 동방지일은……것이다 : 《모시서(毛詩序)》에는 "쇠(衰)함을 풍자한 시이다. 군신이 도리를 잃고 남녀가 음분하여 예로서 교화하지 못한 것이다.〔刺衰也. 君臣失道, 男女淫奔, 不能以禮化也.〕"라고 하였다.

을 다함을 헤아리지 않으면 이는 때와 재주를 알지 못하는 것이다. 군주에게 조회함은 신하의 일이니, 공소로부터 신하를 부른다면 지위를 알지 못하는 것이다.

동방에 아직 햇살이 퍼지지 않았거늘	東方未晞
의상을 전도하여 입노라	顚倒裳衣
넘어지며 엎어지거늘	倒之顚之
공소로부터 호령하도다	自公令之

부이다.

버들가지를 꺾어 채전(菜田)에 울타리친 것을	折柳樊圃
광부(狂夫)도 두려워하거늘	狂夫瞿瞿
새벽과 밤을 구별하지 못하여	不能晨夜
이르지 않으면 너무 늦도다	不夙則莫

비이고 부이다.[9] 번(樊)은 울타리이다. 구구(瞿瞿)는 놀란 눈으로 보는 모양이다. 버들가지를 꺾어 채전에 울타리를 치면 광부가 오히려 놀란 눈으로 보고 감히 넘지 못하니, 이로써 물건에 분한이 있으면 사람들이 감히 범하지 못함을 비유하였으니, 분한을 삼가지 않으면 안 됨을 말한 것이다. '새벽과 밤을 구별하지 못함'은 이르고 늦음을 알지 못하는 것이니, 홀로 때만 말하였으나 재주와 지위의 뜻이 함께

9 비이고 부이다 : 《집전》에는 비로 보고 "버드나무를 꺾어 채전에 울타리를 친 것은 비록 믿을 만한 것이 못 되나, 광부가 이것을 보고 오히려 놀라서 돌아보고 감히 넘지 못한다. 이것으로써 새벽과 밤의 한계가 매우 분명하여 사람들이 알기 쉬운 것인데, 지금 마침내 이것을 알지 못해서 너무 이름에 잘못되지 않으면 너무 늦음에 잘못됨을 비유한 것이다."라고 하였다.

들어 있다.

이상은 〈동방미명〉 3장이니, 장마다 4구이다.

남산 南山

남산(南山)이 높고 높거늘	南山崔崔
숫여우가 태평하도다	雄狐綏綏
노(魯)나라 길이 평탄하거늘	魯道有蕩
제(齊)나라 아가씨가 이 길을 따라 시집왔도다	齊子由歸
이미 시집을 왔으니	旣曰歸止
어찌하여 또 그리워하게 하는고	曷又懷止

흥이다.[10] 최최(崔崔)는 높은 모양이고, 수수(綏綏)[11]는 편안하고 느린 모양이다. '남산이 높고 높음'은 높은 지위에 거하여 사람들이 우러러보는 바가 됨을 말한 것이요, '숫여우가 태평함'은 노나라 환공(桓公)이 부인을 풀어 놓아 간음하게 하고 태연하여 편안히 여김을 말한 것이다. 여우로써 군주를 비유하여 부부의 도를 말하였다. 그러므로 수컷이라 하였으니, 사람들이 우러러보는 지위에 거하여 행하는 바가 이와

10 홍이다 : 《집전》에는 비로 보았으니, 아래 제2장도 같다. 《집전》에 "남산에 여우가 있음으로써 양공(襄公)이 높은 지위에 있으면서 사특한 행실을 행함을 비유하였고, 또 '문강(文姜)이 이미 이 길을 따라 노나라로 시집왔는데, 양공이 어이하여 다시 그를 그리워하는가.'라고 한 것이다." 하여, 여우와 그리워하는 자를 모두 양공으로 보았다.

11 수수(綏綏) : 【집전】 짝을 찾는 모양〔求匹之貌〕

같음을 풍자한 것이다.

탕(蕩)은 평탄함이다. "어찌하여 또 그리워하게 하는고."라고 한 것은 어찌하여 부인으로 하여금 다시 남을 그리워하게 하느냐고 한 것이다. 노나라 환공이 제나라 희공(僖公)의 딸에게 장가드니, 이가 문강(文姜)이다. 환공이 문강과 함께 제나라에 가니, 양공(襄公)이 문강과 간통하였다. 환공이 문강을 질책하자, 양공이 공자 팽생(彭生)을 시켜서 수레 안에서 환공의 뼈를 부러뜨려 죽였으니, 이 시는 환공이 자기 아내를 제어하지 못함을 풍자한 것이다.

칡 신은 다섯 켤레이며	葛屨五兩
갓끈은 한 쌍이니라	冠緌雙止
노나라 길이 평탄하거늘	魯道有蕩
제나라 아가씨가 이 길을 사용하여 시집왔도다	齊子庸止
이미 이 길을 사용하여 시집왔으니	旣曰庸止
어찌하여 또 서로 따르게 하는고	曷又從止

흥이다.-가탁하는 종류를 뒤바꾸어 비추어 말한 것이다.[12]- 양(兩)은 한 쌍이다. 유(緌)는 관 위의 꾸밈이다. 용(庸)은 사용함이니, 이 길을 사용하여 노나라로 시집온 것이다.

삼을 심을 때에 어찌해야 하는가	蓺麻如之何

12 가탁하는……것이다 : 심대윤은 〈국풍〉의 서문에서 "홍(興)은 단조로운 말과 짧은 말로는 그 뜻을 밝힐 수가 없으므로 물건 중에 비슷한 종류에 가탁하여 서로 비추어 말한 것이다.〔興者, 單辭隻言未足以明其意, 故托物之比類者, 以相映發也.〕"라고 하였다.

그 이랑을 횡(橫)으로 종(縱)으로 하느니라 衡從其畝
아내를 취하려면 어찌해야 하는가 取妻如之何
반드시 부모에게 아뢰어야 하느니라 必告父母
이미 부모에게 아뢰었거니 旣曰告止
어찌하여 또 욕심을 극에 달하게 하는고 曷又鞠止

흥이다.-가탁하는 바는, 다만 어세가 서로 비슷함을 취하였고 다른 뜻이 없다.- 예(藝)는 심음이다. 국(鞠)은 그 욕심을 궁극히 하는 것이다.

장작을 패려면 어찌해야 하는가 析薪如之何
도끼가 아니면 하지 못하느니라 匪斧不克
아내를 취하려면 어찌해야 하는가 取妻如之何
중매가 아니면 얻지 못하느니라 匪媒不得
이미 얻었거니 旣曰得止
어찌하여 또다시 욕심을 극에 달하게 하는고 曷又極止

흥이다.-또한 어세가 서로 비슷함을 취하였다.- 극(極)도 궁극함이다.

〈동방미명〉은 군주가 신하를 제대로 부리지 못함을 말하였고, 〈남산〉은 남편이 아내를 제재하지 못함을 말하였다.

이상은 〈남산〉 4장이니, 장마다 6구이다.

보전 甫田

큰 밭을 농사짓지 말지어다　無田甫田
잡초가 제멋대로 무성하리라　維莠驕驕
멀리 있는 사람을 그리워하지 말지어다　無思遠人
마음만 애달프리라　勞心忉忉

부이다.[13]《집전》에 말하였다. 보(甫)는 큼이다. 유(莠)는 가라지이다. 교교(驕驕)는 방사(放肆)한 뜻이요,[14] 도도(忉忉)는 근심하고 수고로워함이니, 작은 것을 싫어하고 큰 것을 힘쓰며 가까운 것을 소홀히 하고 먼 것을 도모하여, 한갓 수고롭기만 하고 공(功)이 없음을 경계한 것이다.

○큰 것은 큰 것에 있지 아니하여 작은 것에 있고, 먼 것은 먼 것에 있지 아니하여 가까운 것에 있으니, 《중용》의 비은(費隱)이 이것을 말한 것이다.[15] 멀고 큰 것에 힘쓰는 자는 만대의 병폐의 뿌리이다.

13 부이다 : 《집전》에는 비로 보았으니, 이하의 장도 같다.

14 교교(驕驕)는 방사(放肆)한 뜻이요 : 《집전》에는 '장왕(張王 왕성함)의 뜻'이라 하여 유사하지만 차이가 있다.

15 중용의……것이다 : 《중용》에 "군자의 도는 비(費)하고 은(隱)하다. 필부필부의 어리석음으로도 참예하여 알 수 있으나 그 지극함에 이르러서는 비록 성인이라도 또한 알지 못하는 바가 있으며, 필부필부의 불초함으로도 행할 수 있으나 그 지극함에 이르러서는 비록 성인이라도 또한 능하지 못한 바가 있으며, 천지의 큼으로도 사람이 오히려 유감으로 여기는 바가 있는 것이다. 그러므로 군자가 큰 것을 말할진댄 천하가 싣지 못하며, 작은 것을 말할진댄 천하가 깨뜨리지 못한다.〔君子之道, 費而隱. 夫婦之愚, 可以與知焉, 及其至也, 雖聖人亦有所不知焉. 夫婦之不肖, 可以能行焉, 及其至也, 雖聖人亦有所不能焉. 天地之大也, 人猶有所憾, 故君子語大, 天下莫能載焉, 語小, 天下莫能破焉.〕"라고 보이는데, 심대윤은 이에 대하여 《중용훈의(中庸訓義)》에서 "비(費)는 광

군자가 아래로 일상의 도를 배워서 위로 지극한 도에 통달하여[16] 필부필부(匹夫匹婦)와 함께하고 천지에 참여한다. 멀고 큰 것을 추구하는 자는 반드시 이익을 버리고 명예를 위하는 자이다. 그러나 명예 또한 허황한 것이어서 이루지 못한다.

큰 밭을 농사짓지 말지어다 無田甫田
잡초가 작물을 해치리라 維莠桀桀
멀리 있는 사람을 그리워하지 말지어다 無思遠人

대함이고, 은(隱)은 간약(簡約)하고 작음이니, 필부필부가 참예하여 알 수 있는 것은 '은'이고 성인도 알지 못하고 능하지 못하는 것은 '비'이다. 성인이라도 필부필부와 도를 함께 하며, 성인이라도 홀로 천하의 일을 알 수 없고 홀로 천하의 일에 능할 수 없다. 성인이 능한 바가 필부필부가 능한 바를 넘지 않으나 성인은 스스로 옳다고 여기지 않고 필부필부에게서 취하여 만대 천하의 필부필부로써 만대 천하의 필부필부를 다스린다. 그러므로 천지와 크기를 함께 하는 것이다.〔費, 廣大也. 隱, 約小也. 夫婦之與知能行, 隱也; 聖人之不知不能, 費也. 雖聖人與夫婦同道, 雖聖人不能獨知天下之事, 獨能天下之功. 聖人之所能, 不過夫婦之所能, 而惟其不自用, 而取於夫婦, 以天下萬世之夫婦, 治天下萬世之夫婦, 故與天他同大.〕"라고 해설하였다.

16 군자가……통달하여 : 《논어》 〈헌문(憲問)〉의 공자의 말씀에 "하늘을 원망하지 않으며 사람을 탓하지 않고, 아래로 일상의 도를 배워서 위로 지극한 도에 통달하니, 나를 알아주는 것은 하늘이실 것이다.〔不怨天, 不尤人, 下學而上達, 知我者, 其天乎.〕"라고 보인다. 주자는 '하학(下學)'을 '아래로 인간의 일을 배움'으로, '상달(上達)'을 '위로 천리(天理)를 통달함'으로 해석하였으나, 심대윤은 "성인의 도는 충(忠)과 서(恕)일 뿐이니, 충과 서는 부녀자와 어린아이도 할 수 있는 것이다. 그러므로 《중용》에 '군자의 도는 필부필부에게서 단서를 만든다.'라고 하였으니, 이것이 하학이다. 끝에 가서는 중화(中和)에 이르러 만물이 본성을 얻게 하고 천지에 참여하니, 이것이 상달이다. 이는 다른 이유가 없다. 사람의 도를 지극한 경지로 미루어 넓힌 것일 뿐이다. 사람의 도는 천리이니, 《중용》의 마지막 단락이 바로 이 글의 뜻이니, 지금 거듭 말하지 않는다.〔聖人之道, 忠恕而已, 忠恕者, 婦孺之所能行也. 故曰'造端乎夫婦', 此下學也. 終於中和, 萬物得其性而參於天地, 此上達也. 是無他, 人道而推廣極致耳. 人道者, 天理也, 《中庸》之末段, 卽此文之意也, 今不重言.〕"라고 하였다.

마음만 쓰라리리라　勞心怛怛

부이다. 걸걸(桀桀)은 침학(侵虐)하는 뜻이다. 달달(怛怛)은 슬퍼하고 상심함이다.[17]

예쁘고 아름다운　婉兮孌兮
총각이 쌍상투한 것을　總角丱兮
얼마 안 있다가 만나 보면　未幾見兮
우뚝히 관을 쓰고 있느니라　突而弁兮

비이다. 완(婉)과 연(孌)은 어리고 예쁜 모양이요, 관(丱)은 두 뿔의 모양이요, 돌(突)은 갑자기 높이 나온 모양이다. 변(弁)은 조정 관원의 관이다. 동자가 갑자기 조정 관원의 관을 써서 모양은 근사하나 실제가 없는 것이니, 이로써 큰 것을 힘쓰고 먼 것을 도모해서 이름은 있으나 공이 없음을 비유하였다.-만약 《집전》처럼 동자가 스스로 관을 썼다면 이는 스스로 큰 것을 힘쓰고 먼 것을 도모하는 것이니, 어찌하여 앞의 말을 뒤집는 것인가. '얼마 안 있음〔未幾〕'과 '우뚝히〔突〕'라고 한 것이 어찌 순서를 따르는 말이겠는가.[18]-

이상은 〈보전〉 3장이니, 장마다 4구이다.

17 걸걸(桀桀)은……상심함이다 : 【집전】 '걸걸'은 교교(驕驕)와 같고, '달달'은 도도(忉忉)와 같다.

18 얼마……말이겠는가 : 이는 《집전》의 "총각을 한 아이를 본 지가 오래지 않은데 홀연히 관을 쓰고 나오는 것은, 등급을 건너 뛰어 억지로 구해서가 아니요, 순서를 따르면 세(勢)가 반드시 이르기 마련인 것이다. 이는 또 작은 것이 크게 될 수 있고, 가까운 것이 멀리까지 이를 수 있으니, 능히 그 순서를 따라 닦으면 홀연히 지극한 경지에 이를 수 있지만 만일 등급을 건너뛰어 속히 도달하고자 하면 도리어 달성하지 못하는 바가 있음을 밝힌 것이다."라는 말을 비판한 것이다.

노령 盧令

사냥개의 방울이 겹쳐 있으니 盧令令
그 사람이 아름답고 또 인자하도다 其人美且仁

비이고 부이다.[19] 노(盧)는 사냥개이다. 영(令)은 마땅히 영(鈴 방울)이 되어야 하니, 영영(鈴鈴)은 겹쳐 있는 방울이다. 이로써 군자는 명예와 이로움이 둘 다 이루어져 편벽되지 않아서 훌륭한 명예가 무궁함을 비유하였다. 명예를 버리고 이로움을 추구하면 이로움이 반드시 다하고 짐승으로 돌아가게 되며, 이로움을 버리고 명예를 추구하면 명예가 반드시 허황되고 귀신에게 미움을 받으니, 요컨대 명예와 이로움이 둘 다 이루어지지 못하고 자신의 본성을 잃게 된다. 명예와 이로움이 둘 다 이루어져 편벽되지 않으면 중용이니, 중용은 이로움이 사해(四海)를 다 소유하고, 명예가 하늘과 땅이 다할 때까지 무궁하다.

겹쳐 있으면서 소리를 내는 것은 오직 사냥개의 방울만이 그러하기 때문에 이것을 가지고 가탁한 것이다. 명예와 이로움을 좋아하는 것은 사람의 떳떳한 성품이다. 그러므로 다만 '영영' 두 글자로 말하고 다시 확장하여 자세히 말할 필요가 없으니, 또 이것이 지극히 중요하여 요약됨을 나타낸 것이다. 미(美)는 재주가 아름다운 것이고 인(仁)은 중용의 도이니, 재주가 아름답기 때문에 능히 명예와 이로움이 둘 다 이루어져 인이 됨을 말한 것이다.

19 비이고 부이다 : 《집전》에는 부로 보았으니, 이하의 장도 같다. 《집전》에 "이 시는 대의가 〈선(還)〉과 대략 같다."라고 하였으니, 사냥하는 자들이 나쁜 풍속을 서로 칭찬함에 대한 풍자로 본 것이다.

사냥개의 고리가 겹쳐 있으니 盧重環
그 사람이 아름답고 또 살쩍이 아름답도다 其人美且鬈

비이고 부이다. 권(鬈)은 살쩍이 아름다운 모양이다.

사냥개의 사슬고리가 겹쳐 있으니 盧重鋂
그 사람이 아름답고 또 수염이 많도다 其人美且偲

비이고 부이다. 매(鋂)[20] 또한 고리이다. 시(偲)는 수염이 많은 모양이다. 살쩍과 수염은 몸의 밖에 있으면서 몸에 붙어서 풍채로 삼는 것이니, 이로써 위의를 말한 것이다. 인(仁)은 체가 되고 위의는 용이 되므로, 1장에서 한 번 인을 말하여 주장으로 삼고 2장과 3장에서 두 번 위의를 말하여 종속으로 삼은 것이다.

이상은 〈노령〉 3장이니, 장마다 2구이다.

폐구 敝笱

해진 통발이 어량(魚梁)에 있으니 敝笱在梁
그 고기는 방어(魴魚)와 환어(鰥魚)로다 其魚魴鰥
제자(齊子)가 제나라로 돌아가니 齊子歸止
따르는 자들이 구름처럼 많도다 其從如雲

20 매(鋂) : 【집전】 한 개의 고리가 두 개의 고리를 꿰고 있는 것〔一環貫二〕

흥이다.[21] 구(笱)는 대나무로 만든 통발이다. 방(魴)과 환(鰥)은 큰 물고기이다. 여운(如雲)은 많음이다. 해진 통발로는 큰 물고기를 막고 제지하지 못함을 가지고 노나라 장공(莊公)이 어머니 문강(文姜)을 제대로 제재하지 못함을 흥하였다. 문강이 자주 제나라에 가서 양공(襄公)과 만나니, 시인이 장공이 어머니를 제대로 섬기지 못함을 풍자한 것이다.

해진 통발이 어량에 있으니　敝笱在梁
그 고기는 방어와 연어(鰱魚)로다　其魚魴鱮
제자가 제나라로 돌아가니　齊子歸止
따르는 자들이 비처럼 많도다　其從如雨

흥이다. 서(鱮)는 방어와 비슷하다.

해진 통발이 어량에 있으니　敝笱在梁
그 고기가 들락날락하도다　其魚唯唯
제자가 제나라로 돌아가니　齊子歸止
따르는 자들이 물처럼 많도다　其從如水

흥이다. 유유(唯唯)는 《집전》에 "물고기가 다니면서 출입하는 모양이다."라고 하였다. 혹자가 말하기를 "아들이 어머니를 제재할 수 있습니까?" 하자, 조자(趙子)[22]가 "장공이 정성으로써 어머니를 섬기고 위

21 흥이다 : 《집전》에는 비로 보았으니, 이하도 같다. 《집전》에 "제나라 사람이, 해진 통발로는 큰 고기를 제어할 수 없음으로써 노나라 장공이 문강을 제재하지 못하여 문강이 제나라로 돌아감에 그를 따르는 자들이 많음을 비유한 것이다."라고 하였다.

엄으로써 아랫사람을 통솔하여 수레와 하인들이 모두 장공의 명령을 기다렸다면 부인이 혼자 갈 수 있었겠는가." 하였다.[23] 시에 제자를 따르는 자들이 구름처럼 많고 비처럼 많고 물처럼 많다고 하였으니, 시인의 뜻이 또한 하인을 제재함에 있는 것이다.

이상은 〈폐구〉 3장이니, 장마다 4구이다.

재구 載驅

수레를 몰고 덜컹덜컹 가니	載驅薄薄
대자리로 만든 가리개며 붉은 칠한 가죽이로다	簟茀朱鞹
노(魯)나라 길이 평탄하거늘	魯道有蕩
제자(齊子)가 유숙한 곳에서 출발하도다	齊子發夕

부이다. 박박(薄薄)은 수레가 굴러가는 소리이다.[24] '점불주곽(簟茀

22 조자(趙子) : 당나라의 유학자인 조광(趙匡)으로 자는 백순(伯循)이다. 양주자사(洋州刺史)를 지냈으며, 당시에 춘추학(春秋學)으로 저명한 담조(啖助)를 사사하였다. 《춘추》에 오류가 있다고 의심하여, 후대 학자들의 경서 해석에 영향을 주었다. 저서에 《춘추천미찬류이통(春秋闡微纂類義統)》이 있었으나 전하지 않고, 육순(陸淳)의 《춘추집전찬례(春秋集傳纂例)》에 일부가 수록되어 있다.

23 혹자가……하였다 : 이 내용은 《집전》에는 〈의차(猗嗟)〉의 뒤에 있다.

24 박박(薄薄)은……소리이다 : 《집전》에는 '수레를 빨리 모는 소리〔疾驅聲〕'라고 하였다. 《집전》은 이 시를 문강(文姜)이 양공(襄公)을 만나러 빨리 수레를 몰고 가는 것으로 본 반면에, 심대윤은 양공의 딸 애강(哀姜)이 노나라로 시집가는 것으로 보았기 때문에 해석을 달리한 것으로 보인다.

朱鞹)'은 무늬가 있는 대자리로 수레를 가리고 붉은 가죽으로 꾸민 것이니, 곽(鞹)은 가죽 중에 털을 제거한 것이다. 발석(發夕)은 지난 저녁에 유숙한 집에서 출발한 것이다.

네 마리 검은 말이 나란히 四驪濟濟
고삐 드리우고 천천히 가도다 垂轡濔濔
노나라 길이 평탄하거늘 魯道有蕩
제자가 즐겁고 화평하도다 齊子豈弟

부이다. 제제(濟濟)[25]는 많고 가지런한 모양이요, 니니(濔濔)[26]는 느리게 걸어가는 모양이다. 개제(豈弟)는 마땅히 개제(愷悌)가 되어야 하니, 즐겁고 화평한 뜻으로, 기탄함이 없음을 말한 것이다.

문수(汶水)가 넘실넘실 흐르거늘 汶水湯湯
길 가는 사람들이 많고 많도다 行人彭彭
노나라 길이 평탄하거늘 魯道有蕩
제자가 배회(徘徊)하도다 齊子翺翔

흥이다.[27] 《집전》에 말하였다. "문수(汶水)는 제나라 남쪽, 노나라 북쪽에 있다. 방방(彭彭)은 많은 모양이다."

물은 흘러감에 제 길을 따르고 길 가는 사람은 각각 자기의 처소로 돌아가니, 이는 가탁하는 종류를 뒤바꾸어 흥한 것이다.[28]

25 제제(濟濟) : 【집전】 아름다운 모양〔美貌〕

26 니니(濔濔) : 【집전】 부드러운 모양〔柔貌〕

27 홍이다 : 《집전》에는 부로 보았으니, 아랫장도 같다.

문수가 도도(滔滔)히 흐르거늘 汶水滔滔
길 가는 사람들이 많고 많도다 行人儦儦
노나라 길이 평탄하거늘 魯道有蕩
제자가 배회하도다 齊子遊敖

흥이다. 도도(滔滔)는 흐름이 성한 모양이요, 표표(儦儦)는 많은 모양이다. 구설에 이 시는 문강을 풍자했다고 하였으나, 〈남산〉은 노나라 환공(桓公)을 풍자하고 〈폐구〉는 노나라 장공(莊公)을 풍자하였으니, 그렇다면 충분한데 또 어찌 번거롭게 이를 풍자하겠는가. 문강의 음란하고 추악함을 또 굳이 풍자할 것이 있겠는가. 이는 구설이 잘못되었음을 알 수 있다.-시의 뜻은 제나라에서 노나라로 간 것이요, 노나라에서 제나라로 돌아간 것이 아니다.- 장공이 아버지의 원수를 잊고 양공의 딸에게 장가들었는데 이가 애강(哀姜)이니, 애강이 노나라로 시집올 적에 제나라 사람이 그녀를 풍자한 것이다.

'점불주곽(簟茀朱鞹)'은 면목이 없어 드러내지 못함을 말한 것이요, '수비니니(垂轡濔濔)'는 가서는 안 됨을 말한 것이요, 고상(翱翔)과 유오(遊敖)는 배회하고 돌아보고 바라보면서 감히 가지 못함을 말한 것이다. 문수의 길 가는 사람이 각각 돌아갈 곳이 있는 것을 가지고 흥하였으니, 제자가 돌아갈 곳이 없음을 나타내었다. 애강은 노나라 사당에 들어가는 것이 불가하니,[29] 이는 남편의 집이 없는 것이다. 그러므로

28 물은……것이다 : 【집전】 길 가는 사람이 많음을 말한 것은 또한 문강이 부끄러움이 없음을 나타내려 한 것이다.

29 애강은……불가하니 : 이는 애강이 노나라 환공을 죽인 제나라 양공의 딸이기 때문에 말한 듯하다. 《춘추》 장공 24년 조에 애강이 노나라에 들어와 사당에 알현한 기사가 보인다. 애강은 뒤에 시숙인 경보(慶父)와 사통하고, 경보가 민공(閔公)을 시해하는 음모를 알았던 것으로 인하여 제나라 환공(桓公)에 의해 처형되었다. 《춘추좌전》 희공

시에 쓴 말이 이와 같은 것이다. 시에 중복하여 읊고 감탄한 것은 모두 세 번에 그치는데 여기서는 유독 네 번에 이른 것은 그 뜻이 은미하여 알기 어렵기 때문에 중복하여 밝힌 것이다. 〈폐구〉는 자식이 어머니를 제대로 섬기지 못한 것이고, 〈재구〉는 자식이 아버지가 있음을 알지 못한 것이다.

이상은 〈재구〉 4장이니, 장마다 4구이다.

의차 猗嗟

아, 성대함이여 猗嗟昌兮
키가 훤칠하게 크며 頎而長兮
억제하되 드날리는 듯하며 抑若揚兮
아름다운 눈이 빛나며 美目揚兮
공교로운 걸음걸이가 예쁘기도 하니 巧趨蹌兮
활쏘기도 잘하도다 射則臧兮

부이다. 의차(猗嗟)는 감탄사이다. 창(昌)은 용의(容儀)가 창성한 것이다. '억약양(抑若揚)'은 그 용의가 아름다움을 말한 것이다.[30] 창

(僖公) 8년 조에는 애강이 소침(小寢)에서 죽지 않았으므로 그 신주를 종묘에 모시는 것은 예에 맞지 않는다는 기사도 보인다.

30 억약양(抑若揚)은……것이다 : 이는 《집전》에 "억제하되 드날리는 듯하다는 것은 아름다움이 성한 것이다〔抑而若揚, 美之盛也.〕"라고 한 것을 따른 것으로 보인다. 《집전》의 소주에 경원 보씨(慶源輔氏)는 "억약양혜(抑若揚兮)는 그 아름다움을 심하게

(蹌)은 새가 날개를 편 듯한 것이다.

아, 칭찬할 만함이여　　猗嗟名兮
아름다운 눈이 맑고　　美目清兮
위의(威儀)가 이미 이루어졌으니[31]　　儀既成兮
종일토록 후(侯)에 활을 쏘되　　終日射侯
정곡(正鵠)을 벗어나지 않나니　　不出正兮
진실로 우리 제나라의 생질이로다　　展我甥兮

《집전》에 말하였다. 부이다. 명(名)은 칭(稱)과 같다. 정(正)은 과녁판 중앙의 표적이니, 가죽 과녁판〔皮侯〕에는 곡(鵠)을 설치하고 삼베 과녁판〔布侯〕에는 정(正)을 설치하니, 삼베에 표적을 그린 것을 정이라 하고, 가죽 표적을 붙인 것을 곡이라 한다. 자매의 아들을 생(甥)이라 한다.

아, 예쁨이여　　猗嗟孌兮
눈과 눈썹이 아름답도다　　清揚婉兮
춤을 춤에 빼어나며　　舞則選兮
활을 쏨에 과녁을 관통하며　　射則貫兮
네 화살이 반복하여 한 곳을 맞히니　　四矢反兮

말한 것이다. 아름다움을 억제하더라도 오히려 드날린 듯하니, 하물며 드날리면 얼마나 아름답겠는가.〔抑若揚兮, 所以甚言其美也, 雖抑之而猶若揚, 而況於揚之乎?〕"라고 하였다.

31 위의(威儀)가 이미 이루어졌으니 : 《집전》에 그 일을 마치도록 예(禮)에 어긋남이 없음을 말한 것이라 하였다.

난(亂)을 막으리로다 以禦亂兮

《집전》에 말하였다. 부이다. 선(選)은 뭇 사람보다 특이한 것이다. 활을 쏘는 예(禮)에 매번 네 개의 화살을 발사한다. 반(反)은 반복함이니, 과녁을 맞힌 것이 모두 예전에 맞혔던 곳을 맞힌 것이다.

구설에 이 시는 장공(莊公)이 어머니를 제대로 제재하지 못함을 풍자한 것이라 하였으나,[32] 이미 〈폐구〉가 있으니, 어찌 번거롭게 다시 풍자하겠는가. 또 문리를 가지고 찾아보아도 그런 내용을 발견할 수가 없다.

제나라 환공(桓公)은 형이고 자규(子糾)는 아우이다. 노나라 장공이 자규를 제나라로 들여보내고자 하다가 이기지 못하였고, 여러 번 제나라와 싸웠으나 후회하지 않았다.[33] 제나라 사람이 장공은 형제의 순서를 알지 못하고 무력을 믿고 화를 좋아함을 풍자하였다. 그러므로 그 글에 다만 용의(容儀)와 활 쏘는 재주만을 칭찬하고 덕행은 언급하지 않았으니, "활쏘기도 잘하도다."라고 한 것은 장공이 활쏘기를

32 구설에……하였으나 : 【집전】 제나라 사람이 노나라 장공이 위의와 기예의 아름다움이 이와 같음을 지극히 말하였으니, 이는 능히 예(禮)로서 그 어머니를 제재하지 못함을 풍자한 것이다. '애석하다. 오직 이 점만이 부족하다'고 말한 것과 같다.

33 노나라……않았다 : 당초에 제나라 양공(襄公)의 두 아우인 자규와 소백(小白)은 각각 노나라와 거(莒)나라로 망명하였다. 양공이 공손 무지(公孫無知)에게 시해되고, 이어 공손무지도 시해되자, 노나라 장공은 군사를 일으켜 자규를 제나라에 들여보냈으나, 소백이 먼저 도성에 들어가 즉위하니, 이가 환공(桓公)이다. 이로 인해 벌어진 전투에서 승리한 제나라는 노나라에 요구하여 자규를 죽였다. 뒤에 다시 제나라가 노나라를 쳐서 패배시키자 장공이 땅을 바쳐 화평하려고 하였는데, 회맹에서 노나라의 조말(曹沫)이 환공을 위협하여 땅을 돌려받았다. 《史記 卷32 齊太公世家》 또 규장각본에는 이 아래에 "《사기》에 조말이 세 번 패했다고 하였다.〔《史記》, 曹沫三敗.〕"라는 소주가 있는데, 이 내용은 〈자객열전(刺客列傳)〉에 보인다.

잘하는 것만 믿음을 말한 것이요, "진실로 우리 제나라의 생질이로다." 라고 한 것은 우리의 생질이면서 도리어 우리나라를 침입함을 말한 것이다.-《집전》에 "제나라 군주의 아들이 아님을 밝힌 것이다."라고 하였으니, 어찌 하여 터무니없이 추악하게 모욕하였는가.[34]-

'네 화살이 반복하여 한 곳을 맞힘'은 장공이 활쏘기를 잘하고 전쟁을 좋아해서 화가 자기 몸에 돌아옴을 말한 것이요, '난을 막음'은 난을 막지는 못하고 도리어 패망을 불러옴을 말한 것이다.-한 사람이 활쏘기를 잘해서 난을 막은 경우가 있지 않으니, 그렇다면 반대로 말한 것임을 알 수 있다. 이 네 구는 모두 의도적으로 화제에서 벗어나게 말한 사맥(辭脈)[35]이다.- 이로써 이 시가 장공이 자규를 제나라로 들여보내고자 한 일에 대한 것임을 알 수 있다.

〈의차〉는 형제의 순서를 알지 못함을 풍자한 것이요, 〈동방미명〉·〈남산〉·〈폐구〉·〈재구〉·〈의차〉는 군신과 부부와 부자와 형제의 윤리를 밝힌 것이다.[36]-다섯 편이 서로 연속되지 않고 〈보전〉과 〈노령〉이 그 사이에 끼어 있는 것은 어째서인가? 군신과 부부는 의리로써 합한 것이다. 그러므로 〈동방미명〉과 〈남산〉은 같은 종류끼리 서로 연결하였으나, 〈보전〉에서 말한 '먼 것과 큰 것이 가까운 것과 작은 것에 있음'과 〈노령〉에서 말한 '명예와 이로움을 둘 다 이룸'은 떳떳한 성품을 따르며 높고 먼 것을 힘쓰지 않는 것이니, 이는 부모 자식 사이와 형제간의

34 집전에……모욕하였는가 : 《집전》에는 "자매의 아들을 생(甥)이라 하니, 제나라의 생질이 된다고 칭하고, 또 제나라 군주의 아들이 아님을 밝힌 것이니, 이는 시인의 은미한 말이다."라고 하여, 장공이 제나라 양공의 아들로 의심받을 수 있었음을 시인이 은근히 풍자했다고 보았다. 그러므로 '추악하게 모욕하였는가.'라고 말한 것이다.

35 사맥(辭脈) : 심대윤에 의하면 사맥은 한두 구를 겉으로 드러내어 의도적으로 화제에서 벗어나게 한 것으로, 주된 뜻을 담고 있는 것이다. 《詩經集傳辨正 衛風 碩人》

36 동방미명……것이다 : 〈동방미명〉은 군신, 〈남산〉은 부부, 〈폐구〉는 어머니와 아들, 〈재구〉는 아버지와 아들, 〈의차〉는 형제를 말한 것이다.

윤리로부터 시작된다. 그러므로 〈폐구〉·〈재구〉·〈의차〉가 〈보전〉·〈노령〉의 뒤에 있는 것이다. 군신과 부부 사이는 성인(成人)이 된 이후의 일이니, 부모 자식과 형제의 사이에 비하면 다소 멀다. 그러므로 〈보전〉·〈노령〉의 뒤에 두지 않고 앞에 둔 것이니, 효도와 공경이 온갖 행실의 근원이 되어서 인(仁)을 행하는 근본이 됨을 밝힌 것이다.-

이상은 〈의차〉 3장이니, 장마다 6구이다.

이상은 〈제풍〉 11편이다.

위 魏

《집전》에 말하였다. 위(魏)는 《서경》〈우공(禹貢)〉의 기주(冀州) 지역으로 뇌수(雷首)의 북쪽, 석성(析城)의 서쪽에 있었으니, 남쪽으로는 하곡(河曲)까지 걸쳐졌고, 북쪽으로는 분수(汾水)를 건너갔다. 지금의 하중부(河中府) 해주(解州)가 바로 이 지역이다.

소씨(蘇氏)가 말하기를 "위나라 땅이 진(晉)나라에 들어간 지가 오래되었으니, 〈위풍(魏風)〉의 시는 의심컨대 실로 진나라의 시인 듯하다. 이는 위(衛)나라 지역에 〈패풍(邶風)〉과 〈용풍(鄘風)〉이 있는 것과 같다." 하였다. 지금 내(주자)가 살펴보건대, 편 가운데 공항(公行)·공로(公路)·공족(公族)은 모두 진나라 관직이니, 의심컨대 진나라 시인 듯하다.

◯연릉 계자(延陵季子)가 말하기를 "아름답다! 소리에 중용(中庸)의 덕이 있도다! 소리가 크면서도 간약(簡約)하고 검약하면서도 평탄하게 행하여 덕행을 도우니, 이는 밝은 군주가 있는 나라의 시이다"[1]라고

1 덕행을……시이다 : 원문은 '以輔德, 此明主也'인데, 《춘추좌전》 양공(襄公) 29년조에는 '以德輔此, 則明主也'라고 되어 있다. 두예(杜預)의 주에 "풍풍(渢渢)은 중용의 소리이다. 완(婉)은 약(約)이고, 험(險)은 검(儉)의 오자이다. 크면서도 간약하면 검약하고 평탄하게 행한다. 위나라가 나라가 작고 밝은 임금이 없는 것을 애석하게 여긴 것이다.〔渢渢, 中庸之聲. 婉, 約也. 險當爲儉字之誤也. 大而約, 則儉節易行. 惜其國小無明君也.〕"라고 한 것에 의하면 "덕으로써 이런 정사를 보조하였다면 밝은 군주가 되었을 것이다."라고 번역할 수 있다. 위나라 시에 대한 연릉 계자의 언급은 주석가들의 설이 일정하지 않지만, 심대윤은 〈위풍〉의 시에 중용의 교화를 담고 있다고 본 듯하다. 심대윤은 〈진풍(秦風) 겸가(蒹葭)〉에서 '하늘을 순히 따르고, 사람을 순히 따르고, 성(性)을 순히 따르고, 지위를 순히 따르고, 때를 순히 따르고, 형세를 순히 따름'이

하였다. 위나라는 선유(先儒)들이, 문왕(文王)의 아들 필공 고(畢公高)를 봉한 곳인데 진(晉)나라 헌공(獻公)에게 멸망을 당했다고 하였다. 그렇다면 위(魏) 지역이 위나라였던 기간이 수백 년이니[2] 마땅히 위나라 시절의 시가 있을 터인데, 연릉 계자가 〈패풍〉·〈용풍〉·〈위풍(衛風)〉은 세 가지를 합하여 말하였고 〈위풍(魏風)〉과 〈당풍(唐風)〉은 각각 비평하였으니, 〈위풍(魏風)〉이 진나라의 시가 아님이 분명하다.

갈구 葛屨

촘촘히 엮은 칡 신이여	糾糾葛屨
서리를 밟을 수 있도다	可以履霜
민첩한 여인의 손이여	摻摻女手
치마를 꿰맬 수 있도다	可以縫裳
허리를 달고 띠를 달아	要之襋之
좋은 분이 입도다	好人服之

비이고 부이다.[3] 규규(糾糾)는 엮어 짜기를 치밀히 하는 뜻이다. 섬

중용의 지극히 선한 덕이라 하였다. 〈위풍〉의 〈십무지간〉, 〈벌단〉, 〈석서〉를 분수를 지킴에 대한 시로 해석하였으니, 이 시들은 중용을 말한 시라고 할 수 있다.

2 위나라였던……년이니 : 주나라 무왕(武王)이 제후들을 봉한 것은 상나라 주왕(紂王)을 정벌한 뒤이고, 진나라 헌공이 위나라를 멸망시킨 것은 헌공 16년(B.C.661)이다. 《史記 卷4 周本紀, 卷39 晉世家》 무왕이 상나라를 정벌한 연대는 그 설이 일정하지 않은데, 소옹(邵雍)의 《황극경세서(皇極經世書)》에 의하면 B.C.1122년이고, 중국의 하상주 단대공정(夏商周斷代工程)에 의하면 B.C.1046년이다.

섬(摻摻)은 꿰매는 손이 민첩한 모양이다.[4] 《집전》에 "요(要)는 치마의 허리요 극(襋)은 옷깃이다."라고 하였다. 그러나 치마에 어찌 옷깃이 있겠는가. 극(襋) 자는 의(衣)를 따르고 극(棘)을 따랐으니, 극(棘)은 급(急 바짝 조임)이니, 의심컨대 치마에 매는 띠인 듯하다.

이 시는 근심이 많은 선비가 법도를 삼가 지키고 일정한 규칙을 잘 따라서 작은 행실에는 치밀하나 더불어 고상한 것을 말하고 큰 것을 도모할 수 없음을 풍자하였으니, 이는 소인 중에 아래로 통달한 작은 지혜를 지닌 자이다. 스스로 지조를 아낄 수는 있으나 여러 사람을 구제하지는 못하고, 스스로 지킬 수는 있으나 변고에 대응하지는 못하니, 군자가 숭상하는 바가 아니다.

칡 신이 비록 치밀하나 이것을 신고 서리를 밟으면 떳떳함만 지키고 때의 변화를 알지 못하는 자요, 여자의 손은 단지 치마를 꿰맬 수 있을 뿐이고 문지방 밖의 일을 할 수 없는 것이다.-칡 신으로 서리를 밟는 것으로 비유하고, 여자의 손으로 치마를 꿰매는 것에 가탁하였다.- '허리를 달고 띠를 단다.'는 것은 일을 처리함이 정밀하게 구비되고 두루 치밀하여, 엉성한 점이 없음을 말한 것이요, '좋은 분이 입는다.'는 것은 위의를 닦아서 스스로 지조를 아낌을 말한 것이다.

좋은 분이 한가로워 好人提提

3 비이고 부이다 : 《집전》에는 흥으로 보고, "위나라 땅이 협소하고 좁아서 그 풍속이 검소하고 인색하며 편협하고 조급하였다. 그러므로 칡 신을 신고 서리를 밟음으로 기흥(起興)하여, 〈시집온 지 석달도 안된〉 신부로 하여금 치마를 꿰매게 하고 또 그 허리와 옷깃을 달게 하여 마침내 입음을 풍자한 것이다. 이 시는 의심컨대 바로 치마를 꿰맨 신부가 지은 것인 듯하다."라고 하였다.

4 규규(糾糾)는……모양이다 : 《집전》에는, 규규는 엉성하게 얽어서 썰렁하다는 뜻〔繚戾寒涼之意〕이고, 삼삼(摻摻)은 섬섬(纖纖 연약하고 가냘픈 모양)과 같다고 하였다.

완연(宛然)히 사양하여 왼쪽으로 피하나니 宛然左辟
상아로 만든 빗치개를 찼도다 佩其象揥
다만 마음이 너무 좁고 급한지라 維是褊心
이 때문에 풍자하노라 是以爲刺

《집전》에 말하였다. 부이다. 제제(提提)는 편안하고 느린 모양이다. 사양하여 피하는 자는 반드시 왼쪽으로 한다.
○완(宛)은 눈으로 보는 모양이니, 밖에 드러나서 눈으로 볼 수 있음을 말한 것이다.[5] '왼쪽으로 피함'은 겸손하고 사양하고 공손하고 낮춤이다. '상아로 만든 빗치개를 참'은 공손하면서도 그 위의를 잃지 않음을 말한 것이요, 공손함에 빠지지 않은 것이다. 이 사람은 예법이 두루 완비해서 공격할 만한 틈이 없으나 오직 마음이 편협하기 때문에 그와 함께 크게 수립할 수 없는 것이다.-일정한 범위를 벗어나지 아니해서 한도 밖의 일을 행하지 못하는 것이다.-

이상은 〈갈구〉 2장이니, 한 장은 6구이고, 한 장은 5구이다.

분저여 汾沮洳

저 분수(汾水)의 물가에서 彼汾沮洳
그 나물을 캐도다 言采其莫
저 그 사람이여 彼其之子

5 완(宛)은……것이다 : 《집전》에는 '사양하는 모양'이라고 하였다.

아름다움을 헤아릴 수 없도다　　美無度
아름다움을 헤아릴 수 없으나　　美無度
자못 공로(公路)와는 다르도다　　殊異乎公路

《집전》에 말하였다. 흥이다.[6] 분수(汾水)는 태원부(太原府)의 진양산(晉陽山)에서 발원하여 서남쪽으로 흘러 황하로 들어간다. 저여(沮洳)는 물에 잠기는 하습(下濕)한 땅이다. 모(莫)는 나물 이름이니, 버들과 비슷하고, 잎이 두껍고 길며 뾰족한 털이 있는데, 국을 끓여 먹을 수 있다. 무도(無度)는 척촌(尺寸)의 도수(度數)로써 헤아릴 수 없음을 말한 것이다. 공로(公路)는 공(公)의 노거(路車)를 관장하는 자이다.

◯피(彼)는 그를 외면하는 말이다. 비록 지름길이 있으나 사방으로 통행할 수 없는 저여의 땅에서 모를 채취하는 것으로써 기흥(起興)하여, 편협하고 막힌 사람은 한 방향에는 밝고 세 방향에는 어두우며 한 모퉁이만 보고 세 모퉁이를 잊어서 마치 항아리에 있는 물이 비추는 것은 밝으나 비추지 않는 것이 더 많음과 같다고 하였다.

한 마디 말을 할 적에 한 사람이 좋아하고 여러 사람이 기뻐하지 않으며, 한 가지 일을 행할 적에 한 사람이 이롭고 여러 사람이 이롭지 못하여, 덕이 적고 해가 크며, 복이 적고 재앙이 크다면, 이런 자는 남의 위에 있을 수 없다. 비록 그 재능이 남보다 뛰어나서 여러 가지 일을 해낼 수 있더라도, 오직 남의 아래에 있으면서 그의 성공을 보좌할 수 있을 뿐이요, 남의 윗자리에 있으면서 혼자서 정사를 맡을 수는

6 흥이다 : 【집전】 검소함이 예(禮)에 맞지 못함을 풍자한 시이다. 이와 같은 사람이 아름답기는 아름다우나, 그 인색하고 편급(褊急)한 태도가 자못 귀인(貴人) 같지 않음을 말한 것이다.

없다. 예로부터 소인들은 대체로 이런 부류가 많으니, 군주가 그의 재능을 아껴서 크게 등용하면 일을 실패하지 않는 경우가 없다.

저 분수 한쪽에서 彼汾一方
뽕을 따도다 言采其桑
저 그 사람이여 彼其之子
아름답기가 꽃과 같도다 美如英
아름답기가 꽃과 같으나 美如英
자못 공항(公行)과는 다르도다 殊異乎公行

《집전》에 말하였다. 흥이다. 영(英)은 꽃이다. 공항(公行)은 바로 공로이니, 병거(兵車)의 행렬을 주관하기 때문에 공항이라 한 것이다. ○일방(一方)은 한쪽이니,[7] 그 밝음이 한쪽과 한구석에 막혀서, 사방 먼 곳에 두루 통하여 보지 않고 듣지 않는 곳에까지 비추지 못함을 말한 것이다.

저 분수 한 굽이에서 彼汾一曲
쇠귀나물을 뜯도다 言采其藚
저 그 사람이여 彼其之子
아름다움이 옥과 같도다 美如玉
아름다움이 옥과 같으나 美如玉
자못 공족(公族)과는 다르도다 殊異乎公族

7 일방(一方)은 한쪽이니 : 심대윤은 '일방'을 '치우친 한쪽〔一偏〕'으로 본 것인데, 《집전》에는 '건너편 한쪽〔彼一方〕'이라 하고, 《사기》에 "편작(扁鵲)이 담의 건너편에 있는 사람을 보았다.〔扁鵲視見垣一方人〕"라고 한 것을 예로 들었다.

《집전》에 말하였다. 흥이다. 속(藚)은 수석(水蕮)이니, 지금의 택사(澤瀉)이다. 공족(公族)은 공(公)의 종족(宗族)을 관장하는 관직이다.

이상은 〈분저여〉 3장이니, 장마다 6구이다.

원유도 園有桃

동산에 복숭아나무가 있으니	園有桃
그 열매를 먹도다	其實之殽
마음에 근심하는지라	心之憂矣
내 노래 부르고 또 흥얼거리노라	我歌且謠
이내 마음 알지 못하는 자들은	不知我者
나더러 선비가 교만하다 하도다	謂我士也驕
저 사람이 옳은데	彼人是哉
그대는 어이하여 그러는고 하나니	子曰何其
마음에 근심함이여	心之憂矣
그 누가 이것을 알리오	其誰知之
그 누가 이것을 알리오	其誰知之
또한 생각하지 말지어다	蓋亦勿思

비이고 부이다.[8] 《집전》에 말하였다. 효(殽)는 먹음이다. 음악의 곡

8 비이고 부이다 : 《집전》에는 흥으로 보았으니, 아래 2장도 같다. 《집전》에 "시인이 나라가 작고 훌륭한 정사가 없음을 걱정하였다. 그러므로 이 시를 지었다. 동산에 복숭아나무가 있으면 그 열매를 먹고, 마음에 근심하면 내 노래 부르고 또 흥얼거린다. 그러나 내 마음을 알지 못하는 자들은 내가 가요(歌謠)함을 보고는 도리어 교만하다

조에 맞추어 부르는 것을 가(歌)라 하고, 노래만 부르는 것을 요(謠)라 한다.

◯복숭아나무와 대추나무는 여러 나무와 다르지 않으나 오직 먹을 수 있는 열매가 있어서 귀중하니, 이로써 군자의 말과 행실이 보통 사람과 다르지 않으나 오직 공적을 이룰 수 있는 실제가 있어서 귀중한 것을 비유하였다.

노자(老子)가 "나를 아는 자가 드물면 내가 귀해진다."[9]라고 하였으니, 군자는 군자에게 알려지기를 바라고 소인에게 알려지기를 바라지 않는다. 소인들이 행하지 않는 바를 홀로 행하면서 소인에게 알려지기를 바라는 것은 둥근 구멍에 네모난 나무를 넣는 것과 같으니, 반드시 될 수 없는 것이다. 또 더구나 군자는 선을 남과 함께하여[10] 자신의 문장을 드러내지 않으니, 이로써 알려지기를 바란다면 뜻을 이루기가 어렵다. 맹자가 말씀하기를 "군자가 하는 바를 여러 사람들은 진실로 알지 못한다."[11] 하였다.-군자의 도는 여러 사람들이 알지 못하는 것이나 군자의

하며, 또 말하기를 '저 사람이 하는 바가 이미 옳은데, 그대의 말은 홀로 어찌된 것인가?'라고 하니, 온 나라 사람이 그 그름을 깨닫지 못하여 도리어 근심하는 자를 교만하다고 한 것이다. 이에 근심하는 자가 거듭 차탄(嗟歎)하여 이르기를, 이것이 근심스러울 만함은 애당초 알기가 어렵지 않거늘, 저들이 나를 비난함은 다만 생각하지 않아서이다. 진실로 생각한다면 장차 나를 비난할 겨를이 없이 스스로 근심할 것이라고 한 것이다."라고 하였다. 그리하여 원문의 '물사(勿思)'를 생각하지 않아서 모르는 것으로 해석하였으나, 심대윤은 '생각하지 말라'로 해석하였다.

9 나를……귀해진다 : 원문은 '知我者希 則我貴矣'로 《도덕경》 70장에 보인다. 《도덕경》의 일부 판본은 이와 같지만, 통행본에는 '則我貴矣'가 '則我者貴'로 되어 있어 '나를 아는 이가 드물고 나를 본받는 자가 귀하다.'라고 해석한다.

10 선을……함께하여 : 《맹자》 〈공손추 상(公孫丑上)〉에 "대순(大舜)은 이보다도 더 위대함이 있었으니, 선을 남과 함께하시어 자신을 버리고 남을 따르시며 남에게서 취하여 선을 함을 좋아하셨다.〔大舜有大焉, 善與人同, 舍己從人, 樂取於人, 以爲善.〕"라고 보인다.

덕은 여러 사람들이 그리워하는 바이다. 맹자는 군자의 덕을 여러 사람들이 알지 못한다고 하였으니, 이 때문에 《원위침폄(原委鍼砭)》에 이를 논박하였다.[12] 맹자는 들었으나 자세히 알지 못한 것이다.- 이 때문에 군자는 일찍이 소인에게 알려지기를 바라지 않고 오직 실제의 덕을 행하여 사람들이 기뻐하고 복종하기를 힘쓰는 것이다. 소인은 군자를 알지 못하고 그 덕을 그리워할 줄을 아니, '그 열매를 먹는다.'는 것은 이것을 말한 것이다.

'마음에 근심함'은 남이 나를 따르는 이가 없음을 근심하는 것이요, '내가 노래하고 또 흥얼거린다.'는 것은 내가 스스로 만족함을 즐거워하

11 군자가……것이다 : 이 내용은 《맹자》 〈고자 하(告子下)〉에 순우곤(淳于髡)이 제(齊)나라에서 벼슬하였으나 큰 업적을 세우지 못하고 떠나간 맹자를 비아냥거리면서 노래를 잘하는 자와 곡을 잘하는 여인이 지방의 풍속을 바꾼 것을 예로 들어 현자가 있다면 반드시 자신이 알 수 있을 것이라고 하자, 맹자가 "공자께서 노나라의 사구(司寇)가 되셨는데, 그 말씀이 쓰이지 않고 따라서 제사함에 제사 고기가 이르지 않자 면류관을 벗지 않고 떠나가시니, 공자를 알지 못하는 자들은 고기 때문에 떠났다고 하고 공자를 아는 자들은 무례하기 때문이라고 하였다. 그러나 공자께서는 하찮은 죄를 구실로 삼아 떠나고자 하여 구차히 떠나려고 하지 않으신 것이니, 군자가 하는 바를 중인들은 진실로 알지 못하는 것이다." 〔孔子爲魯司寇, 不用, 從而祭, 燔肉不至, 不稅冕而行. 不知者以爲爲肉也, 其知者以爲爲無禮也. 乃孔子則欲以微罪行, 不欲爲苟去, 君子之所爲, 衆人固不識也.〕"라고 대답한 것이 보인다.

12 원위침폄(原委鍼砭)에 이를 논박하였다 : 《원위침폄》에 "군자는 지나가면 기뻐하고 함께하면 신임을 받아 사람들이 모두 친애하고 감복하여 마침내 천하 사람들에게 존숭을 받는다. 어찌 외로이 알려지지 않아서, 노래하는 악공과 곡을 잘하는 아내에 미치지 못하겠는가.……군자의 불선은 오히려 일식·월식과 같아서 사람들이 모두 우러러보는데 하물며 군자의 선이 어찌 해와 달의 빛이 천하에 비추는 것과 같지 않겠는가. 만약 반드시 남에게 알려지지 않고 군자가 되려 한다면 쥐가 된 후에나 가능할 것이다.〔夫君子所過而悅, 所與而信, 人皆親愛而服化, 終爲天下之所尊崇. 豈寥寥不及於歌工、哭妻哉?……君子之不善, 尙如日月之食, 人皆仰之, 況其善者, 豈不如日月之光被之天下乎? 若必人所不識而爲君子, 鼠而後可.〕"라고 하였다.

는 것이다. '나더러 선비가 교만하다고 함'은 알지 못하고 훼방하는 것이요, '저 사람이 옳은데 그대는 어이하여 그러는고 함'은 소인이 스스로 자기가 어질다고 여겨서 군자를 업신여긴 것이다. '그 누가 이것을 알리오.'라고 거듭 말한 것은 천하 사람들과 이 묘한 도를 함께하여 함께 큰 복을 누리기를 원하나 사람들이 자기를 따르지 않으므로 깊이 한탄하는 것이다. '또한 생각하지 말지어다.'라고 한 것은 나는 그대들에게 알려지기를 바라지 않고 그대들 또한 나를 알아주지 않으니, 또 어찌 생각할 것이 있겠는가 한 것이다.

그 근심함은 인(仁)이요, 생각하지 않음은 명을 안 것이다. 그 근심함은 남을 위한 것이요, 즐거워함은 스스로 즐거워한 것이다. 이 시를 지은 자는 아마도 군자의 뜻을 알았고 아마도 군자의 근심과 즐거움을 알았을 것이다.

동산에 작은 대추나무가 있으니	園有棘
그 열매를 먹도다	其實之食
마음에 근심하는지라	心之憂矣
애오라지 국중(國中)에 다니노라	聊以行國
이내 마음 알지 못하는 자들은	不知我者
나더러 선비가 극(極)이 없다[13] 하도다	謂我士也罔極
저 사람이 옳은데	彼人是哉
그대는 어이하여 그러는고 하나니	子曰何其
마음에 근심함이여	心之憂矣

13 극(極)이 없다 : 【집전】 극(極)은 이름이니, 망극(罔極)은 그 마음이 방자하여 끝닿은 데가 없음을 말한 것이다.

그 누가 이것을 알리오　其誰知之
그 누가 이것을 알리오　其誰知之
또한 생각하지 말지어다　蓋亦勿思

비이고 부이다. 극(棘)은 《집전》에 "작은 대추이다." 하였다. 행국(行國)은 국중에 놀러 다니는 것이니, 즐거워하면서 근심을 겸함을 말한 것이다. 군자는 스스로 즐거워하면서도 세상을 근심하니, 그 근심함은 바로 즐거워하는 것이다. 마치 부자가 남의 가난을 근심함은 바로 부자의 즐거움이요, 귀한 자가 남의 곤궁을 민망히 여김은 바로 귀한 자의 즐거움인 것과 같다.

1장의 '마음에 근심하는지라 내 노래 부르고 또 흥얼거림'은 근심과 즐거움이 구분된 것이요, 이 장의 '애오라지 국중에 다님'은 근심과 즐거움이 함께 있는 것이다.-놀러 다님은 즐거움이고, 놀러 다니는데 나를 알지 못함은 근심이다.- 공자가 말씀하시기를 "나를 알아주는 이가 없구나." 하셨고, 또 말씀하시기를 "즐거움이 또한 이 가운데에 있다." 하셨다.[14]

이상은 〈원유도〉 2장이니, 장마다 12구이다.

14 공자가……하셨다 : 《논어》 〈헌문(憲問)〉에 "공자께서 말씀하셨다. '나를 알아주는 이가 없구나.' 자공(子貢)이 '어찌하여 선생님을 알아주는 이가 없는 것입니까?' 하자, 공자께서 말씀하셨다. '나는 하늘을 원망하지 않으며 사람을 탓하지 않고, 아래로 인간의 일을 배우면서 위로 천리를 통달하나니, 나를 알아주는 것은 하늘이실 것이다.' 〔子曰: '莫我知也夫!' 子貢曰: '何爲其莫知子也?' 子曰: '不怨天, 不尤人, 下學而上達, 知我者, 其天乎.'〕"라고 보이고, 《논어》 〈술이(述而)〉에 "거친 밥을 먹고 물을 마시며 팔을 굽혀 베더라도 즐거움이 또한 이 가운데에 있으니, 의롭지 못하고서 부유하고 또 귀함은 나에게 있어 뜬구름과 같다.〔飯疏食飮水, 曲肱而枕之, 樂亦在其中矣. 不義而富且貴, 於我如浮雲.〕"라고 보인다.

척호 陟岵

저 민둥산에 올라가 陟彼岵兮
아버지를 바라보노라 瞻望父兮
아버지께서 말씀하시기를 "아, 내 아들 부역 가서 父曰嗟予子行役
밤낮으로 쉬지 못하리로다 夙夜無已
행여 몸조심할지어다 上愼旃哉
부디 돌아오고 그치지 말지니라."[15] 하시겠지 猶來無止

《집전》에 말하였다. 부이다. 산에 초목(草木)이 없는 것을 호(岵)라 한다. 상(上)은 상(尙)과 같다.

○이 편은 부역을 감에 가탁해서, 효도하는 아들과 공경하는 아우가 부모와 형과 어른에 대하여 사모하는 정성을 일찍이 잠시도 잊지 않아 그 교훈을 가슴속에 간직하여[16] 감히 잃어버리지 않는 모습을 표현하였다. 이 때문에 비록 먼 곳에 있으나 올라가 바라보아서 생각을 놓지 못한 것이다. 부모와 형과 어른은 자식과 아우에 대해 그 수고로움을 생각해서 그들이 공경하고 조심하여 재앙과 실패를 면하기를 바라니, 자식과 아우가 이 마음을 받들어 주선해서 감히 잠시도 공경함을 잊지 않은 것이다.

저 숲진 산에 올라가 陟彼屺兮

15 돌아오고 그치지 말지니라 : 【집전】 살면 반드시 돌아오고 죽으면 그쳐 오지 못하는 것이다. 혹자는 "지(止)는 잡힘이니, 남에게 잡히지 말라고 한 것이다." 하였다.

16 교훈을 가슴속에 간직하여 : 《집전》에는 자식이 아버지의 말을 상상하는 것으로 보았다.

어머니를 바라보노라　瞻望母兮
어머니께서 말씀하시기를 "아, 내 막내아들 부역 가서　母曰嗟予季行役
밤낮으로 자지 못하리로다　夙夜無寐
행여 몸조심할지어다　上愼旃哉
부디 돌아오고 버려지지[17] 말지니라." 하시겠지　猶來無棄

《집전》에 말하였다. 부이다. 산에 초목이 있는 것을 기(屺)라 한다.

저 산등성이에 올라가　陟彼岡兮
형님을 바라보노라　瞻望兄兮
형님께서 말씀하시기를 "아 내 아우 부역 가서　兄曰嗟予弟行役
밤낮을 반드시 동무들과 함께 행동하리로다　夙夜必偕
행여 몸조심할지어다　上愼旃哉
부디 돌아오고 죽지 말지니라." 하시겠지　猶來無死

부이다. 필해(必偕)는 동료들과 함께 일하는 것이다. 집안에서 제대로 행하지 못하고 천하에 베풀며, 어버이를 제대로 섬기지 못하고 타인을 다스리는 자는 있지 않다. 그러므로 〈원유도〉의 실제의 덕이 남에게 베풀어짐은 〈척호〉의 부모와 형과 어른을 섬김에 근본한 것이니, 〈보전(甫田)〉과 〈노령(盧令)〉의 뒤에 〈폐구(敝笱)〉·〈재구(載驅)〉·〈의차(猗嗟)〉가 있어서 부모 자식 사이와 형제간의 도를 밝힌 것과 같다.[18] 천하의 근본은 집안에 있고, 인(仁)을 행하는 근본은 효도와

17 버려지지 : 《집전》에 기(棄)는 죽어서 그 시신을 버림을 말한다고 하였다.

18 보전(甫田)과……같다 : 심대윤은 시의 배열 순서에서, 근본이 되는 내용의 시를

공경에 있다.

이상은 〈척호〉 3장이니, 장마다 6구이다.

십무지간 十畝之間

십무(十畝)의 사이에	十畝之間兮
뽕을 따는 자가 절제된 한가함이 있으니	桑者閑閑兮
장차 그와 더불어 돌아가리라	行與子還兮

부이다. 《주례》에 "5가(家)가 비(比)가 된다."라고 하였다. 5가의 집터는 12무(畝) 반이 되는데,[19] 여기서 10무라고 말한 것은 큰 수만을

뒤에 둔다고 보았다. 〈제풍(齊風)〉의 〈보전〉은 명예와 이로움을 둘 다 이루어야 함을 읊은 것이고, 〈노령〉은 가깝고 작은 일에 힘써야 함을 읊은 것이며, 〈폐구〉는 아들과 어머니, 〈재구〉는 아들과 아버지, 〈의차〉는 형제간의 윤리를 읊은 것이라 하였는데, 〈보전〉과 〈노령〉의 내용은 부모 자식 사이와 형제간의 윤리에 근본한 것이므로, 그 뒤에 〈폐구〉·〈재구〉·〈의차〉를 둔 것이라고 하였다. 《시경집전변정》 〈제풍 의차〉 참조.

19 5가의……되는데 : 한 백성의 집에 2무 반의 집터 즉 전리(田里 전지와 집)를 주는 것으로 정전제(井田制)에 근거하여 말한 것이다. 심대윤은 정전에 관한 구설에 자신의 설을 추가하였는데, 〈빈풍 칠월(七月)〉과 《예기정해(禮記正解)》 〈왕제(王制)〉에 다음과 같이 보인다. "정전 900무 중에 공전 100무가 있는데, 공전 중에 80무는 백성들이 힘을 합하여 농사를 지어 수확물을 세금으로 내고, 나머지 20무는 전리로서 집 사이에 뽕나무, 채소, 과일나무를 심는 전지(田地)가 포함된다. 20무를 나누어 여덟 농부에게 각각 2무 반의 전리를 주는데, 가난하여 정전이 없는 자에게도 공전에서 잘라서 2무 반의 전리를 준다. 2무 반은 지금의 40여 칸인데, 대략 10칸은 집이고 30칸은 전지이다. 일반 백성은 전리가 2무 반이고 사(士)는 5무이고, 대부는 7무 반이고 경은 10무인데,

든 것이다. 한한(閑閑)은 온화하고 스스로 만족하나 예법으로 방비함이 있는 모양이다. 자(子)는 뽕을 따는 자를 가리킨 것이다. 선(還)은 들어가 거처하는 것이다.[20]

십무의 밖이여	十畝之外兮
뽕을 따는 자가 느릿느릿하니	桑者泄泄兮
장차 그와 더불어 나가서 다니리라	行與子逝兮

부이다. 10무의 밖은 이웃 사람의 집이다. 예예(泄泄)[21]는 느슨하고 느려서 나아가지 않는 모양이다. 서(逝)는 나가서 다니는 것이다. 10무의 사이에 거하여 뽕을 따는 자는 10무의 사이에서 자신의 직업을 편안히 여기는 자요, 10무의 밖에 거하여 뽕을 따는 자는 10무의 밖에서 자신의 직업을 편안히 여기는 자이다. 뽕〔桑〕이란 말은 상서롭다는 뜻이니, 분수 안에서 선을 닦음을 가탁하여 말하였다. 《중용》에 이르기를 "군자는 현재의 지위에 따라 행하고 그 밖의 것을 원하지 않으니, 들어가는 곳마다 스스로 만족하지 않음이 없다."[22] 하였다. 군자는 분수

《맹자》에 '5무의 택지〔五畝之宅〕'라고 한 것은 그 중간을 말한 것이다. 구설에 백성들이 5무의 택지를 받아서 2무 반은 여막을 만들어 농지에 있고 2무 반은 집을 만들어 읍내에 있다고 한 것은 옳지 않다." 2무 반은 농지에 있고 2무 반은 읍내에 있다고 한 것은 주자의 설이다.

20 자(子)는……것이다 : 【집전】 정사가 혼란하고 나라가 위태로우니, 현자가 조정에서 벼슬하는 것을 즐거워하지 아니하여 그 벗과 더불어 농포(農圃)에 돌아갈 것을 생각하였다.

21 예예(泄泄) : 《집전》에는 한한(閑閑)과 같다고 하여 스스로 만족한 모양으로 보았다.

22 군자는……없다 : 《중용》 14장에 "군자는 현재의 지위에 따라 행하고, 그 밖의 것을 원하지 않는다. 현재 부귀에 처해서는 부귀대로 행하며, 빈천에 처해서는 빈천대로 행하며, 이적(夷狄)에 처해서는 이적대로 행하며, 환난에 처해서는 환난대로 행하니,

밖의 것을 바라지 않고 분수 안에서 선을 다하는데, -자신의 재주와 지위와 때에 따라 지선(至善)을 다하는 것이다.- 즐거움이 이 가운데에 들어 있어서, 원망하고 탓함이 없다. 들어가 집에 거처하고 나와서 사람들에게 행할 적에, 처하는 바에 따라 분수를 편안히 여기고 선을 다하고 즐거움을 온전히 하는 것이다.

이상은 〈십무지간〉 2장이니, 장마다 3구이다.

벌단 伐檀

끙끙 박달나무를 베어 왔는데	坎坎伐檀兮
하수(河水)의 섬에 버려두니	置之河之干兮
하수가 맑고 또 물결이 일도다	河水淸且漣猗
심지 않고 거두지 않으면	不稼不穡
어찌 벼 삼백 전(廛)을 취할 것이며	胡取禾三百廛兮
수렵(狩獵)하지 않으면	不狩不獵
어찌 너의 뜰에 매달려 있는 담비를 보리오 하니	胡瞻爾庭有縣貆兮
저 군자여	彼君子兮
밥만 먹지 않도다	不素餐兮

《집전》에 말하였다. 부이다. 감감(坎坎)은 힘을 쓰는 소리이다. 박

군자는 들어가는 곳마다 스스로 만족하지 않음이 없다.〔君子素其位而行, 不願乎其外. 素富貴, 行乎富貴; 素貧賤, 行乎貧賤; 素夷狄, 行乎夷狄; 素患難, 行乎患難. 君子無入而不自得焉.〕"라고 보인다.

달나무는 수레를 만드는 목재이다. 연(漣)은 바람이 지나감에 물이 무늬를 이루는 것이다. 의(猗)는 혜(兮)와 같다. 심는 것을 가(稼)라 하고, 거두는 것을 색(穡)이라 한다. 한 가장(家長)이 거처하는 곳을 전(廛)이라 한다.[23] 훤(貆)은 담비의 종류이다.

○박달나무를 벰은 장차 수레를 만들어 천하에 다니려는 것이니, 군자가 문덕(文德)을 널리 쌓아서 장차 사업에 시행하려고 함을 가탁하여 말한 것이다. 하수의 섬에 둠은 덕을 쌓았으나 아직 쓰지 못한 것이다.-《주역》에 "구름이 빽빽이 끼었으나 비가 내리지 않는다."라고 한 것이 이것이다.[24]- 간(干)[25]은 물 가운데 높고 건조한 땅이다. '하수가 맑고 또 물결이 일도다.'라고 한 것은 문덕의 아름다움을 형용한 것이다.-'하수가 맑음'과 '삼백 전'은 이것이 가탁한 말임을 밝힌 것이다.-

군자는 몸을 닦고서 천명을 기다리고 기물을 자기 몸에 보관하고서 때를 기다리니, 이 때문에 능히 분수를 따라 선(善)을 다하는 것이다. 《주역》에 담장 안의 새매를 쏘고 담장 밖의 것을 구하지 않았으니, 이 때문에 동함에 막히지 않는다고 한 것이다.[26] 분수 안에서 스스로

23 한……한다 : 도성의 읍에 있는 거처도 전(廛)이라 하는데, 여기의 전은 한 가장의 전지 100무로서, 삼백 전은 가장 삼백 명의 전지에서 나오는 곡식을 말한다.《毛詩注疏 卷9 伐檀》

24 주역에……이것이다 :《주역》〈소축(小畜)〉의 괘사(卦辭)에 "소축은 형통하니 구름이 빽빽이 끼었으나 비가 내리지 않음은 우리 서쪽 교외로부터 오기 때문이다〔小畜, 亨, 密雲不雨, 自我西郊.〕"라고 하였는데, 심대윤의《주역상의점법(周易象義占法)》에 "문덕이 이미 쌓여서 시행하여 성대할 수 있으므로 '형통하다' 하고, 아직 시행하여 사업을 하는데 미치지 못하였기 때문에 '구름이 빽빽이 끼었으나 비가 내리지 않는다.'고 한 것이다.〔文德旣畜, 可以施行而盛大, 故曰'亨'. 未及施行而有事業, 故曰'密雲不雨'.〕"라고 하였다.

25 간(干) : 【집전】 물가〔厓〕

26 주역에……것이다 :《주역》〈계사전 하(繫辭傳下)〉에 "역(易)에 이르기를 '공

닦지 않고 분수 밖에서 망령되이 구하여 재앙과 실패를 취함은 군자가 하지 않는다. 곡식을 심고 거두어 벼를 얻고 사냥하여 짐승을 얻음은 분수 안에서 얻는 것이요, 심지 않고 벼를 바라고 사냥하지 않고 짐승을 바람은 이는 분수 밖에서 망령되이 구하는 것이다.

소(素)는 소위(素位)의 소와 같으니, 공이 있어도 먹고 공이 없어도 먹어서, 음식을 얻음을 위주함을 소찬(素餐)이라 한다.-시위소찬(尸位素餐)은 지위와 녹을 주장하기만 하고 다른 것을 알지 못함을 말한 것이다.-[27] 군자는 실제를 쌓은 뒤에 행하고 일을 먼저 한 뒤에 밥을 먹어서, 실제가 없이 단지 행하기만 하고 일이 없이 단지 먹기만 하는 짓을 하지 않는다. 실제가 없는 행실과 일이 없이 먹음은 분수 밖의 물건으로서 흉함과 재앙이 숨어 있는 것이다. 무릇 분수를 지켜 분수 안에서 얻는 자는 천지의 유구(悠久)하고 넓고 두터운 복을 소유하고, 분수 밖에서 치달리는 자는 얻는 바가 크지 못하고 또 빨리 망한다. 오래 보존하는 방도는 분수를 지키는 것보다 나은 것이 없고, 빨리 망하는 방법은 분수를

(公)이 높은 담 위의 새매를 쏘아 잡았으니, 이롭지 않음이 없다.' 하니, 공자께서 말씀하였다. '준(隼 새매)은 새이고 활과 화살은 기물이며 쏘는 것은 사람이니, 군자가 기물을 몸에 보관하고서 때를 기다려 동하면 어찌 이롭지 않음이 있겠는가. 동함에 막히지 않는다. 이 때문에 나가면 얻음이 있는 것이니, 기물을 이루고 동하는 자를 말한 것이다.'〔《易》曰 : '公用射隼于高墉之上, 獲之, 无不利.' 子曰 : '隼者, 禽也. 弓矢者, 器也, 射之者, 人也. 君子藏器於身, 待時而動, 何不利之有? 動而不括, 是以出而有獲, 語成器而動者也.'〕"라고 보이는데, 심대윤은 《주역상의점법》에서 "새가 바로 담장 위에 있는 것은 쏘아서 잡고, 담장 밖에 있는 것은 가서 구하지 않는다.〔禽之正于墉上者則射而獲之, 墉之外則不往求之也.〕"라고 하였고, 또 군자는 "구함에 분수와 지위를 넘지 않는다.〔求之而不越分位.〕"라고 하였다.

27 소(素)는……것이다 : 일반적으로 소위(素位)는 《중용》에 나오는 '素其位'로 '소'를 '현재'로 해석하며, 시위소찬의 소는 공(空)의 뜻으로 해석하는데, 심대윤은 '소위'와 시위소찬의 소를 모두 주(主 위주함, 주장함)로 해석한 것이다. 《집전》에는 소를 공(空)으로 보았다.

지키지 않는 것보다 더한 것이 없으니, 《주역》에 이르기를 "〈분수를 독실히 지킴이 길한 것은〉 종(終)을 돈후(敦厚)히 하기 때문이다."[28] 하였다.

끙끙 수레바퀴 살을 베어 왔는데 坎坎伐輻兮
하수 가에 버려두니 置之河之側兮
하수가 맑고 또 물결이 곧도다 河水淸且直猗
심지 않고 거두지 않으면 不稼不穡
어찌 벼 삼백 억(億)을 취할 것이며 胡取禾三百億兮
수렵하지 않으면 不狩不獵
어찌 네 뜰에 매달려 있는 짐승을 보리오 하니 胡瞻爾庭有縣特兮
저 군자여 彼君子兮
밥만 먹지 않도다 不素食兮

《집전》에 말하였다. 부이다. 직(直)은 물결의 무늬가 곧은 것이다. 십만을 억(億)[29]이라 한다. 짐승이 3년 된 것을 특(特)이라 한다.

28 분수를……때문이다 : 《주역》 〈간괘(艮卦)〉 상구(上九)에 "멈춤에 독실함이니, 길하다.〔敦艮, 吉.〕"라고 하고, 그 〈상전(象傳)〉에 "멈춤에 독실함이 길함은 종을 돈후히 하기 때문이다〔敦艮之吉, 以厚終也.〕"라고 보인다. 심대윤의 《주역상의점법》에 "멈춤의 뜻은 자기 자리에 그쳐서 분수 밖의 것을 구하지 않고, 분수 안의 것을 힘써서 외물이 귀복하기를 기다리는 것이다.〔艮之義, 止其所而不求乎分外, 勉其分內而待物之歸服.〕"라고 하고, 또 "처음에는 얻는 바가 없으나 마침내 반드시 외물이 귀복하는 바가 된다. 그러므로 '종을 돈후히 하기 때문이다.'라고 한 것이다.〔初无所得, 而終必爲物之所歸服, 故曰'以厚終也'.〕"라고 하였다.

29 억(億) : 《집전》에 볏단의 수를 말한 것이라 하였다.

끙끙 수레바퀴를 베어 왔는데 坎坎伐輪兮
하수 가에 버려두니 寘之河之漘兮
하수가 맑고 또 물결이 둥글게 일도다 河水淸且淪猗
심지 않고 거두지 않으면 不稼不穡
어찌 벼 삼백 균(囷)을 취할 것이며 胡取禾三百囷兮
수렵하지 않으면 不狩不獵
어찌 네 뜰에 매달려 있는 메추리를 보리오 하니 胡瞻爾庭有縣鶉兮
저 군자여 彼君子兮
밥만 먹지 않도다 不素飧兮

《집전》에 말하였다. 부이다. 윤(淪)도 바람이 지나가자 물이 무늬를 이룬 것이다. 균(囷)은 창고이다.

이상은 〈벌단〉 3장이니, 장마다 9구이다.

석서 碩鼠

큰 쥐야, 큰 쥐야 碩鼠碩鼠
내 기장을 먹지 말지어다 無食我黍
3년 동안 너와 알고 지냈거늘 三歲貫女
나를 기꺼이 돌아보지 않는구나 莫我肯顧
떠나서 장차 너를 버리고 逝將去女
저 낙토(樂土)로 가리라 適彼樂土
낙토여, 낙토여 樂土樂土

비이다. 관(貫)은 익힘이니 관(慣)과 같다. 큰 쥐가 기장을 먹을 적에 몰래 숨어서 형체를 드러내지 않으니, 이로써 재해가 지극히 은미해서 그 단서를 볼 수 없음을 비유하였다.[30] 군자의 도는 진실로 해로움을 제거하고 이로운 곳으로 나아가며 흉함을 피하고 길함으로 나아가고자 한다. 그러나 또한 한결같은 것이 아니다. 스스로 취하는 재해는 마땅히 뜨거운 물건을 잡은 자가 물에 손을 씻듯이 하여 제거하기를 급히 하지 않을 수가 없으나, 내가 취한 것이 아니라 밖에서 우연히 온 재해는 또한 억지로 면할 수가 없는 것이다. 억지로 작은 환난을 면하면 큰 환난이 장차 이른다.

공자가 말씀하시기를 "빈천은 사람이 싫어하는 것이나 빈천에 마땅한 방도를 따르지 않았는데 빈천을 얻었다면 버리지 않는다."[31] 하셨고, 전(傳)에 이르기를 "복은 무거운 것을 택해야 하고 화(禍)는 가벼운 것을 택해야 한다."[32] 하였다.

30 큰……비유하였다 : 【집전】 백성이 탐욕스럽고 잔혹한 정사에 곤궁하였다. 그러므로 큰 쥐가 자기를 해친다고 가탁하여 말하고 떠나간 것이다.

31 빈천은……않는다 : 《논어》 〈이인(里仁)〉에 "富與貴, 是人之所欲也, 不以其道得之, 不處也. 貧與賤, 是人之所惡也, 不以其道得之, 不去也."라고 한 것에 대하여 심대윤은 "'不以其道得之'는 그것을 얻을 만한 방도로 얻지 않은 것이다. 부귀에 마땅한 방도를 따르지 않았는데 부귀를 얻은 것은 속여서 이룬 것이니 끝내 반드시 패망하고, 빈천에 마땅한 방도를 따르지 않았는데 빈천을 얻은 것은 운명이니 구차히 면하면 재앙이 더 심해진다. 이 때문에 부귀에 처하지 않고 빈천을 버리지 않는 것이다. 분수에 마땅한 부귀는 처할 수 있으며, 스스로 취한 빈천은 버릴 수 있다.〔不以其道得之, 不以其可得之道而得之也. 不由其道而得富貴, 詭致也, 終焉必敗; 不由其道而得貧賤者, 時命也, 苟免則殃愈甚, 故不處不去焉. 如其分之所當富貴, 可處也, 自取之貧賤, 可去也.〕"라고 하였다.

32 복은……한다 : 이 내용은 《국어(國語)》 〈진어(晉語)6〉에 보인다. 진(晉)나라 대

'3년 동안 너와 알고 지냈거늘 나를 돌아보려고 하지 않음'은 우선 환난을 편안히 받아들여 하늘의 명을 순히 따르는 것이다.-명은 바로 분수이니, 명을 순히 따름은 바로 분수를 편안히 지키는 것이다.-《중용》에 이르기를 "현재 환난에 처해서는 환난대로 행한다." 하였고, 한기(韓琦)가 말하기를 "거취의 즈음에는 강경하게 하여 자취를 남겨서는 안 된다." 하였다.[33] 환난이 매우 절박한 것을 가만히 보면서 해결해 주지 않다가-이것은 '나를 돌아보려고 하지 않음'의 뜻을 해석한 것이다.- 그중에 가려서 가벼이 할 만한 것이 있으면 떠나서 가벼운 환난으로 나아가되, 힘써 분수 안에서 가리고 함부로 분수를 넘어 환난을 면하려고 하지 않으니, 이는 군자가 능히 그 즐거움을 온전히 하는 이유이다. 그러므로 말하기를 '저 낙토로 가서 내 살 곳을 얻는다.'고 한 것이다. 내가 평소 마음을 괴롭게 하고 힘을 다해서 유원(悠遠)한 도를 향해 달린 것이 이때에 이르러 비로소 제자리를 얻는 것이다.

세상에는 환난이 없는 나라가 없으니 군자가 스스로 능히 환난을 버릴 뿐이며, 세상에 온전히 즐거운 나라가 없으니 군자가 스스로 능히 즐거움을 오게 할 뿐이다. 이는 군자의 세상에만 그러하겠는가. 소인의 세상에는 환난이 있고 즐거움이 없을 뿐이다. 이상의 세 편은 군자가

부 범문자(范文子 사섭(士燮))가 초(楚)나라와의 전쟁을 반대하며 말한 것으로, 초나라를 피하는 작은 치욕을 당하지 않으려고 전쟁에서 이기면 장차 진나라 내부에 더 큰 환난이 올 것이라고 주장한 것이다.

33 한기(韓琦)가……하였다 : 이 내용은 《송명신언행록(宋名臣言行錄)》후집(後集) 권1에 "거취의 어려움에 처한 자는 강경하게 하여 자취를 남겨서는 안 된다.〔處去就之難者, 不可猛而有迹.〕"라고 보인다. 한기(1008~1075)는 북송(北宋)의 명재상으로 인종(仁宗) 경력(慶曆) 연간의 새로운 정치를 주도하였으며 범중엄(范仲淹)과 함께 서하(西夏)의 침략을 막았으나, 신종(神宗) 때 왕안석(王安石)과 대립하다가 벼슬에서 물러났다. 위국공(魏國公)에 봉해지고 시호가 충헌(忠獻)이다.

본성을 다하여 천명을 아는 것을 말하였다.

큰 쥐야, 큰 쥐야	碩鼠碩鼠
내 보리를 먹지 말지어다	無食我麥
3년 동안 너와 알고 지냈거늘	三歲貫女
나에게 기꺼이 은덕을 베풀지 않는구나	莫我肯德
떠나서 장차 너를 버리고	逝將去女
저 낙국(樂國)으로 가리라	適彼樂國
낙국이여, 낙국이여	樂國樂國
이에 나의 해방을 얻으리로다	爰得我直

비이다. 직(直)[34]은 신(伸 폄)이니, 평소에 환난에 억눌렸던 자가 이때에 이르러 비로소 펴는 것이다.-송사(訟事)에서 신리(伸理 사리를 밝혀 변론함)하는 것을 또한 직(直)이라 한다.-

큰 쥐야, 큰 쥐야	碩鼠碩鼠
내 묘(苗)를 먹지 말지어다	無食我苗
3년 동안 너와 알고 지냈거늘	三歲貫女
기꺼이 나를 위로하지 않는구나	莫我肯勞
떠나서 장차 너를 버리고	逝將去女
저 낙교(樂郊)로 가리라	適彼樂郊
낙교여, 낙교여	樂郊樂郊
누구 때문에 길이 부르짖으리오	誰之永號

34 직(直) : 【집전】 의(宜)와 같다.

비이다. 거듭 '낙교여, 낙교여'라 하고 "누구 때문에 길이 부르짖으리오."라고 한 것은 즐거움에 이르러 환난이 없음을 말한 것이다.[35] 《주역》에서 〈간괘(艮卦)〉의 멈춤은 군자가 분수를 지킴이 되니, 끝의 상구(上九)에서는 "멈춤에 독실함이 길함은 종(終)을 돈후히 하기 때문이다."라고 하였다. 군자가 끝내 즐거움을 온전히 함은 분수를 지켜 얻기 때문이고, 소인에게 환난이 있고 즐거움이 없는 것은 분수를 지키지 못하여 환난을 초래하기 때문이다.

이상은 〈석서〉 3장이니, 장마다 8구이다.

이상은 〈위풍(魏風)〉 7편이다.

35 거듭……것이다 : 【집전】 "이미 낙교로 가면 다시는 나를 해칠 자가 없을 것이니, 마땅히 다시 누구 때문에 길이 부르짖겠는가."라고 한 것이다.

당 唐

《집전》에 말하였다. 당(唐)은 《서경》 〈우공(禹貢)〉의 기주(冀州) 지역에 있었으니, 태항산(大行山)과 항산(恒山)의 서쪽이고, 태원(太原)과 태악(太岳)의 들이다. 곡옥(曲沃)과 강(絳) 땅이 모두 지금의 강주(絳州)에 있었으니, 주나라 성왕(成王)이 이 지역에 아우 숙우(叔虞)를 봉하여 당후(唐侯)로 삼았는데, 남쪽에 진수(晉水)가 있었다. 그리하여 아들 섭(燮)에 이르러 국호를 진(晉)이라 고쳤다. 그 시(詩)를 〈진풍〉이라고 하지 않고 〈당풍〉이라고 이른 것은 처음의 국호를 그대로 따른 것이다.

○연릉 계자(延陵季子)가 말하였다. "생각이 깊습니다. 아마도 도당씨(陶唐氏 요임금)의 유민의 시일 것입니다.[1] 그렇지 않다면 어찌 근심이 이리도 심원하겠습니까. 훌륭한 덕이 있는 분의 후손이 아니면 누가 능히 이와 같겠습니까."

실솔 蟋蟀

귀뚜라미가 당(堂)에 있으니	蟋蟀在堂
이 해가 드디어 저물었도다	歲聿其莫

1 도당씨(陶唐氏)의……것입니다 : 《집전》에 당은 본래 요임금의 옛 도읍이라고 하였다.

지금 우리가 즐거워하지 않으면	今我不樂
세월이 가버리리라	日月其除
그러나 너무 편안하지 않겠는가	無已大康
분수를 중요하게 생각하여	職思其居
즐거움을 좋아하되 너무 지나침이 없게 함이	好樂無荒
훌륭한 선비가 돌아보고 돌아보는 바이니라	良士瞿瞿

《집전》에 말하였다. 부이다. 실솔(蟋蟀)은 메뚜기와 비슷한데 작고, 촉각(觸角)과 날개가 있으니, 9월에 당에 있다. 율(聿)은 '드디어'이다. 대(大)는 태(太)와 같다. 직(職)은 주장함〔主〕이다. 구구(瞿瞿)는 놀란 눈으로 보는 모양이다.

○틀에 박히고 얽매여 분주하며 힘써 어렵고 급박하게만 하며, 너그럽고 한가로운 태도가 없는 것은 색성 소인(索性小人)[2]의 도이다.-동한(東漢) 이래로 대체로 이런 부류의 사람이 많았다.- 앉아 있을 때에는 진흙으로 만든 소상(塑像)과 같고 서 있을 때에는 삐쩍 마른 나무와 같아서, 길을 가도 편안히 걷지 않고 행동할 때에도 온화한 기운이 없으니, 이렇게 하면 사람들이 견디지 못하며 귀신이 시기하고 미워하게 된다. 《주역》에 이르기를 "범의 꼬리를 밟아 사람을 무니 흉하다."[3] 하였

2 색성 소인(索性小人) : 색성의 일반적인 뜻은, 머뭇거리지 않고 곧장 결정하는 것〔直截〕으로, 색성 소인은 자기 마음대로 단도직입적으로 행하는 소인을 말한다. 그러나 아래 〈산유추〉에서 부귀한데도 부귀를 누리지 않는 것을 색성이라고 하였는바, 색성을 '본성을 얽어매어 구속함'의 뜻으로 본 듯하다.

3 범의……흉하다 : 《주역》 〈이괘(履卦 ䷉)〉 육삼(六三) 효사에 "육삼은 애꾸눈이 보며 절름발이가 걷는 것이다. 범의 꼬리를 밟아 사람을 무니 흉하고, 무인(武人)이 대군(大君)이 되었도다.〔六三, 眇能視, 跛能履. 履虎尾, 咥人, 凶, 武人, 爲于大君.〕"라고 하였는데, 심대윤은 "육삼은 음유(陰柔)로서 양강(陽剛)의 자리에 거하여 중을 얻지

다. 군자의 행실은 화락하고 평이하고 간략하고 질박하고 너그럽고 평안하여 남이 즐거워하는 바를 즐거워하고 남이 괴로워하는 바를 괴롭게 여기니, 그 성정이 보통 사람과 같다.[4] 조이면서도 능히 풀어놓고, 나아가면서도 능히 돌아오며, 수고로우면서도 능히 편안하고, 괴로워하면서도 능히 즐거워한다. 그러나 또한 미치지 못하여 태만하지 않고 또한 너무 지나치게 즐거워하지 않아서, 능히 때에 따라 변화하여 절도를 넘지 않아서 자연스럽게 중화(中和)의 덕을 갖춘다.

한 해가 저물면 농사일이 끝나니, 이때에 즐길 수 있고 이때에 편안히 쉴 수 있다. 사람의 수명이 얼마나 되기에 어찌 때에 맞는데도 하지 않으면서 삐쩍 마르고 초췌한 모습을 하여 일생을 마칠 수 있겠는가. 그러나 또 태만하고 즐거움이 너무 지나치면 우환이 장차 미칠까 두렵다. 그러므로 '너무 편안하지 않겠는가 분수를 중요하게 생각한다.'라고 하였으니, 거(居)는 분수란 말과 같으니, 오로지 자기의 분수에 마땅히 할 바를 생각함을 말한 것이다.[5] '즐거움을 좋아하되 너무 지나

못하였다. 예를 집행함이 너무 완고하고 구속되어 행할 수 없음이 마치 애꾸눈이 보아도 명쾌하게 보지 못하며 절름발이가 걸어도 길을 떠날 수 없는 것과 같다.……지나치게 공손하고 너무 집착하여 모욕을 당하고 구속되는 환난이 있다. 그러므로 '범의 꼬리를 밟아 사람을 무니 흉하다.'라고 하였다.〔六三, 以柔居剛而不中, 執禮太固拘束而不能行, 如眇之視而不快, 跛之履而未行.……過恭而太執, 有侮辱拘束之患, 故曰: '履虎尾, 咥人, 凶.'〕"라고 풀이하였다. 《周易象義占法》

4 군자의……같다 : 심대윤은 시에서 군자의 덕을 말한 것으로 본 반면에 《집전》은 당나라의 풍속이 후함을 읊은 것으로 보아, "당나라 풍속이 부지런하고 검소하였다. 그러므로 그 백성들이 1년 내내 노고하여 감히 조금도 쉬지 못하다가, 한 해가 저물어 일이 한가할 때에 이르러서야 이에 감히 서로 잔치하고 술을 마셔 즐거워하였다……민속이 후하여 전성(前聖)의 유풍이 유구함이 이와 같았다."라고 하였다.

5 거(居)는……것이다 : 이는 심대윤이 '職思其居'를 '專思其分所當爲'로 해석한 것인데, 《집전》에서는 이를 '자신이 주관하는 직분에 있는 것을 돌아보고 생각한다.〔顧念其職之所居者〕'라고 해석하였다. 심대윤과 《집전》이 똑같이 '職은 主'라고 하였지만, 《집

침이 없게 함'은 훌륭한 선비가 경계하고 두려워하는 것이다.

귀뚜라미가 당에 있으니 蟋蟀在堂
이 해가 드디어 가는도다 歲聿其逝
지금 우리들이 즐거워하지 않으면 今我不樂
세월이 가버리리라 日月其邁
너무 편안하지 않겠는가 無已大康
분수 밖의 일도 중요하게 생각하여 職思其外
즐거움을 좋아하되 너무 지나침이 없게 함이 好樂無荒
훌륭한 선비가 부지런히 힘쓰는 바이니라 良士蹶蹶

《집전》에 말하였다. 부이다. 궤궤(蹶蹶)는 움직여 일에 민첩히 하는 것이다. 외(外)는 분수의 밖이니, 일을 다스림은 그 분수 안에 있고, 환난을 염려함은 분수 밖에까지 미쳐야 한다.[6]

귀뚜라미가 당에 있으니 蟋蟀在堂
짐수레가 쉬게 되었도다 役車其休
지금 우리들이 즐거워하지 않으면 今我不樂
세월이 가버리리라 日月其慆
너무 편안하지 않겠는가 無已大康
걱정할 것을 중요하게 생각하여 職思其憂

전》은 '주관함'의 뜻이고 심대윤은 '오로지 주장하여'의 뜻이다.

6 외(外)는……한다 : 【집전】 외는 나머지이다. 다스려야 할 바의 일을 진실로 마땅히 생각해야 할 것이요, 다스리는 바 이외의 나머지 일도 또한 감히 소홀히 하지 못하는 것이니, 사변이 혹 평상시의 사려가 미치지 못하는 바에서 나오기도 하기 때문에 마땅히 과하게 대비해야 하는 것이다.

즐거움을 좋아하되 너무 지나침이 없게 함이 好樂無荒
훌륭한 선비의 편안한 바이니라 良士休休

《집전》에 말하였다. 부이다. 도(慆)는 지나감이다. 휴휴(休休)는 편안하고 길한 모양이다. 즐거움을 좋아하면서도 너무 지나치지 않기 때문에 능히 즐거움을 장구히 누리는 것이다.

이상은 〈실솔〉 3장이니, 장마다 8구이다.

산유추 山有樞

산에는 느릅나무가 있으며 山有樞
진펄에는 흰 느릅나무가 있느니라 隰有楡
그대가 의상이 있으나 子有衣裳
입지 않고 끌지 않으며 弗曳弗婁
그대가 거마가 있으나 子有車馬
달리지 않고 몰지 않으면 不馳不驅
완연(宛然)히 죽거든 宛其死矣
타인들이 이에 즐거워하리라 他人是愉

《집전》에 말하였다. 추(樞)는 느릅나무이니, 지금의 자유(刺楡)이다. 유(楡)는 흰 느릅나무이다. 누(婁) 또한 끎이다. 완(宛)은 보는 모양이다. 유(愉)는 즐거움이다.

○흥이고 부이다.[7]-가탁하는 종류를 뒤바꾸어 홍한 것이다.- '산에는 느릅나무가 있으며 진펄에는 흰 느릅나무가 있음'은 땅에 따라 식물이 다른

것이다. 《중용》에 이르기를 "현재 빈천에 처해서는 빈천대로 행하고, 부귀에 처해서는 부귀대로 행한다." 하였으니, 이는 자신의 지위에 따라 도가 다른 것이다. 부귀하면서 미천한 자가 행하는 바를 행하면 이것은 복을 막는 것이다. 복을 막는 자는 재앙이 있으니, 이것은 스스로 자기 본성을 구속하고 남의 본성을 구속하는 것이다.-이익과 은택이 남에게 미치지 못하므로 남의 본성을 구속한다고 한 것이다.-

《주역》에 이르기를 "괴로운 절제이니, 정고(貞固)하게 지키면 흉함은 그 도가 궁극하기 때문이다."[8] 하였고, 또 말하기를 "큰 희생을 씀이 길하니, 천명을 순히 하는 것이다."[9] 하였으니, 부유하면서 스스로 봉

7 홍이고 부이다 : 《집전》에는 흥으로 보았으니, 이하의 장도 같다. 《집전》에 "이는 때에 미쳐 즐거워하지 않을 수 없음을 말한 것이다."라고 하였다.

8 괴로운……때문이다 : 이는 《주역》 〈절괘(節卦)〉 상육(上六)의 상전(象傳)에 보이는데, 심대윤은 "절제의 뜻은 장차 쓰려고 하는 것이다. 상육은 절제하기만 하고 쓰지 않는 것이니, 이는 절제가 절도에 맞지 않는 것이다. 절제가 절도에 맞지 않음은 한 가지로만 하는 것이니, 귀하게 되었는데도 천하게 하고 부유하게 되었는데도 가난하게 하고 성인의 지혜가 있는데도 어리석게 하는 것이다. 쓰이지 않음에 괴로우니, 끝내 취할 수 없는 것이다.〔節之志, 將以求用也. 上六, 節而不用, 是節而不節也. 節不節, 致一矣, 貴而賤也, 富而貧也, 聖而愚也. 苦无用, 終不可取也.〕"라고 풀이하였다. 《周易象義占法》

9 큰……것이다 : 《주역》 〈췌괘(萃卦)〉의 단전(彖傳)에 "왕이 사당을 둠에 지극함은 효도로 제향함을 지극히 하는 것이요, 대인을 봄이 이로우니 형통함은 바름으로써 모이기 때문이요, 큰 희생을 씀이 길하니 가는 바를 둠이 이로움은 천명을 순히 하는 것이다.〔王假有廟, 致孝享也. 利見大人, 亨, 聚以正也. 用大牲, 吉, 利有攸往, 順天命也.〕"라고 보이는데, 심대윤은 "무릇 물건은 낮고 빈 곳에 모이고 높고 넘치는 곳에 모이지 않으며, 친하고 후한 곳에 모이고 소원하고 박한 곳에 모이지 않으며, 공경하고 삼가는 곳에 모이고 사납고 설만한 곳에 모이지 않으며, 아끼고 절제하는 곳에 모이고 함부로 소비하는 곳에 모이지 않는다. 제사의 예는 낮추고 비움이요, 친하고 후함이요, 공경하고 삼감이요, 제한하고 절제함이다. 그러므로 '효도로 제향함을 지극히 한다.'고 하였다. 조상에게 효도로 제향함을 지극히 하면 조상의 신이 모여 만물에 효도로 제향하는 도를 이루어, 만물이 모임을 말한 것이다. 이로움은 사람의 본성이고 하늘의 명이니, 자신의

양함을 풍성하게 하고 남을 먹임을 후하게 함은 천명을 순히 함을 말한 것이다. 세상의 재물을 인색하게 아껴서 쌓기만 하고 능히 남에게 베풀지 못하여 수전노가 된 자는 끝내 반드시 화를 불러들여 재물이 흩어져서 타인의 소유가 된다.

산에는 붉나무가 있으며	山有栲
진펄에는 감탕나무가 있느니라	隰有杻
그대가 뜰이 있으나	子有廷內
물 뿌리지 않고 쓸지 않으며	弗洒弗埽
그대가 종고(鍾鼓)가 있으나	子有鍾鼓
두들기지 않고 치지 않으면	弗鼓弗考
완연히 죽거든	宛其死矣
타인이 이에 차지하리라	他人是保

흥이고 부이다. 《집전》에 말하였다. 고(栲)는 산저(山樗)이니, 가죽나무와 비슷하고 색이 약간 희고 잎이 약간 좁다. 유(杻)는 감탕나무이니, 잎이 살구나무와 비슷한데 뾰족하며 백색이고 껍질이 붉으며 나뭇결이 굽은 것이 많고 곧은 것이 적으니, 활과 쇠뇌의 몸통을 만들 만하다. 고(考)는 침이다. 보(保)는 차지하여 소유하는 것이다.

이로움을 후하게 하는 것은 천명을 순히 하는 것이다. 자신의 이로움을 후하게 하는 것은 후하게 남을 이롭게 함에 달려 있으니, 남을 이롭게 한 뒤에 자신의 이로움을 후하게 할 수 있다.〔凡物萃於卑虛, 而不聚於高溢; 聚於親厚, 而不聚於疏薄; 聚於敬愼, 而不聚於暴謾; 聚於撙節, 而不聚於濫費. 祭祀之禮, 卑虛也, 親厚也, 敬愼也, 限節也, 故曰'致孝享也'. 言致孝亨于祖考, 而祖考之神聚致孝享之道于萬物, 而萬物聚也. 利者, 人之性、天之命也, 厚自利者, 順天命也. 厚自利, 在厚利人, 然後能厚自利也.〕"라고 풀이하였다. 《周易象義占法》

산에는 옻나무가 있으며　山有漆
진펄에는 밤나무가 있느니라　隰有栗
그대가 술과 밥이 있으나　子有酒食
어찌 날로 비파를 타면서　何不日鼓瑟
기뻐하고 즐거워하지 않으며　且以喜樂
또 날을 길게 보내지 않는고　且以永日
완연히 죽거든　宛其死矣
타인이 집에 들어오리라　他人入室

흥이고 부이다. '그대가 술과 밥이 있으나 어찌 날로 비파를 타지 않는가.' 한 것은 《주역》에 '큰 희생을 씀'의 뜻이다. '날을 길게 보냄'은 사람이 일에 골몰하면 날이 짧다고 느끼고, 놀고 장난하여 일이 없으면 날이 길다고 느끼는 것이다.

〈실솔〉은 수고로움과 편안함, 괴로움과 즐거움이 때가 있음을 말하였고, 〈산유추〉는 빈천과 부귀가 도가 다름을 말하였다.

이상은 〈산유추〉 3장이니, 장마다 8구이다.

양지수 揚之水

작은 물이여　揚之水
흰 돌이 뾰족뾰족하도다　白石鑿鑿
흰 옷에 붉은 중의(中衣)로　素衣朱襮
그대를 따라 곡옥(曲沃)으로 가리라　從子于沃

이미 군자를 만나 보니　　既見君子
어찌 즐겁지 않으리오　　云何不樂

흥이다.[10] 착착(鑿鑿)은 바위가 뾰족한 모습이다. 박(襮)은 석의(裼衣)이다.[11] 옥(沃)은 곡옥이다.

작은 물이여　　揚之水
흰 돌이 희고 희도다　　白石皓皓
붉은 수를 놓은 속옷으로　　素衣朱繡
그대를 따라 곡(鵠)으로 가리라　　從子于鵠
이미 군자를 만나 보니　　既見君子
어찌 근심하리오　　云何其憂

흥이다. 곡(鵠) 또한 진(晉)나라 읍의 이름이다.[12]

작은 물이여　　揚之水
흰 돌이 깨끗하고 깨끗하도다　　白石粼粼
내 명령이 있음을 듣고도　　我聞有命
감히 남에게 말하지 못하노라　　不敢以告人

10 흥이다 : 《집전》에는 비로 보았으니, 이하의 장도 같다.

11 박(襮)은 석의(裼衣)이다 : 석의는 조복(朝服)이나 제복(祭服)의 안에 착용하고 갖옷〔裘〕이나 갈의(葛衣)의 위에 덧입는 옷으로, 아래 3장의 소주에 설명한 중의(中衣)가 이것이다. 박(襮)에 표(表)의 뜻이 있어 겉에 입는 옷이 되므로, 박을 덧입는 옷인 석의로 해석한 것으로 보인다. 규장각본에는 석의가 '갈의(褐衣)'로 되어 있으나 문맥에 맞지 않는다.

12 곡(鵠)……이름이다 : 【집전】 곡은 곡옥의 읍이다.

흥이다. 인린(粼粼)[13]은 돌이 서로 차례로 놓여 있는 것이 물고기의 비늘과 같은 것이다. 구설에 진(晉)나라 소후(昭侯)가 숙부 성사(成師)를 곡옥에 봉하니, 이가 환숙(桓叔)이다. 환숙의 손자 무공(武公)이 진나라를 공격하여 멸망시키고, 보배로운 기물을 주나라 희왕(釐王)에게 뇌물로 바치자 희왕이 무공을 진나라 군주로 삼았다. 무공 말년에 진나라를 공격할 적에 진나라 사람들이 자기 나라를 배반하고 그에게 귀의하려 하였으므로 이 시를 지었다.[14] '내 명령이 있음을 듣고도 감히 남에게 말하지 못함'은 무공의 계책을 숨겨 주어서 진나라를 전복하려는 계책이 이루어지기를 바라는 것이라고 하였다. 구설과 같다면 이것은 반역을 하여 함께 찬탈(簒奪)을 모의한 것인데, 성인이 이 시를 취하여 가르침으로 삼았겠는가.

'양지수(揚之水)'와 '흰 돌'은 진나라와 곡옥을 비유한 것이 아니다.[15] -돌은 물 가운데에 있으나 진나라와 곡옥은 서로 다른 곳에 있다.- 그리고 '소의주박(素衣朱襮)'이 바로 제후의 의복이라면[16] 진나라 사람이 이 옷을 입고서 곡옥으로 따라갔겠는가.-그 문리가 자신이 이 옷을 입고서 따라갔다는 말이요,

13 인린(粼粼) : 【집전】 물이 맑아서 돌이 들여다 보이는 모양이다.〔水淸石見之貌〕

14 무공……지었다 : 《집전》에는 "환숙이 곡옥에 봉해진 뒤에 곡옥은 강성하고 진나라는 미약하자, 국인들이 장차 진나라를 배반하고 곡옥으로 귀의하려 하였다. 그러므로 이 시를 지은 것이다.……제후의 의복을 가지고 환숙을 따라 곡옥으로 가고자 하였다."라고 하여, 진나라 사람들이 무공이 아니라 환숙에게 귀의하려 했다고 하였다.

15 양지수(揚之水)와……아니다 : 《집전》에는 "물살은 느리고 약한데 돌은 뾰족함을 말하여 진나라는 쇠약하고 곡옥은 강성함을 비유하였다."라고 하였다. '양지수'는 심대윤이 '작은 물'로 해석한 반면에 《집전》에는 '느릿느릿 흘러가는 물'로 해석하였다.

16 소의주박(素衣朱襮)이……의복이라면 : 《집전》에 "박(襮)은 옷깃이니, 제후의 옷은 보를 수놓은 동정에다가 붉은색으로 선을 두른다."라고 하여, '소의주박'을 환숙에게 바치는 제후의 의복으로 보았다. 반면에 심대윤은 '박'을 석의로 해석하여 제후의 의복으로 한정하지 않았다.

옷을 무공에게 바쳤다는 말이 아니다. 무공이 진나라를 멸망시켰는데, 환숙이 진나라를 멸망시켰다고 말한 것은 더더욱 터무니없는 망령된 말이다.[17]- 만약 구설과 같이 무공에게 옷을 바쳤다고 한다면 진나라 사람들이 어찌하여 무공에게 명복(命服)을 줄 수 있는가.[18] 어긋나고 잘못됨이 심하다.

작은 물에 흰 돌이 그 가운데에 있어, 물이 미약하나 가운데에 강하고 견고함이 있으니, 이로써 군자의 덕이 밖은 공손하고 겸손하나 안은 지극히 강하여 동요할 수 없고 뽑을 수 없음을 흥하였다. 《주역》의 겸괘(謙卦)는 땅 가운데에 산이 있는 상이니, 밖은 낮고 순하나 가운데는 높고 준엄함이 있는 것이 바로 이 뜻이다.[19] '흰 옷에 붉은 중의'는 밖에는 질박하여 문채가 없으나 안에는 혁혁한 문채가 있는 것이요, '그대를 따라 곡옥으로 감'과 '곡으로 감'에서, 곡옥과 곡은 군자의 거처이니, 흰 옷에 붉은 중의를 입고 군자의 거처로 따라감은 그의 가르침에 복종하여 그와 더불어 같은 곳으로 돌아감을 말한 것이다. "이미 군자를 만나 보니 어찌 즐겁지 않으리오."라고 한 것은 기꺼이 스스로 만족하여, 남에게 드러나지 못함을 근심하지 않는 것이다. '소의주수(素衣朱繡)'는 속옷에 붉은 수를 놓은 것이다.-만약 옷에 붉은 수가 있다면 어찌 이것을 흰 옷이라고 할 수 있겠는가.[20] 이 때문에 속옷이 됨을 아는 것이다.-

17 환숙이……말이다 : 《집전》에 '환숙이 진나라를 멸망시켰다.'라는 말은 없고, 다만 "제후의 의복을 가지고 환숙을 따라 곡옥으로 가고자 했다."라고 하고, 또 "환숙이 장차 진나라를 전복시키려 하였는데, 백성들이 그를 위하여 숨겨 주었으니, 그가 성공하기를 바란 것이다."라고 하였다.

18 진나라……있는가 : 제후의 명복은 천자가 작위를 주면서 하사하는 것이므로 말한 것이다.

19 주역에……뜻이다 : 겸괘(䷎)에 산을 나타내는 간(艮)이 아래에 있고 땅을 나타내는 곤(坤)이 위에 있음을 말한 것이다.

20 만약……있겠는가 : 《집전》에는 "주수는 바로 주박(朱襮)이다."라고 하여, '소의주

'내 명령이 있음을 듣고도 감히 남에게 말하지 못함'은 나 또한 군자의 교훈하는 명령을 행하여 감히 강하고 큼을 남에게 과시해서 밖에 드러남을 구하지 않는 것이다. 그러므로 또한 '작은 물이여 흰 돌이 깨끗하고 깨끗하도다.'라고 흥하여, 나 또한 마땅히 군자가 하는 바를 해야 함을 말한 것이다. '명령이 있음'을 말한 것은 포함한 것이 넓으니, "본성을 다하여 천명을 안다."[21]라는 명이요, 철인(哲人)의 말은 바로 천명이라는 명이요,-《서경》〈대고(大誥)〉에 자세히 보인다.[22]- 분수를 편안히 지켜 명을 순히 따른다는 명이다.[23]-속옷의 겉에 입는 중의(中衣)를 박(襮)이 수'를 1장의 '흰 옷에 붉은 옷깃〔素衣朱襮〕'과 같은 것으로 보았다.

21 본성을……안다 : 원문은 '盡性至命'으로 《주역》〈설괘전(說卦傳)〉에 "窮理盡性, 以至於命."이라고 보인다. 이는 주자의 해석에 의하면 '인물(人物)의 성을 다 발휘하여 천도에 합함〔盡人物之性, 而合於天道.〕'의 뜻이지만, 심대윤은 '본성을 다하여 지극히 성실함에 이르러 천명을 앎'으로 해석하였다. 〈주남(周南) 권이(卷耳)〉의 각주 참조.

22 서경……보인다 : 《서경》〈대고〉는 주공(周公)의 형제인 관숙(管叔)·채숙(蔡叔)·곽숙(霍叔)이 상나라 주왕(紂王)의 아들 무경(武庚)과 연합하여 난을 일으키자, 주나라 성왕(成王)이 주공에게 정벌을 명할 적에 천하에 크게 고한 글이다. 〈대고〉에 "내 어찌 전녕인(前寧人)이 받으신 명(命)을 잘 끝마치지 않겠는가.〔予曷敢不于前寧人攸受, 休畢?〕"라고 하였는데, '전녕인'은 무왕(武王)의 신하로서 심대윤은 이들을 철인이라 하고, "내가 어찌 감히 철인이 받은 바에 잘 끝마치기를 도모하지 않겠는가. '받은 바'는 하늘에서 받은 것이다. 철인의 도모는 천명에 합하니, 이는 하늘에서 받은 것이다. '휴필(休畢)'은 잘 끝마침이다.〔予曷敢不於哲人之所受者, 圖其善終乎? 所受, 受於天者也. 哲人之謀, 合於天命, 則是所受於天也. 休畢, 善終也.〕"라고 풀이하였다. 《書經蔡傳辨正》

23 분수를……명이다 : 심대윤은 〈위풍(魏風) 석서(碩鼠)〉에서 "명은 바로 분수이니, 명을 순히 따름은 바로 분수를 편안히 지키는 것이다.〔命卽分也, 順命卽安分也.〕"라고 하였고, 또 《주역》〈대유괘(大有卦)〉의 상전(象傳)에 "악을 막고 선을 드날려 하늘의 아름다운 명을 순히 따른다.〔遏惡揚善, 順天休命.〕" 한 것의 주에서 "하늘의 아름다운 명은 본성이니, 선으로 본성을 이루어 천명에 순히 따르는 것이다.〔天之休命, 性也, 善以成其性, 順命也.〕"라고 하였다. 《周易象義占法》

라 하니, 조복(朝服)을 중의의 위에 입는다.-

이상은 〈양지수〉 3장이니, 두 장은 6구이고, 한 장은 4구이다.

초료 椒聊

산초의 열매여	椒聊之實
번성하여 한 되에 가득차도다	蕃衍盈升
저 그 사람이여	彼其之子
석대(碩大)하여 짝할 이가 없도다	碩大無朋
산초여	椒聊且
가지가 멀리 뻗었도다	遠條且

홍이고 비이다.[24] 《집전》에 말하였다. 초(椒)는 나무가 수유(茱萸)와 비슷하니, 찌르는 가시가 있고 열매는 맵고 향기롭다. 요(聊)는 어조사이다. 붕(朋)은 쌍(雙)이다.

○열매는 진실한 덕을 행함을 말한 것이다. 번연(蕃衍)은 성하고 많아 남음이 있는 것이다. 산초의 열매가 한 되를 채우는 데에 불과하더라도 이미 남음이 있는 것을 가지고, 군자의 진실한 덕이 가깝고 작은 것에 돈독히 하고 멀고 큰 것에 내달리지 않음을 홍하였다. 멀리 감은

24 홍이고 비이다 : 《집전》에서도 홍이고 비라고 하였으나, "이는 무엇을 가리킨 것인지 알지 못한다"라고 하였다. 《모시서》에는 "〈초료〉는 진나라 소공(昭公)을 풍자한 시이다. 군자는 곡옥이 강성하며 정사를 잘 닦는 것을 보고는, 곡옥이 번연하고 성대해져 그 자손이 장차 진나라를 소유하게 될 줄을 안 것이다.〔《椒聊》, 刺晉昭公也. 君子見沃之盛彊, 能修其政, 知其蕃衍盛大, 子孫將有晉國焉.〕"라고 하였다.

먼 것에 달려 있지 아니하여 가까운 것에 달려 있고, 크게 됨은 큰 것에 달려 있지 아니하여 작은 것에 달려 있으니, 가까운 것과 작은 것을 돈독히 하면 저절로 능히 먼 것에 도달하는 것이다. 가깝고 작은 것을 돈독히 하는데도 커서 짝할 이가 없는 것은 능히 먼 것에 도달하기 때문이니, 이는 마치 산초의 가지가 멀리 뻗은 것과 같다. 되는 그릇 중에 작은 것이나 먼 것에 도달하기 때문에 그 큼이 짝할 것이 없는 것이다. 군자의 도는 지극히 요약하나 만물을 체득해서, 마음을 바루면 하늘과 땅이 제자리를 편안히 하고, 몸을 닦으면 천하가 고르게 되어서, 집에 거하여도 천 리 밖에서 호응하고, 자신의 위치만 지키고 있어도 만세가 우러러보니, 이는 지극히 작으면서도 먼 것에 도달한 것이다. 피(彼)는 남보다 뛰어나서 미칠 수 없는 뜻이다.

산초의 열매여	椒聊之實
번성하여 한 움큼에 가득하도다	蕃衍盈匊
저 그 사람이여	彼其之子
석대하고 또 후(厚)하도다	碩大且篤
산초여	椒聊且
가지가 멀리 뻗었도다	遠條且

흥이고 비이다. 두 손의 움큼을 국(匊)이라 한다. 국은 되보다 더 작으니, '덜고 또 덜어 내는 것'[25]이 이것이다. 독(篤)은 돈후함이다.

25 덜고……것 : 《공자가어(孔子家語)》 〈삼서(三恕)〉에, 가득 찬 것을 유지하는 방도에 대하여 공자가 "총명예지는 어리석음으로 지키고, 천하를 덮는 공은 사양으로 지키고, 세상에 떨친 용력은 두려움으로 지키고, 사해를 소유하는 부는 겸손함으로 지키니, 이것이 이른바 덜고 또 덜어 내는 방도이다.〔聰明睿智, 守之以愚; 功被天下, 守之以讓; 勇力振世, 守之以怯; 富有四海, 守之以謙, 此所謂損之又損之之道也.〕"라고

〈양지수〉는 안에는 강하나 밖에 드러내지 않는 것이고, 〈초료〉는 가깝고 작은 것에 돈독히 하고 먼 것에 내달리지 않는 것이다. 안이 지극히 강한 뒤에야 비로소 능히 일을 할 수 있으니, 능히 일을 할 수 있으면 드러남이 이보다 더 드러남이 없게 되고, 요점을 잡은 뒤에야 비로소 능히 밝음이 있으니, 능히 밝음이 있으면 먼 것이 이보다 더 먼 것이 없게 된다.

이상은 〈초료〉 2장이니, 장마다 6구이다.

주무 綢繆

칭칭 감아 섶을 묶을 적에	綢繆束薪
삼성(三星)이 하늘에 떠 있도다	三星在天
오늘 밤은 어떤 밤인고	今夕何夕
이 양인(良人)을 만났노라	見此良人
그대여 그대여	子兮子兮
이 양인에 어찌리오	如此良人何

《집전》에 말하였다. 흥이다.[26] 주무(綢繆)는 얽어서 묶음이다. 삼성(三星)은 심성(心星)이다. 양인(良人)은 부인이 남편을 칭한 것이다.

한 것을 가리킨다.

26 흥이다 : 《집전》에는 "나라가 혼란하고 백성들이 가난하여 남녀가 제때를 잃었었는데, 뒤에 혼인의 예를 이룬 자를 만났다."라고 하여, 예를 이룬 부부의 말을 서술한 것으로 보았다.

○군자는 능히 천하 사람들의 뜻을 통달하고-내 마음으로 남의 마음을 미루어서 그 정(情)에 이르러[27] 인정(人情)을 통달함을 말한 것이다.- 사람을 어기지 않아서, 말함에 사람들이 기뻐하지 않음이 없고, 행함에 사람들이 믿지 않음이 없다. 그가 사람을 어기지 않기 때문에 사람들 또한 어기지 않는 것이니, 사람이 그를 어기지 않음은 하늘이 그를 어기지 않는 것이다.

'칭칭 감아 섶을 묶음'은 여러 사람과 화합하여 하나가 됨을 말한 것이다. '삼성이 하늘에 떠 있음'은 그 별빛이 내려와 묶어 놓은 섶을 비추는 것이니, 하늘의 마음도 감응하여 하나가 됨을 말한 것이다. 《서경》〈요전(堯典)〉에 "요임금의 정성이 하늘과 땅에 이르렀다."[28]라

27 내……이르러 : 원문은 '충서격물(忠恕格物)'로, 심대윤의 충서와 격물에 대한 해석은 다음과 같다. 심대윤의 《논어》에 "자신이 원하는 바를 미루어 남에게 베푸는 것을 충이라 하고, 자신이 하고자 하지 않는 바를 남에게 가하지 않는 것을 서라 하니, 《중용》의 '성을 따라 도를 닦음'과 《대학》의 격물치지가 이것이다.……격물은 밝은 지혜를 지극히 하는 방도이다. 나의 마음으로 남의 마음을 헤아림은 비유하자면 도낏자루를 잡고 도낏자루를 베는 것처럼 가까운 것이니, 마음에 진실로 구하면 맞지 않는 것이 없다. 이로써 천하 만물의 정에 이르러 모두 내 마음으로 미루어 알면, 이를 일러 능히 지혜를 지극히 한다고 하니, 그 도가 바로 충서이다.〔己之所願, 推以施之於人曰忠; 己之所不欲, 勿以加之於人曰恕. 《中庸》之率性修道、《大學》之格物致知是也.……格物, 所以致其明知也. 以吾之心, 度人之心, 譬如執柯以伐柯, 心誠求之, 未有不中也. 以至天下萬物之情, 皆自吾心推之, 則此之謂能致知, 而其道則忠恕也.〕"라고 하였다. 또 《대학고정(大學考正)》에서 격물의 격은 "정신으로 만나는 것이다.〔以精神會之也.〕"라고 하고, "격물치지는 나의 정으로 외물의 정에 통하는 것이고, 충서는 나의 좋아함과 싫어함을 남에게 미루어 베푸는 것이다.〔格致者, 以我之情通物之情也; 忠恕者, 以我之好惡推施于人也.〕"라고 하였다.

28 요임금의……이르렀다 : 원문은 '格于上下'로 심대윤은 "격(格)은 정신이 접촉한 것이고, 상하(上下)는 하늘과 땅이니, 요임금의 정성과 능력이 하늘과 땅에 참여하여 합하여 하나가 됨을 말한 것이다.〔格, 精神屬之也. 上下, 天地也. 言其誠力參合天地而爲一也.〕"라고 하였다. 이 내용은 심대윤의 해석에 따르면, 《서경》〈요전〉에 "옛 요임금

고 한 것이 이것이다.

"오늘 밤은 어떤 밤인고 이 양인을 만났노라."라고 한 것은 자신이 이와 같은 사람을 만남을 다행으로 여긴 것이요, "그대여 그대여 이 양인에 어쩌리오."라고 한 것은 친애하는 마음이 다함이 없는 것이다. 이 장에서는 삼성이 하늘에 떠 있는데 아래 장에서는 삼성이 동남쪽 귀퉁이에 있고, 문에 있는 것은, 남에게 받는 신임이 더욱 커져서 아래로 이르는 하늘의 마음이 더욱 친밀해짐을 말한 것이다.[29]

칭칭 감아 꼴을 묶을 적에	綢繆束芻
삼성이 동남쪽 귀퉁이에 있도다	三星在隅
오늘 밤은 어떤 밤인고	今夕何夕
이 해후(邂逅)함을 만났노라	見此邂逅
그대여 그대여	子兮子兮
이 해후함에 어쩌리오	如此邂逅何

흥이다. '해후'는 기약하지 않고 만남이니, 군자가 남에게 친해지기를 구하지 않으나 사람들이 스스로 군자를 친히 함을 말한 것이다. 군자는 내 본성을 온전히 할 뿐이요, 세속에 아첨하여 친하기를 구하는 것이 아니며, 내 하늘을 온전히 할 뿐이요, 하늘에 잘 보여 복을

을 상고하건대 덕이 이처럼 헤아릴 수 없었으니, 문덕과 사려를 삼가고 밝히며, 힘쓰지 않고 편안하고, 진실로 공손하고 능히 겸양하시어 광채가 사해의 밖에 입혀지시며 정성이 하늘과 땅에 이르렀다.〔曰若稽古帝堯, 曰放勳, 欽明文思, 安安, 允恭克讓, 光被四表, 格于上下.〕"라고 보인다. 아래의 각주 44) 참조.

29 이 장에서는……것이다 : 《집전》에는 삼성이 하늘에 떠 있음은 해질 무렵에 이 별이 처음 동방(東方)에 나타나는 것이고, 삼성이 동남쪽 귀퉁이에 있음은 밤이 오랜 것이고, 삼성이 문이 있는 남쪽에 있음은 밤이 깊은 것이라 하였다.

구하는 것이 아니다. 세속은 아첨해서는 안 되고 하늘은 잘 보이려 해서는 안 되며, 오직 스스로 온전히 하면 하늘과 사람이 협동하는 것이다.

칭칭 감아 나뭇단을 묶을 적에 綢繆束楚
삼성이 문에 있도다 三星在戶
오늘 밤은 어떤 밤인고 今夕何夕
이 따르는 사람들을 만났노라 見此粲者
그대여 그대여 子兮子兮
이 따르는 사람들에 어쩌리오 如此粲者何

흥이다. 사람이 셋 이상인 것을 중(衆)이라 하고, 여자가 셋 이상인 것을 찬(粲)이라 하니,[30] 찬자(粲者)는 여러 사람들이 친히 따르는 바임을 말한 것이다.

이상은 〈주무〉 3장이니, 장마다 6구이다.

30 사람이……하니 : 이 내용은《국어(國語)》〈주어 상(周語上)〉에 밀(密)나라의 강공(康公)이 주나라 공왕(恭王)을 따라 유람하다가 예를 갖추지 않고 세 여인을 얻자, 강공의 어머니가 "이 세 여인을 반드시 왕에게 바치거라. 짐승이 셋 이상이면 군(群)이라 하고 사람이 셋 이상이면 중(衆)이라 하며, 여자가 셋 이상이면 찬(粲)이라 한다. ……작은 인물이 사물을 다 갖추면 끝내는 반드시 망하는 것이다.〔必致之於王! 夫獸三爲群, 人三爲衆, 女三爲粲.……小醜備物, 終必亡.〕"라고 한 것에 보인다.《국어》의 찬(粲)은 위소(韋昭)의 주에 "아름다운 모양이다."라고 하여, 아름다운 이가 많음의 뜻이다.《집전》에는 "찬(粲)은 아름다움이다.……혹자는 말하기를 '여자 셋을 찬이라 하니, 한 아내에 두 첩이다.' 한다.〔粲, 美也.……或曰: '女三爲粲, 一妻二妾也.'〕"라고 하였다. 중(衆)은 고자(古字)가 衆으로 되어 있어 인(人)이 세 개가 모였는바, 衆 자는 아랫부분이 바로 衆을 모아 놓은 것이다.

체두 杕杜

우뚝 선 아가위나무여	有杕之杜
그 잎이 풍성하고 풍성하도다	其葉湑湑
홀로 가기를 외로이 하니	獨行踽踽
어찌 타인이 없으리오마는	豈無他人
내 형제만 못하니라	不如我同父
아 길 가는 사람들은	嗟行之人
어찌 도와주지 않는고	胡不比焉
사람이 형제가 없거늘	人無兄弟
어찌 도와주지 않는고	胡不佽焉

《집전》에 말하였다. 흥이다.[31]-가탁하는 종류를 뒤바꾸어 흥한 것이다.- 체(杕)는 우뚝함이요, 두(杜)는 붉은 아가위나무이다. 서서(湑湑)는 윤택한 모양이요, 우우(踽踽)는 외롭고 홀로 있는 모양이다. 비(比)는 도움이요, 차(佽)는 도움이다.

○"우뚝 선 아가위나무여 그 잎이 무성하고 무성하도다."라고 한 것은 홀로 행하는 군자를 여러 사람들이 따름이 미치 잎이 나무에 붙어 있는 것과 같음을 비유한 것이다.

"홀로 가기를 외로이 하니 어찌 타인(他人)이 없으리오마는 내 형제만 못하니라."라고 한 것은, 소인의 사귐이 단술처럼 달콤하여 그 무리가 비록 많고, 가까이 아는 자가 비록 넓지만, 끝내 같은 동류와 기미(氣味)가 같은 무리가 서로 떨어지지 않음만 못하니, 사실 소인은 한 명의

31 흥이다 : 【집전】 이것은 형제가 없는 자가 스스로 그 외로움을 서글퍼하여 남에게 도움을 구하는 말이다.

독부(獨夫)가 되어 외로이 도움받지 못하는 것이다. 선을 행하는 자는 가까운 이웃이 있고 악을 행하는 자는 친한 이가 없으니, 군자의 붕우는 떼어놓을 수 없고 소인의 무리는 믿을 수 없다.

길을 가는 사람은 서로 도와주는 이치가 없고, 형제가 없는 자는 남이 형제처럼 돕는 이치가 없는데, "아 길 가는 사람들은 어찌 도와주지 않는고. 사람이 형제가 없거늘 어찌 도와주지 않는고."라고 한 것은 탄식하며 말하기를 '사람은 본래 아무런 연고 없이 서로 같은 동류처럼 합하는 이치가 없으니, 그대는 그 까닭을 아는가. 군자는 다른 사람과 성(性)이 같기 때문에 서로 뭉침이 같은 동류보다 더한 것이다.'라고 한 것이다. 무릇 시에서 거듭 반복하여 영탄하면서 한 글자도 더하거나 빼지 않은 것은 모두 주목할 곳이다.-무릇 사람은 아무런 연고 없이 서로 친한 경우가 없으니, 친한 경우는 반드시 이익이 있음을 본 것이다. 이익과 권세를 보고 서로 따르는 것은 사람과 친한 것이 아니고 이익과 권세를 따른 것이니, 이익과 권세가 다하면 사귐도 끊어진다. 오직 상대의 덕을 좋아하여 서로 친한 경우는 성이 같은 것이니, 성은 떨어질 수 없기 때문에 같은 동류끼리 뭉침보다 더 뭉치는 것이다.-

우뚝 선 아가위나무여	有杕之杜
그 잎이 푸르고 푸르도다	其葉菁菁
홀로 가기를 외로이 하니	獨行睘睘
어찌 타인이 없으리오마는	豈無他人
나의 동성(同姓)만 못하니라	不如我同姓
아 길 가는 사람은	嗟行之人
어찌 도와주지 않는고	胡不比焉
사람이 형제가 없거늘	人無兄弟
어찌 도와주지 않는고	胡不佽焉

《집전》에 말하였다. 흥이다. 청청(菁菁)은 성한 모양이다. 경경(睘睘)은 의지할 바가 없는 모양이다.

〈주무〉는 하늘과 사람이 친히 하는 것이고, 〈체두〉는 하늘과 사람이 떠나는 것이다.

이상은 〈체두〉 2장이니, 장마다 9구이다.

고구 羔裘

염소 갖옷에 표피(豹皮)로 단 소매이니　　羔裘豹袪
우리 사람으로 인하여 보호되도다　　自我人居居
어찌 타인이 없으리오마는　　豈無他人
그대의 연고 때문이니라　　維子之故

흥이고 부이다.[32] 염소 갖옷에 표피 소매를 이어 붙였으니,[33] 이로써 제후들이 천자와 더불어 서로 이어져 세상을 다스림이 마치 표피 소매가 염소 갖옷에 이어져 복장을 이룸과 같음을 흥하였다. 아인(我人)은 제후가 왕을 가리켜 말한 것이다. 거거(居居)[34]는 서로 더불어 거처를

32 흥이고 부이다 : 《집전》에는 부로 보았으니, 이하의 장도 같다. 《집전》에 "이 시는 무엇을 말한 것인지 알지 못하니, 감히 억지로 해석하지 못하노라."라고 하였다.

33 염소……붙였으니 : 【집전】 염소 갖옷은 군주는 옷 전체를 염소 가죽으로 만들고, 대부는 표범 가죽으로 선을 두른다.

34 거거(居居) : 《집전》에는 미상이라 하였고, 모전(毛傳)에는 '마음이 좋지 못하여 서로 친하지 않은 모양〔懷惡不相親比之貌〕'이라고 하였다.

보호하는 뜻이니, '자아인거거(自我人居居)'는 왕이 교화한 은택으로 인해 천하의 나라가 서로 더불어 보호하여 안전하게 하는 것이다. "어찌 타인이 없으리오마는 그대의 연고 때문이니라."라고 한 것은 어찌 서로 더불어 도와서 지켜 주는 형제·사돈·방백의 나라가 없으리오마는, 그 실제는 왕이 교화한 은택에서 말미암은 것이니, 천하의 안위(安危)가 왕 한 사람의 어둡고 밝음에 달려 있음을 말한 것이다.

공자가 《춘추》를 지어, 천하에 왕자가 없어서 중화와 이적(夷狄)이 서로 난을 일으키고 강대국이 약소국을 병탄함을 서글퍼하셨으니, 제후가 된 자가 어찌 천자의 다스림을 즐거워하고 왕실이 위태함을 근심하지 않겠는가.

〈고구〉와 〈보우〉는 아마도 원대한 생각을 할 줄 알았던 자의 시일 것이다.

염소 갖옷에 표피로 단 소매이니	羔裘豹褎
우리 사람으로부터 파급되도다	自我人究究
어찌 타인이 없으리오마는	豈無他人
그대를 좋아하기 때문이니라	維子之好

흥이고 부이다. 수(褎)는 수(袖)와 같다. 구구(究究)는 차차 끌어서 미치는 뜻이다.[35]

이상은 〈고구〉 2장이니, 장마다 4구이다.

35 구구(究究)는……뜻이다 : 이는 왕의 교화가 차차 두루 미친다고 해석한 것으로 보인다. 구구에 대하여, 《집전》에는 미상이라 하였고, 모전(毛傳)에는 1장의 거거(居居)와 같다고 하였다.

보우 鴇羽

푸드덕 나는 너새의 깃이여	肅肅鴇羽
총생(叢生)한 상수리나무에 앉았도다	集于苞栩
왕사(王事)가 견고하지 못한지라	王事靡盬
서직(黍稷)을 심지 못하니	不能蓺稷黍
부모가 어디에 의지하실꼬	父母何怙
아득하고 아득한 창천(蒼天)아	悠悠蒼天
언제나 그 살 곳이 있을꼬	曷其有所

흥이고 부이다.[36] 《집전》에 말하였다. 숙숙(肅肅)은 깃의 소리이다. 보(鴇 너새)는 기러기와 비슷한데 크고, 뒷발가락이 없어서 나무에 앉지 못한다. 포(苞)는 총생(叢生)하는 것이다. 허(栩)는 상수리나무로, 그 열매를 조두(皂斗)라 하니, 열매의 껍질은 검은 물을 들일 수 있다. ◯고(盬)[37]는 견고하고 치밀함이니, 미고(靡盬)는 견고하고 치밀하지 못함을 말한 것이다. 천자가 제후를 평안히 하는 것이요 제후가 천자를 평안히 하는 것이 아니니, 이것이 떳떳한 이치이다. 지금 왕실이 능히 스스로 평안하지 못해서 제후가 수고하여 왕실을 평안하게 하니, 이는 마치 너새가 총생하는 상수리나무에 앉아 있어서 떳떳한 처소를 잃은 것과 같다.[38] '왕사가 견고하지 못함'은 왕실이 평안하고 견

36 흥이고 부이다 : 《집전》에는 비로 보았으니, 이하의 장도 같다. 《집전》에 "백성들이 부역에 종사하여 그 부모를 봉양할 수 없으므로 이 시를 지은 것이다."라고 하였다.

37 고(盬) : 【집전】 견고하고 치밀하지 못함〔不攻緻〕

38 지금……같다 : 【집전】 너새의 성품은 나무에 앉지 않는데, 이제 마침내 날아서 총생하는 상수리나무 위에 앉았으니, 이는 마치 백성의 성품이 본래 노고를 편히 여기지 않거늘 이제 마침내 오랫동안 정역(征役)에 종사하여 밭을 갈아 자식의 직분을 바치지

고하지 못함을 말한 것이다. "서직을 심지 못하니 부모가 어디에 의지하실꼬."라고 한 것은 제후가 사사로이 자기 나랏일을 도모할 겨를이 없어서 자기 나라의 백성들을 거느리고 가서 왕실에 부역하여 농사일을 폐하니, 백성들의 부모가 장차 의지하여 봉양받을 바가 없음을 말한 것이다.

위로는 천자를 위하여 근심하고 아래로는 국민을 위하여 애통해하였으니, 왕실의 혼란은 세상의 운수가 비색한 것이다. 그러므로 '아득하고 아득한 창천아 언제나 안정됨이 있어서 떳떳한 처소를 얻겠는가' 하였다. 〈왕풍(王風) 서리(黍離)〉에서 왕을 풍자할 때에도 또한 '아득하고 아득한 창천'이라 하였으니,[39] 천자를 하늘에 비유한 것이다.

이는 제후가 왕실의 혼란에 수고하여 시를 지어 탄식한 것이다.-어찌하여 부역에 간 백성들이 지었다고 말하지 않는가? 이에 대하여 말하였다. "제후국의 백성으로서 왕실의 혼란을 근심함은 자기의 직책이 아니다. 자기의 직책이 아니면 바로 왕을 원망하는 말이 되니, 이는 도리에 어긋나서 가르침이 될 수 없다. 제후가 왕을 위해 수고함은 그 의리가 바른 것이다."-

푸드덕 나는 너새의 깃이여	肅肅鴇翼
총생한 가시나무에 앉았도다	集于苞棘
왕사가 견고하지 못한지라	王事靡盬

못함과 같은 것이다.

39 왕풍(王風)……하였으니 : 〈서리〉는 주나라가 동천(東遷)한 뒤에 왕의 신하가 서주(西周)의 도읍을 지나가다가 종묘와 궁실이 훼손된 것을 보고 지은 시이다. 〈서리〉에 "저 기장 이삭이 늘어져 있거늘……아득하고 아득한 창천아 이 어떤 사람인고.〔彼黍離離……悠悠蒼天, 此何人哉?〕"라고 보이는데, 이에 대하여 심대윤은 무너진 옛 터에 기장이 인간사의 슬픔을 모르고 자라듯이 동주(東周)의 평왕(平王)이 선조의 기업을 회복할 방법을 생각지 않고 편안히 있음을 풍자한 것으로 보았다.

서직을 심지 못하니 不能蓺黍稷
부모가 무엇을 잡수실꼬 父母何食
아득하고 아득한 창천아 悠悠蒼天
언제나 안정에 이를꼬 曷其有極

흥이고 부이다. 극(極)[40]은 이름이니, 언제 안정에 이름이 있겠냐고 말한 것이다.

푸드덕 나는 너새의 행렬이여 肅肅鴇行
총생한 뽕나무에 앉았도다 集于苞桑
왕사가 견고하지 못한지라 王事靡盬
도량(稻粱)을 심지 못하니 不能蓺稻粱
부모가 무엇을 맛보실꼬 父母何嘗
아득하고 아득한 창천아 悠悠蒼天
언제나 그 정상(正常)으로 돌아갈꼬 曷其有常

흥이고 부이다.

이상은 〈보우〉 3장이니, 장마다 7구이다.

무의 無衣

어찌 칠장(七章)의 옷이 없어서이리오 豈曰無衣七兮

40 극(極) : 【집전】 그침〔已〕

천자(天子)가 주신 옷이 　　　　不如子之衣
편안하고 또 길함만 못해서이니라 　　　　安且吉兮

부이다. 옷에는 7과 6을 절도로 삼는 것이 없다.-《집전》에는 칠명(七命)과 육명(六命)이라 하였으니, 이는 망령된 것이다. 해설이 《예기》에 자세히 보인다.[41]- 7과 6은 이것이 가탁한 말이 됨을 밝힌 것이니, 〈용풍(鄘風) 간모(干旄)〉에 '좋은 말 다섯 필', '좋은 말 여섯 필'이라 한 것과 같다.[42]

41 집전에는……보인다 : 《주례》 〈춘관(春官) 전명(典命)〉에, 상공(上公)은 9명(命)으로 도성·궁실·수레·깃발·의복·예의의 격식에 9를 절도로 하고, 후(侯)·백(伯)은 7명으로 7을 절도로 하고, 자(子)·남(男)은 5명으로 5를 절도로 하며, 왕의 삼공(三公)은 8명이고, 그 경(卿)은 6명이고, 그 대부는 4명이라 하였다. 《집전》에는 시의 '의칠(衣七)'을 7명의 후·백의 격식에 맞는 옷으로 해석하여 '칠장(七章)의 옷'이라 하였다. 칠장은 의(衣)에 그리는 화충(華蟲 꿩)·불·종이(宗彝 범과 원숭이)와 상(裳)에 수놓는 마름·분미(粉米)·보(黼)·불(黻)을 말한다. 그러나 심대윤은 명(命)에 관한 제도를 잘못된 것으로 보아 "제후의 배신(陪臣)은 3명을 넘지 않고, 천자의 내신(內臣)은 5명을 넘지 않고, 공은 5명이고 후는 4명이고 백은 3명이고 자·남은 2명이다.〔諸侯之陪臣不過三命, 天子之內臣不過五命, 公五命, 侯四命, 伯三命, 子、男再命.〕"라고 하고, 또 "대국의 군주는 천자의 경의 등급에 견주고 그 상대부는 천자의 상대부의 등급에 견주며, 차국의 군주는 천자의 상대부의 등급에 견주고 그 상대부는 천자의 중대부의 등급에 견주며, 소국의 군주는 천자의 중대부의 등급에 견주고 그 상대부는 천자의 하대부의 등급에 견준다.……천자의 경은 4명이고 천자의 공은 5명이니, 소국의 군주는 2명이고 차국의 군주는 3명이고 대국의 군주는 4명이며 오직 송나라 공은 5명이다. 무릇 9명이라 한 것은 모두 망령된 것이다.〔大國之君, 品視天子之卿, 而其上大夫品視天子之上大夫; 次國之君, 品視天子之上大夫, 而其上大夫品視天子之中大夫; 小國之君, 品視天子之中大夫, 而其上大夫品視天子之下大夫.……天子之卿四命, 天子之公五命, 小國之君再命, 次國之君三命, 大國之君四命, 獨宋公五命. 凡言九命者, 妄也.〕"라고 하였다. 《禮記正解 王制》

42 용풍(鄘風)……같다 : 〈간모〉에 '좋은 말 다섯 필을 멍에하니', '좋은 말 여섯 필을 멍에하니' 등의 구절이 있는데, 심대윤은 이에 대하여 "수레는 다섯 말을 매는 경우가 없으니, '다섯 필을 멍에한다.'고 한 것은 가탁한 말이다."라고 하고, 위(衛)나라 문공

-이 편은 다만 두 구뿐이니, 만약 가탁한 말임을 확실하게 밝히지 않으면 사람들이 이것을 알 수 없는바, 7과 6은 반드시 없는 일을 가지고 확실하게 밝힌 것이다.- 무릇 옷을 말한 경우는 위의를 말한 것이니, 이 편은 옷을 가지고 위의를 가탁하였고, 아래 편 〈유체지두〉는 음식을 가지고 실행을 가탁하였다.

"어찌 칠장의 옷이 없어서이리오."라고 한 것은, 위의가 많지 않은 것이 아니나-"아홉이며 열인 그 위의로다.〔九十其儀〕"[43]라고 한 것도 위의가 많음을 말한 것이다.- 군자의 위의가 편안하고 또 길한 것만 못함을 말한 것이다. 《서경》〈요전(堯典)〉에 이르기를 "문덕(文德)과 사려를 삼가고 밝히며, 힘쓰지 않고 편안하셨다."[44] 하였다. 몸에 베풀어진 문채를 위의라 하니, 보고 듣고 말하고 동하는 것으로 외면에 나타난 것이 이것이요, 일에 베풀어진 문채를 문덕이라 하니, 공업(功業)을 이룰 수 있는 전장(典章)과 법도가 이것이다. 위의 또한 문채이니, 문채는 편안함을 귀하게 여긴다.

《논어》의 사물(四勿)[45]과 삼귀(三貴)[46]는 예로써 제재하여 중(中)에

(文公)이 현자를 후하게 예우하고 총애에 차등이 있음을 말한 것이라 하였다.

43 아홉이며……위의로다 : 이는 〈빈풍(豳風) 동산(東山)〉에 "이 아가씨가 시집감이여, 황백색과 얼룩무늬 말이로다. 친히 그 향주머니를 매주니, 아홉이며 열인 그 위의로다."라고 보인다.

44 문덕(文德)과……편안하셨다 : 원문은 '欽明文思, 安安'으로 심대윤의 《서경채전변정》에 "흠(欽)은 조심하고 삼감이고, 문(文)은 문덕이고, 사(思)는 사려이다. 문덕이 밝아 시행하고 조치함이 마땅하고, 사려가 밝아 이치를 앎이 정밀하여, 안으로 마음을 다스리고 밖으로 시행하는 것에서 모두 삼가고 밝은 것이다. 안안(安安)은 힘쓰지 않고 안락한 것이다.〔欽欽, 審愼也. 文, 文德也. 思, 思心也. 文德明而施措當, 思心明而識理精, 內治心, 外施爲, 皆審愼而明也. 安安, 無勉强而有安樂.〕"라고 하였다. 반면에 채침(蔡沈)의 《서경집전(書經集傳)》에서는 "공경하고 밝게 통하고 문채가 드러나고 생각이 심원한 것이, 힘쓰지 않고 편안하셨다."라고 해석하였다. 위의 각주 28) 참조.

맞게 하는 것이니, 중에 맞으면 편안하고, 편안하면 화(和)하다. 보고 듣고 말하고 동함이 괴이하고 간사하고 거칠고 태만하고 비루하고 도리에 어긋나며 경솔하고 조급하고 완악하고 우둔하고 허위로 꾸미면 편안하지 못하다. 위의가 편안하면 사람들 또한 편안하게 여기니, 사람들이 편안하게 여기는 바는 복이 돌아오는 바이다. 유강공(劉康公)이 말하기를 "위의를 길러 복을 얻는다."[47] 한 것이 이것이다. 그러므로

45 사물(四勿) : 《논어》 〈안연(顏淵)〉에 공자가 '극기복례(克己復禮)'의 조목으로 말씀한 "예가 아니면 보지 말며, 예가 아니면 듣지 말며, 예가 아니면 말하지 말며, 예가 아니면 동하지 말아야 한다.〔非禮勿視, 非禮勿聽, 非禮勿言, 非禮勿動.〕"라고 한 것을 가리킨다. 심대윤의 《논어》에 "'사물'은 바로 《중용》의 '희노애락의 정(情)이 발하지 않음'이 이것이다. 학문에 힘을 쓰는 것은 반드시 정에서 시작한다. 만일 정을 자세히 살펴 삼가서 발하여, 이에 익숙해져 오래되면 마음이 점차 고요하여 전일하고 텅 비고 밝아져, 혈기가 저절로 사라져 기질에 끌려 동하지 않고 정이 발함에 반드시 바름을 얻게 되어 희노애락이 절도에 맞지 않는 것이 없게 된다.〔四勿卽《中庸》'喜怒哀樂之未發'是也. 學之用力, 必自情始. 苟能審察而愼發, 習熟旣久, 則心漸靜而一, 虛而明, 血氣自消, 不爲氣質之所牽動, 而發必得正, 喜怒哀樂, 莫不中節矣.〕"라고 하였다. 또 심대윤은 '극기복례'를 '인심(人心)의 치우침을 제거하여 도심(道心)의 중(中)으로 돌아감〔克去人心之偏而反乎道心之中〕'의 의미로 해석하였다.

46 삼귀(三貴) : 《논어》 〈태백(泰伯)〉에 "군자가 귀중히 여기는 도가 세 가지이니, 용모를 움직일 때에는 거칠고 태만함을 멀리하며, 얼굴빛을 바룰 때에는 독실함에 가깝게 하며, 말과 소리를 낼 때에는 비루함과 도리에 위배되는 것을 멀리하여야 한다.〔君子所貴乎道者三, 動容貌, 斯遠暴慢矣, 正顔色, 斯近信矣, 出辭氣, 斯遠鄙倍矣.〕"라고 한 세 가지를 가리킨다. 심대윤의 《논어》에 "이는 바로 사물(四勿)이다. 보고 듣고 말하고 동하는 것이 예에 맞으면 자신이 중(中)에 서게 되니, 자신이 중에 서면 천하에 서게 된다. 이 세 가지를 삼가면 보고 듣고 말하고 동하는 것이 예에 맞게 된다. 사물(四勿)은 극기복례(克己復禮)를 하는 것이고, 이 세 가지는 사물을 행하는 방도이다.〔此卽四勿也. 視聽言動中禮, 則中立于身矣, 中立于身而立于天下矣. 愼斯三者, 則視聽言動中于禮矣. 四勿, 所以克己者也, 三者, 所以爲四勿者也.〕"라고 하였다.

47 유강공(劉康公)이……얻는다 : 유강공은 왕계자(王季子)라고도 하는데, 《춘추공양전(春秋公羊傳)》에는 주나라 정왕(定王)의 동모제(同母弟)라 하였고, 《춘추곡량전(春秋穀梁傳)》에는 정왕의 아들이라고 하였다. 《춘추좌전》 성공(成公) 13년 조에 유강공

'편안하고 또 길하다.'고 한 것이다. 《서경》〈요전(堯典)〉에서 요임금의 문덕을 말할 때에도 또한 '편안하셨다'고 하였으니, 위의는 편안함이 가장 훌륭한 것이다.

어찌 육장(六章)의 옷이 없어서이리오	豈曰無衣六兮
천자가 주신 옷이	不如子之衣
편안하고 또 온화함만 못해서니라	安且燠兮

부이다. 욱(燠)은 그 온화함을 말한 것이다.[48] 희노애락이 발하여 절도에 맞으면 화하니, 편안하면 화하고, 절도에 맞으면 편안하다.-희노애락이 외면에 나타나면 보고 듣고 말하고 동함이 된다.[49]-

이 말하기를 "사람은 천지의 중(中)을 받아 태어나니, 이른바 명(命)이라는 것이다. 그러므로 동작, 예의, 위의의 법칙이 있어 명을 안정시킨다. 능한 자는 위의를 길러 복을 부르고 능하지 못한 자는 이를 폐기하여 화를 취한다.〔民受天地之中以生, 所謂命也. 是以有動作、禮義、威儀之則, 以定命也. 能者養之以福, 不能者敗以取禍.〕" 하였다.

48 욱(燠)은……것이다 : 《집전》에는 "욱은 따뜻함이니, 오래 입을 수 있음을 말한 것이다.〔燠, 煖也, 言其可以久也.〕"라고 하여 옷을 위주하여 말하였으나, 심대윤은 옷의 따뜻함과 군자의 덕이 화함을 겸한 것으로 말하였다.

49 희노애락이……된다 : 심대윤은 마음속에서 희노애락이 발하여도 보고 듣고 말하고 동함에서는 희노애락이 발하지 않도록 하는 것을, 극기복례의 조목인 보고 듣고 말하고 동함을 예에 맞게 하는 것과 같은 것으로 보았다. 《중용훈의(中庸訓義)》에 "희노애락이 이(理)의 마땅히 발하여야 할 때에 발하고 마음의 기(氣)에서 동하지 않아서, 발함이 이에서 인하고 마음에 근거하지 않아서 마음이 평안하고 동하지 않는 것을 중(中)이라 한다. 사물이 마땅히 발해야 함을 인하여 희노애락이 발하여, 모두 절도에 맞아 어그러진 잘못이 없는 것을 화(和)라 한다.……희노애락이 발하지 않았다고 말하는 것은 마음에서 발하여도 보고 듣고 말하고 동함에서 발하지 않은 것을 이른다. 마음에서 발하여도 보고 듣고 말하고 동함에서 발하지 않은 것은 이(理)에서 발하고 마음의 기에서 발하지 않음에 인한 것이다. 만일 마음에서 발하여도 보고 듣고 말하고 동함에서 발하지 않을 수 있으면, 오래되어서는 마음에서도 망발하지 않는다. 오직 이에서 인하

이상은 〈무의〉 2장이니, 장마다 3구이다.

구설에 이 시는 곡옥(曲沃)의 무공(武公)이 진(晉)나라를 멸하고 천자에게 명을 청한 시라 하고, 또 말하기를 '무공이 이미 찬탈하고 시해하는 죄를 지었고 글이 또 거만하고 무례한데, 희왕(釐王)이 토벌을 가하지 않고 명을 하사했으니, 왕의 기강이 끊기고 인륜이 멸하게 되었다.' 하였다. 이와 같음을 알면서 도리어 성인이 이 시를 취하여 가르침으로 삼았다고 여기는가. 이 말은 참으로 잠꼬대요 바람처럼 떠도는 소문이라고 이를 만하다. 성인이 이런 시를 취했으면 희왕이 명을 하사함이 옳지 않겠는가. 희왕이 과연 도리에 어긋났다면 성인이 취하지 않았을 것이 분명하니, 어찌 이것을 깨닫지 못한단 말인가.

여 발하였으므로 마음이 평안하여 동하지 않는 것이다. 마음에서 발하는 것은 스스로 힘을 쓸 수 없으나, 보고 듣고 말하고 동함에서 발하지 않도록 하는 것은 스스로 힘을 쓸 수 있다. 힘을 써서 이에서 인하게 하는 것은 충서(忠恕)와 중용을 준칙으로 삼는 것이니, 이와 같이 한 뒤에 희노애락이 중을 얻을 수 있다.……군자의 학문은 반드시 정(情)에서 힘을 써서, 정이 감히 망발하지 않아 보고 듣고 말하고 동함이 예에 맞으면 정이 저절로 바르게 되고, 정이 발하여 절도에 맞으면 마음이 저절로 바르게 되니, 이것이 바로 마음을 다스리는 요체이다.〔喜怒哀樂, 發於理之所當發而不動於心之氣, 以發因於理而不根於心, 心平而不動, 謂之中也. 所以能因其事物之當發而發焉, 皆中其節而無乖戾之失, 謂之和也.……其言喜怒哀樂之未發, 謂其發於心而未發於視聽言動. 其發於心而未發於視聽言動者, 因其發於理而不發於心之氣也. 苟能發於心而未發於視聽言動, 則久而亦不妄發於心矣. 惟因於理以發, 而心平而不動也. 發於心者, 不可自用力也, 未發於視聽言動者, 可以自力也, 用因於理者, 以忠恕中庸爲準則也, 如此然後喜怒哀樂乃可以得中也.……君子之學, 必自情用力, 情不敢妄發, 而視聽言動中禮, 則情自正矣, 情發而中節, 則心自正矣, 此是治心之要也.〕"라고 하였다.

유체지두 有杕之杜

우뚝 선 아가위나무여	有杕之杜
길 왼쪽에 났도다	生于道左
저 군자여	彼君子兮
기꺼이 나에게 오시려나	噬肯適我
중심(中心)으로 그를 좋아하나	中心好之
어떻게 하면 음식을 자시게 할꼬	曷飮食之

비이고 부이다.[50] 서(噬)는 《집전》에 발어사라고 하였다. ◯도로에서 귀한 자는 오른쪽으로 다니고 천한 자는 왼쪽으로 다니니, 우뚝이 서 있는 아가위나무가 길 왼쪽에서 자람을 가지고, 군자의 큰 덕이 여러 사람이 함께 행하는 도를 행해서 미천한 필부필부와 다름이 없음을 비유하였다. 천지 만물의 정은 떳떳함을 편안히 할 뿐이니, 떳떳한 것이 아니면 항구(恒久)할 수가 없어서 반드시 속히 망한다. 군자의 행실은 평범하여 여러 사람과 다르지 않다. 그러므로 사람들이 군자를 편안히 여기니, 사람이 편안히 여기는 것은 그가 평범하여 여러 사람과 다르지 않기 때문이다. 군자가 사람들과 함께함은 단지 사람과 같이 할 뿐만이 아니요, 같음과 다름을 합쳐서 하나로 만든다. 그러므로 크게 같은 것〔大同〕이다.

'중심으로 그를 좋아함'은 그가 군자를 편안히 여기기 때문에 마음에

50 비이고 부이다 : 《집전》에는 비로 보았으니, 이하의 장도 같다. 《집전》에는 현자를 좋아하는 사람이 그를 초치하지 못할까 두려워하는 내용으로 보아 "이 우뚝 선 아가위나무가 길 동쪽에 자라서 그늘이 족히 휴식할 수가 없음이 마치 자기가 과약(寡弱)하여 족히 의뢰할 수 없음과 같다."라고 하였다.

진실로 좋아해서, 무서워하고 꺼려 외모만 공경하는 뜻이 없는 것이다. "어떻게 하면 음식을 자시게 할꼬."라고 한 것은 어떻게 하면 군자의 도를 사용하여 실행하겠느냐고 말한 것이다. 행실을 남에게 가해서 남이 편안히 여기면 이를 행하여 공업을 세울 수 있다. 군자는 위의가 편안하고 덕행이 편안하니, 《서경》 〈요전(堯典)〉에 이른바 "힘쓰지 않고 편안하다."[51]라는 것이 이것이다.

우뚝 선 아가위나무여 有杕之杜
큰길에 났도다 生于道周
저 군자여 彼君子兮
기꺼이 나에게 와서 노시려나 噬肯來遊
중심으로 그를 좋아하나 中心好之
어떻게 하면 음식을 자시게 할꼬 曷飮食之

비이고 부이다. 주(周)[52]는 주항(周行 큰길)의 주이니, 도주(道周)는 여러 사람이 함께 다니는 길이다.

이상은 〈유체지두〉 2장이니, 장마다 6구이다.

갈생 葛生

칡이 자라 가시나무에 덮이며 葛生蒙楚

51 서경……편안하다 : 위의 각주 28) 참조.

52 주(周) : 【집전】 굽이〔曲〕

덩굴이 들에 뻗었도다 蘞蔓于野
내 아름다운 분은 여기에 없으니 予美亡此
혼자 지낼 때 누구와 함께 있을꼬 誰與獨處

비이고 부이다.[53] 렴(蘞)은 백렴(白蘞)이니 《본초(本草)》에 이르기를 "덩굴로 자라고 가지 끝에 다섯 잎이 있다." 하였다. 덩굴이 크고 길게 뻗은 칡은 숲의 나무에 덮여 있고, 덩굴이 가늘면서 짧은 백렴은 들의 물건이 없는 곳에 홀로 있으니, 이는 각각 그 재질이 똑같지 않음을 말한 것이다. 칡으로써 사람의 도가 충분히 백성을 살릴 수 있고 덕이 충분히 물건을 덮어 줄 수 있음을 비유하였다. 그러므로 특별히 자람〔生〕을 말하고 덮음〔蒙〕을 말하였다. 백렴으로써 사람의 재주가 충분히 남을 섬길 수 있으나 백성을 구제하기에는 부족함을 비유하였다. 그러므로 자람과 덮음을 말하지 않고 다만 뻗음〔蔓〕을 말하였다. "혼자 지낼 때 누구와 함께 있을꼬."라고 한 것은 홀로 거처하는 가운데 누구와 함께 있겠느냐고 말한 것이다. 내 지금 남편이 없어서 홀로 거처하니, 다시 누구와 함께 있겠느냐고 한 것이다. 이는 예컨대 왕촉(王蠋)과 전주(田疇)[54]와 같이, 망한 나라의 대부로서 의리상 두 군주

53 비이고 부이다 : 《집전》에는 흥으로 보았으니, 아래 제2장도 같다. 《집전》에는 남편이 오랫동안 정역(征役)에 종사하여 돌아오지 못하므로 지은 부인의 시로 보았다.

54 왕촉(王蠋)과 전주(田疇) : 왕촉은 전국 시대 제(齊)나라 획읍(畫邑) 사람으로, 연(燕)나라 장수 악의(樂毅)가 제나라를 공격하였을 때, 왕촉이 훌륭하다는 말을 듣고 획읍을 30리 밖에서 포위하고 사람을 보내 장수로 삼고 만가(萬家)의 고을을 봉해 주겠다고 하였으나, 왕촉은 사양하였다. 이에 연나라 사람이 삼군을 거느리고 획읍을 도륙하겠다고 하자, 왕촉은 "충신은 두 임금을 섬기지 않고 정녀(貞女)는 두 남편을 섬기지 않는다." 하고 자결하였다. 《史記 卷82 田單列傳》 전주는 후한 때 군주에 대한 절개를 지켜 은둔한 사람으로, 〈용풍(鄘風) 백주(柏舟)〉의 각주 7) 참조.

를 섬길 수 없었던 자가 시를 지어 자신의 뜻을 나타낸 것이다. 도와 덕이 충분히 백성을 이롭게 하고 구제할 수 있는 군자는 의리상 군주 한 사람을 위하여 죽을 수가 없으니, 마땅히 관중(管仲)의 인(仁)과 같이 해야 하고,-이 뜻은 《논어》에 자세히 보인다.[55]- 재주가 크게 공을 수립할 수가 없어서 다만 남을 섬길 수 있는 자는 의리상 마땅히 복첩(僕妾)의 절개를 지켜서 스스로 들에 은둔하여 다른 군주의 조정에 다시 서서는 안 되니, 이것이 예에서 숭상하는 바이다. 절개를 지키지 못하고 다른 군주를 따르는 자는 마치 과부가 따를 곳이 없어서 개가하는 경우와 같으니, 예에서 주벌하지 않는 바이다. 그러나 예에서 숭상하는 바가 귀한 것이다.-마땅히 〈패풍(邶風) 개풍(凱風)〉과 〈용풍(鄘風) 백주(柏舟)〉를 참고해서 보아야 한다.[56] 신하의 의리에 마땅히 죽어야 하는지의 여부는 《논어》

55 이……보인다 : 《논어》 〈헌문(憲問)〉에 환공(桓公)이 공자 규(公子糾)를 죽였는데, 관중이 죽지 못하고 환공을 도와준 것에 대한 문답이 보인다. 이에 심대윤은 관중이 죽지 않은 의리에 대하여 "사직은 백성의 생명이고 종묘는 백성의 종신(宗神)이고 군주는 백성의 주인이니, 종묘사직을 귀중하게 여기고 군주를 높이는 것은 모두 백성을 귀중하게 여기는 것이다. 그러므로 군주가 종묘사직을 위해 죽는 것은 백성을 위하는 것이고, 신하가 백성을 위해 죽는 것도 백성을 위하는 것이다. 군주는 백성의 음식을 먹으므로 백성을 위해 죽고, 신하는 군주를 인하여 백성의 음식을 먹으므로 군주가 백성을 위해 죽으면 신하가 군주를 위하여 죽는 것이다.〔社稷, 民之命也; 宗廟, 民之宗神也; 君, 民之主也. 重宗廟社稷而尊君者, 皆所以重民也, 故君死於宗廟社稷者, 爲民也, 臣死於君者, 亦爲民也. 君食民之食, 故爲民死焉, 臣因君而食民之食, 故君爲民死則臣爲君死焉.〕"라고 하고, 백성을 다스리는 직책이 없이 군주에게 사역되는 자는 군주가 죽으면 그를 위해 죽는데, 이는 한 사람을 위해 죽는 복첩의 절개로서 신하의 의리나 군자의 의리가 아니라고 하였다. 〈용풍 백주〉의 각주 8) 참조. 또 "만약 관중이 끝내 세상 사람을 돕고 백성을 이롭게 하여 입신양명하지 못하였다면 복첩의 절개를 요구하는 것이 옳지만, 그렇지 않다면 마땅히 그에게 군자의 의리를 허여하여야 한다.〔若管仲而終不能輔世利民立身顯名, 則責以僕妾之節可也, 猶有不然, 則固當與其君子之義也.〕"라고 하였다.

56 패풍(邶風)……한다 : 〈개풍〉은 일곱 아들을 둔 어머니가 개가하려 하자 아들들이

와《예기》〈왕제(王制)〉에 자세하다.[57]-

칡이 자라 가시나무에 덮이며	葛生蒙棘
덩굴이 묘역(墓域)에 뻗었도다	蘝蔓于域
내 아름다운 분은 여기에 없으니	予美亡此
혼자 쉴 때 누구와 함께 있을꼬	誰與獨息

어머니를 잘 섬기지 못함을 자책하는 시이고, 〈백주〉는 위(衛)나라 세자의 아내 공강(共姜)이 절개를 지킬 것을 맹세하는 시인데, 그 주에서 심대윤은 과부가 개가하는 예와 절개를 지키는 의리에 대하여 논하였다.

57 논어와……자세하다 : 《논어》에 보이는 내용은 위의 각주 55) 참조. 《예기》〈왕제〉에는 관련된 언급이 보이지 않고, 《예기》〈곡례 하(曲禮下)〉에 "나라의 군주는 사직을 위하여 죽고, 대부는 군대를 위하여 죽고, 사는 법제와 직제를 위하여 죽는다.〔國君死社稷, 大夫死衆, 士死制.〕"라고 보이는데, 심대윤은 "군주는 한 나라의 주인이니 나라가 망하면 나라를 위해 죽고, 대부는 한 군대의 장수이니 군대가 패하면 군대를 위해 죽는다. 제(制)는 법제이고 직제이니, 법제상 자신이 맡은 일에 실패하면 죽고,-예컨대 언론의 책임이 있는 신하로서 군주가 그의 말을 채용하여 실패하거나, 교도(敎導)하고 모의하는 신하로서 군주가 그의 교도와 모의를 채용하여 실패한 경우이다.- 그 직책에 지키는 바를 상실하면 죽는다.-예컨대 성을 지키는 자가 성을 잃거나, 곳간을 지키는 자가 보관한 물건을 잃은 따위가 이것이다.-〔君爲一國之主, 國亡則死之, 大夫爲一軍之帥, 軍敗則死之. 制, 法制也, 職制也, 失其法之所典者死之,【如言責之臣, 君用其言而敗; 敎導謀議之臣, 君用其敎導謀議而敗.】喪其職之所守, 則死之.【如守城亡城、守藏亡藏之類是也.】〕"라고 하였다. 또 《예기》〈예운(禮運)〉에 "그러므로 나라에 환란이 있으면 군주가 사직을 위해 죽는 것을 의(義)라 이르고, 대부가 종묘를 위해 죽는 것을 변(變)이라 이른다.〔故國有患, 君死社稷, 謂之義, 大夫死宗廟, 謂之變.〕"라고 보이는데, 심대윤은 "선군의 계통을 이어서 그 자리에 있으므로 종묘를 위해 죽는다. 종묘는 백성의 종신(宗神)이니, 선군으로부터 백성을 받아 잃었으므로 스스로 자책하여 선군에게 사죄하는 것이다. 종묘를 위해 죽는 것도 백성을 위해 죽고 또 선군을 잊지 못하는 것이다.〔承先君之統而居其位, 故死於宗廟. 宗廟, 民之宗神也, 受民於先君而喪之, 故自誅以謝於先君也. 死於宗廟, 亦爲民死而且不忘先君也.〕"라고 하였다. 《禮記正解》

비이고 부이다. 역(域)은 묘역이니 무덤 어귀의 사람이 없는 곳이다. 식(息)[58]은 휴식함이다.

각침(角枕)이 찬란하며	角枕粲兮
비단 이불이 곱도다	錦衾爛兮
내 아름다운 분은 여기에 없으니	予美亡此
누구와 함께 날을 샐꼬	誰與獨旦

부이다. 이는 그 문채가 아름다움을 가탁해서 말했으나, 각침과 비단 이불은 바로 부인이 남편을 섬기는 도구이고 밖의 사람에게 베푸는 것이 아니니, 이는 자기 재주가 충분히 남을 섬길 수는 있으나 세상을 구제하기에는 부족함을 스스로 안 것이다.

여름의 긴 해와	夏之日
겨울의 긴 밤이여	冬之夜
백세(百歲)의 뒤까지	百歲之後
분수를 지키리라	歸于其居

부이다. 여름은 해가 길고 겨울은 밤이 길다. 거(居)[59]는 분수이니, 아득히 멀리 세상을 마칠 때까지 분수를 지킴을 말한 것이다.

겨울의 긴 밤과	冬之夜

58 식(息) : 【집전】 머묾〔止〕

59 거(居) : 《집전》에는 '분묘(墳墓)'라고 하여, "군자의 돌아옴이 기약이 없어 만나볼 수가 없으니, 요컨대 죽어서 서로 따를 뿐이다."라고 하였다.

여름의 긴 해여 夏之日
백세의 뒤까지 百歲之後
절개를 지키리라 歸于其室

부이다. 아득히 세상을 마칠 때까지 절개를 지킴을 말하였다. 방〔室〕[60]은 문지방의 안에 있기 때문에 이로써 절개를 말하였다.-이 편을 만약 부인이 부역 간 남편을 그리워한 것과 부인이 절개를 지키고 시집가지 않은 것이라고 한다면 모두 추악하고 음탕한 내용이 된다. 예에 "과부가 밤중에 곡하지 않는다."[61] 하였으니, 이는 혐의를 피한 것이다. 하물며 부인이 시를 지어 노래해서, 남편과 더불어 각침과 비단 이불 속에서 함께 자고 함께 간음하지 못함을 한탄할 수 있겠는가. 이는 염치없음이 금수와 크게 다르지 않은 것이다. 그리고 문리를 살펴보아도 매우 어긋나서 부합하지 않으니, 이는 절개를 지키는 신하임을 명백히 알 수 있는 것이다.-

이상은 〈갈생〉 5장이니, 장마다 4구이다.

60 방 : 【집전】 무덤 속〔壙〕

61 과부가……않는다 : 이 내용은 《예기》 〈방기(坊記)〉에 "남녀가 주고받을 적에 직접 하지 않으며, 부인을 수레에 태워 몰게 되면 왼손을 내밀며, 고모와 자매와 딸자식이 이미 시집갔다가 돌아오거든 남자가 이들과 자리를 함께하여 앉지 않으며, 과부가 밤중에 곡하지 않으며, 부인이 병을 앓으면 문병을 하나 병을 묻지 않으니, 이것을 가지고 백성들을 막아도 백성들이 오히려 음탕하여 종족을 어지럽힌다.〔男女授受不親, 御婦人則進左手, 姑·姊妹·女子子已嫁而反, 男子不與同席而坐. 寡婦不夜哭, 婦人疾, 問之, 不問其疾. 以此坊民, 民猶淫泆而亂於族.〕"라고 보인다. 남편을 잃은 과부가 밤에 곡을 하면 성욕을 채우지 못하여 곡한다는 혐의를 받게 되므로 말한 것이다.

채령 采苓

감초를 캐고 감초를 캐기를 采苓采苓
수양산의 산마루에서 하려는가 首陽之巓
남이 하는 말을 人之爲言
진실로 또한 믿지 말지어다 苟亦無信
버려두고 버려두어 舍旃舍旃
또한 옳게 여기지 않는다면 苟亦無然
참소하는 사람의 말이 人之爲言
어찌 먹혀들 수 있으리오 胡得焉

비이고 부이다.[62] 수양산(首陽山)은 하동(河東)에 있다.[63]

씀바귀를 뜯고 씀바귀를 뜯기를 采苦采苦
수양산의 아래에서 하려는가 首陽之下
남이 하는 말을 진실로 人之爲言
또한 허여(許與)하지 말지어다 苟亦無與
버려두고 버려두어 舍旃舍旃
또한 옳게 여기지 않는다면 苟亦無然

62 비이고 부이다 : 《집전》에는 비로 보았으니, 이하의 장도 같다. 《집전》에 이 시는 '참소하는 말을 들어줌을 풍자한 시〔刺聽讒之詩〕'라 하였다.

63 수양산(首陽山)은 하동(河東)에 있다 : 백이(伯夷)와 숙제(叔齊)가 굶주렸다는 수양산에 대하여 《논어주소(論語注疏)》의 마융(馬融)의 주에 "하동 포판현(蒲坂縣)에 있으니, 화산(華山)의 북쪽, 하곡(河曲)의 가운데이다."라고 하였다. 이 산은 뇌수산(雷首山) 혹은 수산(首山)이라고도 한다. 《집전》에는 "수양은 수산(首山)의 남쪽이다."라고 하였다.

참소하는 사람의 말이 人之爲言
어찌 먹혀들 수 있으리오 胡得焉

비이고 부이다. 고(苦)는 《집전》에 "씀바귀이니, 서리를 맞으면 달고 연하여 맛이 좋아진다." 하였다.

순무를 캐고 순무를 캐기를 采葑采葑
수양산의 동쪽에서 하려는가 首陽之東
남이 하는 말을 人之爲言
진실로 또한 따르지 말지어다 苟亦無從
버려두고 버려두어 舍旃舍旃
또한 옳게 여기지 않는다면 苟亦無然
참소하는 사람의 말이 人之爲言
어찌 먹혀들 수 있으리오 胡得焉

비이고 부이다. '감초를 캐고 감초를 캠'은 수양산 산마루에서 하고, '씀바귀를 뜯고 씀바귀를 뜯음'은 수양산 아래에서 하고, '순무를 캐고 순무를 캠'은 수양산 동쪽에서 하니,-다른 시는 이처럼 감초와 씀바귀와 순무로 각 장마다 물건을 달리한 적이 없다.- 이는 남의 말을 채택하기를 각각의 일에 알맞은 사람에게 해야지, 한 사람의 말만 채택해서는 안 됨을 말한 것이다. 밭갈이는 마땅히 농부에게 물어야 하고, 길쌈은 마땅히 여인에게 물어야 하고,[64] 옥사의 결단은 정위(廷尉)에게 물어야 하고, 돈과

64 밭갈이는……하고 : 이는 남조(南朝) 송(宋)나라의 장수인 심경지(沈慶之)의 말로, 효무제(孝武帝)가 문신들과 논의하여 북위(北魏)를 치려 하자 "밭갈이는 사내종에게 물어야 하고 길쌈은 계집종에게 물어야 하는데, 폐하께서는 지금 나라를 치고자

곡식의 출입은 내사(內史)에게 물어야 한다.[65] 무릇 일을 의논하는 것은 마땅히 일찍이 시험하여 효과가 있는 사람에게 해야 하고, 계책을 따름은 마땅히 일찍이 시험하여 효과가 있는 사람의 말을 들어야 하니, 구차히 해서는 안 된다. 채(采)를 거듭 말한 것은 정녕한 뜻이다.

요임금이 순임금을 등용할 때에도 오히려 여러 차례 시험함이 있었고,[66] 선왕의 밝음으로도 노성(老成)한 사람을 업신여기지 않았다.[67] 저 어두워서 알지 못하는 자들은 항상 사랑하고 미워하는 감정에 따라 남의 말을 들어서 그 사람의 본말을 살피지 못하여, 여름벌레에게 얼음에 대해 말하고[68] 짐새에게 중매를 부탁하니,[69] 실패하지 않는 자가

하면서 백면서생들과 모의하시니, 일이 어떻게 이루어지겠습니까.〔耕當問奴, 織當訪婢, 陛下今欲伐國, 而與白面書生輩謀之, 事何由濟?〕"라고 반대한 데에 보인다.《宋書 卷77 沈慶之列傳》

65 옥사의……한다 : 이는 한(漢)나라 진평(陳平)의 고사에 보인다. 문제(文帝)가 좌승상(左丞相) 진평에게 천하에 한 해 동안 옥사를 결단함이 몇 건이나 되는지와 한 해 동안 돈과 곡식의 출입이 얼마나 되는지를 묻자, 진평이 그런 일은 주관하는 사람이 따로 있으니, "옥사를 결단함을 물으시려면 정위에게 물으시고, 돈과 곡식의 출입을 물으시려면 치속내사(治粟內史)에게 물으소서.〔陛下卽問決獄, 責廷尉, 問錢穀, 責治粟內史.〕"라고 대답하고, 재상이 주관하는 일은 천자를 보좌하여 음양을 다스리고 오랑캐와 제후들을 진무하는 등의 일이라고 하였다.《史記 卷56 陳丞相世家》

66 요임금이……있었고 : 《상서정의(尙書正義)》의 소서(小序)에 "우순(虞舜)이 비천하였는데, 요임금이 그가 총명하다는 말을 듣고 장차 제위를 계승하게 하려고 여러 어려운 일로 여러 차례 시험하였다.〔虞舜側微, 堯聞之聰明, 將使嗣位, 歷試諸難.〕"라고 보인다.

67 선왕의……않았다 : 이는 《서경》 〈반경 상(盤庚上)〉에 "너희들은 노성한 사람을 업신여기지 말고 외로운 어린이들을 하찮게 여기지 말며, 각각 그 거처를 장구히 하여 힘써 너희들의 힘을 내어서 나 한 사람이 만든 계책을 따르도록 하라.〔汝無侮老成人, 無弱孤有幼, 各長于厥居, 勉出乃力, 聽予一人之作猷.〕"라고 보인다.

68 여름벌레에게……말하고 : 이는 《장자》 〈추수(秋水)〉에 "여름벌레에게 얼음에 대해 말해 줄 수 없는 것은 여름벌레가 자신이 사는 계절에 얽매여 있기 때문이다.〔夏蟲,

적다.

"남이 하는 말을 진실로 또한 믿지 말지어다."라고 한 것은, 말하는 자가 사리에 알맞게 조절하지 않고 단지 자기 말만 하니, 마땅히 그가 평소에 능히 행하는지 여부를 살펴서 말을 취하고 버릴 것이요, 행실을 살피지 않고 다만 그 말만 들어서는 안 된다는 것이다. 거듭 '버려두라'고 한 것은 정녕한 뜻이다. 버려두고 옳게 여기지 않으면 밝다고 이를 만하고 멀다고 이를 만하니,[70] 사람의 참언(僭言)-사리에 부합하지 않는 말-이 어찌 먹혀들 수 있겠는가.

〈갈생〉과 〈채령〉 두 편이 비슷하지 않으면서 나란히 있는 것은, 〈당풍〉의 시편이 여기에서 끝나서 비슷한 시를 나란히 놓을 수 없고, 또 그 뜻이 분명하게 드러나서 비록 비슷한 시가 나란히 있지 않더라도 알 수 있기 때문이다.

이상은 〈채령〉 3장이니, 장마다 8구이다.-〈갈생〉은 자기를 살펴 뜻을 지키는 것이고, 〈채령〉은 남을 살펴 말을 듣는 것이니, 또한 비슷한 시가 나란히 있는 뜻이 있다.-

이상은 〈당풍〉 11편이다.

不可以語於氷者, 篤於時也.〕"라고 보인다.

69 짐새에게 중매를 부탁하니 : 이는 굴원(屈原)의 〈이소경(離騷經)〉에 "짐새에게 중매를 부탁하였으나 짐새는 나를 좋지 않다고 얘기하였네.〔吾令鴆爲媒兮, 鴆告余以不好.〕"라고 보인다.

70 밝다고……만하니 : 이는 《논어》 〈안연(顔淵)〉에 자장(子張)이 밝음에 대하여 묻자, 공자가 "서서히 젖어 드는 참소와 피부로 받는 하소연이 행해지지 않는다면 밝다고 이를 만하다. 서서히 젖어 드는 참소와 피부로 받는 하소연이 행해지지 않는다면 멀다고 이를 만하다.〔浸潤之譖、膚受之愬不行焉, 可謂明也已矣. 浸潤之譖、膚受之愬不行焉, 可謂遠也已矣.〕"라고 보인다.

진 秦

《집전》에 말하였다. 진(秦)은 《서경》 〈우공(禹貢)〉의 옹주(雍州) 지역에 있으니, 바로 지금의 진주(秦州)이다. 백익(伯益)이 우왕(禹王)을 보좌하여 홍수를 다스려 공이 있어 영씨(嬴氏) 성을 하사받았는데, 그 뒤에 중휼(中潏)이 서융(西戎)의 지역에 거하여 서쪽 변방을 보유하였다. 6세손 대락(大駱)이 성(成)과 비자(非子)를 낳았는데, 비자가 주나라 효왕(孝王)을 섬겨서 견수(汧水)와 위수(渭水)의 사이에서 말을 길러 말이 크게 번식하자, 효왕이 그를 봉하여 부용국(附庸國)으로 삼고 진(秦) 땅에 도읍을 정하게 하였다. 선왕(宣王) 때에 이르러서 견융(犬戎)이 성(成)의 종족을 멸하자, 선왕이 비자의 증손인 진중(秦仲)을 명하여 대부로 삼아서 서융을 주벌하게 하였는데, 이기지 못하여 적에게 살해되었다. 유왕(幽王)이 서융과 견융[1]에게 시해되자, 평왕(平王)이 동쪽 낙읍(洛邑)으로 천도하면서 진중의 손자 양공(襄公)을 봉하여 제후로 삼고 말하기를 "능히 견융을 축출하면 기산(岐山)과 풍(豊) 땅을 소유하게 하겠다." 하였다. 이에 진나라가 마침내 서도(西都 호경(鎬京))의 기내(畿內) 사방 800리 땅을 모두 소유하였고, 현손 덕공(德公)에 이르러서 옹(雍)으로 도읍을 옮겼다.

○연릉 계자(延陵季子)가 말하였다. "이것을 일러 하성(夏聲)이라 하니, 능히 하성을 낸다면 그 소리가 원대합니다.[2] 소리가 지극히 원대하

1 서융과 견융 : 이에 대한 《집전》의 원문은 '서융 중의 견융〔西戎犬戎〕'인데, 심대윤이 잘못 '西戎及犬戎'으로 쓴 것이다.

2 능히……원대합니다 : 원문 '夫能夏則大'의 대(大)는 아래 〈거린〉 제2장의 심대윤

니, 아마도 옛 주나라 지역의 음악일 것입니다."

○열국은 무왕(武王)과 성왕(成王)이 처음 봉할 때부터 평왕(平王)과 환왕(桓王)에 이르러 시가 없어지기 전까지[3] 기간이 모두 400여 년이었다.-이는 《서경》 〈여형(呂刑)〉의 "목왕(穆王)이 나라를 누린 지 100년이 되었다." 라는 말을 따르고, 소씨(邵氏 소옹(邵雍))의 《황극경세서(皇極經世書)》를 따르지 않은 것이다.[4]-

의 주에 의하면 소리에 담긴 뜻이 원대하다는 의미이다. 《춘추좌전》 양공(襄公) 29년 조의 두예(杜預)의 주에는 "진나라가 오랑캐의 음악을 버리고 제하의 음악을 사용하였으므로 그 음악을 '하성'이라 한 것이다.……진나라가 주나라의 옛 땅을 하사받았으므로 옛 주나라 지역의 음악이라 한 것이다.〔去戎狄之音而有諸夏之聲, 故謂之夏聲.……受其故地, 故曰周之舊.〕"라고 하여 '대'에 관한 해석이 없으므로, 일반적으로 '소리가 우렁차고 크다'고 번역한다.

3 평왕(平王)과……전까지 : 심대윤은 《시경집전변정》 서(序)에서 "정(鄭)·위(衛)의 음악은 바로 천자가 시를 관찰하지 못하여 시가 없어진 뒤에 생긴 것이요, 《시경》 가운데에 있는 〈정풍(鄭風)〉과 〈위풍(衛風)〉이 아니다."라고 하여, 천자가 제후국의 시를 관찰하지 못하게 된 것을 '시가 없어짐'으로 보았다. 여기에 평왕과 환왕에 이르러 시가 없어졌다고 하였으나, 《시경》에 노(魯)나라 장공(莊公)이나 진(秦)나라 목공(穆公)과 같이 환왕 이후의 인물에 관한 시들이 있으므로, 시가 없어짐에 대해 명확한 시점을 말한 것은 아닌 듯하다. 《맹자》에 "왕자의 자취가 종식됨에 시가 없어졌으니, 시가 없어진 뒤에 《춘추》가 나왔다.〔王者之跡熄而詩亡, 詩亡然後《春秋》作.〕"라고 보이는데, 이에 대해 주자는 "'시가 없어짐'은 〈서리(黍離)〉가 강등되어 국풍이 됨에 아(雅)가 없어짐을 이른다.〔詩亡, 謂《黍離》降爲國風而雅亡也.〕"라고 하였다. 《춘추》는 평왕 49년에서 시작한다.

4 이는……것이다 : 〈여형〉에 "여후(呂侯)를 명하니, 왕이 나라를 누린 지 백 년에 노쇠하여 혼란하고 소홀하여, 헤아려 형벌을 만들어 사방을 다스렸다."라고 보인다. 이에 의하면 서주(西周) 목왕의 재위 기간이 100년이 넘는 것이며, 반면에 소옹의 《황극경세서》에는 목왕의 재위 기간을 55년으로 보았다. 《황극경세서》에 의하면 무왕(武王)이 상나라를 정벌하여 이긴 것은 B.C.1122년이고 평왕의 재위는 B.C.770~720년, 환왕은 B.C.719~697년이다. 《황극경세서》의 연대로 상나라 정벌에서 평왕의 즉위 초기까지를 계산하면 400년과 차이가 크므로 심대윤이 주석을 달은 듯하다. 《황극경세서》는 모두 12권으로 1~6권에서 역(易)의 64괘를 원·회·운·세에 배당하고 요제(堯

선왕(先王)의 시대에는 덕교(德敎)가 아름답고 밝으니, 마땅히 이치를 통달한 군자가 많을 것인데, 〈국풍〉에 혼란한 시대의 작품이 많으니, 이는 다스려지고 평안한 나라는 풍이 적고 아(雅)가 많은 것에서 연유하였다. 그러나 덕교가 아름답고 밝은 세상에는 군자가 오로지 역행에 힘쓰고 저술할 겨를이 없으며, 사람들 중에 의리를 통달한 자가 많아서 다시 의리를 밝힐 필요가 없다. 이 때문에 경서를 지은 것이 대부분 쇠퇴한 세상에 있었으니, 실행하지 못하기 때문에 말이 있었고, 밝게 알지 못하기 때문에 밝힌 것이다. 이것을 가지고 말한다면 다스려지고 평안한 나라는 아도 마땅히 적을 것이요 단지 풍만 적은 것이 아니다.

〈위풍(衛風)〉은 시가 많아서 40편에 이르고, 정(鄭)나라는 봉토를 받은 지가 오래지 않은데도 20편을 얻었으니, 이는 아마도 나라에서 숭상하는 풍속이 똑같지 않음에 관계된 것이 아니겠는가. 〈진풍〉 10편의 시는 풍이 적고 아가 많으며, 또 다른 나라의 풍처럼 비슷한 시를 나란히 놓지 않았고, 또한 깊은 뜻과 간곡한 내용이 적다. 이는 아마도 주나라의 옛 풍속이 돈후하고 진실하여 독행(篤行)에 힘쓰고 저술에 힘쓰지 않았는데, 주나라 풍속을 계승하여 진나라가 무용(武勇)을 숭상하고 맡은 일을 급하게 여겼기 때문에, 그 시가 유독 적어 정선(精選)할 수가 없어서 다만 대강 추려서 주나라가 쇠퇴한 이유와 진나라가 강대해진 이유를 드러낸 것이다.

帝)에서 후주(後周)까지의 역사를 기록하였는데, 《성리대전서(性理大全書)》에 포함된 《황극경세서》에는 1~6권이 실려 있지 않다.

거린 車鄰

수레 소리 덜커덩거리며 有車鄰鄰
말은 이마가 희도다 有馬白顚
군자를 만나 보지 못하니 未見君子
시인(寺人)에게 명령하도다 寺人之令

비이고 부이다.[5] 인(鄰)은 마땅히 인(轔)이 되어야 하니, 수레가 굴러가는 소리이다. 백전(白顚)은 이마가 흰 것이다.-지금의 이마가 흰 대성마(戴星馬 이마에 흰 털의 점이 별처럼 박힌 말)이다.- '시인'은 궁궐 안에서 군주를 가까이 모시는 신하로서 명령을 전달하는 자이다. 수레로써 임금이 능히 만물을 실어 줌을 비유하고, 말로써 신하가 능히 도를 행함을 비유하여, 건장한 말이 있은 뒤에 수레가 마침내 가게 됨을 말하였다.

"군자를 만나 보지 못하니 시인에게 명령하도다."라고 한 것은 군주를 만나 보는 것에 급해서 군주를 당장 만나 볼 수 없으면 먼저 시인에게 고하여 군주와 통하기를 구한 것이다. 군주가 훌륭한 신하를 얻지 못하면 험난함을 구제할 수 없으므로, 현자가 감히 여유롭게 자기 지조를 아낄 수 없어서 급히 군주를 만나려 함이 이와 같다고 말한 것이니, 이는 난세에 신하가 군주를 선택하는 의리이다.

평왕이 서도(西都)의 백성들을 들어 견융이라는 범의 아가리에 맡겨 두며 종묘와 선영(先塋)을 버리고서 불공대천의 원수를 잊은 채 태연

5 비이고 부이다 : 《집전》에는 부로 보아, "이때에 진나라 군주가 처음으로 거마(車馬)와 이 시인의 관직을 두니, 장차 군주를 뵈려는 자는 반드시 먼저 시인으로 하여금 군주에게 통하게 하였다. 그러므로 국인들이 이것을 처음 보고는 과시하고 찬미한 것이다."라고 하였다.

히 개의치 않았다. 이때를 당하여 초야에 숨어 있던 서도의 은사(隱士)와 현자는 의리상 마땅히 비분강개하여 피눈물을 흘리고 눈을 부릅뜨고 팔을 걷어붙이고서, 보필하여 난을 평정할 수 있는 자를 찾아서 비린내 나는 오랑캐들을 물리쳐서 백성들을 도탄의 가운데에서 구제하기를 마땅히 불에 타고 물에 빠진 자를 구원하듯이 해야 할 것이요, 평상시의 예를 적용하여 여유롭게 나아가고 물러나서는 안 된다. 이런 때에 상앙(商鞅)이 경감(景監)을 통하여 왕과 만남을 나무라며,[6] 스스로 자랑하고 자기 재주를 파는 것을 추하게 여기는 자는 소인으로서 시의(時義)를 알지 못하는 자이다. 시인(詩人)이 반드시 시인(寺人)을 통하여 군주를 만나 볼 것은 아닌데 '시인에게 명령한다'고 한 것은, 시의를 급히 하지 않을 수가 없어서 비록 시인을 통하여 군주를 만나 보더라도 괜찮음을 밝힌 것이요, 참으로 시인을 통하여 나아간 것은 아니다.

산비탈에는 옻나무가 있으며 阪有漆
진펄에는 밤나무가 있도다 隰有栗
이미 군자를 만났기에 旣見君子
함께 앉아 비파를 타노라 竝坐鼓瑟

6 상앙(商鞅)이……나무라며 : 상앙(商鞅)은 변법(變法)을 시행하여 진나라를 부강하게 만든 정치가이다. 위(衛)나라의 서얼(庶孽) 공자로 위앙(衛鞅), 공손앙(公孫鞅)이라고 칭하였는데, 뒤에 진나라에서 상어(商於)의 땅에 봉해지자 상앙 또는 상군(商君)이라고 칭하였다. 상앙은 진나라에 갔을 때 효공(孝公)이 총애하는 경감(景監)을 통해 효공을 만났다. 상앙이 재상이 된 뒤에 귀족들이 그를 원망하였는데, 조량(趙良)이란 자가 상앙에게 물러나기를 권하면서 "지금 그대가 진나라 왕을 알현할 적에 총애를 받는 경감을 주인으로 하여 왕과 통하였으니, 명예로 삼을 것이 아닙니다.〔今君之見秦王也, 因嬖人景監以爲主, 非所以爲名也.〕"라고 비난하였다. 《史記 卷68 商君列傳》

지금 즐거워하지 않으면 今者不樂
세월이 흘러가 늙어지리라 逝者其耋

흥이고 부이다.[7] '산비탈에는 옻나무가 있으며 진펄에는 밤나무가 있다.'는 것은 위에는 훌륭한 군주가 있고 아래에는 어진 신하가 있음을 말한 것이니, 이미 다행히 훌륭한 군주와 신하가 서로 만났으면 이 좋은 시기를 놓쳐서는 안 되는 것이다. 만약 환난을 빨리 되돌려 안락함으로 만들지 않으면, 때가 지난 뒤에 후회한들 무슨 소용이 있겠는가.

비파를 타는 것을 즐거워함은 군주와 신하가 힘을 함께하여 환난을 막음을 가탁해서 말한 것이다. 뜻이 깊다. 이 말이여! 돈독하면서도 원대하고, 넓고 깊으니, 연릉 계자가 말한 하성(夏聲)으로서 소리가 지극히 원대하다는 것이다. 이는 비바람 맞으며 수없는 전투를 벌이는 어려움도 즐거움으로 여기는 것이니, 이와 같이 즐거워하면 어찌 일시적 편안을 탐하는 뜻과 겁 많고 나약하여 피하기를 도모하는 마음이 있겠는가. 환난에 처하여서 환난을 안락으로 여긴다면 어찌 스스로 그 어려움을 알겠는가. 수고로움을 편안함으로 여기면 그 수고로움을 잊게 되고, 괴로움을 달게 여기면 그 괴로움을 잊게 된다. 군자가 능히 곤궁과 환난에 처하여 태연히 근심하지 않는 것은, 영화와 현달과 안락이 곤궁과 환난의 가운데에 있음을 알기 때문에 곤궁과 환난을 영화와 현달과 안락으로 여기는 것이니, 이 때문에 능히 근심하지 않는 것이다.

7 흥이고 부이다 : 《집전》에는 흥으로 보았으니, 아래 장도 같다. 《집전》에 "이미 군자를 만났으면 함께 앉아 비파를 타야 하니, 지금 기회를 놓치고 즐거워하지 않으면 세월이 흘러가서 늙어질 것이다."라고 하였다.

농부가 여름에 밭에서 일하는 것을 수고롭게 여기지 않음은 가을의 수확이 여름에 밭에서 일함에 있음을 알기 때문이요, 공인들이 나무를 자르고 깎는 것을 수고롭게 여기지 않음은 이득이 나무를 자르고 깎음에 있음을 알기 때문이다. 비바람 맞으며 수없는 전투를 벌이는 어려움을 겪지 않으면 어떻게 안락을 얻겠는가. 안락이 비바람 맞으며 수없는 전투를 벌이는 가운데에 있기 때문에 그 어려움을 안락으로 여기는 것이다. 어찌 소인이 하나만 알고 둘을 알지 못하며 앞만 보고 뒤를 보지 못하여, 수고롭지 않고 편안하기를 바라며 고생하지 않고 즐겁기를 바라는 것처럼 하겠는가. 이는 다만 더욱 실패할 뿐이니, 어찌 성공이 있겠는가.

공자가 말씀하시기를 "먼저 어려운 일을 하고 뒤에 얻는다."[8] 하셨으니, 얻음이 어려움 가운데에 있는 것이다. 여기에 한 가지 더 언급할 것이 있으니, 오직 자신에게 필연적인 일-예컨대 농부가 밭을 다스리고 공인이 기물을 만드는 것과 같은 것이다.-을 굳게 지켜서 마음을 다하는 자라야 이 말과 같이 뒤에 얻는 것이다. 바람을 잡고 그림자를 잡으려는 허황한 자라면 비록 지극히 어려운 일을 하더라도 어찌 뒤에 얻음이 있겠는가.

8 먼저……얻는다 : 《논어》 〈옹야(雍也)〉에 공자의 제자 번지(樊遲)가 인(仁)에 대하여 묻자, 공자가 "인자(仁者)는 먼저 어려운 일을 하고 뒤에 얻으니, 이렇게 한다면 인이라고 말할 수 있다.〔仁者先難而後獲, 可謂仁矣.〕"라고 대답하였는데, 심대윤의 《논어》에는 "'먼저 어려운 일을 하고 뒤에 얻음'은 충서(忠恕)를 말한 것이다. 오로지 자기만 이롭게 하지 않고 남을 이롭게 함이 '먼저 어려운 일을 함'이 아니겠는가. 이와 같이 하면 천지와 신과 사람이 그를 도울 것이니, 이것이 '뒤에 얻음'이 아니겠는가. 모든 일에 먼저 어려운 일을 하고 뒤에 얻으면 얻는 바가 크고 길하며, 눈앞의 이로움을 급히 구하면 얻는 바가 작고 재앙이 올 것이다.〔先難後獲, 忠恕之謂也. 不專利己而利人, 不亦先難乎? 天地神人祐之, 不亦後得乎? 凡事先難後得, 則其得大而吉, 急求目前之利, 則其得小而殃.〕"라고 하여, 여기에서 말한 맥락과 다르게 해석하였다.

산비탈에는 뽕나무가 있으며　阪有桑
진펄에는 버드나무가 있도다　隰有楊
이미 군자를 만났기에　旣見君子
함께 앉아 생황(笙簧)을 타노라　竝坐鼓簧
지금 즐거워하지 않으면　今者不樂
세월이 흘러가 죽으리라　逝者其亡

흥이고 부이다. 고(鼓)는 진동시킴이다.[9] "세월이 흘러가 죽으리라."라고 한 것은 장차 위태로워 망할 것 같은 근심이 있음을 가탁하여 말한 것이다.

이상은 〈거린〉 3장이니, 한 장은 4구이고, 두 장은 장마다 6구이다.

〈진풍〉의 시는 대부분 맡은 일에 달려가기를 좋아하고 언변을 숭상하지 않았으니, 진나라가 끝내 능히 8주(州)를 차지하여 같은 반열의 나라들에게 조회를 받은 것은[10] 이유가 있었던 것이다.

9 고(鼓)는 진동시킴이다 : 《집전》에 고황(鼓簧)에 대하여 "황(簧)은 생(笙) 가운데에 있는 금엽(金葉 쇠로 만든 얇은 떨림판)이니, 생(笙)을 불면 금엽을 진동시켜 소리를 내는 것이다.〔簧, 笙中金葉, 吹笙則鼓動之以出聲者也.〕"라고 하였다.

10 8주(州)를……것은 : 8주는 구주(九州)의 중국에서 진나라 지역인 옹주(雍州)를 제외한 연주(兗州)·기주(冀州)·청주(靑州)·서주(徐州)·예주(豫州)·양주(梁州)·양주(揚州)·형주(荊州)를 가리키고, '같은 반열의 나라'는 본래 주나라의 제후국이었던 초(楚)·연(燕)·제(齊)·한(韓)·위(魏)·조(趙)를 가리킨다. 진나라는 효공(孝公)이 상앙(商鞅)을 등용하여 개혁을 단행함으로써 부국강병을 이룩하여 제후들에게 조회를 받았으며, 시황제(始皇帝) 때에 육국(六國)을 멸하고 중국을 통일하였다. 상앙은 일반 백성들에게는 농사를 지어 세금을 많이 바치게 하고, 남성들에게는 무예를 익혀 전장으로 내보내어 적병의 수급(首級)을 많이 베어 오도록 해서 부국강병을 이룩

사철 駟驖

사철(駟驖)이 심히 비대하니	駟驖孔阜
여섯 고삐가 손에 있도다	六轡在手
공(公)의 사랑하는 사람이	公之媚子
공을 따라 사냥하도다	從公于狩

《집전》에 말하였다. 부이다.[11] 철(驖)은 말이 흑색이어서 철(鐵)의 색과 같은 것이다. '여섯 고삐'는 네 마리 말에 각각 고삐가 2개인데, 참마(驂馬)의 두 고삐는 식(軾)의 고리〔觖〕에 넣기 때문에 오직 6개의 고삐가 손안에 있는 것이다.[12] 미자(媚子)는 친애하는 사람이다. ◯이는 수렵으로써 전쟁을 가탁하여 말한 것이다. "공의 사랑하는 사람이 공을 따라 사냥하도다."라는 것은 종군한 자가 스스로 전쟁에 하였다.

11 부이다 : 《집전》에는 앞의 〈거린〉과 같은 뜻이라 하여, 진나라 군주가 거마(車馬)를 구비하여 사냥하는 모습을 찬미한 시로 보았다.

12 참마(驂馬)의……것이다 : 참마는 수레를 끄는 4마리 말 중에 바깥쪽 두 말이고, 식(軾)은 수레에 서서 타는 자가 의지하는 가로 나무이다. 결(觖)은 《시전대전》의 소주에 결(觼)과 같다고 하였으니, 식에 고삐를 매기 위한 고리이다. 두 참마의 안쪽 고삐를 식에 매는데, 이 고삐를 납(軜)이라 한다. 《모시정의(毛詩正義)》의 공영달(孔穎達)의 소에 "네 마리 말에 8개의 고삐가 있는데 경전에 모두 6개의 고삐를 말하였으니, 묶어 놓는 2개의 고삐가 분명히 있다. 말에 고삐가 있는 것은 말을 좌우로 제어하여 사람의 뜻에 따르게 하기 위해서이다. 참마가 안쪽으로 들어오려 하면 협구(脅驅)에 제약되니, 참마의 안쪽 고삐는 잡아당길 필요가 없다. 그러므로 납(軜)은, 참마의 안쪽 고삐를 넣어서 식(軾)의 앞에 매고, 그 매는 곳에 백금으로 결(觼)을 만듦을 아는 것이다.〔四馬八轡, 而經傳皆言六轡, 明有二轡當繫之. 馬之有轡者, 所以制馬之左右, 令之隨逐人意. 驂馬欲入, 則偪於脅驅, 內轡不須牽挽, 故知納者, 納驂內轡, 繫於軾前, 其繫之處, 以白金爲觼也.〕"라고 하였다.

참여함을 다행으로 여겨서, 공이 나를 사랑함을 기뻐한 것이다. 죽음과 삶을 똑같은 것으로 보고, 국가를 위하기를 자기의 몸을 위하듯이 해서, 위아래가 한마음이 되어 딴마음이 없음을 볼 수 있다. 견융과 서융은 유왕(幽王)을 시해하고 서도(西都)의 기내(畿內) 곳곳에서 날뛰었으니, 두 융족은 진나라에도 원수이다. 중원(中原)을 잠식해 오는 무리[13]들을 소탕하여 공사(公私) 간의 원수를 토벌하였으니, 대의(大義)가 빛난다.

이 신모(辰牡)를 받들어 기르니 奉時辰牡
신모가 매우 크도다 辰牡孔碩
공께서 왼쪽으로 몰라 하시니 公曰左之
화살을 쏠 적마다 곧 잡도다 舍拔則獲

《집전》에 말하였다. 부이다. 시(時)는 '이것'이다. 신(辰)은 때이니, 신모(辰牡)는 겨울에는 이리를 바치고, 여름에는 큰 사슴을 바치고, 봄과 가을에는 사슴과 멧돼지를 바치는 따위이다. '받든다'는 것은 우인(虞人)이 짐승을 방목해서 수렵을 기다리는 것이다.[14] 발(拔)은 화살의

13 중원(中原)을……무리 : 원문은 천식(荐食)으로 잠식(蠶食)의 뜻이다. 《춘추좌전》 정공(定公) 4년 조에, 오(吳)나라의 공격을 받아 초(楚)나라 소왕(昭王)이 수(隨)나라로 도망가 있을 적에 초나라 대부 신포서(申包胥)가 진(秦)나라에 가서 원병을 청하기를 "오나라는 큰 멧돼지와 큰 뱀과 같아서 중원의 나라들을 잠식하니 그 포학함이 우리 초나라에 먼저 미쳤습니다.〔吳爲封豕、長蛇, 以荐食上國, 虐始於楚.〕"라고 보인다.

14 받든다는……것이다 : 《집전》에는 "'받든다'는 것은 우인이 좌우에서 날개를 펼치듯이 몰이하여 쏘아 맞추기를 기다리는 것이다.〔奉之者, 虞人翼以待射也.〕"라고 하였다. 우인은 산택(山澤)을 맡은 관원이다

오늬이다.

○신모는 적을 공격할 기회가 생겼을 때에 그 시기를 놓치지 않음을 말한 것이다. 짐승을 맞추어 잡음은 왼쪽을 맞추는 것을 높이니,[15] "공께서 왼쪽으로 몰라 하시니 화살을 쏠 적마다 곧 잡도다."[16]라고 한 것은 군주의 도모와 생각이 훌륭하여 아랫사람이 그 명령을 잘 따름을 말한 것이다.

북쪽 동산에 노니	遊于北園
네 필의 말이 잘 길들여졌도다	四馬旣閑
가벼운 수레에 방울 단 재갈로	輶車鸞鑣
염(獫)과 헐교(歇驕)를 싣고 가도다	載獫歇驕

《집전》에 말하였다. 부이다. 한(閑)은 길들고 숙달함이다. 유(輶)

15 짐승을……높이니 : 짐승을 잡을 때에 왼쪽의 심장을 맞추어 곧바로 죽임을 높이는 것이다. 《집전》에 "'공왈좌지(公曰左之)'는 수레를 모는 자에게 명하여 수레를 왼쪽으로 몰게 하여 짐승의 왼쪽을 쏘는 것이다. 활을 쏠 때에는 반드시 그 왼쪽을 맞혀야 가장 알맞게 죽임이 되니, 수레를 모는 다섯 가지 방법 중에 이른바 '짐승을 왼쪽으로 좇음〔逐禽左〕'은 이 때문이다."라고 하였다. 《주례》 〈지관(地官) 보씨(保氏)〉의 정현(鄭玄)의 주에 수레를 모는 다섯 가지 방법 중의 하나로 '짐승을 왼쪽으로 좇음'이 나오는데, 가공언(賈公彦)의 소에 "'짐승을 왼쪽으로 좇음'은 짐승을 모는 수레로 짐승이 활을 쏘는 자와 만나도록 몰되 짐승을 왼쪽으로 가게 하여 군주가 짐승과 마주칠 때 짐승의 왼쪽으로부터 쏘게 됨을 이른다.〔逐禽左者, 謂御驅逆之車, 逆驅禽獸使左, 當人君以射之, 人君自左射.〕"라고 풀이하였다. 또 〈소아 거공(車攻)〉의 주자 주에 '왼쪽 허구리로부터 쏘아 오른쪽 어깨뼈를 관통한 것을 상살(上殺)이라 하고, 오른쪽 귀 밑을 관통한 것을 그 다음으로 하고, 왼쪽 넓적다리를 쏘아 오른쪽 어깨뼈를 관통한 것을 하살(下殺)이라 한다.' 하였다.

16 공께서……잡도다 : 【집전】 짐승이 많고 활쏘기와 말 모는 것을 잘함을 말한 것이다.

는 가벼움이다. 난(鸞)은 난(鑾)과 통하니, 난표(鑾鑣)는 말 재갈의 양 옆에 방울을 단 것이다.[17] 염과 헐교는 모두 사냥개의 이름이니, 주둥이가 긴 개를 염이라 하고, 주둥이가 짧은 개를 헐교라 한다. 수레에 개를 싣고 가는 것은 개의 발힘을 쉬게 하는 것이다.

○'북쪽 동산에 노님'은 북쪽으로 나가서 융을 공격함을 말한 것이요,[18] '염과 헐교를 싣고 감'은 수레에 탄 자가 모두 무용(武勇)이 있어서 짐승을 쫓아가 잡을 수 있는 인재임을 말한 것이다.

이상은 〈사철〉 3장이니, 장마다 4구이다.

소융 小戎

병거(兵車)라 수레 턱이 얕으니	小戎俴收
다섯 곳을 묶은 굽은 끌채로다	五楘梁輈
돌아다니는 고리이며 가슴에 끈이며	游環脅驅
속에 끈을 매되 이음새에 도금을 하였으며	陰靷鋈續
문채 나는 호피 방석이며 긴 곡(轂)이로소니	文茵暢轂
나의 기주(騏馵)를 멍에하도다	駕我騏馵
군자를 생각하니	言念君子

17 난(鸞)은……것이다 : 난은 방울로 형(衡)의 위에 있는 것과 재갈 옆에 다는 것이 있는데, 형에 있는 것이 더 크다. 《三禮辭典》 식(軾)의 위에 있는 방울은 화(和)라고 한다. 《집전》에 "난은 난새의 소리를 본딴 것이다.……짐승을 모는 수레는 방울을 말 재갈의 양 옆에 두고, 타는 수레는 난이 형에 있고 화가 식에 있다."라고 하였다.

18 북쪽……것이요 : 【집전】 사냥하는 일이 이미 끝났기 때문에 북쪽 동산에서 노는 것이다.

온화함이 옥과 같도다　溫其如玉
판옥(板屋)에 있어　在其板屋
나의 심곡(心曲)을 어지럽히도다　亂我心曲

《집전》에 말하였다. 부이다. 소융(小戎)은 병거이다.-천자의 수레를 원융(元戎)이라 하니, 소융은 제후의 수레를 이른다.- 천(俴)은 얕음이다. 수(收)는 진(軫 턱)[19]으로, 수레의 앞뒤 두 끝에 가로 댄 나무이니, 실은 짐을 〈떨어지지 않게〉 거두는 것이다. 무릇 수레의 제도는 거상(車箱)의 너비가 6척 6촌이고, 짐을 싣는 대거(大車)는 진의 깊이가 8척이고 병거는 진의 깊이가 4척 4촌이다.[20] 목(楘)은 가죽을 끌채에 묶어서 단단하게 하는 것이다. 오목(五楘)은 다섯 곳을 묶은 것이다. 양주(梁輈)는 끌채의 가운데가 올라간 것이 들보의 굽은 형상과 같은 것이다.[21]-주

19 진(軫) : '수레 뒤의 가로 댄 나무'라는 설도 있으나, 《집전》에서는 거상(車箱)의 앞턱과 뒤턱으로 해석하였다.

20 수레의……4촌이다 : '진의 깊이'는 거상의 앞턱에서 뒤턱까지의 세로 길이를 말한다. 《주례》〈동관고공기(冬官考工記) 여인(輿人)〉에 "거상의 너비를 3등분하여 1등분을 뺀 것이 거상의 깊이〔隧〕이다.〔參分車廣, 去一以爲隧.〕"라고 하였는데, 《모시정의》 공영달의 소에 이를 인용하여 "그 주에 '병거의 수(隧)는 4척 4촌이다. 정사농(鄭司農)이 말하였다. 「수는 거상의 깊이이다.」'라고 하였으니, 병거 거상의 안이 앞턱〔前軫〕에서 뒤턱까지 깊이가 바로 4척 4촌인 것이다.〔注云'兵車之隧四尺四寸. 鄭司農云「隧謂車輿深也」', 則兵車當輿之內, 從前軫至後軫, 唯深四尺四寸也.〕"라고 하고, 또 "대거(大車)의 사용하는 내부는 앞턱에서 위턱까지 그 깊이가 8척이니, 병거의 깊이가 대거보다 얕으므로 진이 얕다고 한 것이다. 사람이 수레를 탈 적에 뒤에서 올라 수레 안에 들어가기 때문에 깊이로 말하여 수(隧)라 한 것이다. 수(隧)는 깊이이다.〔大車之用內前軫至後軫其深八尺, 兵車之軫比之爲淺, 故謂之淺軫也. 人之升車也, 自後登之, 入於車內, 故以深淺言之, 名之曰隧. 隧者深也.〕"라고 하였다.

21 양주(梁輈)는……것이다 : 《집전》에 "양주는 거상의 앞턱으로부터 앞으로 나와서 점점 구부러져 올라가 형(衡)에 이르면 아래를 향하여 갈고리를 만들어서 형을 주(輈)

(輈)는 수레의 끌채〔轅〕이니, 그 앞 끝에 형(衡)을 가로 대어 형으로써 말을 메운다.[22]-

유환(游環)은 인환(靷環)이니, 가죽으로 고리를 만들어 두 복마(服馬)의 등 위에 두는데, 등 위에서 앞뒤로 움직여 일정한 곳에 고정되지 않는다.[23] 두 참마(驂馬)의 바깥 고삐를 당겨 고리에 꿰어서 수레 모는 자가 잡으니, 참마를 제재해서 밖으로 나가지 못하게 하는 것이다. 《춘추좌전》에 이르기를 "참마가 인(靷)을 따르는 것과 같다."[24] 한 것이

의 높은 곳보다 아래에서 〈주 끝의 갈고리 위에〉 가로 대니, 주의 형상이 가운데가 올라가고 〈끝에서〉 위로 굽은 것이 지붕의 들보와 같다.〔梁輈, 從前軫以前, 稍曲而上, 至衡則向下鉤之, 橫衡於輈下, 而輈形穹隆上曲, 如屋之梁.〕"라고 하였다. 주의 끝에 있는 위로 굽은 갈고리를 월(軏)이라 한다.

22 형으로써 말을 메운다 : 말의 목에 얹는 멍에를 액(軛)이라 하니, 형에 액이 연결되어 있고 액에 말을 메우는 것이다. 형과 액을 통틀어서 형 또는 액이라 하기도 한다.

23 유환(游環)은……않는다 : 유환이 인환이라는 것은 모형(毛亨)의 전(傳)을 인용한 것인데, 《경전석문(經典釋文)》에는 인환이 근환(靳環)으로 되어 있다. 완원(阮元)의 교감기에는 《경전석문》과 《모시정의》에 사용된 판본의 차이로 보았다. 수레의 제도에 대한 주석에는 불분명한 점이 많은데, 진시황릉 동거마(秦始皇陵銅車馬)에서 진나라 수레의 모습을 확인할 수 있다. 옛 주석에는 복마는 끌채를 통해 수레를 끌기 때문에 인(靷 말이 수레를 끄는 끈)은 참마에만 연결한다고 하였으나, 동거마에 의하면 복마에 인이 있고, 복마의 인은 말의 근(靳 말의 가슴에서 등으로 두른 가죽 띠)에 연결하고 고리를 통과해 수레의 축에 연결된다. 현재 중국에서는 이 고리를 인환(靷環)이라 하고, 축에 연결된 인의 끝부분을 음인(陰靷)이라 한다. 참마의 경우는 현(韅 말의 등에서 배로 두른 뱃대끈)과 수레의 축을 반(靽)으로 연결한다. 유환은 복마가 아니라, 참마의 등의 근에 자유로이 움직일 수 있는 끈이 붙어 있고 이 끈의 끝에 고리가 있는 것이니, 여기에 참마의 바깥 고삐를 꿰어서 사람이 잡는다.

24 참마가……같다 : 원문은 '如驂之有靷'으로, 통행 《시전대전》과 같으나, 사고전서본 《시전대전》에는 인(靷)이 근(靳)으로 되어 있다. 이는 《춘추좌전》 정공(定公) 9년 조에 보이는데, 두예(杜預)의 주에 "근은 수레 가운데 말이다."라고 하였고, 공영달의 소에 이는 참마가 복마보다 약간 뒤에 따라 가서 참마의 머리가 복마의 가슴의 가죽 띠인 근에 오게 되므로 근으로 복마를 나타낸 것이라 한 것에 의하면, "내가 그대를 따르는 것은 참마가 근(靳 복마)을 따르는 것과 같다.〔吾從子, 如驂之靳.〕"라고 번역된

이것이다. 협구(脅驅) 또한 가죽으로 만드니, 앞은 형의 양 끝에 매고, 뒤는 진의 양 끝에 매어서 복마의 옆구리에 오게 하니, 참마를 몰아서 안으로 들어오지 못하게 하는 것이다.

음(陰)은 엄범(揜軓)이니,-범(軓)은 음이 범(範)이다.- 범은 식(軾) 앞에 있는데, 판자를 옆에 가로 대어 범을 가리기 때문에 음이라고 한 것이다.[25] 인(靷)은 두 가닥의 가죽으로써 음판(陰版)의 위에 매고 앞은 두 참마의 목에 매는 것이다. 옥속(鋈續)은 음판 위의 인을 이은 곳에 백금(白金)을 녹여서 고리에 부어 장식한 것이다. 복마는 형에 멍에를 메우고 참마는 인으로 수레를 끄니, 인이 말의 가슴에 연결된 것을 근(靳)이라 한다.

문인(文茵)은 거인(車茵 수레의 자리)이다. 창(暢)은 긺이다. 곡(轂)은 수레바퀴 가운데에 복(輻 바퀴살)을 꽂는 가로지른 나무이니, 길이가 3척 2촌이다. 기(騏)는 검푸른〔綦〕색의 말이다. 발이 흰 말을 주(馵)라 한다. 서융의 풍속에 판자로써 지붕을 만드니, '판옥에 있음'은 서융을 정벌함을 말한 것이다. 심곡(心曲)은 마음이 곡진함이다.

○정벌에 따라가는 자는 〈사철〉의 시를 짓고, 도성에 남아 지키는 자는 〈소융〉을 지었으니,[26] 군대의 성함을 기뻐하고 군주의 훌륭함

다. 또 《경전석문》에 이르기를 다른 판본에는 '如驂之靳'이 '如驂之有靳'으로 되어 있다고 하였는데, 《집전》에서 이를 인용한 것이다. 문맥으로 보면 심대윤은 이 '인'을 인환(靷環)으로 해석한 듯하다.

25 음(陰)은……것이다 : 《집전》에는 "판자를 옆에 가로 대어 가려서 이 범에 그림자가 비치기 때문에 음이라고 한 것이다.〔以其陰映此軓, 故謂之陰也.〕"라고 하였다. 이는 《모시정의》의 공영달의 소를 따른 것인데, 엄범과 범을 서로 다른 것으로 보고 있다. 그러나 정현의 전에는 "엄범은 식의 앞에 있다."라고 하여 엄범과 범을 똑같이 앞쪽에 가로 댄 판으로 보았다. 《삼례사전(三禮辭典)》에도 엄범과 범과 음(陰)을 모두 앞쪽에 가로 댄 판으로 보고, 옆쪽에 가로 댄 판은 의(輢)라고 하였다.

26 도성에……지었으니 : 《집전》에는 "종역(從役)하는 자의 가인(家人)들이 먼저 수

을 찬미하고서, 수고하는 군주에 대한 근심과 그리움을 그치지 못한 것이다.

사모(四牡)가 매우 비대하니 四牡孔阜
여섯 고삐가 손에 있도다 六轡在手
기류(騏駵)가 가운데 있고 騏駵是中
와려(騧驪)가 참마이니 騧驪是驂
용을 그린 방패를 합해 싣고 龍盾之合
고리가 있는 속고삐를 도금하였도다 鋈以觼軜
군자를 생각하니 言念君子
온화하게 읍(邑)에 있도다 溫其在邑
장차 언제로 기약을 할꼬 方何爲期
어이하여 나로 하여금 그리워하게 하는고 胡然我念之

《집전》에 말하였다. 부이다. 붉은 말에 검은 갈기가 있는 것을 유(駵)라 한다. 중(中)은 복마이다. 누런 말에 주둥이가 검은 것을 와(騧)라 한다. 여(驪)는 검은 말이다. 순(盾)은 방패이니, 용을 방패에 그리고 두 개를 합하여 수레에 실으니, 반드시 두 개를 싣는 것은 파손에 대비한 것이다. 결(觼)은 고리에 혀가 있는 것이요, 납(軜)은 참마(驂馬)의 안쪽 고삐이니, 결을 식(軾) 앞에 설치하여 납을 여기에 맨다. 그러므로 결납(觼軜)이라고 이르니, 백금을 녹여 부어서 장식한다. 읍(邑)은 변방의 읍이다. 방(方)은 '장차'와 같다

레와 갑옷의 성함을 과시하기를 이와 같이 하고, 뒤에 그 사정(私情)에 미쳤으니, 의로써 군대를 일으키면 비록 부인이라도 또한 적에게 달려들기를 용감하게 해야 함을 알아 원망하는 바가 없는 것이다."라고 하여, 부인의 시로 보았다.

얇은 철갑(鐵甲)을 입힌 사마(駟馬)가 매우 화(和)하거늘 俴駟孔群
세모진 창에 창고달을 도금하였도다 厹矛鋈錞
여러 가지 깃털을 그린 방패가 빛나거늘 蒙伐有苑
호피(虎皮) 활집이며 강철로 만든 가슴걸이로다 虎韔鏤膺
두 활을 활집에 마주 넣으니 交韔二弓
대나무 도지개를 끈으로 묶었도다 竹閉緄縢
군자를 생각하여 言念君子
곧 자며 곧 일어나노라[27] 載寢載興
만족하는 양인(良人)이여 厭厭良人
덕음(德音)이 질서정연하도다 秩秩德音

《집전》에 말하였다. 부이다. 천사(俴駟)는 얇은 쇠로 말의 갑옷을 만든 것이다. 구모(厹矛)는 세모진 창이다. 순(錞)은 대(鐓)로도 쓰니, 모(矛)의 자루 끝 평평한 밑부분에 쇠를 녹여 부은 것이다. 몽(蒙)은 섞임이니, 여러 깃털의 무늬를 방패에 그린 것이다. 벌(伐)은 중간 크기의 방패이니, 순(盾)의 다른 이름이다. 원(苑)은 문채가 있는 모양이다. 호창(虎韔)은 호피(虎皮)로 활집을 만든 것이다. 누응(鏤膺)은 금박(金箔)을 박아 넣은 장식을 만들어서 가슴에 댄 것이다. '교창이궁(交韔二弓)'은 두 활을 활집에 마주 보게 넣은 것이다. 죽폐(竹閉)는 대나무로 도지개를 만든 것이다. 곤(緄)은 노끈이요, 등(縢)은 묶음이니, 끈을 가지고 활을 대나무 도지개에 묶어 활의 몸체를 바르게 하는 것이다. 염염(厭厭)[28]은 충족한 모양이다. '덕음이 질서정연함'은 언어

27 곧 자며……일어나노라 : 《집전》에는 생각이 깊어서 기거(起居)가 편안하지 못함을 말한 것이라 하였다.

28 염염(厭厭) : 《집전》에는 편안함〔安〕이라고 하였다.

에 차례가 있는 것이다. 부형을 생각하지 않고 군주를 생각한 것은 공적인 일을 위하여 사사로운 일을 잊고 의리를 위하여 정(情)을 잊은 것이다.

〈사철〉과 〈소융〉은 국가의 일에 기꺼이 달려가서 조금도 꺼리는 뜻이 없고 한마음이 군주에게 있는 것이니, 이 때문에 진나라가 능히 융적을 물리쳐서 기업을 성립한 것이다. 이 편은 아(雅)이다.

이상은 〈소융〉 3장이니, 장마다 10구이다.

겸가 蒹葭

갈대가 창창(蒼蒼)[29]하니	蒹葭蒼蒼
흰 이슬이 서리가 되었도다	白露爲霜
이른바 저분이	所謂伊人
저 물가의 한쪽에 있도다	在水一方
물결을 거슬러 올라가 따르려 하나	遡洄從之
길이 막히고 또 길며	道阻且長
물결을 따라 내려가 따르려 하니	遡游從之
완연(宛然)히 물의 중앙에 있도다	宛在水中央

29 창창(蒼蒼) : 모형(毛亨)의 전에 성함〔盛〕이라 하였고 2장의 처처(淒淒)도 창창과 같다고 하였다. 《집전》에는 창창에 대한 훈은 없고 처처는 창창과 같다고 하였다. 모형에 의하면 갈대가 무성함의 뜻인데, 창(蒼)에 짙은 청색과 회백색의 뜻이 있으므로 '갈대가 짙푸르게 무성함' 또는 '서리가 내려 갈대의 색이 바램'으로 보기도 한다.

흥이다.[30] 겸(蒹)은 《집전》에 "환(萑 물억새)과 비슷한데 가늘고, 일명은 염(薕)이다." 하였다. 소회(遡洄)는 물 흐름을 거슬러 올라감이요, 소유(遡游)는 흐름을 순히 따라 내려감이다. 완(宛)은 눈으로 보는 모양이다.[31] '중앙'은 중덕(中德)을 비유하였다. 흰 이슬이 내리면 갈대가 재질을 이루어서 채집하여 쓸 수가 있으니, 이로써 군자가 인재를 양성함을 흥하였다.

이치를 거슬러 회호(回互)해서 따르면 길이 막히고 길어서 이를 수가 없고, 이치를 순히 하여 따르면 완연히 중앙에 있어 서로 만나 볼 수가 있다. 하늘을 순히 따르고, 사람을 순히 따르고, 성(性)을 순히 따르고, 지위를 순히 따르고, 때를 순히 따르고, 형세를 순히 따라서, 거스르는 바가 없고 회호하는 바가 없다면-회호는 서로 합하지 못하고 만나지 못함이다.- 중용의 지극히 선한 덕이다.[32]

30 흥이다 : 《집전》에는 부로 보았으니, 이하의 장도 같다. 《집전》에 "가을 물이 한창 불었을 때에 이른바 저분이 마침내 물가의 건너편에 있어서, 위아래로 가서 구하려 해도 다 얻을 수 없음을 말한 것이다. 그러나 그것이 무엇을 가리킨 것인지는 알지 못하겠다."라고 하였다.

31 완(宛)은……모양이다 : 《집전》에는 '앉아서 보기만 하는 모양〔坐見貌〕'이라 하였다.

32 하늘을……덕이다 : 순히 따름과 중용의 관계에 대하여 다음을 참조할 수 있다. 《주역》 〈대유괘(大有卦)〉 대상전(大象傳)에 "군자가 보고서 악을 막고 선을 드날려 하늘의 아름다운 명을 순히 따른다.〔君子以, 遏惡揚善, 順天休命.〕"라고 보이는데, 심대윤은 이에 대해 "'악을 막고 선을 드날림'은 극기복례하여 인을 행하는 것이니, 인이란 충서와 중용을 하여 덕을 이룬 것이다.……'하늘의 아름다운 명'은 성(性)이니, 선으로써 성을 이루어 명을 따르는 것이다.〔遏惡揚善, 克己復禮而爲仁也, 仁者忠恕中庸而成德也.……天之休命, 性也, 善以成其性, 順命也.〕"라고 하였다. 《周易象義占法》 또 《시경》 〈소아 벌목(伐木)〉에서 심대윤은 "사람의 마음이 바로 하늘의 마음이니, 필부필부의 마음에 거스르는 것이 또한 하늘을 거스르는 것이고, 필부필부의 마음을 순히 따르는 것이 또한 하늘을 순히 따르는 것이다."라고 하였다.

갈대가 처처(淒淒)하니 蒹葭淒淒
흰 이슬이 마르지 않았도다 白露未晞
이른바 저분이 所謂伊人
저 물가의 한쪽에 있도다 在水之湄
물결을 거슬러 올라가 따르려 하나 遡洄從之
길이 막히고 또 높으며 道阻且躋
물결을 따라 내려가 따르려 하니 遡游從之
완연히 물의 모래섬에 있도다 宛在水中坻

홍이다. 《집전》에 말하였다. 미(湄)는 물과 풀이 교차하는 곳이다. 제(躋)는 오름이니, 이르기 어려움을 말한 것이다. 작은 모래섬을 지(坻)라 한다.

갈대를 베고 베니 蒹葭采采
흰 이슬이 다하지 않았도다 白露未已
이른바 저분이 所謂伊人
물가에 있도다 在水之涘
물결을 거슬러 올라가 따르려 하니 遡洄從之
길이 막히고 또 높으며 道阻且右
물결을 따라 내려가 따르려 하니 遡游從之
완연히 물 가운데 물가에 있도다 宛在水中沚

홍이다. '채채(采采)'[33]는 이미 인재를 채용하고서 가르치기를 그치

33 채채(采采) : 《집전》에는 무성하여 벨 만함을 말한 것이라 하였다.

지 않는 것이니, 배우고서 여가가 있으면 벼슬을 하고, 벼슬하면서 여가가 있으면 배우는 것이다.[34] 우(右)는 상(上)이다. 지(沚)는 물가이다. 중지(中沚)는 가탁하여 말한 것이니, 물 가운데에는 물가가 없다.[35]

이상은 〈겸가〉 3장이니, 장마다 8구이다.

종남 終南

종남산(終南山)에 무엇이 있는가	終南何有
가래나무가 있고 매화나무가 있도다	有條有梅
군자가 이르시니	君子至止
여우 갖옷에 비단옷을 입으셨도다	錦衣狐裘
얼굴이 붉고도 윤택하시니	顏如渥丹
그 인군다우시도다	其君也哉

흥이다.[36] 《집전》에 말하였다. 종남산은 지금의 경조부(京兆府)에 있다. 조(條)는 산추자나무(가래나무)이니, 껍질과 잎이 희다. ○'가래나무가 있고 매화나무가 있음'으로써 진나라에 훌륭한 군주와

34 배우고서……것이다 : 이는 공자의 제자 자하(子夏)의 말로 《논어》 〈자장(子張)〉에 보인다.

35 우(右)는……없다 : 【집전】 우는 서로 만나지 못하여 오른쪽으로 빗나간 것이다. 작은 모래섬을 지(沚)라 한다.〔右, 不相直而出其右也. 小渚曰沚.〕

36 홍이다 : 【집전】 이는 진나라 사람들이 군주를 찬미한 말이니, 또한 〈거린〉과 〈사철〉의 뜻이다.

신하가 있음을 흥하였다. '여우 갖옷에 비단옷을 입음'[37]은 군주의 위의가 아름다움을 말한 것이다. 얼굴은 몸 중에 볼 수 있는 것이니, '얼굴이 붉고도 윤택함'은 군주의 자질이 아름다움을 말한 것이다. 훌륭한 군주와 신하가 있는 것을 가지고 기흥(起興)하였는데, 다만 군주의 어짊만 말한 것은 훌륭한 군주가 있으면 저절로 훌륭한 신하가 있음을 밝힌 것이다.

종남산에 무엇이 있는가	終南何有
모퉁이가 있으며 평평한 곳이 있도다	有紀有堂
군자가 이르시니	君子至止
불의(黻衣)와 수놓은 치마로다	黻衣繡裳
패옥(佩玉) 소리 쟁쟁히 울리시니	佩玉將將
장수(長壽)하여 잊지 못하리로다	壽考不忘

흥이다. 《집전》에 말하였다. 기(紀)는 산의 모서리요, 당(堂)은 산의 넓고 평평한 곳이다.

○'패옥 소리 쟁쟁히 울림'은 군주의 명성이 아름다움을 말한 것이니, 장(將)은 마땅히 장(鏘 금옥 소리)이 되어야 한다. '장수하여 잊지 못하리로다'는 자손에게 모범이 되어서 명성이 오래 전할 수 있음을 말한 것이다.[38]

이상은 〈종남〉 2장이니, 장마다 6구이다.

37 여우……입음 : 【집전】 제후의 의복이니, 《예기》 〈옥조(玉藻)〉에 "군주는 호백구(狐白裘)를 입는데, 비단옷을 갖옷 위에 덧입는다."라고 하였다.

38 장수하여……것이다 : 《집전》에는 군주의 장수를 바라는 것으로 보아 "이 지위에 처하고 이 옷을 입어서 장구히 안녕하기를 바란 것이다.〔欲其居此位, 服此服, 長久而安寧也.〕"라고 하였다.

황조 黃鳥

이리저리 나는 황조(黃鳥 꾀꼬리)여	交交黃鳥
가시나무에 앉았도다	止于棘
누가 목공(穆公)을 따르는고	誰從穆公
자거엄식(子車奄息)이로다	子車奄息
이 엄식(奄息)이여	維此奄息
백부(百夫) 중에 뛰어난 자로다	百夫之特
그 구덩이에 임하여	臨其穴
두려워 떨도다	惴惴其慄
저 푸른 하늘이여	彼蒼者天
우리 훌륭한 사람을 죽이도다	殲我良人
만일 바꿀 수 있을진댄	如可贖兮
사람마다 그 몸을 백 번이라도 바치리로다	人百其身

홍이고 부이다.[39] 교교(交交)는 오고감이 일정하지 않은 모양이다. 특(特)은 특출함이다. 아름다운 새가 가시나무에 앉아 있는 것을 가지고 현자가 죽음을 흥하였다. 1장의 극(棘)이라는 말은 급박함이요, 2장의 상(桑)이라는 말은 서글픔〔傷悲〕이요, 3장의 초(楚)라는 말은 고통〔楚痛〕이니, 음이 비슷한 글자를 빌려서 뜻을 가탁한 것이다. '저 푸른 하늘이여'는 왕정(王政)의 기강이 해이해져서 제후가 무도한데도 왕이 이를 금하지 못함을 서글퍼한 것이다.[40]

39 홍이고 부이다 : 《집전》에는 홍으로 보았으니, 이하의 장도 같다. 《집전》에는 "보이는 것(꾀꼬리)을 가지고 기흥한 것이다.〔以所見起興也.〕"라고 하였다.

40 저 푸른……것이다 : 《집전》에는 시인이 세 어진 사람의 불행함을 민망히 여기고

《춘추좌전》에 말하였다 "진나라 목공이 죽자 자거씨(子車氏)의 세 아들을 순장하니, 모두 진나라의 어진 사람이었다. 국인(國人)이 그들의 죽음을 슬퍼하여 〈황조〉를 지었다. 군자는 말하기를 '목공은 죽으면서도 백성을 버렸다. 선왕은 세상을 떠날 때에도 오히려 훌륭한 법을 후손에게 남겨 주었는데, 하물며 백성에게서 선인(善人)을 빼앗는다는 말인가.' 하였다."[41] -《사기》에 진나라 무공(武公)이 죽었을 때에 처음 사람을 순장하였으니 죽은 자가 66명이었는데, 목공 때에 이르러서 177명을 순장하여 삼량(三良 자거씨의 세 아들)이 여기에 끼었다고 하였다.[42]-

이리저리 나는 황조여 交交黃鳥
뽕나무에 앉았도다 止于桑
누가 목공을 따르는고 誰從穆公
자거중항(子車仲行)이로다 子車仲行
이 중항(仲行)이여 維此仲行
백부를 막을 만하도다 百夫之防
그 구덩이에 임하여 臨其穴
두려워 떨도다 惴惴其慄
저 푸른 하늘이여 彼蒼者天
우리 훌륭한 사람을 죽이도다 殲我良人
만일 바꿀 수 있을진댄 如可贖兮

진나라의 쇠함을 탄식했을 뿐이고, 왕정의 기강이 떨치지 못해서 제후가 명령을 제멋대로 행하여 사람을 죽이기를 꺼리지 않는 잘못은 알지 못하였다고 하였다.

41 진나라……하였다 : 이는 《춘추좌전》 문공(文公) 6년 조에 보인다.

42 사기에……하였다 : 이는 《사기》 〈진본기(秦本紀)〉에 보인다. 무공은 재위 20년(B.C.678), 목공은 재위 39년(B.C.621)에 죽었다.

사람마다 그 몸을 백번이라도 바치리로다 人百其身

흥이고 부이다. 방(防)은 막음이니, 한 사람이 100명의 장정을 막아낼 수 있음을 말한 것이다.

이리저리 나는 황조여 交交黃鳥
가시나무에 앉았도다 止于楚
누가 목공을 따르는고 誰從穆公
자거겸호(子車鍼虎)로다 子車鍼虎
이 겸호(鍼虎)여 維此鍼虎
백부를 막을 만하도다 百夫之禦
그 구덩이에 임하여 臨其穴
두려워 떨도다 惴惴其慄
저 푸른 하늘이여 彼蒼者天
우리 훌륭한 사람을 죽이도다 殲我良人
만일 바꿀 수 있을진댄 如可贖兮
사람마다 그 몸을 백번이라도 바치리로다 人百其身

흥이고 부이다. 어(禦)는 방(防)과 같다. 이 편은 아(雅)이다.

이상은 〈황조〉 3장이니, 장마다 12구이다.

신풍 晨風

휙휙 나는 저 새매여 鴥彼晨風

울창한 북쪽 숲에 앉았도다　鬱彼北林
군자를 만나 보지 못한지라　未見君子
마음에 근심하여 잊지 못하노라　憂心欽欽
어쩐 일로 어쩐 일로　如何如何
나를 잊기를 실로 많이 하는고　忘我實多

《집전》에 말하였다. 율(鴥)은 빨리 나는 모양이다. 신풍(晨風)은 새매이다. 울(鬱)은 무성함이다. 흠흠(欽欽)은 잊지 않는 뜻이다. ◯비이고 부이다.[43] 평왕(平王)이 동쪽으로 천도함에 서도(西都)가 오랑캐에게 함락되니, 서도 사람들이 원망하여 이 시를 지어서 새매가 빨리 나는 것을 가지고 평왕이 서도에서 탈주함을 비유하였다. '울창한 북쪽 숲에 앉음'은 동도(東都 낙읍(洛邑))에서 거느린 무리가 아직도 많아서 옛 기업(基業)의 회복을 도모할 수 있음을 말한 것이다.

산에는 총생(叢生)하는 떡갈나무가 있으며　山有苞櫟
진펄에는 여섯 그루의 가래나무가 있도다　隰有六駮
군자를 만나 보지 못한지라　未見君子

43 비이고 부이다 : 《집전》에는 흥으로 보았으니, 이하의 장도 같다. 《집전》에서는 부인이 집에 없는 남편을 생각하는 시로 보아, 〈염이가(扊扅歌)〉와 뜻이 같다고 하였다. 〈염이가〉는 백리해(百里奚)의 아내가 부른 노래로, 염이는 문빗장이다. 백리해의 아내가 백리해와 작별할 때에 가난하여 씨암탉을 잡고 문빗장으로 불을 때서 밥을 지었는데, 그 후 백리해는 다섯 장의 양가죽을 밑천으로 목공을 섬겨 재상이 되었으나 아내를 잊고 찾지 않았다. 백리해의 아내가 재상의 관아에서 삯일을 하다가 남편을 알아보고 거문고를 타며 "백리해야! 다섯 장의 양가죽으로 작별할 때를 기억하는가? 씨암탉 삶아 주고 문빗장으로 밥 지어 드렸는데, 오늘날 부귀하게 되자 나를 잊는가.〔百里奚! 五羊皮憶別時, 烹伏雌, 炊扊扅, 今日富貴忘我爲!〕"라고 노래하자, 백리해가 다시 옛 아내를 맞아들였다고 한다.

마음에 근심하여 즐겁지 못하노라 憂心靡樂
어쩐 일로 어쩐 일로 如何如何
나를 잊기를 실로 많이 하는고 忘我實多

《집전》에 말하였다. 박(駮)은 재유(梓楡)이니, 껍질이 청백색이어서 얼룩말과 같다.
○비이고 부이다. '산에 총생하는 떡갈나무가 있음'은 동도의 왕기의 무리가 아직도 많음을 말한 것이요, '진펄에는 여섯 그루의 가래나무가 있음'은 6주(州)의 제후가 아직 배반하지 않음을 말한 것이다. 《서경》〈우공(禹貢)〉의 구주 중에 옹주(雍州)는 오랑캐에게 함락되었고 양주(梁州)와 양주(揚州)는 멀리 떨어져 있어 왕의 위엄이 미치지 않는 곳이요, 나머지 6주의 제후는 아직도 채찍질하여 부릴 수가 있는 것이다.

산에는 총생하는 아가위나무가 있으며 山有苞棣
진펄에는 심어 놓은 팥배나무가 있도다 隰有樹檖
군자를 만나 보지 못한지라 未見君子
마음에 근심하여 술 취한 듯하노라 憂心如醉
어쩐 일로 어쩐 일로 如何如何
나를 잊기를 실로 많이 하는고 忘我實多

《집전》에 말하였다. 체(棣)는 당체(唐棣)이다. 수(檖)는 적라(赤羅)이니, 열매는 배와 비슷한데 작고 신맛이 나며 먹을 수 있다.
○비이고 부이다. '심어놓은 팥배나무'는 봉하여 세운 제후국을 말한 것이다.

이상은 〈신풍〉 3장이니, 장마다 6구이다.

혹자가 말하기를 "어찌하여 〈신풍〉이 〈황조〉의 아래에 있어서, 시대의 선후로써 순서를 삼지 않았습니까?" 하므로 내가 말하였다. "시는 내용이 비슷한 시끼리 서로 이어지니, 어찌 시대의 선후에 따른 순서가 있겠는가. 〈위양〉이 〈황조〉의 아래에 있으니, 시대에 따른 순서가 없음을 알 수 있다. 이 편은 〈무의〉와 함께 비슷한 종류끼리 서로 이어졌다."[44]

무의 無衣

어찌 옷이 없다 하리오	豈曰無衣
그대와 솜옷을 함께 입으리라	與子同袍
왕이 군대를 일으켜 오시거든	王于興師
우리 과모(戈矛)를 수선하여	修我戈矛
그대와 함께 원수를 갚으리라	與子同仇

부이다. 서쪽 땅의 백성들이 분개하고 분발해서 평왕이 군대를 일으켜 오기를 날마다 바라며 서로 더불어 말하기를 '왕이 만일 군대를 일으켜 오면 우리들이 맹세코 죽음을 돌아보지 않고 공사 간의 원수에 보복

44 혹자가……이어졌다 : 시대의 순서로 보면 평왕이 동쪽으로 천도하는 때의 〈신풍〉, 천도한 이후의 〈무의〉, 목공이 진(晉)나라 문공을 귀국시키는 때의 〈위양〉, 목공이 죽은 때의 〈황조〉의 순서이다. 내용으로 보면 평왕의 천도를 원망하는 〈신풍〉과 평왕이 군대를 일으켜 서쪽으로 오기를 바라는 〈무의〉가 서로 비슷하다.

할 것이니, 어찌 옷이 없다 하며 서로 빌려주지 않겠는가. 장차 그대와 함께 입을 것'이라고 하였으니, 일심동체가 되어서 다시 딴마음이 없음을 말한 것이다.[45]

어찌 옷이 없다 하리오 豈曰無衣
그대와 속옷을 함께 입으리라 與子同澤
왕이 군대를 일으켜 오시거든 王于興師
우리 모극(矛戟)을 수선하여 修我矛戟
그대와 함께 나가리라 與子偕作

부이다. 《집전》에 말하였다. 택(澤)은 속옷이니, 살갗의 기름〔澤〕에 닿기 때문에 '택'이라 하였다.

어찌 옷이 없다 하리오 豈曰無衣
그대와 치마를 함께 입으리라 與子同裳
왕이 군대를 일으켜 오시거든 王于興師
우리 갑병(甲兵)을 수선하여 修我甲兵
그대와 함께 가리라 與子偕行

부이다. 〈신풍〉과 〈무의〉를 보면 평왕이 불인하여 죄가 하늘에 닿음을 더욱 잘 볼 수 있다. 이 편은 아(雅)이다.

45 서쪽……것이다 : 【집전】 '왕우흥사(王于興師)'는 천자의 명령에 따라 군대를 일으키는 것이다. 진나라 풍속이 강하고 사나워 전투를 좋아하였다. 그러므로 그 백성들이 평소에 서로 말하기를 "어찌 그대가 옷이 없어 그대와 솜옷을 같이 입겠는가. 왕명으로 군대를 일으키시거든 장차 우리 과모를 수선하여 그대와 함께 한 짝이 되겠다." 하였으니, 그 기뻐하고 사랑하는 마음이 서로를 위하여 죽을 수 있음이 이와 같았다.

이상은 〈무의〉 3장이니, 장마다 5구이다.

위양 渭陽

내 외숙을 전송하여　我送舅氏
위수(渭水) 북쪽에 이르노라　曰至渭陽
무엇을 선물하는고　何以贈之
노거(路車)와 승황(乘黃)이로다　路車乘黃

부이다. 《집전》에 말하였다. 진(晉)나라 문공(文公)은 진(秦)나라 강공(康公)[46]의 외숙이다. 목공이 문공을 진(晉)나라로 들여보낼 적에, 강공이 태자로서 문공을 위수 북쪽에서 전송하면서 이 시를 지었다. 노거(제후의 수레)와 승황(황색 말 네 필)은 제후의 복식(服飾)이다. ◯노거와 승황을 준 것은 문공이 길이 진나라의 군주가 되기를 바란 것이다.

내 외숙을 전송하니　我送舅氏
아득하고 아득한 내 그리움이로다　悠悠我思
무엇을 선물하는고　何以贈之
경괴(瓊瑰)와 패옥(佩玉)이로다　瓊瑰玉佩

부이다. 경괴(瓊瑰)는 옥돌이다. 경괴와 옥패를 줌은 그 명성이 멀리

46 강공(康公) : 목공의 부인이자 진(晉)나라 헌공(獻公)의 딸인 목희(穆姬)의 아들로, 목공을 이어 즉위하였다.

떨치기를 바란 것이다. 이 시는 전송하면서 작별하는 글에 불과하니 취할 만한 것이 못 되는데, 어찌하여 취했는가. 천하를 위하여 현자를 세우는 것은 천하에 큰 덕을 베푸는 것이요, 한 나라를 위하여 현자를 세우는 것은 한 나라에 큰 덕을 베푸는 것이다. 천하의 큰 이로움이 있으니 현자를 세움이 큰 이로움이 되고, 천하의 큰 해로움이 있으니 악한 사람을 세움이 큰 해로움이 된다. 덕을 베풀면 하늘의 복을 받고, 남을 이롭게 하면 사람들에게 도움을 얻는다.

목공이 뇌물을 좋아하여 혜공(惠公)을 진(晉)나라로 들여보내서 이미 한(韓) 땅의 전쟁을 하였는데, 예전의 잘못을 후회하여 문공을 들여보냈으니, 허물을 잘 보완했다고 이를 만하다.[47] 성인이 이 시를 취하여 현자를 세움이 큰 덕과 큰 이로움이 됨을 가르쳤다. 이때 만일 목공이 끝내 진나라와 서로 주선하여 잘 지냈다면 복을 받고 도움을 얻음을 어찌 측량할 수 있었겠는가. 그런데 또다시 진나라를 배반하고 정(鄭)나라를 습격해 세 장수가 붙잡히는 일을 초래하여, 덕과 이로움을 버리고 원한을 맺고 화를 불렀으니,[48] 어쩌면 그리도 시작만 있고 훌륭한

47 목공이……만하다 : 진(晉)나라 헌공에게는 태자 신생(申生), 문공 중이(重耳), 혜공 이오(夷吾), 해제(奚齊), 탁자(卓子) 등의 여러 배다른 아들이 있었는데, 해제를 낳은 여희(驪姬)의 참소로 신생은 자살하고 문공과 혜공은 국외로 망명하였다. 뒤에 헌공이 죽고, 해제와 탁자가 뒤를 이어 즉위하였다가 모두 시해당하자, 이오가 목공에게 뇌물로 하남(河南)의 다섯 성을 주겠다고 약속하고 목공의 도움으로 즉위하였다. 혜공이 약속을 지키지 않자, 목공은 혜공과 한원(韓原)에서 전쟁을 벌여 혜공을 사로잡아 본국으로 돌아갔는데, 얼마 후 다시 혜공을 돌려보내고 진나라와 화평하였다. 혜공이 졸하고 혜공의 아들 회공(懷公)이 즉위한 뒤에 목공이 문공을 들여보내니, 문공이 회공을 죽이고 즉위하였다. 《春秋左傳 僖公 9年, 15年, 23年, 24年》

48 진나라를……불렀으니 : 《춘추좌전》 희공(僖公) 30년 조에 문공과 목공이 정나라를 포위하였으니, 이는 정나라가 문공에게 무례하였고 또 초(楚)나라에 붙었기 때문이었다. 정나라에서는 촉지무(燭之武)를 보내 목공을 설득하기를 정나라를 공격하는 것은 진(秦)나라에 손해이고 진(晉)나라에 이로운 일이라고 하자, 목공은 정나라와 맹약

끝이 없는가. 이 때문에 〈권여〉를 이 시의 뒤에 이어서, 현자를 등용함에 잘 끝마치지 못함을 나타내었다. 이 편은 아(雅)이다.

이상은 〈위양〉 2장이니, 장마다 4구이다.

권여 權輿

나에게 큰 집이 깊고 넓더니 於我乎夏屋渠渠
지금에는 밥 먹을 때마다 남음이 없도다 今也每食無餘
아! 于嗟乎
권여(權輿)를 잇지 못함이여 不承權輿

《집전》에 말하였다. 부이다. 하(夏)는 큼이다. 거거(渠渠)는 깊고 넓은 모양이다. 권여는 시작이다.-저울을 만들 때에는 저울추〔權〕부터 시작하고, 수레를 만들 때에는 수레 판〔輿〕부터 시작한다.- 이는 군주가 현자를 등용함에 잘 끝마치지 못함을 말한 것이다.
○'큰 집'은 시위가 높음을 가탁하여 말한 것이요, '밥 먹을 때마다

을 맺고 진(秦)나라 대부로 하여금 정나라를 지키게 하고 돌아갔다. 이에 진(晉)나라 대부들이 진(秦)나라 군대를 치자고 하였으나 문공은 거절하고 정나라를 떠났다. 희공 32년 겨울에 문공이 졸하고 양공(襄公)이 즉위하였으며, 정나라를 지키던 진(秦)나라 대부가 정나라를 습격할 수 있음을 알리자 진나라 군대가 동쪽으로 출발하였다. 다음 해에 정나라 상인 현고(弦高)가 진(秦)나라 군사를 발견하고 정나라에 알리자, 진나라는 정나라를 습격하지 못하고 군사를 되돌렸다. 이에 양공은 군대를 일으켜 진나라 군대를 효산(殽山)에서 패배시키고 진나라 장수 맹명시(孟明視)·서걸술(西乞術)·백을병(白乙丙)을 사로잡았다.

남음이 없음'은 실행하지 못함을 말한 것이다.[49]

나에게 매양 밥 먹을 때에 네 그릇을 주더니　於我乎每食四簋
지금에는 밥 먹을 때마다 배부르지 못하도다　今也每食不飽
아!　于嗟乎
권여를 잇지 못함이여　不承權輿

부이다. 보궤(簠簋)[50]는 예를 행할 때 쓰는 그릇이다. 이 편 또한 취할 만한 것이 못 되는데 특별히 취하여 〈위양〉의 다음에 두어서, 목공이 현자를 세움에 잘 끝마치지 못한 것이 큰 허물임을 나타내었다.

이상은 〈권여〉 2장이니, 장마다 5구이다.

이상은 〈진풍〉 10편이다.

〈신풍〉과 〈무의〉의 뒤에 〈위양〉과 〈권여〉를 뒤이었으니, 그 뜻은 대략 주나라가 왕업을 잃고 진(秦)나라가 이어받았으나 진나라 역시 잘 끝마치지 못했다는 것이다.

49 큰……것이다 : 【집전】 군주가 처음에는 깊고 넓은 큰 집을 소유하여 현자를 잘 대우했었는데, 그 뒤에는 예우하는 뜻이 점점 쇠해지고 공급하는 것이 점점 박해져서 현자가 매양 밥을 먹을 때에 남음이 없음에 이르렀다.

50 보궤(簠簋) : 【집전】 궤(簋)는 질그릇이니, 1두(斗) 2승(升)이 들어간다. 네모진 것을 보(簠)라 하고, 둥근 것을 궤라 하니, 보에는 벼와 수수를 담고, 궤에는 기장과 피를 담는다. 사궤(四簋)는 예식(禮食)의 성함이다.

진 陳

《집전》에 말하였다. 진(陳)은 《서경》 〈우공(禹貢)〉의 예주(豫州) 동쪽에 있으니, 그 지역은 넓고 평평하여 명산대천(名山大川)이 없다. 서쪽으로는 외방산(外方山)을 바라보고, 동쪽으로는 맹저(孟諸 늪지 이름)에 미치지 못하니, 지금의 진주(陳州)가 바로 그 지역이다. 순임금의 후손인 유우 알보(有虞閼父)가 주나라 도정(陶正 도기(陶器)를 맡은 관원)이 되어서 공로가 있자, 무왕(武王)이 큰딸 태희(太姬)를 알보의 아들 만(滿)에게 시집보내고, 만을 진에 봉해서 완구(宛丘)에 도읍하게 하였으니, 이가 호공(胡公)이다.

◯연릉 계자(延陵 季子)가 말하기를 "나라에 군주가 없으니[1] 어찌 오래갈 수 있겠는가."라고 하였다. 진나라 시는 풍자함이 많고 또한 심원한 뜻이 없어서 유독 다른 나라의 시에 미치지 못하니, 아마도 말기[2]에 지어진 시인 듯하다.

1 나라에 군주가 없으니 : 〈진풍〉의 마지막에서 심대윤은 백성을 주관하는 군주가 없으면 백성들에게 주장하는 뜻이 없게 되는데, 〈진풍〉의 시는 천근하여 깊은 뜻이 없으므로 연릉 계자가 군주가 없다고 한 것이라 하였다. 《춘추좌전》 양공(襄公) 29년 조의 두예(杜預)의 주에는 "음란한 음악이 방탕하여, 두려워하고 꺼리는 바가 없기 때문에 나라에 군주가 없다고 한 것이다.〔淫聲放蕩, 無所畏忌, 故曰國無主.〕"라고 하였다.

2 말기 : 진나라가 초(楚)나라에 멸망한 것은 B.C.478년으로 공자가 세상을 떠난 이듬해이므로 공자가 《시경》을 산정(刪定)한 때는 진나라의 말기이다.

완구 宛丘

그대의 평탄함이여	子之湯兮
완구(宛丘)의 위에서 하도다	宛丘之上兮
진실로 정감(情感)이 있으나	洵有情兮
위망(威望)이 없도다	而無望兮

부이다.[3] 탕(湯)[4]은 마땅히 탕(蕩)이 되어야 하니, 평탄함이다. 망(望)은 위망(威望)이다. 이는 군주가 너그럽고 온화하고 평탄하여, 사람들이 두려워 순종하는 위엄이 없음을 풍자한 것이다. 한 집안의 가장도 또한 반드시 위엄을 세운 뒤에야 비로소 은혜를 베푸는 것이다. 《주역》에 이르기를 "집안사람이 엄히 책망한다."[5]라고 하였으니, 하물며 만민의 위에 있는 군주이랴. 만약 위엄으로 두렵게 함이 없으면 어떻게 게으른 자들을 독려하고 진작해서, 간사하고 흉악함을 미리

3 부이다 : 《집전》에는 국인(國人)들이 완구의 위에서 노닐며 방탕한 사람을 보고, 그가 정감이 있으나 위의가 없음을 풍자한 것이라 하였다.

4 탕(湯) : 【집전】 노닐며 방탕함〔遊蕩〕

5 집안사람이 엄하게 책망한다 : 이는 《주역》 〈가인괘(家人卦 ䷤)〉의 구삼(九三) 효사에 "집안사람이 엄하게 책망하니, 엄함을 뉘우치나 길하니, 며느리와 아들이 웃으며 담소하면 끝내 부끄러우리라.〔家人嗃嗃, 悔厲, 吉, 婦子嘻嘻, 終吝.〕"라고 보이는데, 심대윤은 "구삼은 어머니의 도이다. 양강(陽剛)으로 양강의 자리에 거하여 응(應)이 없으니, 능히 예법으로 훈계하여 사사로운 은혜와 애정이 없는 것이다. 엄히 책망하면 비록 엄함을 뉘우침이 있더라도 길하다. 육이(六二)의 며느리와 육사(六四)의 아들 사이에 끼어 감괘(坎卦 ☵)의 체(體)에 거하기 때문에 웃으며 담소하도록 이끌면 끝내 부끄럽게 됨을 경계한 것이다.〔九三, 母道也. 以剛居剛而无應, 能以禮法教戒, 而无恩愛之私. 嗃嗃嚴責, 則雖有悔厲而吉. 以其介於二婦四子之間而居坎陷之體, 故戒其嘻嘻談笑以導之則終吝也.〕"라고 풀이하였다. 《周易象義占法》

꺾겠는가. 장차 윗사람이 태만하고 아랫사람들이 포악해져서 기강이 서지 못할 것이다. 《주역》에 이르기를 "등에 업고 또 타는지라 도적이 오게 한다."[6]라고 하였으니, 이것을 말한 것이다. '완구의 위'는 그곳의 군주를 가리킨 것이다.[7] 진실로 정감이 있으나 위망이 없음은 이 편의 주된 뜻이다.

둥둥 북을 침이여	坎其擊鼓
완구의 아래에서 하도다	宛丘之下
겨울도 없고 여름도 없이	無冬無夏
백로 깃을 꽂고 있도다	値其鷺羽

부이다. 감(坎)은 힘을 써서 북을 치는 소리이다. 치(値)는 마땅히

6 등에……한다 : 이는 《주역》〈해괘(解卦 ䷧)〉의 육삼(六三) 효사에 "등에 업고 또 타는지라 도적이 오게 하니, 정(貞)하더라도 부끄러우리라.〔負且乘, 致寇至, 貞, 吝.〕"라고 보이는데, 심대윤은 "육삼은 음유(陰柔)한 재주로 양강(陽剛)의 자리에 거하여 높고 낮음을 구분하지 않고 이쪽과 저쪽을 가리지 않고 오로지 관용을 떳떳한 법칙으로 삼는 것이다. 두 양강의 사이에 끼어서 구사(九四)도 잃지 않고 구이(九二)도 잃지 않으니, 등에 업고 또 타는 상이 있다. 구사를 업는 것은 괜찮지만 구이에 타는 것은 불가하니, 윗사람에게 너그러움은 괜찮지만 아랫사람에게 너그러움은 불가한 것인데, 육삼은 옳고 그름을 알지 못하여 똑같이 너그럽게 한다. 혼우하고 나약해서 스스로 주장할 수 없으니, 매우 추하게 여길 만하다. 그러므로 위의 구사에게 업신여김을 당하고 아래의 구이에게 능멸을 당하여 도적을 불러들이니, 비록 정(貞)하더라도 부끄럽게 되는 것이다.〔六三, 以柔才居剛, 不辨高下, 不擇彼此, 而專以寬恕爲常. 介在二剛之間, 不失於四而亦不失於二, 有負而又乘之象. 負四可也, 乘二不可也, 寬於上可也, 寬於下不可也, 六三不知可否而一之. 昏懦不能自主, 可醜之甚. 故爲上四所慢, 下二所暴, 以致戎寇, 雖貞而吝也.〕"라고 풀이하였다. 《周易象義占法》

7 완구의……것이다 : 완구에 대하여 《집전》에는 '사방이 높고 중앙이 낮은 것'이라 하였으나, 심대윤은 진나라의 도읍으로 보았다.

치(植 꽂아 놓음)-음이 치(置)이다.-가 되어야 한다. 노(鷺)는 《집전》에 "노사(鷺鷥)이니, 희고 머리에 긴 털이 있다. 일명은 용서(舂鉏)이니, 춤추는 자가 그 깃털을 잡는다."라고 하였다. 이는 언제나 그의 기뻐하고 즐거워함을 보고 위엄과 노여움을 보지 못함을 말한 것이다.

둥둥 질장구를 침이여	坎其擊缶
완구의 길에서 하도다	宛丘之道
겨울도 없고 여름도 없이	無冬無夏
백로 일산을 꽂고 있도다	値其鷺翿

부이다. 부(缶)는 질그릇이니, 음악의 절주(節奏 리듬)를 맞출 수 있다. 도(翿)[8]도 깃털이다.

이상은 〈완구〉 3장이니, 장마다 4구이다.

동문지분 東門之枌

동문(東門)의 흰 느릅나무와	東門之枌
완구(宛丘)의 상수리나무에	宛丘之栩
자중씨(子仲氏)의 딸이	子仲之子
그 아래에서 우아함을 드날리도다	婆娑其下

8 도(翿) : 【집전】 깃일산〔翳〕

《집전》에 말하였다. 부이다.[9] 분(枌)은 흰 느릅나무이니, 먼저 잎이 나오고 꼬투리가 달리며 껍질이 희다. 파사(婆娑)[10]는 선양(宣揚)하는 모습이다. '자중지자(子仲之子)'는 자중씨(子仲氏)의 딸이다.

○이는 그 군주와 대부가 사무(事務)에는 급하게 여기지 않고 우아한 운치로써 서로 높임을 풍자한 것이다. 자중씨의 딸에 가탁하여 말했으므로 그 말을 숨긴 것이다.-〈3장에서〉 자중씨의 딸이 많은 무리를 데리고 갔으니, 이로써 가탁한 말이 됨을 아는 것이다.- 윗자리에 있는 자는 마음을 수고롭게 하여 덕으로 삼고 아랫자리에 있는 자는 힘을 수고롭게 하여 이로움으로 삼으니, 이것을 일러 실제가 있다고 한다. 무릇 문채 중에 실제가 될 수 있는 것을 문덕(文德)이라 하고, 문채 중에 실제가 될 수 없고 단지 보기에 아름다운 것을 헛된 문식〔虛文〕이라 한다. 군지(軍志)에 이르기를 "실용적이면 보기에 아름답지 않고, 보기에 아름다우면 실용적이지 못하다."라고 하였으니,[11] 이 말이 도를 비유할 수 있다. 사실에 힘쓰지 않고 우아한 운치를 서로 높여서 풍류가 한때에 밝게 비추는 것은 예컨대 왕연(王衍)[12]과 왕도(王導)[13], 유량

9 부이다 : 【집전】 남녀가 모여 가무(歌舞)하고 그 일을 읊어 서로 즐거워한 것이다.

10 파사(婆娑) : 【집전】 춤추는 모양〔舞貌〕

11 군지(軍志)에……하였으니 : 이 내용은 군사를 훈련하는 법을 말한 것으로 명(明)나라 장수 척계광(戚繼光)이 지은 《연병실기(練兵實紀)》 〈제요(提要)〉와 《명사(明史)》 〈척계광 열전〉에 보인다. 군지(軍志)는 본래 중국의 실전된 고대 병법서(兵法書)로 《춘추좌전》 등에 인용된 책이지만, 여기의 군지는 병법서의 뜻이다.

12 왕연(王衍) : 256~311. 서진(西晉)의 대신이자 명사로 자는 이보(夷甫)이다. 재상인 상서령(尙書令)을 역임하고 청담(淸談)으로 명망이 높았으나 나라의 실무를 돌보지 않았다. 흉노족(匈奴族)의 반란이 일어나 서진은 멸망하게 되었고, 왕연도 석륵(石勒)에게 죽음을 당하였다.

13 왕도(王導) : 276~339. 동진(東晉)의 개국공신으로 자는 무홍(茂弘)이다. 원제(元帝)·명제(明帝)·성제(成帝)에 걸쳐 재상으로 남북의 사족(士族)을 연합하고 왕

(庾亮)[14]과 사안(謝安)[15]과 같은 무리인데, 그들이 찬란하게 광채가 있지 않은 것은 아니었으나 중원이 외적에게 함몰됨[16]을 면치 못하였고 중국 한쪽의 나라[17]도 편안히 보전하지 못하였다. 그 파급된 화와 남은 해독이 천여 년이 지난 지금까지 그치지 않으니, 아! 불인함이 악독하다.-돈독히 행함이 인(仁)에 가깝다.- 시인이 파사(婆娑) 두 글자로써 이를 지목하였으니, 형용을 잘한 것이 아니겠는가.

좋은 아침을 선택하니　穀旦于差
남방(南方)의 언덕에 모이도다　南方之原
삼을 길쌈하지 않고　不績其麻

돈(王敦)과 소준(蘇峻)의 난을 극복하며 동진을 안정시켰다. 서법(書法)에 능하여 명망이 높았다. 청담을 숭상하였던 그의 면모는 《세설신어(世說新語)》에서 볼 수 있다.

14 유량(庾亮) : 289~340. 동진의 대신으로 자는 원규(元規)이다. 성제(成帝) 때 왕실의 외척으로 정권을 잡았으나 소준(蘇峻)의 난을 유발한 뒤에 자책하여 외진(外鎭)으로 나갔다. 도간(陶侃)의 뒤를 이어 정서장군(征西將軍)이 되었다. 노장(老莊)을 좋아하고 풍격이 엄숙하였다. 《세설신어》에 "오직 깊은 산골짜기에 은거하려는 뜻을 마음속에 지니고 있었다.〔唯丘壑獨存〕"라고 유량을 평한 것이 보인다.

15 사안(謝安) : 320~385. 동진의 명신으로 자는 안석(安石)이다. 젊어서 청담으로 명망이 있었는데, 회계(會稽)에서 은거하며 왕희지(王羲之) 등과 교유하다가, 나이 40세에 비로소 관직에 뜻을 두었다. 이후에 제위를 찬탈하려는 환온(桓溫)을 저지하였고, 남하하는 전진(前秦)의 대군을 격파하였다. 명재상으로 칭송을 받았는데, 남제(南齊)의 왕검(王儉)은 '강동의 풍류재상(風流宰相)'이라고 평하였다.

16 중원이 외적에 함몰됨 : 원문은 신주육침(神州陸沈)인데, 신주(神州)는 중국 또는 중원을 가리키는 말로 전국 시대 제(齊)나라 사람 추연(鄒衍)이 중국을 적현 신주(赤縣神州)라고 한 것에 유래한다. 《史記 卷74 孟子荀卿列傳》 육침(陸沈)은 나라가 외적에게 함몰됨을 말한다.

17 중국 한쪽의 나라 : 서진이 흉노족에게 멸망한 뒤에 원제(元帝) 사마예(司馬睿)가 강남에 건국한 동진을 가리킨다. 동진은 건국 100여 년 만에 유유(劉裕)에게 제위를 빼앗겨 멸망하였다.

시장에서 우아함을 드날리도다 市也婆娑

《집전》에 말하였다. 부이다. 곡(穀)은 좋음이다. 차(差)는 가림이다. ○'좋은 아침을 선택함'은 보기에 아름다우면서 힘들거나 어렵지 않은 일을 가려서 하는 것을 말한다. '시장에서 우아함을 드날림'은 여러 사람과 함께함을 말한 것이니, 온 나라 사람이 모두 휩쓸려 풍조가 똑같은 것이다.

좋은 아침에 가니 穀旦于逝
이에 많은 무리를 데리고 가도다 越以鬷邁
그대 보기를 금규화처럼 여기니 視爾如荍
나에게 한 줌의 천초(川椒)를 주도다 貽我握椒

《집전》에 말하였다. 부이다. 종(鬷)은 많음이다. 교(荍)는 비부(芘芣 금규(錦葵))인데, 일명 형규(荊葵)이니 자주색이다.
○월(越)은 어조사이다. '많은 무리를 데리고 감'은 국인(國人)들이 모두 휩쓸려 나아감을 말한 것이다. '그대 보기를 금규화처럼 여기니 나에게 한 줌의 천초를 주도다'는 서로 상대방을 칭찬하고 찬미하여 잘못을 알지 못함을 말한 것이다.

《전국책(戰國策)》에 조(趙)나라 무령왕(武靈王)이 중산국(中山國)을 공격하고자 이자(李疵)를 보내서 정탐하게 하였는데, 그가 돌아와서 말하기를 "공격할 만합니다. 중산국의 군주가 수레를 타고 가다가 선비를 만나서[18] 함께 수레를 타고 좁은 골목의 궁벽한 집을 예방한

18 수레를……만나서 : 원문은 경개(傾蓋)로, 수레를 타고 가다가 사람을 만나서 가까이 말하기 위해 수레의 일산을 서로 기대는 것을 말한다.

것이 70가호입니다."라고 하였다. 왕이 말하기를 "이는 어진 군주이니, 어떻게 공격할 수 있는가?"라고 하자, 이자가 말하기를 "어진 이를 예방하면 백성들이 명성을 힘쓰고 근본을 보전하지 않아서 농사짓는 자들이 태만해지고 전사가 나약해지니, 이와 같이 하고서 망하지 않는 자는 있지 않습니다."라고 하였다.[19] -만약 현자가 있다면 어찌 궁벽한 집에 있으면서 군주의 예방을 받을 뿐이겠는가. 이는 위아래가 명성을 좋아하는 것이지 실제 일을 행하는 것이 아니다.- 조나라가 과연 중산국을 공격하여 점령하였다.

그리고 조나라 위후(威后)[20]가 제(齊)나라 사자(使者)에게 이르기를 "오릉 중자(於陵仲子)[21]가 아직도 살아 있는가? 이 사람은 사람됨이 위로는 왕에게 신하 노릇을 하지 않고 아래로는 자기 집안을 다스리지 않으니, 이는 백성을 인솔하여 쓸모없게 만드는 자인데, 어찌하여 지금까지 죽이지 않았는가?"라고 하였다.[22]

무릇 그 실제의 덕과 실제의 이로움을 힘쓰지 않고 무익한 일을 하여 스스로 기뻐하기를 좋아하는 자는 재앙이 가장 큰 자이다. 〈완구〉의 너그럽고 온화함과 〈동문지분〉의 우아함을 드날림은 겉으로는 아름답고 좋은 듯하나 안으로는 실로 크게 실패하는 것이다.

이상은 〈동문지분〉 3장이니, 장마다 4구이다.

19 조(趙)나라……하였다 : 이 내용은 《전국책》 〈중산책(中山策)〉에 보인다.

20 조나라 위후(威后) : 조나라 혜문왕(惠文王)의 부인이자 효성왕(孝成王)의 어머니로 혜문왕이 죽고 어린 효성왕이 즉위하자 집정하였다. 진(秦)나라가 공격해 오자 제나라에 구원을 청하였고, 효성왕 2년에 죽었다.

21 오릉 중자(於陵仲子) : 전국 시대 제나라의 은사(隱士)인 진중자(陳仲子)로 형이 받는 녹이 의롭지 못하다 하여 어머니와 형을 떠나 오릉(五陵)에서 살았는데, 청렴하기로 유명하였다.

22 조나라……하였다 : 이 내용은 《전국책》 〈제책(齊策)4〉에 보인다.

횡문 衡門

횡문(衡門)의 아래여	衡門之下
편안히 쉴 수 있도다	可以棲遲
졸졸 흐르는 비수(泌水)여	泌之洋洋
굶주림을 즐길 수 있도다	可以樂飢

부이다.[23] 《집전》에 말하였다. 횡문(衡門)은 나무를 가로질러 문을 만든 것이다. 서지(棲遲)[24]는 편안히 쉼이다. 비(泌)[25]는 물 이름이다. ◯이는 신체가 편안히 여기는 바와 이목구비(耳目口鼻)와 심지(心志)가 하고자 하는 바는 마땅히 그때그때 부족하지 않을 만큼만 취할 뿐이요 마음에 흡족하기를 구해서는 안 됨을 말하였다. 선비로서 따뜻이 입고 배불리 먹으며 편안히 즐기는 데에 뜻이 있으면 더불어 훌륭한 일을 할 수 없으니, 오직 얻는 바에 따라 편안히 여길 뿐이요 풍부하고 고운 것에 마음을 두지 않은 뒤에야 거의 도에 가까울 것이다.

어찌 고기를 먹음에	豈其食魚
반드시 하수(河水)의 방어(魴魚)라야 하리오	必河之魴
어찌 아내를 얻음에	豈其取妻
반드시 제(齊)나라의 강씨(姜氏)라야 하리오	必齊之姜

23 부이다 : 《집전》에는 '은거하면서 스스로 즐거워하여 구함이 없는 자의 말'이라고 하였다.

24 서지(棲遲) : 【집전】 놀고 쉼〔遊息〕

25 비(泌) : 【집전】 산골짝에서 나오는 물〔泉水〕

부이다. 음식과 여색은 사람의 큰 욕망이 존재하는 것이다. 그러므로 군자의 극기(克己)[26]는 반드시 음식과 여색으로부터 시작하는 것이다.

어찌 고기를 먹음에 豈其食魚
반드시 하수의 잉어라야 하리오 必河之鯉
어찌 아내를 얻음에 豈其取妻
반드시 송(宋)나라의 자씨(子氏)라야 하리오 必宋之子

부이다. 이 편은 아(雅)이다.

이상은 〈횡문〉 3장이니, 장마다 4구이다.

동문지지 東門之池

동문(東門)의 못이여 東門之池
삼을 빨 수 있도다 可以漚麻
저 아름다운 숙희(淑姬)여 彼美淑姬
더불어 노래할 수 있도다 可與晤歌

흥이다.[27] 구(漚)[28]는 표(漂 빨래)이니, 빨래하면 물이 거품이 생기므

26 극기(克己) : 《논어》 〈안연(顏淵)〉에서 주자는 극기를 '자신의 사욕을 이김'으로 해석한 반면에 심대윤은 '인심(人心)의 편벽됨을 제거함〔克去人心之偏〕'으로 해석하였다.

27 흥이다 : 《집전》에는 남녀가 만나서 하는 말이라고 하였다.

로 빨래를 구라 한 것이다. 오(晤)[29]는 강구(講究)하여 밝힘이다. 이는 남에게 완비함을 바라지 않아서 만약 큰 잘못이 없고 재주가 함께 훌륭한 일을 하기에 충분하면 그와 함께하고, 지극히 잘하기를 구하지 말아야 함을 말하였다. 〈횡문〉은 자신의 일에서 만족을 바라지 않는 것이고, 이 편은 남에게 완비함을 바라지 않는 것이다.

동문의 못이여 東門之池
모시를 빨 수 있도다 可以漚紵
저 아름다운 숙희여 彼美淑姬
더불어 말할 수 있도다 可與晤語

흥이다. 저(紵)는 삼의 등속이다.

동문의 못이여 東門之池
골풀을 빨 수 있도다 可以漚菅
저 아름다운 숙희여 彼美淑姬
더불어 말할 수 있도다 可與晤言

흥이다. 간(菅 골풀)은 《집전》에 "띠풀과 비슷한데 매끄럽고 윤택하며, 줄기에 흰 가루가 있으니, 부드럽고 질겨 새끼줄을 만들기에 적당하다. 《춘추좌전》에 '비록 실과 삼이 있더라도 골풀과 기름새를 버리지 말라.' 하였다.[30]"라고 하였다.

28 구(漚) : **【집전】** 담금〔漬〕

29 오(晤) : 《집전》에는 해(解)와 같다고 하였는데, 해는 만남〔邂〕과 앎의 뜻이 있다. 오(晤)는 모형은 만남〔遇〕이라 하였고, 정현은 상대함〔對〕이라 하였다.

이상은 〈동문지지〉 3장이니, 장마다 4구이다.

동문지양 東門之楊

동문(東門)의 버들이여	東門之楊
그 잎이 무성하고 무성하도다	其葉牂牂
해질녘에 만나기로 약속하였는데	昏以爲期
계명성(啓明星)이 빛나고 빛나도다	明星煌煌

《집전》에 말하였다. 흥이다[31]. 장장(牂牂)은 성한 모양이다. 명성(明星)은 계명성(啓明星)이다. 황황(煌煌)은 밝게 빛나는 모양이다. ○이는 느슨하여 일에 미치지 못하고 시기를 놓침을 풍자한 것이다. 동문의 버들은 봄철에 이르러 성하니, 이는 가탁하는 종류를 반대로 바꾸어 흥한 것이다. 해질녘에 만나기로 약속하였는데 계명성이 밝게 빛난다면 시기를 이미 놓쳐서 일이 이미 지나간 것이다.

동문의 버들이여	東門之楊
그 잎이 무성하고 무성하도다	其葉肺肺
해질녘에 만나기로 약속하였는데	昏以爲期
계명성이 밝고 밝도다	明星晢晢

30 춘추좌전에……하였다 : 이는 《시전대전》의 소주의 내용이니, 《춘추좌전》 성공(成公) 9년 조에 보인다.

31 흥이다 : 【집전】 남녀가 만나기로 약속하였는데, 약속을 저버리고 이르지 않은 자가 있었다. 그러므로 보이는 바를 인하여 기흥(起興)한 것이다.

《집전》에 말하였다. 흥이다. 패패(肺肺)는 장장(牂牂)과 같다. 제제(晢晢)는 밝은 모양이다.

이상은 〈동문지양〉 2장이니, 장마다 4구이다.

묘문 墓門

묘문(墓門)에 가시나무가 있거늘	墓門有棘
도끼로 다 없앨 수 있도다	斧以斯之
그 사람이 불량하거늘	夫也不良
국인(國人)들이 모두 알도다	國人知之
알아도 그만두지 않나니	知而不已
예부터 그러했도다	誰昔然矣

《집전》에 말하였다. 흥이다. 묘문(墓門)은 흉하고 궁벽한 지역이다. 사(斯)[32]는 시(廝)와 같으니 다함이다.[33] 수석(誰昔)은 주석(疇昔 옛날)과 같다.

○이는 간언(諫言)을 듣지 아니하여 일을 실패함을 풍자한 것이다.[34] 묘문에 가시나무가 있으면 도끼로 다 없앨 수가 있는데, 그 사람의

32 사(斯) : 【집전】 쪼갬〔析〕

33 시(廝)와 같으니 다함이다 : 시(廝 하인)에는 '다하다'의 뜻이 없으니, 시(廝)는 시(澌)의 잘못인 듯하다.

34 이는……것이다 : 【집전】 이른바 불량한 사람이란 누구를 가리킨 것인지 알지 못한다.

잘못은 간하여도 고치지 않는다. 남들이 그것을 아는데도 자신은 부끄러워할 줄을 알지 못하니, 이는 그 천성이 그러한 것이다.

묘문에 매화나무가 있거늘 墓門有梅
올빼미가 모여 앉았도다 有鴞萃止
그 사람이 불량하거늘 夫也不良
노래하여 알려주도다 歌以訊之
알려주어도 나를 돌아보지 않나니 訊予不顧
전도(顚倒)하고서야 나를 생각하리라 顚倒思予

《집전》에 말하였다. 흥이다. 효(鴞)는 울음소리가 나쁜 새이다. 전도(顚倒)는 낭패(狼狽)한 모습이다.
◯묘문에 매화나무가 있으면 올빼미가 모여 앉는데, 그 사람의 허물은 간하여도 고치려 하지 않고 더욱더 심하다. '신여불고(訊予不顧)'는 알려 주어도 나를 돌아보지 않는 것이다. '전도하고서야 나를 생각함'은 낭패한 뒤에야 비로소 나를 생각하는 것이다. 이 편은 아(雅)이다.

이상은 〈묘문〉 2장이니, 장마다 6구이다.

방유작소 防有鵲巢

제방에는 까치집이 있고 防有鵲巢
언덕에는 맛있는 완두가 있도다 邛有旨苕
누가 나의 미인(美人)을 속여서 誰侜予美

마음에 근심하게 하는고 心焉忉忉

《집전》에 말하였다. 흥이다.[35] 방(防)은 제방이다. 공(邛)은 언덕이요, 지(旨)는 달고 맛있는 것이다. 초(苕)는 초요(苕饒)이니, 줄기는 노두(勞豆)와 같은데 가늘고, 잎은 질려(蒺藜)와 비슷한데 푸르다. 주(侜)는 주장(侜張 속이고 과장함)이니, 바로 《서경》에 말한 주장(譸張)[36]이다.

○'제방에는 까치집이 있고 언덕에는 맛있는 완두가 있도다'는 물건이 각각 있을 곳에 있는데, 참소하는 사람은 없는 것을 얽어 만들어서 있는 것처럼 만듦을 말한 것이니, 이는 남의 참언(讒言)을 들음을 풍자한 것이다.

사당 길에는 벽돌이 있고 中唐有甓
언덕에는 맛있는 타래난초가 있도다 邛有旨鷊
누가 나의 미인을 속여서 誰侜予美
마음에 근심하게 하는고 心焉惕惕

《집전》에 말하였다. 흥이다. 사당 가운데의 길을 당(唐)이라 한다.

35 흥이다 : 《집전》에는 사통(私通)하는 남녀가 혹시라도 이간을 당할까 걱정하는 말이라고 하였다.

36 서경에 말한 주장(譸張) : 《서경》 〈무일(無逸)〉에 "옛날 사람들은 오히려 서로 훈계하고 고하며 서로 보호하고 순히 인도하며 서로 가르쳤으므로 백성들이 혹 서로 속이거나 과장하여 실제를 바꾸지 않았다〔古之人猶胥訓告, 胥保惠, 胥教誨, 民無或胥譸張爲幻.〕"라고 보이는데, 심대윤은 "보혜(保惠)는 보호하고 순히 인도함이다.……주(譸)는 속이고 허탄함이다. 장(張)은 과장함이다, 환(幻)은 변환함이다.〔保惠, 保護順導也.……譸, 誑誕也. 張, 張皇也. 幻, 變換也.〕"라고 해석하였다. 《書經蔡傳辨正》

벽(甓)은 벽돌이다. 역(鷊)은 작은 풀이니, 인끈처럼 여러 색깔이 섞여 있다.

이상은 〈방유작소〉 2장이니, 장마다 4구이다.

월출 月出

달이 떠서 환하거늘　月出皎兮
아름다운 사람이 동료 따라 움직이도다　佼人僚兮
깊은 소회 펼치려니　舒窈糾兮
마음만 애태우며 근심하도다　勞心悄兮

《집전》에 말하였다. 흥이다.[37] 교인(佼人)은 아름다운 사람이다. ○요(僚)[38]는 마음에 주견(主見)이 없어서 남을 따라 나아가고 물러나는 뜻이다. 요규(窈糾)[39]는 그윽하고 깊게 맺혀 있는 것이다. 달은 스스로 내는 빛이 없고 햇빛을 빌려서 빛을 내니, 마치 사람이 안에는 어두워 밝은 지혜가 없으면서 밖으로는 재치와 약삭빠름을 꾸미는 것과 같은 것이다. 나의 그윽하고 깊게 맺혀 있는 소회를 펴면 어두워서 살피지 못하므로 마음만 애태우며 근심하는 것이다. 무릇 안은 어둡고 밖으로 재치 있는 사람은 한갓 말재주를 가지고 풍조를 따라 움직일

37 홍이다 : 《집전》에는 남녀가 서로 좋아하면서 그리워하는 말이라고 하였다.

38 요(僚) : 【집전】 아름다운 모양〔好貌〕

39 요규(窈糾) : 《집전》에 요(窈)는 '그윽하고 멂〔幽遠〕'이고 규(糾)는 '근심이 맺힌 것〔愁結〕'이라 하여, 요규를 남녀가 서로 그리워하는 정으로 보았다

뿐이요, 심원한 계책을 따르지 못한다. 그러므로 시인이 이를 풍자하였으니, 안은 어둡고 밖으로 재치 있는 자가 남의 깊은 말을 제일 듣지 않는다.

〈방유작소〉는 남의 참언을 듣기 좋아하는 것이고, 〈월출〉은 남의 깊은 계책을 듣지 않는 것이다.

달이 떠서 환하거늘 月出皓兮
아름다운 사람이 밖은 밝으나 안이 어둡도다 佼人懰兮
간절한 생각 펼치려니 舒懮受兮
마음만 애태우며 근심하도다 勞心慅兮

흥이다. 유(懰)[40]는 마음이 유유(懰懰)한 것이니, 밖은 밝게 빛나나 안은 어두운 뜻이다.-유유는 밖은 윤택하고 밝게 빛나나 안은 어두운 모양이다.- 우수(懮受)[41]는 자세하지 않으니, 아마도 또한 깊고 간절한 뜻인 듯하다. 초(慅)는 초(悄 근심함)와 같다.

달이 떠서 비추거늘 月出照兮
아름다운 사람이 안은 어둡고 밖은 밝도다 佼人燎兮
꽉 맺힌 생각 펼치려니 舒夭紹兮
애타는 마음 통절(痛切)하도다 勞心慘兮

흥이다. 요(燎)[42]는 횃불처럼 안은 어둡고 밖은 밝은 것이다. 요소

40 유(懰) : 【집전】 아름다운 모양〔好貌〕

41 우수(懮受) : 【집전】 근심하는 생각〔憂思〕

42 요(燎) : 【집전】 밝음〔明〕

(夭紹)는 《집전》에 "꽉 맺혀 있는 뜻이다."라고 하였다. 조(慘)[43]는 통절함이다. 이 편은 아(雅)이다.

이상은 〈월출〉 3장이니, 장마다 4구이다.

주림 株林

어찌하여 주림(株林)에 왔는고 胡爲乎株林
하남(夏南)을 따라왔느니라 從夏南
주림에 온 것이 아니라 匪適株林
하남을 따라 온 것이니라 從夏南

《집전》에 말하였다. 부이다. 주림(株林)은 하씨(夏氏)의 식읍(食邑)이다. 하남(夏南)은 하징서(夏徵舒)의 자(字)이다. 진(陳)나라 영공(靈公)이 하징서의 어머니인 하희(夏姬)와 간음(姦淫)하자 하징서가 영공을 시해하니, 초(楚)나라 장왕(莊王)이 그를 토벌하여 마침내 진나라를 멸망시켰다. 이 시는 국인들이 영공을 풍자한 것이다.

내 네 마리 말을 타고서 駕我乘馬
주림의 들에 머물러 있도다 說于株野
내 네 마리 망아지를 타고서 乘我乘駒
아침에 주림에서 밥을 먹도다 朝食于株

43 조(慘) : 【집전】 근심〔憂〕

부이다. 이 편은 아(雅)이다.

이상은 〈주림〉 2장이니, 장마다 4구이다.

택피 澤陂

저 못의 둑에	彼澤之陂
부들과 연꽃이 있도다	有蒲與荷
아름다운 한 사람이여	有美一人
서글퍼한들 어찌하리오	傷如之何
자나 깨나 하염없이	寤寐無爲
눈물과 콧물만 흘리노라	涕泗滂沱

흥이고 부이다.[44] 진나라 백성들이 영공(靈公)의 음란함에 괴로워하여 초나라 장왕의 어짊을 생각한 것이다. '부들과 연꽃이 있음'은 초나라에 훌륭한 군주와 신하가 있음을 말한 것이요, '서글퍼한들 어찌하리오'는 생각하고서 근심하고 서글퍼하는 것이요, '오매무위(寤寐無爲)'는 나라가 혼란하여 다스릴 수 없음을 말한 것이다.

저 못의 둑에	彼澤之陂
부들과 난초가 있도다	有蒲與蕑
아름다운 한 사람이여	有美一人

44 홍이고 부이다 : 《집전》에는 흥으로 보았으니 이하의 장도 같다. 《집전》에는 아름다운 사람이 있으나 만나볼 수가 없어 근심하고 서글퍼하는 내용으로 보았다.

석대(碩大)하고 또 살쩍이 아름답도다　　碩大且卷
자나 깨나 하염없이　　寤寐無爲
중심(中心)에 근심하노라　　中心悁悁

흥이고 부이다. 권(卷)[45]은 마땅히 권(鬈)[46]이 되어야 한다. 연연(悁悁)은 읍읍(悒悒 근심함)과 같다.

저 못의 둑에　　彼澤之陂
부들과 연꽃이 있도다　　有蒲菡萏
아름다운 한 사람이여　　有美一人
석대하고 또 엄숙하도다　　碩大且儼
자나 깨나 하염없이　　寤寐無爲
전전(輾轉)하며 베개에 엎드려 있노라　　輾轉伏枕

흥이고 부이다. 함담(菡萏)은 연꽃이다. 엄(儼)은 장중한 모양이다. 〈주림〉과 〈택피〉는 본래 취할 것이 못 되는데, 이로써 진나라가 멸망함을 나타내었다.

이상은 〈택피〉 3장이니, 장마다 6구이다.

이상은 〈진풍〉 10편이다.

45 권(卷) : 【집전】 수염과 머리털이 아름다운 것〔鬚髮之美〕

46 권(鬈) : 심대윤은 〈제풍(齊風) 노령(盧令)〉의 '其人美且鬈'에서 '권'은 '살쩍이 아름다운 모양〔鬢好貌〕'이라고 하였다.

백성에게 멀리 도모함이 없고 주관하는 군주가 없으면 오랫동안 편안하지 못하고, 마음에 멀리 생각함이 없고 주장하는 뜻이 없으면 깊이 모색하지 못한다. 〈진풍〉은 뜻과 말이 천근하니, 진나라 백성들에게 뜻이 없음을 볼 수 있다. 연릉 계자의 이른바 나라에 군주가 없다는 것[47]은 아마도 이를 말함일 것이다. 성인이 이런 시를 취한 것은 은미한 뜻이 있으니, 〈왕풍〉은 주나라가 쇠함을 나타낸 것이고, 〈진풍〉은 진나라가 멸망함을 나타낸 것이다. 편안함을 생각하고 구차히 보전해서 진작(振作)하지 못하는 것은 쇠하는 징조요, 계책이 얕고 생각이 짧아서 먼 도모를 하지 못하는 것은 멸망할 조짐이니, 이로써 주나라와 같은 자는 반드시 쇠하고, 진나라와 같은 자는 반드시 멸망함을 밝힌 것이다. 진실로 능히 진작하고서 흥왕하지 못하는 자는 있지 않고, 능히 멀리 도모하고서 보존되지 못하는 자는 있지 않다. 쇠하는 징조는 반드시 진작하지 못함에 있고, 멸망하는 조짐은 반드시 멀리 도모하지 못함에 있는 것이다.

47 연릉……것 : 이 편의 서(序)에 나온다.

회 檜

《집전》에 말하였다. 회(檜)는 《서경》 〈우공(禹貢)〉의 예주(豫州)인 외방산(外方山)의 북쪽, 형파(滎波)의 남쪽, 진수(溱水)와 유수(洧水)의 사이에 있었으니, 지금의 정주(鄭州)가 바로 그 지역이다. 그 군주는 성(姓)이 운(妘)으로 축융(祝融)의 후손이다. 정(鄭)나라 환공(桓公)이 회를 멸하고 그곳으로 천도하였다.

○연릉 계자(延陵季子)가 〈회풍〉과 〈조풍(曹風)〉 이하는 비평하지 않았으니, 〈회풍〉과 〈조풍〉의 시는 모두 세상의 운수를 근심하고 탄식한 내용이다. 성인이 이를 취한 것은 천하가 혼란하게 된 이유를 나타낸 것이요, 회나라와 조나라에 뜻을 둔 것이 아니다. 그러므로 연릉 계자가 비평하지 않은 것이다.[1]

고구 羔裘

염소 갖옷으로 소요(逍遙)하며	羔裘逍遙
여우 갖옷으로 조회하도다	狐裘以朝
어찌 그대를 생각하지 않으리오	豈不爾思
마음에 애태우며 근심하노라	勞心忉忉

1 연릉……것이다 : 연릉 계자는 15개국 국풍 중에 제13편과 제14편인 〈회풍〉과 〈조풍〉에 대해 비평하지 않았는데, 이에 대하여 《춘추좌전》 양공(襄公) 29년 조의 두예(杜預)의 주에 "그 나라가 작기 때문이다.〔以其微也.〕"라고 하였다.

부이다.[2] 주나라가 쇠함에 문식(文飾)하는 병폐가 생겨서 사람들이 겉으로 위의와 사령(辭令)을 많이 꾸며서, 실제의 덕을 돈독히 하지 않고 실제의 행실을 닦지 않았다. 그러므로 군자가 이것을 서글퍼한 것이다.

'염소 갖옷으로 소요하며 여우 갖옷으로 조회함'[3]은 부지런히 위의를 꾸미는 것에 힘을 써서 어디서나 마음을 다함을 가탁하여 말한 것이다. '어찌 그대를 생각하지 않으리오 마음에 애태우며 근심하노라'는 찬란하여 사랑할 만하지 않은 것이 아니나 이 때문에 근심하고 서글퍼함을 말한 것이다.

군자가 위의를 다스림은, 실제의 덕과 실제의 행실을 힘써서 자신의 편벽된 마음을 이겨 예(禮)로 돌아가면-먼저 자신의 마음을 다스림을 말하였다.- 희노애락이 자연히 절도에 맞아서, 보고 듣고 말하고 동함이 모두 예에 부합하는 것이다. 소인은 근본을-마음을 다스림을 근본으로 삼음을 말하였다.- 힘쓰지 않고 다만 말단만 다스리니, 소인이 마치 가을 단풍잎의 화려한 색채가 밖으로 드러나는 것처럼 밝게 빛나나 그 실제는 장차 말라서 떨어지는 것이다. 자하(子夏)가 '소인지과야 필문(小人之過也必文)'이라고 하였으니, 반드시 문채로써 함을 말한 것이다.[4] 무릇 국가

2 부이다 : 【집전】 회나라 군주가 의복을 깨끗이 하여, 소요하고 놀며 잔치하기를 좋아하고, 스스로 정치에 힘쓰지 못하였다. 그러므로 시인이 근심한 것이다.

3 염소……조회함 : 《집전》에 검은 옷에 염소 갖옷은 제후의 조복(朝服)이고, 비단옷에 여우 갖옷은 천자에게 조회하는 옷이라 하였다.

4 소인지과야……것이다 : 이는 《논어》 〈자장(子張)〉에 보이는데, 주자의 주에 의하면 "소인의 허물은 반드시 문식한다."라고 해석된다. 심대윤은 《논어》에서 "군자는 실제의 이로움에 힘쓰므로 질박하고 곧음에서 잘못하고, 소인은 헛된 명성을 구하므로 문채에서 잘못한다. 군자는 자기의 잘못을 듣기 좋아하여 용감하게 고치니, 잘못을 고침이 이로움을 알기 때문이요, 소인은 자기의 잘못을 듣기 싫어하여 잘못을 꾸미니, 잘못이 명성을 훼손한다고 여기기 때문이다. 문채는 실제의 반대이니, 실제로써 이로움을 위하

와 천하가 쇠할 때에 반드시 문식을 한다.

염소 갖옷으로 고상(翺翔)하며　羔裘翺翔
여우 갖옷으로 공당(公堂)에 있도다　狐裘在堂
어찌 그대를 생각하지 않으리오　豈不爾思
내 마음에 근심하고 서글퍼하노라　我心憂傷

부이다. '소요(逍遙)'와 '고상(翺翔)'[5]은 모두 착실하게 돈독히 행하는 것의 반대이다.

염소 갖옷이 기름칠한 듯하니　羔裘如膏
해가 나옴에 빛나도다　日出有曜
어찌 그대를 생각하지 않으리오　豈不爾思
중심(中心)에 서글퍼하노라　中心是悼

부이다. '염소 갖옷이 기름칠한 듯하니 해가 나옴에 빛남'은 그 광채가 밖으로 드러남을 말한 것이다.

이상은 〈고구〉 3장이니, 장마다 4구이다.

고 문채로써 명성을 위한다. 실제에 힘쓰는 자는 반드시 군자이고 명성을 구하는 자는 반드시 소인이다.〔君子務實利, 故過於質直; 小人求虛名, 故過於文華. 君子喜聞過而勇改, 知改過之爲利也; 小人惡聞過而飾非, 爲其損於名也. 文者, 實之反也, 實以爲利, 文以爲名. 務實者, 必君子也; 求名者, 必小人也.〕"라고 풀이하였는데, 이에 따르면 여기에서 '必文'을 '반드시 문채로써 함〔必以文〕'이라고 한 것은 '문채로써 꾸민다'와 '문채로써 잘못한다'는 두 가지 뜻을 겸할 수 있다.

5 소요(逍遙)와 고상(翺翔) : '고상'은 〈정풍(鄭風) 청인(淸人)〉에서 '한가로이 배회하는 뜻〔容與徘徊之意〕'이라 하였다. '소요'도 비슷한 뜻이다.

소관 素冠

행여 흰 관을 쓴 사람을 볼 수 있을까 庶見素冠兮
극인(棘人)이 근심에 수척하노니 棘人欒欒兮
마음에 애태우며 근심하노라 勞心慱慱兮

부이다.[6] 극(棘)은 급함이니, 극인(棘人)[7]은 시인이 자기를 말한 것이다. 세상 사람들이 다투어 헛된 문식을 서로 숭상하니, 시인이 홀로 마음에 그 잘못을 알면서 차마 본받을 수가 없었다. 본받지 않고자 하면 세상의 조소와 버림을 받으니, 이를 어쩔 수가 없었다. 그러므로 이름하여 극인이라 한 것이다. 난란(欒欒)은 근심하여 수척한 모양이고, 단단(慱慱)은 근심하고 애태우는 모양이다. 군자가 세상에서 헛된 문식을 숭상하고 실제 행실을 힘쓰지 않음을 서글퍼하여, 행여 충신(忠信)하고 질박하고 정직한 군자를 볼 수 있을까 하였으나 볼 수가 없었다. 그러므로 '흰 관'으로 가탁하여 말한 것이다.

행여 흰 옷을 입은 사람을 볼 수 있을까 庶見素衣兮
내 마음에 서글퍼하고 슬퍼하노니 我心傷悲兮
애오라지 그대와 함께 돌아가리라 聊與子同歸兮

부이다. 차라리 세상에 버림받을지언정 차마 이런 〈헛된 문식을 숭

6 부이다 : 《집전》에는 '흰 관'을 대상(大祥)을 지낸 뒤에 쓰는 관으로 보아, 당시 사람들이 삼년상을 행하지 않았는데, 현자가 행여 상복을 입은 사람을 볼 수 있을까 하며 근심하는 것이라 하였다.

7 극인(棘人) : 《집전》에는 상(喪)을 당하여 슬프고 급한 모양의 사람으로 보았다.

상하는〉 태도를 할 수가 없었다. 그러므로 옛사람과 함께 돌아가고자 한 것이다.

행여 흰 슬갑을 찬 사람을 볼 수 있을까　　庶見素韠兮
내 마음에 답답하게 맺혀 있으니　　我心蘊結兮
애오라지 그대와 함께 하나같이 하리라　　聊與子如一兮

부이다. 온결(蘊結)은 울결(鬱結 가슴속에 답답하게 맺혀 있음)과 같다.

이상은 〈소관〉 3장이니, 장마다 3구이다.

습유장초 隰有萇楚

진펄에 양도(羊桃)가 있으니　　隰有萇楚
야들야들한 그 가지로다　　猗儺其枝
어리고 예쁘며 반들거리니　　夭之沃沃
무지(無知)한 네가 즐거워하는구나　　樂子之無知

《집전》에 말하였다. 장초(萇楚)는 요익(銚弋)으로 지금의 양도(羊桃)이니, 열매가 소맥(小麥 밀)과 같고 또 복숭아와 비슷하다. 아나(猗儺)는 아나(阿娜)와 같으니, 부드럽고 연한 모양이요, 요(夭)는 어리고 예쁜 모양이요, 옥옥(沃沃)은 광택이 나는 모양이다.
○비이다.[8] 세상이 다스려지면 백성들이 편안하고 즐거워서 천성을

8 비이다 : 《집전》에는 부로 보았으니, 이하의 장도 같다. 《집전》에는 "정사가 번거롭고 부역이 무거우니, 사람들이 그 고통을 견디지 못하여, 초목(草木)이 무지(無知)하여

순히 따르고, 각각 분수를 얻어서 직책을 잃는 사람이 없다. 세상이 어지러우면 백성들이 본성을 잃고 서로 다투어 속임수와 힘으로 빼앗고, 지혜롭고 강한 자가 어리석고 약한 자를 짓밟으니, 환난 속에서 자라서 삶의 즐거움이 없다. 불초한 자는 세파에 따라 부침하면서 이를 자각하지 못하고 세상은 진실로 이와 같다고 생각하여, 우환을 보고 즐거운 일로 여기고 함정에 달려가기를 낙원에 가는 듯이 하여, 그 가운데 파묻혀서 근심하지 않는다. 이는 마치 똥 속의 구더기가 무리 지어 꿈틀대면서 잠시도 쉬지 않으나 스스로 자신이 똥 속에 있음을 알지 못하는 것과 같다.

한 사람이라도 초연히 홀로 깨달은 자가 있다면 그는 근심과 괴로움을 이기지 못하여 줄곧 마음에 드는 것이 없을 것이다. 그러므로 시인이 이것을 서글퍼하여, 양도가 낮은 곳에서 가지를 뻗고 꽃을 피우고 열매를 맺으면서 낮은 곳임을 스스로 알지 못하는 것으로 비유하고, 홀로 그 근심을 견디지 못하여 자신이 이것을 앎이 도리어 저 무지한 사람이 즐거운 것보다 못하다고 한스러워하였다. 성인이 이 시를 취하여, 세상에 밝은 임금이 없어서 백성들로 하여금 하늘과 땅의 온전함과 해와 달의 밝음을 알지 못하여 어둡고 어리석게 세상을 끝마치게 해서는 안 됨을 나타낸 것이다

진펄에 양도가 있으니	隰有萇楚
야들야들한 그 꽃이로다	猗儺其華
어리고 예쁘며 번들거리니	夭之沃沃
집 없는 네가 즐거워하는구나	樂子之無家

근심이 없음만 못함을 탄식한 것이다."라고 하였다

비이다.

진펄에 양도가 있으니　　隰有萇楚
야들야들한 그 열매로다　　猗儺其實
어리고 예쁘며 반들거리니　　夭之沃沃
처자 없는 네가 즐거워하는구나　　樂子之無室

비이다. 무실(無室)[9]은 처자가 없는 것이니, 부자·형제·부부가 서로 보호하며 살지 못하면서 도리어 이것을 즐거움으로 여기는 것이다.

이상은 〈습유장초〉 3장이니, 장마다 4구이다.

비풍 匪風

바람이 몰아치지 않으니　　匪風發兮
수레가 급히 달릴 때가 아니거늘　　匪車偈兮
주(周)나라로 가는 길 돌아보고는　　顧瞻周道
중심(中心)에 두려워하노라　　中心怛兮

《집전》에 말하였다. 부이다. 걸(偈)은 수레를 빨리 모는 모양이다. 현자가 주나라 왕실이 쇠미함을 탄식하여 이 시를 지었다.
○바람이 몰아치면 수레가 급히 달리는데, 지금은 바람이 몰아쳐서

9 무실(無室) : 《집전》에는 2장의 無家를 '얽매는 바가 없음〔無累〕'이라 하고, 無室은 無家와 같다고 하였다.

수레가 급히 달리는 것이 아니고, 천하가 혼란하고 위태로워 마치 바람이 몰아쳐서 수레가 급히 달릴 때처럼 하는 것이다.[10] 바람이 불 때 어디로부터 불어오는지 아니, 〈지금의 위태로움은〉 주나라의 도가 쇠미하여 천하에 훌륭한 왕이 없음에서 연유한 것이다.

바람이 몰아치지 않으니　匪風飄兮
수레가 흔들릴 때가 아니거늘　匪車嘌兮
주나라로 가는 길 돌아보고는　顧瞻周道
중심에 서글퍼하노라　中心弔兮

부이다. 표(嘌)는 표(漂)와 같으니, 흔들려서 편안하지 못한 것이다. 조(弔)는 서글퍼함이다.-《예기》에는 "조(弔 위로)만 하고 서글퍼하지 않는다."[11] 라고 하였다.-

누가 물고기를 삶을꼬　誰能亨魚
작은 가마솥과 큰 가마솥을 씻어 주리라　漑之釜鬵

10 바람이……것이다 : **【집전】** 평상시에는 바람이 몹시 불고 수레를 급히 몰면 중심이 두근거렸었는데, 지금은 바람이 몰아쳐서도 아니며, 수레가 빨리 달려서도 아니요, 다만 주나라로 가는 길을 돌아보고는 왕실이 침체함을 생각하므로 중심이 이 때문에 두근거린다고 말한 것이다.

11 조(弔)만……않는다 : 이는 《예기》 〈곡례 상(曲禮上)〉에 "산 자(상인(喪人))만 아는 자는 위로하고 죽은 자만 아는 자는 서글퍼하니, 산 자만 알고 죽은 자를 알지 못하면 위로만 하고 서글퍼하지 않으며, 죽은 자만 알고 산 자를 알지 못하면 서글퍼만 하고 위로하지 않는다.〔知生者弔, 知死者傷. 知生而不知死, 弔而不傷; 知死而不知生, 傷而不弔.〕"라고 보인다. 《예기》의 글은 조(弔)가 '서글퍼함〔傷〕'과 다른 뜻으로 사용된 경우인데, 이를 언급한 것은 조(弔)를 서글퍼함의 뜻으로 확장할 수 있음을 밝힌 듯하다.

누가 장차 서쪽으로 돌아갈꼬 誰將西歸
그를 좋은 소리로 위로하리라 懷之好音

흥이다. 물고기를 삶는 것으로 천하를 다스림을 비유하였으니, 바로 노담(老聃)의 '생선을 삶음'[12]이니, 소란을 일으키지 않고 교화함을 말한 것이다. 개(漑)는 씻음이다. 심(鬵)[13]은 부(釜)의 등속이다. '작은 가마솥과 큰 가마솥을 씻음'은 더러운 덕을 씻어 내어 다시 새롭게 함을 말한 것이다. '그를 좋은 소리로 위로함'은 충성스러운 말과 훌륭한 계책을 올리고자 하는 것이다. 성인이 이 시를 취한 것은 천하에 훌륭한 왕이 없음을 서글퍼한 것이다.

이상은 〈비풍〉 3장이니, 장마다 4구이다.

이상은 〈회풍〉 4편이다.

12 노담(老聃)의 생선을 삶음 : 노담은 노자(老子)를 가리킨다. 노자의 《도덕경(道德經)》에 "큰 나라를 다스림은 작은 생선을 삶듯 한다.〔治大國, 若烹小鮮.〕"라고 보이는데, 이는 작은 생선을 삶을 적에 약한 불로 서서히 삶아야 생선이 부서지고 흩어지지 않는 것처럼, 나라를 다스림에 시끄럽고 번거롭게 하지 않음을 말한 것이다.

13 심(鬵) : 《경전석문(經典釋文)》에 '큰 가마솥〔大釜〕'이라고 하였다.

조 曹

《집전》에 말하였다. 조(曹)는 《서경》 〈우공(禹貢)〉의 연주(兗州)인 도구(陶丘)의 북쪽, 뇌하(雷夏 못이름)와 가택(菏澤)[1]의 들에 있었으니, 지금의 조주(曹州)가 바로 그 지역이다. 무왕(武王)이 이곳에 아우 진탁(振鐸)을 봉하였다.

부유 蜉蝣

하루살이의 깃이여	蜉蝣之羽
의상(衣裳)이 곱도다	衣裳楚楚
마음에 근심하노니	心之憂矣
나에게 돌아와 처할지어다	於我歸處

《집전》에 말하였다. 부유(蜉蝣)는 말똥구리와 비슷한데, 몸이 좁고 더듬이가 길며 황흑색(黃黑色)이니, 날개가 있어 잘 날며, 아침에 났다가 저녁에 죽는다.

○흥이고 부이다.[2] 초초(楚楚)는 곱고 성한 모양이다. 공자가 말씀하

1 가택(菏澤) : 가택(荷澤)으로도 쓴다.

2 흥이고 부이다 : 《집전》에는 비로 보았으니, 이하의 장도 같다. 《집전》에는 작은 즐거움을 좋아하고 원대한 생각을 잊은 자를 하루살이에 비유하여 풍자한 것으로 보았다.

시기를 "없으면서 있는 체하며, 비었으면서 가득한 체하며, 적으면서 많은 체하면 한결같음이 있기 어려울 것이다."[3]라고 하셨다. 속담에 이르기를 "작심삼일이다."라고 하였으니, 본래 마음이 없으면서 억지로 마음을 내서 하는 자는 3일을 넘기지 못함을 말한 것이다. 근원이 성하면 흐르는 물이 깊고, 뿌리가 넓게 퍼지면 가지가 번성하며, 군자가 실제를 힘쓰면 광채가 저절로 아름다워지고, 자질을 닦으면 문채가 저절로 충족되니, 밖을 꾸밀 겨를이 없다. 소인은 마음속에 없으면서 겉만 꾸미니, 갑자기 있다가 갑자기 없어지지 않는 경우가 드물다. 그러므로 '하루살이의 깃'으로 흥을 하고, '의상이 고움'으로 밖을 꾸미는 것을 가탁하여 말하였다. '나에게 돌아와 처할지어다'는 어찌 너의 잠시 있다가 잠시 후에 없어짐을 버리고 나의 한결같음이 있음을 본받지 않느냐고 말한 것이다.

하루살이의 날개여	蜉蝣之翼
화려하고 화려한 의복이로다	采采衣服
마음에 근심하노니	心之憂矣
나에게 돌아와 쉴지어다	於我歸息

흥이고 부이다. 채채(采采)는 화려하게 꾸밈이다.

3 없으면서……어렵다 : 《논어》〈술이(述而)〉에 "선인(善人)을 내가 만나볼 수 없으면 한결같이 바름을 지키는 자라도 만나 보면 괜찮다. 없으면서 있는 체하며, 비었으면서 가득한 체하며, 적으면서 많은 체하면 한결같음이 있기 어려울 것이다.〔善人, 吾不得而見之矣, 得見有恒者, 斯可矣. 亡而爲有, 虛而爲盈, 約而爲泰, 難乎有恒矣.〕"라고 보이는데, 심대윤은 "유항자(有恒者)는 바름을 지키는 자이다. 소인은 뜻을 두어 밖을 꾸며 세속에 영합하고 헛된 명성을 구하니, 시종 한결같은 자가 있지 않다.〔有恒者, 守正者也. 小人作意外飾, 以希世釣名, 未有終始如一者也.〕"라고 풀이하였다.

하루살이가 처음 나온 순간 蜉蝣掘閱
삼베옷이 눈처럼 깨끗하도다 麻衣如雪
마음에 근심하노니 心之憂矣
나에게 돌아와 머물지어다 於我歸說

흥이고 부이다. 굴열(掘閱)[4]은 '잠깐'의 뜻이다. '삼베옷이 눈처럼 깨끗함'은 곱고 아름다우나 항상 한결같을 수 없음을 말한 것이다. 세(說)는 세(稅 머묾)와 같다.

이상은 〈부유〉 3장이니, 장마다 4구이다.

후인 候人

저 아름다운 사람은 彼候人兮
창과 창대를 메려니와 何戈與祋
저 그 사람은 彼其之子
적불(赤芾)한 자가 3백 명이나 되도다 三百赤芾

부이다.[5] 후(候)[6]는 마땅히 후(侯)가 되어야 하니, 후(侯)는 아름다

4 굴열(掘閱) : 《집전》에는 미상(未詳)이라 하였고, 정현(鄭玄)의 전(箋)에는 "하루살이가 처음 나온 때를 말한 것이다.〔謂其始生時也.〕"라고 하였다.

5 부이다 : 《집전》에는 흥으로 보았으니, 아래 2장과 3장도 같다. 《집전》에는 군주가 군자를 멀리하고 소인을 가까이함을 풍자한 말이라고 하였다.

6 후(候) : 《집전》에는 후인(候人)을 '도로에서 손님을 맞이하고 전송하는 관원〔道路

움이다. 대(祋)는 마땅히 수(殳)[7]가 되어야 한다. 불(芾)은 슬갑(膝甲)이다. 일명(一命)은 주황색 슬갑에 검은색 패옥을 차고, 재명(再命)은 붉은색 슬갑에 검은색 패옥을 차고, 삼명(三命)은 붉은색 슬갑에 푸른색 패옥을 차니, 하대부(下大夫)는 일명이고, 중대부(中大夫)는 재명이고, 상대부(上大夫)는 삼명이다. '창과 창대를 멤'은 위망(威望)이 있으면서 병졸의 대오에 있음을 말한 것이다. '적불한 자가 3백 명'[8]은 밖으로 화려한 문채를 꾸미면서 높은 지위에 처한 자가 많음을 말한 것이다.

선왕은 사람을 취하기를 덕과 재능으로써 하고 헛된 명예와 꾸민 행실로써 하지 않는다. 선비가 실제 덕을 힘쓰지 않고 힘써 말을 듣기 좋게 하고 얼굴빛을 보기 좋게 하여 위의를 익혀 윗사람을 현혹시키며, 윗사람이 실제 행실을 상고하지 않고서 귀에 들리고 눈에 보이는 것과 사랑하고 미워하는 감정으로 사람을 취하여 어진 자와 불초한 자의 지위를 뒤바꾸고 굽은 사람을 들어 써서 정직한 사람의 위에 두면[9] 천하가 혼란해지니, 천하가 혼란해지는 이유는 다른 데에 있지 않다. 그러므로 〈회풍(檜風)〉의 〈고구(羔裘)〉·〈소관(素冠)〉과 〈조풍〉의

迎送賓客之官]'이라고 하였다.

7 수(殳) : 대나무 또는 나무로 만든 몽둥이로 여덟 개의 모가 있고 끝에 원통형의 쇠붙이를 단다.

8 적불한……명 : 《집전》에는 지자(之子)는 소인(小人)을 가리킨다고 하여, 소인으로서 대부의 붉은 슬갑을 한 자가 3백 명이나 되는 것이라 하고, 진(晉)나라 문공(文公)이 조나라에 쳐들어갔을 때 수레를 타는 대부가 3백 명이나 됨을 수죄(數罪)한 것이 이것이라 하였다.

9 굽은……두면 : 이는 《논어》〈위정(爲政)〉에 '擧直錯諸枉則民服, 擧枉錯諸直則民不服'을 인용한 것이다. 주자는 '擧直錯諸枉'을 '정직한 사람을 들어 쓰고 모든 굽은 사람을 버려두다.'로 해석한 반면에 심대윤은 '정직한 사람을 들어 써서 굽은 사람의 위에 두다.[擧直施之於枉]'로 해석하였다.

〈부유(蜉蝣)〉·〈후인〉에 중복해서 자세히 말한 것이니, 이는 성인의 깊은 뜻이다.

사다새가 어량(魚梁)에 있으니　維鵜在梁
그 날개를 적시지 않도다　不濡其翼
저 그 사람이여　彼其之子
그 의복에 걸맞지 않도다　不稱其服

《집전》에 말하였다. 흥이다. 제(鵜)는 제호(鵜鶘)로 일명 도하(淘河)이니, 물새이다.
○사다새의 날개가 물에 들어가도 젖지 아니하여 물에 들어간 흔적이 없으니, 이로써 비록 의복이 있으나 의복에 걸맞는 효과가 없음을 흥하였다. '그 의복에 걸맞지 않음'은 덕이 위의에 걸맞지 않고 재주가 지위에 걸맞지 않음을 말한 것이다.

사다새가 어량에 있으니　維鵜在梁
그 부리를 적시지 않도다　不濡其咮
저 그 사람이여 혼인할 적　彼其之子
희망을 이루지 못하도다　不遂其媾

흥이다. 주(咮)는 부리이다. 구(媾)는 혼인이다. 군주에게 신하가 있음은 남편이 아내가 있는 것과 같아서, 서로 도와 다스리기를 바라는데, 마침내 그 바람을 이루지 못한 것이다.[10]

10 구(媾)는……것이다 : 《집전》에는 수(遂)는 '걸맞음〔稱〕'이고 구(媾)는 '총애함〔寵〕'이라 하여, '不遂其媾'를 '총애에 걸맞지 않다.'로 해석하였다.

자욱한 안개가 薈兮蔚兮
남산(南山)의 아침에 일어나도다 南山朝隮
어리고 예쁜 婉兮孌兮
소녀가 이제 굶주리도다 季女斯飢

비이다. 회(薈)와 울(蔚)[11]은 구름과 안개가 가득하게 일어나는 모양이니, 이로써 문채만 화려하고 실제가 없는 무리가 조정에 충만함을 비유하였다. '소녀가 이제 굶주림'[12]은 자질이 아름다우나 스스로 감추는 자가 실제 행할 수 없음을 말한 것이다.-헛된 문채를 닦아 사람을 현혹시키지 않는 자는 스스로 감추는 여자와 같다.-

이상은 〈후인〉 4장이니, 장마다 4구이다.

시구 鳲鳩

뻐꾸기가 뽕나무에 있으니 鳲鳩在桑
그 새끼가 일곱이로다 其子七兮
숙인(淑人) 군자여 淑人君子
그 위의(威儀)가 한결같도다 其儀一兮
그 위의가 한결같으니 其儀一兮
마음이 맺혀 있는 듯하도다 心如結兮

11 회(薈)와 울(蔚) : 【집전】 초목이 성하고 많은 모양〔草木盛多之貌〕

12 소녀가 이제 굶주림 : 《집전》에는 현자가 도를 지키다가 도리어 빈천해짐을 말한 것이라 하였다.

《집전》에 말하였다. 흥이다.[13] 시구(鳲鳩)는 길국(秸鞠)이니, 일명은 대승(戴勝)이고 또 다른 이름은 포곡(布穀)이다.

○뽕나무에 있는 뻐꾸기가 그 어미는 한 마리인데 새끼가 일곱 마리이니, 일곱 새끼가 한 어미에서 나온 것을 가지고, 일덕(一德)[14]이 중심에 있으면 발하여 많은 위의가 됨을 흥하였다. 숙인(淑人 훌륭한 사람)은 위의가 많은 것으로 인하여 이름한 것이고, 군자는 일덕으로 인하여 이름한 것이다. 그 위의가 비록 많으나 중심이 한결같은 자는 그 마음이 정(精)하고 한결같아서 곳에 따라 발현된다. '마음이 맺혀 있는 듯함'은 그 마음이 순일하여 그치지 않아서 시종 변하지 않음을 말한 것이다. 이 편은 군자의 덕을 말하여, 저와 같이 하면 혼란하고 이와 같이 하면 다스려지며, 저와 같이 하면 변하지 않음이 없고 이와 같이 하면 한결같음이 있음을 밝혔다.

뻐꾸기가 뽕나무에 있으니	鳲鳩在桑
그 새끼는 매화나무에 있도다	其子在梅
숙인 군자여	淑人君子
그 띠를 실로 만들었도다	其帶伊絲
그 띠를 실로 만들었으니	其帶伊絲
그 피변(皮弁)은 쑥색이로다	其弁伊騏

13 흥이다 : 《집전》에는 군자의 마음 씀이 균평(均平)하고 전일함을 찬미한 것이라 하였다.

14 일덕(一德) : 순일하고 한결같은 덕으로, 《서경》〈함유일덕(咸有一德)〉에 보인다. 심대윤은 "일덕은 순일한 덕이니, 순일하면 그치지 않는다.〔一德, 純一之德, 純則不已矣.〕"라고 하였고, 또 "순임금의 '정(精)하게 하고 한결같이 하여 중도를 잡음'과 이윤(伊尹)의 '일덕으로 화합하여 하나가 됨'은 서로 표리가 된다.〔舜之精一執中, 伊尹之一德協一, 相爲表裏也.〕"라고 하였다. 《書經蔡傳辨正 咸有一德》

흥이다. 기(騏)[15]는 마땅히 기(綦)가 되어야 하니, 푸른 쑥색이다. 뻐꾸기는 뽕나무에 있어 옮겨가지 않고, 그 새끼는 매화나무에 있고 가시나무에 있고 개암나무에 있으니, 일덕은 마음속에 변치 않고 위의는 곳에 따라 훌륭함을 말하였다. '그 띠를 실로 만들었으니 그 피변은 쑥색'이라는 것은, 곳에 따라 위의가 다르나 그 중도(中道)를 잃지 않음을 말한 것이다. 앞 장은 위의가 한결같음을 말하였고, 이는 그 위의가 일정하지 않음을 말하여서,[16] 일정하지 않으면서도 한결같음을 밝힌 것이니, 시중(時中)을 하면 일정하지 않으면서도 한결같다.

뻐꾸기가 뽕나무에 있으니　鳲鳩在桑
그 새끼는 가시나무에 있도다　其子在棘
숙인 군자여　淑人君子
그 위의가 어그러지지 않도다　其儀不忒
그 위의가 어그러지지 않으니　其儀不忒
사방 나라를 바로잡으리로다　正是四國

흥이다. 이는 교화가 천하에 두루 미쳐서 천하가 종주로 삼음을 말한 것이다.

뻐꾸기가 뽕나무에 있으니　鳲鳩在桑
그 새끼는 개암나무에 있도다　其子在榛
숙인 군자여　淑人君子

15 기(騏) : 《집전》에는 청흑색(青黑色)의 말이니, 피변의 색깔이 또한 이와 같은 것이라고 하였다.

16 이는……말하여서 : 《집전》에는 떳떳한 법도가 있어 어그러지지 않음을 말한 것이라 하였다.

이 국인(國人)을 바로잡으리로다 正是國人
이 국인을 바로잡으니 正是國人
어찌 만년(萬年)을 누리지 않으리오 胡不萬年

흥이다. 이는 백세에 본받는 바가 되어서 복록과 훌륭한 명성이 무궁함을 말하였다.[17]

이상은 〈시구〉 4장이니, 장마다 6구이다.

하천 下泉

흘러내리는 저 차가운 물이여 冽彼下泉
우북이 자라는 잡초를 적시도다 浸彼苞稂
아! 내 잠깨어 탄식하여 愾我寤歎
저 주(周)나라 서울을 생각하노라 念彼周京

《집전》에 말하였다. 열(冽)은 차가움이다. 하천(下泉)은 물이 아래로 흐르는 것이다. 낭(稂)은 동량(童粱)이니, 가라지의 등속이다. ○비이고 부이다.[18] 이 또한 〈회풍(檜風) 비풍(匪風)〉의 뜻[19]이니, 차

17 복록과……말하였다 : 《집전》에는 '胡不萬年'은 장수하기를 원하는 말이라 하였다.

18 비이고 부이다 : 《집전》에는 비이고 흥으로 보았으니, 이하의 장도 같다. 《집전》에는 차가운 물이 아래로 흘러 가라지가 해를 입는 것으로써 왕실이 쇠퇴하여 약소국이 곤폐(困弊)함을 비유하고, 주나라 서울을 생각함을 흥한 것이라고 하였다.

19 회풍(檜風) 비풍(匪風)의 뜻 : 주나라 왕실이 쇠미함을 탄식하는 뜻을 가리킨 것이니, 〈비풍〉의 1장과 2장이 그러한 내용이다.

가운 물이 아래로 흘러서 우북이 자라는 나쁜 풀인 가라지를 적시는 것을 가지고, 주나라의 남은 영향이 천하에 두루 퍼져서 습속이 파괴됨을 비유하였다. 〈비풍〉과 〈하천〉은 뜻이 같은데도 두 시를 모두 취한 것은 천하에 훌륭한 왕이 없음을 서글퍼하여 거듭 탄식한 것이다.

흘러내리는 저 차가운 물이여 冽彼下泉
우북이 자라는 쑥을 적시도다 浸彼苞蕭
아! 내 잠깨어 탄식하여 愾我寤歎
저 주나라 서울을 생각하노라 念彼京周

비이고 부이다. 쑥 또한 나쁜 풀이다.

흘러내리는 저 차가운 물이여 冽彼下泉
우북이 자라는 시초(蓍草)를 적시도다 浸彼苞蓍
아! 내 잠깨어 탄식하여 愾我寤歎
저 경사(京師)를 생각하노라 念彼京師

비이고 부이다. 시(蓍)는 문리(文理)로 살펴보면 시초점(蓍草占)을 치는 신령스러운 풀이 아니요,[20] 바로 나쁜 풀 중에 시초점을 치는 풀과 같은 이름의 풀이 있는 것이다.

무성히 자라는 기장 싹을 芃芃黍苗

20 시(蓍)는……아니요 : 《집전》에는 시(蓍)를 시초점을 치는 풀이라 하였으나, 심대윤은 이 시의 여러 풀들을 파괴된 습속의 비유로 보고 있으므로 이와 같이 말한 것이다.

음우(陰雨)가 적셔 주도다 陰雨膏之
사방 나라에 왕이 계시거늘 四國有王
순백(郇伯)이 또 위로하셨더니라 郇伯勞之

흥이다. 순백은 《집전》에 "문왕(文王)의 후손인 순후(郇侯)이니, 주백(州伯)이 되어 제후를 다스려 공이 있었다."라고 하였다. 〈회풍(檜風) 습유장초(隰有萇楚)〉에서 지극히 혼란한 세상을 말한 뒤에 '작은 가마솥과 큰 가마솥을 씻어 줌'과 '그를 좋은 소리로 위로함'을 말한 〈비풍〉을 이었으니, 그 뜻은 대략 혼란이 극에 이르면 장차 되돌아감을 말한 것이요, "사방 나라를 바로잡는다." 하고 "어찌 만년을 누리지 않으리오."라고 한 〈시구〉와 "사방 나라에 왕이 계시다."라고 한 〈하천〉으로써 끝마쳤으니, 그 뜻은 대략 천하에 끝내 훌륭한 왕이 없을 수 없어서 장차 성인이 다시 일어나 천하가 길이 창성할 것이라는 것이다. 이는 《서경》에서 진(秦)나라 목공(穆公)이 자기 과오를 뉘우치고 "한 사람이 어짊에 모든 백성이 힘입을 것이다."라고 한 〈진서(秦誓)〉로 책을 끝마친 것과 같다.[21]

21 서경에서……같다 : 《서경》의 마지막 편인 〈진서〉는 진나라 목공이 어진 신하인 건숙(蹇叔)의 간언을 듣지 않고 정(鄭)나라를 치러 갔다가 효산(殽山)의 전투에서 진(晉)나라에 대패한 뒤에 자신의 과오를 뉘우치고 여러 신하들에게 맹세하는 내용이다. 그 마지막에 "나라가 위태롭게 되는 것은 한 사람 때문이며, 나라가 영화롭고 편안함은 또한 거의 한 사람의 어짊에 달려 있다.〔邦之杌隉, 曰由一人, 邦之榮懷, 亦尙一人之慶.〕"라고 하였는데, 심대윤은 "나라의 안락과 근심은 등용한 한 사람의 어짊과 어리석음에 달려 있음을 말한 것이다. 목공이 과오를 뉘우치는 말을 하였으나 실제로 행하지 않아 여러 번 진(晉)나라를 쳐서 그치지 않았으니, 이 내용은 본래 취할 것이 못 된다. 진(秦)나라에 맹세가 많은데 유독 이 편을 취한 것은 공자께서 뜻을 가탁하여 세상 운수의 길흉을 밝힌 것이다. 대략 하늘에 때가 있어 화(禍)를 뉘우치니, 세상 운수는 혼란으로 끝마치지 않고 장차 반드시 바뀐다고 한 것이다.……'나라가 영화롭고 편안함

이상은 〈하천〉 4장이니, 장마다 4구이다.

이상은 〈조풍〉 4편이다.

은 또한 거의 한 사람의 어짊에 달려 있다.'로 끝마친 것은 천도(天道)가 순환하여 가기만 하고 돌아오지 않는 것은 없으며, 다스려지지 않는 혼란은 없으니, 장차 성인이 일어나 천하가 창성할 것임을 밝힌 것이다.〔言國之安危休戚繫於所用一人之賢否也. 穆公有悔過之言, 而無實行, 再三伐晉而不已, 本不足取也. 秦國之誓多而獨取此篇者, 蓋夫子託意以明世運之休否也, 若曰天有時而悔禍, 世運不終於亂而將必變改也.……以'邦之榮懷, 一人之慶'終之者, 以明天道循環, 無往不復, 無亂不治, 將有聖人興而天下昌也.〕"라고 풀이하였다. 《書經蔡傳辨正》 여기에 인용한 '一人有慶, 兆民賴之'는 《서경》 〈여형(呂刑)〉의 글이지만 〈진서〉의 마지막 내용과 서로 통하는 것으로 볼 수 있다.

빈 豳

《집전》에 말하였다. 빈(豳)은 《서경》 〈우공(禹貢)〉의 옹주(雍州)인 기산(岐山)의 북쪽, 원습(原隰)의 들에 있었으니,[1] 지금의 빈주(邠州) 삼수현(三水縣)이다.

○태왕(太王 고공단보(古公亶父))이 빈(邠) 땅에 거주할 적에 국호를 주(周)라고 하였는데, 무왕(武王)이 빈(邠)을 주공(周公)의 채읍으로 삼고 그를 이름하여 주공이라 하였다. 그러므로 주공의 시를 〈빈풍〉이라 한 것이다.

○연릉 계자(延陵季子)가 말하였다. "아름답다. 평탄하고 넓음이여! 즐거우면서도 지나치지 않으니, 아마도 주공이 동쪽을 정벌한 뒤에 지은 시일 것이다."[2]

1 원습(原隰)의 들에 있었으니 : 이 내용은 《모시보(毛詩譜)》에 보이는데, 공영달(孔穎達)의 소에 "〈대아(大雅) 공류(公劉)〉 편에 공류가 빈(豳) 땅에 거주할 적에 넓고 평평한 땅과 낮은 습지를 헤아려 전지(田地)를 다스렸다고 하였으니, 이것이 빈이 '원습의 들'에 있다는 것이다.〔《公劉》之篇說公劉居豳, 度其原隰以治田, 是豳居原隰之野.〕"라고 하였다.

2 즐거우면서도……것이다 : 《춘추좌전》 양공(襄公) 29년 조의 두예(杜預)의 주에 "'즐거우면서도 지나치지 않음'은 절도가 있음을 말한 것이다. 〈빈풍〉은 주공이 관숙(管叔)과 채숙(蔡叔)의 변란을 만나 3년 간 동쪽을 정벌하고서 성왕(成王)을 위해, 후직(后稷)과 선공(先公)들이 감히 황음(荒淫)에 빠지지 않아 왕업을 이루었음을 진술한 것이다.〔樂而不淫, 言有節. 周公遭管、蔡之變, 東征三年, 爲成王陳后稷、先公不敢荒淫, 以成王業.〕"라고 하였다.

칠월 七月

칠월에 대화 심성(大火心星)이 서쪽으로 흘러가거든	七月流火
구월에는 옷을 만들어 주느니라	九月授衣
일양(一陽)의 날에는 바람이 차갑고	一之日觱發
이양(二陽)의 날에는 기후가 차가우니	二之日栗烈
옷이 없고 갈옷이 없으면	無衣無褐
어떻게 한 해를 마치리오	何以卒歲
삼양(三陽)의 날에 가서 쟁기를 수선하고	三之日于耜
사양(四陽)의 날에 발꿈치를 들고 밭에 나가거든	四之日擧趾
우리 처자식과 함께	同我婦子
저 남쪽 이랑으로 밥을 내가니[3]	饁彼南畝
전준(田畯)이 와서 기뻐하느니라	田畯至喜

《집전》에 말하였다. 부이다. 칠월은 북두칠성 자루가 신방(申方)을 가리키는 하정(夏正) 칠월이니,[4] 무릇 월(月)을 말한 것은 이와 같다. 유(流)는 서쪽으로 흘러감이다. 화(火)는 대화 심성(大火心星)이다. 구월에 처음 서리가 내리면 백성들에게 옷을 지어 주어야 한다. 일지일(一之日)은 주나라 정월로 북두칠성 자루가 자방(子方)을 가리키는 달이니,[5] 무릇 일(日)을 말한 것은 다 주나라의 달이다. 필발(觱發)은

3 우리……내가니 : 【집전】 젊은 자들이 이미 모두 나가 밭에 있기 때문에 늙은 자가 처자를 거느리고 밥을 내간다.

4 북두칠성……칠월이니 : 북두칠성의 일곱 별 중 일직선으로 있는 세 별을 자루라 한다. 초저녁에 북두칠성의 자루가 가리키는 방위로써 12개월을 불렀는데, 하(夏)·은(殷)·주 세 나라는 각각 인월(寅月)·축월(丑月)·자월(子月)을 정월로 사용하였다.

바람이 차가운 것이고 율렬(栗烈)은 기후가 차가운 것이다. 갈(褐)은 모포(毛布)이다. 우(于)는 감이요, 사(耜)는 농기구이니, 우사(于耜)는 가서 농기구를 수리함을 말한다. 거지(擧趾)는 발을 들고 밭에 나가는 것이다. 엽(饁)은 밭에 밥을 내가는 것이다. 전준(田畯)은 권농관(勸農官)이다.

이 장의 앞 단락은 옷을 말하고 뒤 단락은 음식을 말하였는데, 2장부터 5장까지는 앞 단락의 뜻을 끝맺고 6장부터 8장까지는 뒤 단락의 뜻을 끝맺었으니, 주공은 성왕(成王)이 농사일의 어려움을 알지 못하였으므로 이 시를 지어서 외운 것이다.

○세(歲)는 주정(周正)의 한 해이니, 〈주나라의 십이월인〉 하나라의 시월에 한기(寒氣)가 더 강해져서 옷이 없이는 한 해를 마칠 수가 없다. 이 편은 모두 농가의 즐거움을 말하여 농민들이 기꺼이 농사일에 달려가서 미리 대비하도록 권장하고, 농사의 어려움과 노고는 조금도 언급하지 않았으니, 성왕을 위하여 지은 것이 아님을 분명히 알 수 있다. 이것은 바로 주공이 처음 철법(徹法)[6]을 행하면서 이 시를 지어서 농민을 권장한 것이다.

칠월에 대화 심성이 서쪽으로 흘러가기든	七月流火
구월에 옷을 만들어 주느니라	九月授衣
봄에 햇볕이 비로소 따뜻해져	春日載陽

5 일지일(一之日)은……달이니 : 동짓달을 가리키는데, 1년 12개월을 《주역》의 괘에 맞추면 동지에 양효(陽爻) 하나가 처음 생기기 때문에 동짓달을 일양지월(一陽之月)이라 한다. 《집전》에는 "월(月)을 일(日)이라고 바꾸어 말한 것은 이달의 날을 말한 것이니, 뒤에 모든 '일'을 말한 것은 이와 같다."라고 하였다.

6 철법(徹法) : 주나라의 조세 제도로, 한 가장(家長)이 100무(畝)의 사전(私田)을 받고 여덟 집이 공전(公田)과 사전을 함께 경작하여 수확을 나누는 것이다.

꾀꼬리가 울거든 有鳴倉庚
아가씨 아름다운 광주리를 잡고 女執懿筐
저 오솔길을 따라 遵彼微行
이에 부드러운 뽕잎을 구하며 爰求柔桑
봄에 해가 길고 길거든 春日遲遲
흰 쑥을 캐기를 한가로이 하니 采蘩祁祁
아가씨의 마음 서글퍼함이여 女心傷悲
장차 공자(公子)와 함께 돌아가리로다 殆及公子同歸

《집전》에 말하였다. 부이다. 재(載)는 시(始 비로소)이다. 창경(倉庚)은 황리(黃鸝 꾀꼬리)이다. 의(懿)는 깊고 아름다움이다. 미항(微行)은 작은 지름길이다. 번(蘩)은 흰쑥으로 누에를 기르는 것이니, 누에가 처음 났을 때에 이것을 먹인다. 기기(祁祁)[7]는 편안하고 한가로운 모양이다. 공자[8]는 귀족의 칭호이다. 혼인을 허락한 처녀가 가을이 지난 뒤에 장차 공자와 함께 돌아가 부모를 멀리하게 됨을 미리 서글퍼한 것이다.

칠월에 대화 심성이 서쪽으로 흘러가거든 七月流火
팔월에 갈대를 베느니라 八月萑葦

7 기기(祁祁) : 【집전】 많음〔衆多〕

8 공자 : 《집전》에는 '빈공(豳公)의 아들'이라고 하였는데, 빈공은 공류(公劉) · 고공단보(古公亶父) 등 빈에 거주하였던 주나라의 선공(先公)을 가리킨다. 이 시에 대하여 《집전》에는 "후직(后稷)과 공류(公劉)의 풍화(風化)가 말미암은 바를 말하였다."라고 하였고, 육덕명(陸德明)의 《경전석문(經典釋文)》에는 "주공이 공류와 태왕이 빈공이 되어 백성의 일에 근심하고 수고하였던 일을 생각하여 이로써 자신의 뜻을 서술하였다.〔思公劉、大王爲豳公, 憂勞民事, 以此敍己志.〕"라고 하였다.

누에 치는 달이 되면 뽕나무에 가지와 잎이 나는지라　蠶月條桑
저 도끼와 자귀를 취하여　取彼斧斨
멀리 뻗어난 가지는 베고　以伐遠揚
저 여린 뽕은 잎만 따느니라　猗彼女桑
칠월에 왜가리가 울거든　七月鳴鵙
팔월에 길쌈을 하나니　八月載績
검은색을 물들이고 노란색을 물들여　載玄載黃
우리 붉은색이 심히 빛나거든　我朱孔陽
공자의 치마를 만들리라　爲公子裳

《집전》에 말하였다. 부이다.[9] 환위(萑葦)는 겸가(蒹葭 갈대)이니, 이것을 취하여 잠박(蠶箔 누에 채반)을 만들어서 누에를 올려놓는 것이다. 잠월(蠶月)은 누에 치는 달이다. 조상(條桑)[10]은 뽕나무에 처음 가지와 잎이 난 것이다. 장(斨)[11]은 자귀이다. 원양(遠揚)은 멀리 올라간 긴 가지이다. 의(猗)는 가지가 뻗은 모양이니, 잎만 취하고 그 가지를 상하지 않게 한 것이다. 여상(女桑)[12]은 부드러운 어린 뽕이다. 격(鵙)은 백로(白勞)이다. 양(陽)은 밝음이다. '8월에 길쌈을 함'은 실을 길쌈하여 명주를 만드는 것이다. 공자는 그 남편을 호칭한 것이다.

9 부이다 : 《집전》에 2·3장은 오로지 누에치고 길쌈하는 일을 말하여, 1장 앞 단락의 '옷이 없다'는 뜻을 끝맺은 것이라 하였다.

10 조상(條桑) : 《집전》에는 가지를 떨어뜨려 그 잎을 따는 것이라 하였다.

11 장(斨) : 《집전》에는 부(斧)는 자루를 박는 구멍이 타원형인 도끼〔隋銎〕이고 장(斨)은 자루를 박는 구멍이 네모진 도끼〔方銎〕라고 하였다.

12 여상(女桑) : 《집전》에는 작은 뽕나무라고 하고, "뽕잎을 따서 누에의 먹이를 공급하되 크고 작은 것을 모두 취하니, 누에가 많고 인력(人力)이 지극함을 나타낸 것이다."라고 하였다.

사월에 애기풀이 패거든　　四月秀葽
오월에 말매미가 울며　　五月鳴蜩
팔월에 곡식을 수확하거든　　八月其穫
시월에 초목이 말라 떨어지느니라　　十月隕蘀
일양(一陽)의 날에 가서 사냥 제사를 지내고　　一之日于貉
저 호리(狐貍)를 취하여　　取彼狐貍
공자의 갖옷을 만들고　　爲公子裘
이양(二陽)의 날에 큰 사냥을 하여　　二之日其同
무공(武功)을 계승하여　　載纘武功
햇돼지는 자기가 갖고　　言私其豵
세 살 난 돼지는 공소(公所)에 바치느니라[13]　　獻豜于公

《집전》에 말하였다. 부이다.[14] 수(秀)는 이삭이 패는 것이다. 요(葽)는 풀이름이다. 조(蜩)는 매미이다. 8월에 곡식이 일찍 익는 것을 수확한다. 학(貉)은 짐승으로 제사지내는 것이니, 《주례》의 '사냥할 때 표지를 세운 곳에서 지내는 제사〔田表貉〕'가 이것이다.[15] 동(同)은 공사

13 햇돼지는……바치느니라 : 【집전】 잡은 짐승 중에 작은 것은 사사로이 하여 자기의 소유로 삼고, 큰 것은 윗사람에게 바치니, 또한 윗사람을 사랑하여 마지않는 것이다.

14 부이다 : 《집전》에 이 장은 오로지 수렵하는 것을 말하여 1장 앞 단락의 '갈옷이 없다'는 뜻을 끝맺은 것이라고 하였다.

15 학(貉)은……이것이다 : 《주례》 〈춘관(春官) 사사(肆師)〉에 "사시의 큰 사냥 때 표지를 세운 곳에서 제사를 지내면 자리를 만든다.〔凡四時之大甸獵, 祭表貉, 則爲位.〕"라고 보이고, 〈춘관 전축(甸祝)〉에도 "전축은 사시의 사냥 때 표지를 세운 곳에서 지내는 제사의 축호(祝號)를 관장한다.〔甸祝掌四時之田表貉之祝號.〕"라고 보인다. 貉는 제사의 뜻일 경우 '마'로 읽으니, 정현(鄭玄)의 주에 '군대가 출행할 때 지내는 제사〔師祭〕'라고 하였다. 심대윤은 음주에서 학(貉)으로 읽었는데, '짐승으로 제사지내는 것'으로 보아서 '담비 학(貉)'으로 읽은 듯하다. 《집전》에는 학(貉)을 '호리(狐貍 여우와 살쾡이)'

(公私) 간에 힘을 함께하는 것이다. 찬(纘)은 계승하여 찬미하는 것이다. 사냥은 무예를 익히는 것이다. 1년 된 돼지를 종(豵)이라 하고, 3년 된 돼지를 견(豜)이라 한다.

오월에는 사종(斯螽)이 다리를 부벼 울고 五月斯螽動股
유월에는 사계(莎雞)가 깃을 떨어 울며 六月莎雞振羽
칠월에는 들에 있고 七月在野
팔월에는 처마 밑에 있고 八月在宇
구월에는 문에 있고 九月在戶
시월에는 실솔(蟋蟀)이 十月蟋蟀
상(牀) 아래로 들어온다 入我牀下
구멍을 막고 쥐구멍에 불을 놓으며 穹窒熏鼠
북쪽 창을 막고 창문을 바르고 塞向墐戶
아, 우리 처자(妻子)들아 嗟我婦子
해가 바뀌게 되었으니 曰爲改歲
이 집에 들어와 거처할지어다 入此室處

《집전》에 말하였다. 부이다.[16] 우(宇)는 지붕의 처마 밑이다. 궁(穹)은 빈틈이다. 질(窒)은 막음이다. 향(向)은 북쪽으로 난 창문이다. 근(墐)은 바름이다.

○사종·사계·실솔은 한 물건이 아니다.[17] 가을의 기후가 점점 추워

라고 하여 우학(于貉)을 '호리 사냥을 가다.'로 해석하였다.

16 부이다 : 《집전》에 이 장은 1장 앞 단락의 추위를 막는다는 뜻을 끝맺은 것이라고 하였다.

17 사종……아니다 : 《집전》에 "사종·사계·실솔은 한 물건인데, 때에 따라 변화하

지면 여러 벌레들은 모두 추위를 피하여 사람에게 의지하다가 10월이 되면 여러 벌레들은 모두 없어지고 오직 실솔만이 평상과 벽 속으로 깊이 들어온다.

유월에는 아가위와 머루를 먹으며	六月食鬱及薁
칠월에는 아욱과 콩을 삶고	七月亨葵及菽
팔월에는 대추를 털며	八月剝棗
시월에는 벼를 수확하여	十月穫稻
봄 술을 만들어서	爲此春酒
미수(眉壽)를 지키니라	以介眉壽
칠월에는 오이를 먹고	七月食瓜
팔월에는 박을 타며	八月斷壺
구월에는 깨를 털며	九月叔苴
씀바귀를 뜯고 가죽나무를 베어서	采荼薪樗
우리 농부들을 먹이느니라	食我農夫

《집전》에 말하였다. 부이다. 울(鬱)은 아가위 등속이요, 욱(薁)은 머루이다. 숙(菽)은 콩이니, 콩잎을 곽(藿)이라 한다. 박(剝)은 떨어뜨림이다. 봄은 주정(周正)의 봄이다. 호(壺)는 박이다. 숙(叔)은 주움이다. 저(苴)는 호마자(胡麻子 참깨)이다. 저(樗)는 나무 이름이다. ○개(介)는 협개(夾介)이다. 《서경》과 《주역》에 개(介) 자를 쓴 것은 모두 협개의 뜻이니, 부개(副介 빈(賓)의 버금)·소개(紹介)·갑개(甲介 갑옷)가 모두 협개의 뜻이다.[18] 술과 밥으로써 노인을 봉양함은 갑옷

여 그 이름을 달리한다."라고 하였으므로 말한 것이다. 사종은 여치 또는 메뚜기, 사계는 베짱이, 실솔은 귀뚜라미이다.

이 몸에 가까이 붙어서 보호하는 것과 같다. 늙은 자는 술과 고기의 봉양이 있고, 장성한 자는 채소를 먹는 것이다.

구월에는 장포(場圃)를 다지고	九月築場圃
시월에는 벼를 거둬들이나니	十月納禾稼
서직(黍稷)에는 늦벼와 올벼가 있으며	黍稷重穋
벼와 삼, 콩과 보리이니라	禾麻菽麥
아 우리 농부들아	嗟我農夫
우리 벼를 이미 차질 없이 거두었으니	我稼既同
위로 읍(邑)에 들어가 궁실의 일을 해야 하니	上入執宮功
낮이면 가서 띠풀을 베어오고	晝爾于茅
밤이면 새끼 꼬아	宵爾索綯
빨리 그 지붕을 이어야	亟其乘屋
내년에 다시 백곡(百穀)을 파종하느니라	其始播百穀

《집전》에 말하였다. 부이다. 집의 공터에 봄에는 채소밭을 만들어

18 개(介)는……뜻이다 : 협개(夾介)는 《서경》〈다방(多方)〉에 "너희는 어찌 우리 주왕(周王)이 천명을 누리는 것을 '협개'하지 않는가.〔爾曷不夾介乂我周王享天之命?〕"라고 한 것에 보인다. 채침(蔡沈)의 주에는 "협(夾)은 협보(夾輔)의 협이고, 개(介)는 빈개(賓介)의 개이다."라고 하여 '부(副)의 위치에서 도와줌'의 뜻으로 풀이하였는데, 심대윤은 "협개는 주나라 사람과 서로 섞여, 위배하고 달리함이 없는 것이다.〔夾介, 與周人相間廁而無貳異也.〕"라고 하였다. 또 《주역》에 나오는 개(介)는 주로 '절개를 지킴'의 뜻으로 쓰이는데, 《주역》〈태괘(兌卦)〉 구사(九四) 효사의 '지조를 지켜 미워함〔介疾〕'에 대하여 심대윤은 "개(介)는 가까이 있으면서 지킴을 바꾸지 않는 것이다.〔介, 逼居而不變其守也.〕"라고 풀이하였다. 《서경》과 《주역》의 해석에 의하면, 심대윤은 협개(夾介)를 '가까운 위치에서 떠나지 않고 지킴'의 뜻으로 보는 듯하다. 《집전》에는 "개(介)는 도움이니, 미수(眉壽)를 돕는다는 것은 송축하는 말이다."라고 하였다.

채소를 심고 가을에는 마당을 만들어 벼를 거두어들인다. 화(禾)는 이삭이 있는 곡식의 총칭이다. 중(重)은 마땅히 동(穜)이 되어야 하니, 먼저 심어 뒤늦게 익는 것을 동(穜)이라 하고, 뒤늦게 심어 먼저 익는 것을 육(穋)이라 한다. 동(同)[19]은 거두어들임에 어긋남이 없는 것이다. 도(綯)는 새끼줄이다. 승(乘)은 올려놓는 것이다.-예(禮)에 백성들은 2무(畝) 반의 땅을 받아서 택전(宅田)을 만들고, 사와 대부가 받는 택전의 넓이는 2무 반씩 올라가니, 맹자(孟子)가 5무의 택지라고 한 것은 그 중간을 말한 것이다. 선유(先儒)가 "2무 반은 농지의 여막을 만들고 2무 반은 〈읍내의〉 집을 만든다."라고 하였으니, 이는 망령된 것이다. 백성들은 농지의 여막이 없다.[20]-

이양(二陽)의 날에 얼음을 쿵쿵 깨어	二之日鑿氷冲冲
삼양(三陽)의 날에 빙고(氷庫)에 넣나니	三之日納于凌陰
사양(四陽)의 날 아침에	四之日其蚤
염소를 바치고 부추로 제사하느니라	獻羔祭韭
구월에 서리가 내리거든	九月肅霜
시월에 마당을 깨끗이 쓸고	十月滌場
두 동이의 술로 연향을 베풀어	朋酒斯饗
고양(羔羊)을 잡아	曰殺羔羊
저 공당(公堂)으로 올라가서	躋彼公堂

19 동(同) : 【집전】 모임〔聚〕

20 예(禮)에……없다 : 심대윤의 정전(井田)에 관한 설은 《예기정해(禮記正解)》 〈왕제(王制)〉에 "전리(田里 택전(宅田))를 팔지 않는다.〔田里不粥.〕"라고 한 것의 주에 보인다. 〈위풍(魏風) 십무지간(十畝之間)〉의 각주 19) 참조. 《맹자》 〈양혜왕 상(梁惠王上)〉에 "5무의 택지에 뽕나무를 심게 한다면 50세 된 자가 비단옷을 입을 수 있다.〔五畝之宅, 樹之以桑, 五十者可以衣帛矣.〕"라고 보이는데, 주자의 주에 "5무의 택지는 한 가장(家長)이 받는 것이니 2무 반은 농지에 있고 2무 반은 읍내에 있다."라고 하였다. 언급한 선유의 설은 《집전》의 주자 설이다.

저 뿔잔을 드니 稱彼兕觥
만수무강하리로다 萬壽無疆

《집전》에 말하였다. 부이다. 충충(冲冲)은 얼음을 뚫는 모양이다. 능음(凌陰)은 얼음을 보관하는 곳이다. 구(韭)는 채소 이름이니, 염소와 부추를 바쳐 사당에 고할 때에 얼음을 사용한다.[21] 척장(滌場)은 농사를 마치고 마당을 깨끗이 소제하는 것이다. 붕(朋)은 한 쌍이나. 칭(稱)은 듦이다.

○얼음을 보관하여 여름 음식에 쓰고-얼음이 없으면 음식이 부패한다.- 초상과 제사에 공급하는 것을 대비하니, 이 또한 백성을 수고롭게 하는 일이므로 언급한 것이다. 농민들은 공당(公堂 군주의 당)에서 잔을 들어 축수(祝壽)하는 예가 없는데 이를 언급한 것은, 공사(公私)가 편안하게 즐기고 풍성하게 누림이 모두 농사일로부터 이루어짐을 말한 것이다.

농사란 천하의 큰 근본이다. 선왕이 정사를 다스릴 적에 오직 농사일을 시급하게 여겼다. 《예기》 〈월령(月令)〉[22]을 보면 한 해 내내 주의를 기울인 것이 농사일에 있었으니, 무릇 농사에 유익한 것을 마음을 다하여 하지 않음이 없고 무릇 농사에 해로운 것을 힘을 다하여 제거하지 않음이 없는바, 이것이 〈칠월〉의 시에서 백성들에게 농사일에 달려가도록 권장한 이유이다.

21 염소와……사용한다 : 《집전》에는 "염소를 바치고 부추로 제사한 뒤에 빙고를 연다. 《예기》 〈월령(月令)〉의 중춘(仲春)에 '염소를 바치고 빙고를 열어서 먼저 침묘에 올린다.' 한 것이 이것이다."라고 하였다. 일반적으로 〈월령〉의 글은 추위를 맡은 신에게 염소를 바쳐 제사한 뒤에 빙고를 여는 것으로 해석하는데, 심대윤은 염소를 침묘에 올리는 것으로 본 듯하다.

22 예기 월령(月令) : 달마다 시행할 정령(政令)과 관련된 사물을 기록한 것이다.

이 시에서 별과 달, 추위와 더위, 절기에 따른 물건의 변화를 살펴서 알맞은 때를 잃지 않게 하였으니, 농사는 때를 중요시하는 것이다. 온갖 농작물을 차례로 거두어들이는 즐거움을 말하고 수고로움과 어려움을 말하지 않은 것은, 백성들에게 생업을 즐거워하여 수고로움을 잊도록 권장한 것이다. 옷은 추위를 막을 수 있고, 음식은 노인을 봉양하고 공상(公上 관가(官家))에 바칠 수 있고, 사냥의 오락과 두 동이 술의 연향은 스스로 즐거워하여 한 세상을 마치기에 충분하여, 이로써 백성들로 하여금 분수를 편안히 여기고 밖의 일을 사모하지 않게 하였으니, 이는 〈칠월〉의 뜻이다.

이 편은 아(雅)이니, 《주례》에 풍년을 기원할 적에 〈빈아(豳雅)〉를 피리로 불어 연주한다는 것이 바로 이 시이다. 〈또 《주례》에〉 사제(蜡祭)를 지낼 적에 빈송(豳頌)을 피리로 분다고 하였으니,[23] 송(頌) 가운데 농사일을 말한 것을 빈송(豳頌)이라 하는바, 〈빈아〉를 농사에 관한 제사에 사용하므로 농사의 공덕을 칭송하여 전조(田祖)에게 제사하는 것도 따라서 빈송이라 한 것이다.[24]

23 주례에 풍년을……하였으니 : 이 내용은 《주례》 〈춘관(春官) 약장(籥章)〉에 "약장은 토고(土鼓)와 빈약(豳籥 빈인(豳人)이 피리를 불어 연주하는 악장(樂章))을 관장한다. 중춘(仲春)의 낮에 토고를 치고 〈빈시(豳詩)〉를 피리로 불어서 연주하여 더위를 맞이하고, 중추(仲秋)의 밤에 추위를 맞이하는 것도 이와 같이 한다. 무릇 나라에서 전조(田祖 신농(神農))에게 풍년을 기원할 적에 〈빈아〉를 불어서 연주하여 전준(田畯 농신(農神))을 즐겁게 한다. 나라에서 사제를 지낼 적에 〈빈송〉을 불어서 연주하고 토고를 쳐서 늙은 만물을 쉬게 한다.〔籥章, 掌土鼓、豳籥. 中春晝擊土鼓, 吹《豳詩》以逆暑. 中秋夜迎寒亦如之. 凡國祈年于田祖, 吹《豳雅》, 擊土鼓, 以樂田畯. 國祭蜡, 則吹《豳頌》, 擊土鼓, 以息老物.〕"라고 보인다.

24 송(頌)……것이다 : 《집전》에는 빈아와 빈송에 대하여, 정현이 〈칠월〉을 셋으로 나누어 정사(情思)를 말한 것을 풍(風)이라 하고, 예절을 바르게 한 것을 아(雅)라 하고, 성공(成功)을 즐거워한 것을 송(頌)이라 한 것은 이러할 리가 없다고 하고, 왕안석(王安石)이 본래 빈아와 빈송이 있었는데 없어졌다고 한 설이 옳을 듯하다고 하였다.

이상은 〈칠월〉 8장이니, 장마다 11구이다.

치효 鴟鴞

부엉이야 부엉이야	鴟鴞鴟鴞
이미 내 새끼를 잡아갔으니	旣取我子
내 집을 부수지 말지어다	無毁我室
사랑하고 독실히 하여	恩斯勤斯
자식을 기르느라 매우 근심하였노라	鬻子之閔斯

부이다.[25] 치효는 휴류(鵂鶹 부엉이)이니, 소리가 나쁜 새로 여러 새의 새끼를 잡아먹는다. 육(鬻)은 기름이다. 무경(武庚 주왕(紂王)의 아들)이 이미 관숙(管叔)과 채숙(蔡叔)을 그르치고 또 우리 주나라 왕실을 훼손하고자 함을 가탁하여 말한 것이다. 무왕(武王)이 상나라를 이기고 무경을 은(殷)에 봉하고는 아우 관숙 선(鮮)과 채숙 도(度)와 곽숙 처(霍叔處)를 은의 접경에 봉하여 은을 감시하게 하였는데, 이들 삼숙(三叔)이 무경과 모반을 하고, 유언비어를 퍼뜨리기를 주공(周公)이 장차 유자(孺子 성왕(成王))에게 이롭지 못할 것이라고 하였다. 주공이 자리를 피하여 동쪽 지방에 거주한 지 2년 만에 성왕이 비로소 유언비어가 나온 곳을 알게 되자[26] 주공이 마침내 이 시를 지어 성왕에게

또 〈칠월〉을 일에 따라 그 음절(音節)을 변화시켜 각각 풍·아·송이라 했다는 설과 아와 송 중에 농사를 위하여 지은 것은 모두 빈(豳)이라는 칭호를 앞에 놓을 수 있다는 설도 언급하였다.

25 부이다 : 《집전》에는 비로 보았으니, 이하의 장도 같다.

주면서 새에 가탁하여 말한 것이다.

하늘이 음우(陰雨)하지 않을 때에 미쳐	迨天之未陰雨
저 뽕나무 뿌리를 주워다가	徹彼桑土
유호(牖戶)[27]를 칭칭 감아 놓는다면	綢繆牖戶
이제 네 하민(下民)들이	今女下民
혹시라도 나를 업신여기랴.	或敢侮予

부이다. 《집전》에 말하였다. 태(迨)는 미침이다. 철(徹)은 철(撤)과 통하니, 취함이다. 상두(桑土)는 뽕나무 뿌리이다.

◯스스로 나라를 잘 다스려서 미리 환난을 대비하면 사방의 나라가 배반하더라도 자기 나라를 어쩔 수 없음을 말하였다. 사방의 나라가 아직 배반하지 않았으나 장차 배반할 조짐이 있으므로 왕에게 이와 같이 고한 것이다.

내 손을 부지런히 움직여	予手拮据
내 갈대를 취해오며	予所捋荼
내 물건을 쌓고 모으느라	予所蓄租
내 입이 모두 병든 것은	予口卒瘏

26 주공이 자리를……되자 : 이 내용은 《서경》 〈금등(金縢)〉에 "주공이 동쪽 지방에 거주한 지 2년 만에 죄인을 이에 알게 되었다.〔周公居東二年, 則罪人斯得.〕"라고 보이는데, 심대윤은 "주공이 피하여 동쪽 지방에 거주하자 성왕의 의심이 조금 풀려 유언비어가 돌지 않게 되었다. 이 때문에 비로소 유언비어가 나온 곳을 알 수 있게 된 것이다.〔周公避居東方, 成王疑心少釋, 而流言不行, 故乃得知其所出也.〕"라고 풀이하였다.

27 유호(牖戶) : 《집전》에 유(牖)는 둥지의 공기를 통하는 곳이고, 호(戶)는 둥지의 출입하는 곳이라고 하였다.

내 아직 실가(室家)가 없어서였느니라　曰予未有室家

부이다. 《집전》에 말하였다. 길거(拮据)는 손과 입을 함께 움직여 일하는 모습이다. 날(捋)은 취함이다. 도(荼)는 환초(萑苕 갈대)이니, 둥지에 깔 수 있는 것이다. 축(蓄)은 쌓음이요, 조(租)는 모음이요, 졸(卒)은 다함이요, 도(瘏)는 병듦이다. 근로하기를 이와 같이 한 것은 왕실이 새로 만들어져서 아직 안정되지 않았기 때문임을 말한 것이다.

내 깃이 모지라지며　予羽譙譙
내 꼬리가 망가졌는데도　予尾翛翛
내 둥지가 위태롭고 위태롭거늘　予室翹翹
비바람이 뒤흔드는지라　風雨所漂搖
내 울부짖는 소리를 급히 하노라　予維音嘵嘵

부이다. 《집전》에 말하였다. 초초(譙譙)는 줄어듦이요, 소소(翛翛)는 해짐이요, 교교(翹翹)는 위태로움이요, 효효(嘵嘵)는 급함이다. ○사방의 나라가 장차 난을 일으키려 하여 왕실이 위태로우니, 군주와 신하가 마땅히 한마음으로 함께 도모해야 할 것이요, 서로 의심하거나 사이가 막혀서 일을 실패해서는 안 됨을 말하였다.

이상은 〈치효〉 4장이니, 장마다 5구이다.

동산 東山

내 동산(東山)에 가서	我徂東山
지지부진하여 돌아오지 못했노라	慆慆不歸
내 동쪽에서 돌아올 제	我來自東
비 내려 어두컴컴하였노라	零雨其濛
내 동쪽에서 돌아올 제	我東曰歸
내 마음 서쪽을 향해 슬퍼하였노라	我心西悲
저 의상(衣裳)을 만들어	制彼裳衣
항매(行枚)를 일삼지 말지어다	勿士行枚
꿈틀거리는 뽕나무 벌레여	蜎蜎者蠋
뽕나무 들에 있도다	烝在桑野
쓰러져 누워 저 홀로 잠듦이여	敦彼獨宿
또한 수레 밑에 있도다	亦在車下

부이고 흥이다.[28] 《집전》에 말하였다. 도도(慆慆)는 만만(慢慢)과 같으니, 더디게 가는 모양이다.[29] 영(零)은 떨어짐이다. 몽(濛)[30]은 비가 와서 어두운 모습이다. 사(士)는 일삼음이다. 항매(行枚)[31]는 군대의 항오에서 입에 재갈〔枚〕을 무는 것이니, 전쟁이 이미 끝나면 의상을

28 부이고 흥이다 : 《집전》에는 부로 보았으니, 2장과 3장도 같다.

29 도도(慆慆)는……모양이다 : 《집전》에는 도도(慆慆)는 "오램을 말한 것이다.〔言久也.〕"라고 하였고, 소주에 영가 진씨(永嘉陳氏)는 "도(慆)는 만(慢)이니, 흘러감이 있어 그치지 않는 뜻이다.〔慆, 慢也, 有流而不止之意.〕"라고 하였다.

30 몽(濛) : 【집전】 비가 오는 모양〔雨貌〕

31 항매(行枚) : 行을 '행'으로 읽어 행군(行軍)으로 보기도 하나, 음주에서 '항'으로 읽었으므로 항오(行伍)로 해석하였다.

만들어서 군사 행동을 일삼지 않음을 말한 것이다. 연연(蜎蜎)은 움직이는 모양이다. 촉(蠋)은 뽕나무 벌레이니, 누에와 비슷한 것이다. 증(烝)은 어조사이다. 퇴(敦)[32]는 쓰러져 누워 있는 모양이다.

○주공이 동쪽을 정벌하자 사방의 나라들이 인하여 움직이지 않고 안정하며 귀부(歸附)하였는데, 3년 만에 비로소 돌아올 적에 장병들을 위로하고 연향하면서 이 시를 지어 악가를 만든 것이다. '비 내려 어두컴컴함'은 동쪽 정벌이 수고로워 바람과 비를 피하지 않음을 말한 것이요, '내 마음 서쪽을 향해 슬퍼함'은 집안 식구를 생각함을 말한 것이요, '꿈틀거리는 뽕나무 벌레여 뽕나무 들에 있도다'는 군사들이 노숙(露宿)한 일을 흥하고, 항매를 일삼지 말라는 말로 인하여 동쪽을 정벌한 때를 추후에 말한 것이다.

내 동산에 가서 　我徂東山
지지부진하여 돌아오지 못했노라 　慆慆不歸
내 동쪽에서 돌아올 제 　我來自東
비 내려 어두컴컴하였노라 　零雨其濛
과라(果臝)의 열매가 　果臝之實
집에 뻗어 있으며 　亦施于宇
쥐며느리가 방에 있으며 　伊威在室
납거미가 문에 있으며 　蠨蛸在戶
집 곁의 빈 땅은 사슴 마당이 되었으며 　町畽鹿場
반짝거리는 반딧불이로소니 　熠燿宵行
두려워할 것이 아니라 　不可畏也

32 퇴(敦) : 【집전】 홀로 거처하고 옮기지 않는 모양〔獨處不移之貌〕

그립도다	伊可懷也

《집전》에 말하였다. 부이다. 과라는 괄루(栝樓 하늘타리)이니, 지금의 과루(瓜蔞)이다. 이(施)는 뻗음이다. 이위(伊威)는 쥐며느리이니, 방 안을 청소하지 않으면 이것이 있다. 소소(蠨蛸)는 작은 거미이다. 정탄(町畽)은 집 곁의 빈 땅이니, 사람이 없기 때문에 사슴들이 마당으로 삼은 것이다. 습요(熠燿)[33]는 밝은 모양이다. 소행(宵行)은 벌레 이름으로 누에와 비슷한데, 밤에 다니고 목 밑에서 빛을 내서 반딧불과 같으니, 집이 황폐함을 말한 것이다.

○'두려워할 것이 아님'은 집을 보수하는 수고를 두려워할 것이 아니라는 말이다.

내 동산에 가서	我徂東山
지지부진하여 돌아오지 못했노라	慆慆不歸
내 동쪽에서 돌아올 제	我來自東
비 내려 어두컴컴하였노라	零雨其濛
황새는 개밋둑에서 우는데	鸛鳴于垤
부인(婦人)은 집에서 탄식하여	婦歎于室
집 안을 청소하고 구멍을 막으니	洒埽穹窒
내 걸음이 때마침 이르렀도다	我征聿至
주렁주렁 달린 쓴 오이여	有敦瓜苦
저 밤나무 섶에 있도다	烝在栗薪
내 이것을 보지 못한 지가	自我不見

33 습요(熠燿) : 【집전】 밝음이 일정하지 않은 모양〔明不定貌〕

지금 삼 년이 되었도다　　于今三年

《집전》에 말하였다. 부이다. 관(鸛)은 새 중에 학과 비슷한 것이다. 질(垤)은 개밋둑이다. '황새는 개밋둑에서 욺'은 사람이 없어 새가 모임을 말한 것이다.

○퇴(敦)는 추(縋)와 같으니, 매다는 것이다.

내 동산에 가서　　我徂東山
지지부진하여 돌아오지 못했노라　　慆慆不歸
내 동쪽에서 돌아올 제　　我來自東
비 내려 어두컴컴하였노라　　零雨其濛
꾀꼬리가 날이여　　倉庚于飛
선명한 그 깃이로다　　熠燿其羽
이 아가씨가 시집감이여　　之子于歸
황백색과 얼룩무늬 말이로다　　皇駁其馬
친히 그 수건을 매주니　　親結其縭
아홉이며 열인 그 위의(威儀)로다　　九十其儀
신혼(新婚)이 매우 아름다우니　　其新孔嘉
구혼(舊婚)이야 어떠하겠는고　　其舊如之何

부이고 흥이고 부이다.[34] 《집전》에 말하였다. 황백색의 말을 황(皇)이라 하고, 여러 색이 섞인 말을 박(駁)이라 한다. 이(縭)는 부인의 수건이니, 어머니가 〈시집가는〉 딸을 경계할 적에 작은 띠를 채워주고

34 부이고 흥이고 부이다 : 《집전》에는 부이고 흥이라 하였다.

이 수건을 매주는 것이다.[35] '아홉이며 열인 그 위의'는 그 위의가 많음을 말한 것이다.-'꾀꼬리가 낢'[36]은 다만 어조사가 서로 비슷함을 취하여 흥으로 삼은 것이고, 다른 뜻이 없다.- 동쪽을 정벌한 군사가 이미 돌아옴에 남녀가 장가들고 시집가는 것이 또한 심히 아름다운데, 더구나 집안 식구가 오래 작별했다가 다시 만나는 것은 그 기쁨이 어떠하겠는가.

○이 시는 다만 오랫동안 작별하여 수고한 심정을 서술하고, 부상하고 죽은 일을 말하지 않았으니, 그렇다면 동쪽을 정벌할 때에 칼날에 피를 묻히지 않아서 전사 중에 부상한 자가 없었던 것을 알 수 있다. 윗사람이 아랫사람을 부릴 적에 심정을 통하게 하면 아랫사람도 윗사람의 뜻에 순종한다. 이 편은 아(雅)이다.

이상은 〈동산〉 4장이니, 장마다 12구이다.

파부 破斧

이미 내 도끼를 부수고 既破我斧
또 내 자귀를 망가뜨렸으나 又缺我斨
주공(周公)이 동쪽으로 정벌하심은 周公東征

35 어머니가……것이다 : 《의례(儀禮)》 〈사혼례(士昏禮)〉에 "어머니가 〈딸을 시집보낼 적에〉 작은 띠를 채워주고 수건을 매주며 훈계하기를 '힘쓰고 공경하여 이르나 늦으나 집안일을 어기지 말라.'라고 한다.〔母施衿結帨曰: '勉之敬之, 夙夜無違宮事.'〕"라고 보인다.

36 꾀꼬리가 낢 : 《집전》에는 "꾀꼬리가 나는 것은 혼인하는 때이다."라고 하였고, 정현(鄭玄)은 "꾀꼬리는 중춘(仲春)에 우니, 혼인하는 시절이다."라고 하였다.

사방 나라를 성대하게 하시려는 것이니　四國是皇
우리 백성들을 가엾게 여기시고　哀我人斯
또한 올바르게 붙잡아 주시도다　亦孔之將

부이다. 도끼를 부수고 자귀를 망가뜨렸다는 것은 섶나무와 재목을 채취하는 일의 수고로움을 말한 것이요 적을 공격하는 데에 사용한 것이 아니다.[37] 황(皇)[38]은 장대(張大)함이니, 사방 나라 사람들을 장대하게 하려는 것이요 해치려고 한 것이 아님을 말한 것이다. 장(將)[39]은 붙잡아 줌이니, 주공이 동쪽을 정벌한 것은 바로 우리 사람들을 가엾게 여겨서 붙잡아 주고자 한 것임을 말한 것이다. 장병들이 노고를 원망하지 않고 윗사람의 마음을 알아서, 의를 행함을 즐거워하였으니, 성인이 험함을 행하나 백성들의 마음에 순응하여 능히 여러 사람을 거느려 바르게 함[40]을 알 수 있다.

이미 내 도끼를 부수고　旣破我斧

37 도끼를……아니다 : 【집전】 도끼 구멍이 타원형인 것을 부(斧)라 하고, 도끼 구멍이 네모진 것을 장(斨)이라 하니, 정벌할 때에 쓰는 기구이다.

38 황(皇) : 【집전】 바로잡음〔匡〕

39 장(將) : 【집전】 큼〔大〕

40 성인이……함 : 이 내용은 《주역》 〈사괘(師卦)〉의 단전(彖傳)에 "능히 여러 사람을 거느려 바르게 하면 왕 노릇 할 수 있으리라. 강(剛)이 중(中)에 있고 응(應)하며, 험함을 행하나 백성들의 마음에 순응하니, 이로써 천하에 해독을 끼치나 백성들이 따른다.〔能以衆正, 可以王矣. 剛中而應, 行險而順, 以此毒天下而民從之.〕"라고 보인다. 심대윤은 "전쟁은 난을 그치기 위한 것이다. 백성의 마음에 순응하여 그들을 위태로움에서 구하므로 백성들이 따르는 것이다. 비록 치우(蚩尤)라 하더라도 삶을 즐거워하는 백성을 거느리고 사지(死地)로 몰고 갈 수 없다.〔兵, 所以已亂也. 順民之心而救其危, 故民從之矣. 雖蚩尤不能以樂生之民, 驅之死地也.〕"라고 풀이하였다. 《周易象義占法》

또 내 끌을 망가뜨렸으나 又缺我錡
주공이 동쪽으로 정벌하심은 周公東征
사방 나라를 교화하려 해서이니 四國是吪
우리 백성들을 가엾게 여기심이 哀我人斯
또한 심히 가상하시도다 亦孔之嘉

부이다. 의(錡)와 구(銶)[41]는 모두 나무를 깎는 기구이다. 와(吪)는 교화함이다.

이미 내 도끼를 부수고 旣破我斧
또 내 끌을 망가뜨렸으나 又缺我銶
주공이 동쪽으로 정벌하심은 周公東征
사방 나라를 선한 도(道)에 미치게 하려 해서이니 四國是遒
우리 백성들을 가엾게 여기심이 哀我人斯
또한 심히 아름다우시도다 亦孔之休

부이다. 주(遒)[42]는 나아가서 미침이니, 사방 나라 사람들로 하여금 나아가 선한 도에 미치게 함을 말한다. 이 편은 아(雅)이다.

이상은 〈파부〉 3장이니, 장마다 6구이다.

41 의(錡)와 구(銶) : 《집전》에 의(錡)는 '끌의 등속〔鑿屬〕'이라 하였고, 구(銶)는 '나무의 등속〔木屬〕'이라 하였다. 《경전석문(經典釋文)》에는, 구(銶)는 끌의 등속 또는 독두부(獨頭斧)라고 하였다.

42 주(遒) : 【집전】 거두어 견고히 함이다.〔斂而固之也.〕

벌가 伐柯

도끼자루를 베기를 어찌해야 하는가 伐柯如何
도끼가 아니면 하지 못하느니라 匪斧不克
아내를 얻으려면 어찌해야 하는가 取妻如何
중매가 아니면 얻지 못하느니라 匪媒不得

비이다.[43] 가(柯)는 도끼자루이다. 군자를 얻어 사표(師表)로 삼지 않으면 덕에 나아갈 수 없음을 말한 것이니, 동쪽 사람들이 주공을 얻어 사법(師法)으로 삼음을 기뻐해서 이 시를 지은 것이다.

도끼자루를 베고 도끼자루를 벰이여 伐柯伐柯
그 법이 멀리 있지 않도다 其則不遠
내 이 아가씨를 만나니 我遘之子
변두(籩豆)가 질서정연하도다 籩豆有踐

비이다.[44] 도끼자루를 잡고서 새로운 도끼자루를 벨 적에 잡고 있는 도끼자루에 견주어 보면 그 법을 얻고, 군자를 보고 심가 본받아 행하면 도에서 멀어지지 않는다. '이 아가씨'는 주공을 가리킨다. '변두유천(籩豆有踐)'에서 천(踐)은 행렬이 있는 모습이니, 예법이 질서정연하게 조리가 있어서 그대로 따라 행할 수 있음을 말한 것이다.

43 비이다 : 《집전》에는 동쪽 사람들이 주공을 뵙고자 하였으나 뵙기가 어려움을 비유한 것이라 하였다.

44 비이다 : 《집전》에는 금일에 주공을 뵙기가 매우 쉬움을 비유한 것이라 하였다.

이상은 〈벌가〉 2장이니, 장마다 4구이다.

구역 九罭

아홉 주머니의 그물에 걸린 고기여	九罭之魚
송어와 방어로다	鱒魴
내 그 분을 만나 보니	我遘之子
곤의(袞衣)와 수상(繡裳)을 입었도다	袞衣繡裳

《집전》에 말하였다. 흥이다. 구역(九罭)은 주머니가 9개 있는 그물이다. 준(鱒)은 혼어(鯶魚)와 비슷한데, 비늘이 가늘고 눈이 붉다. 송어와 방어는 물고기 중에 맛있는 것이다.

○준어와 방어는 실제 행실이 아름다움을 말한 것이다.[45] '내 그 분을 만나 봄'은 주공이 있음을 다행으로 여기는 말이다. '곤의와 수상[46]을 입음'은 위의가 성대함을 말한 것이다. 주공이 낙읍(洛邑)을 만들 적에 성왕(成王)이 이 시를 지어 주공이 낙읍에 머물러 다스리기를 바란 것이다.[47]

45 준어와……것이다 : 심대윤은 음식을 실행에 대한 비유로 보는 경우가 많으니, 〈주남(周南) 권이(卷耳)〉에서 "천하의 실제가 음식보다 더한 것이 없다. 그러므로 무릇 음식을 말한 경우는 실행함을 비유한 것이다."라고 하였다.

46 곤의와 수상 : 천자와 상공이 입는 예복으로, 상의에는 용·산·화충(華蟲 꿩)·불·종이(宗彝 호랑이와 원숭이)를 그리며, 치마에는 마름·분미(粉米)·보(黼)·불(黻)을 수놓는다. 천자의 용은 한 마리는 올라가고 한 마리는 내려가며, 상공은 내려오는 용만 있으니, 용의 머리가 숙여 있기 때문에 곤(袞)이라고 이른 것이다. 《集傳》

47 성왕(成王)이……것이다 : 《집전》에는 주공이 동쪽 지방에 거처할 때에 동쪽 사람

기러기가 날아감에 물가를 따르나니　　鴻飛遵渚
공(公)이 돌아가면 시행할 곳이 없으리라　　公歸無所
너희에게 이틀 밤을 묵어가시도다　　於女信處

흥이다. '기러기가 날아감에 물가를 따름'은 주공이 낙읍에 거주한 뒤에 훌륭한 일을 할 수 있음을 흥한 것이다. '공이 돌아가면 시행할 곳이 없음'[48]은 공이 서도(西都)로 돌아가면 다시 정치를 시행할 곳이 없음을 말한 것이다.-서도는 문왕·무왕이 극진히 선하게 한 곳이니, 비록 주공이 있더라도 다시 더할 것이 없다.- 여(女)는 낙읍 사람들을 가리킨다.

기러기가 날아감에 육지를 따르나니　　鴻飛遵陸
공이 돌아가면 돌아오지 않으리니　　公歸不復
너희에게 이틀 밤을 묵어가시도다　　於女信宿

흥이다.

이 때문에 곤의를 입은 분을 두려 하니　　是以有袞衣兮
우리 공을 데리고 돌아가지 말아　　無以我公歸兮
내 마음 슬프게 하지 말지어다　　無使我心悲兮

부이다. 이 때문에 주공을 낙읍에 머물게 하려는 것이다. 우리 공을 데리고 돌아가지 말라는 것은 낙읍 사람들의 심정이 이와 같음을 말

들이 주공을 만나 봄을 기뻐한 것으로 보았다.

48 공이……없음 : 《집전》에는 '公歸無所'를 "공이 돌아가심에 어찌 돌아갈 곳이 없겠는가[公歸豈無所乎?]"라고 해석하였다.

한 것이다. 낙읍을 다스린 것은 주공의 큰 사업이다. 그러므로 《서경》에는 〈낙고(洛誥)〉[49]가 있고, 《시경》에는 〈구역〉이 있는 것이다.

이상은 〈구역〉 4장이니, 한 장은 4구이고, 세 장은 장마다 3구이다.

낭발 狼跋

이리가 앞으로 나아가면 턱살이 밟히고　狼跋其胡
뒤로 물러나면 꼬리가 밟히도다　載疐其尾
공(公)이 큰 아름다움을 사양하시니　公孫碩膚
붉은 신이 편안하시도다　赤舃几几

비이다.[50] 《집전》에 말하였다. 발(跋)은 밟음이다. 호(胡)는 턱 아래에 매달려 있는 살이다. 재(載)는 어조사이다. 치(疐)는 겁(跲)이니,- 겁(跲)은 넘어짐이다.- 이리가 앞으로 나아가면 턱살이 밟히고, 뒤로 물러나면 꼬리가 밟혀 넘어지는 것이다. 손(孫)은 마땅히 손(遜)이 되어야 한다. 부(膚)는 아름다움이다. 적석(赤舃)은 면복(冕服)에 신는 신이다. 기기(几几)는 편안하고 후중한 모습이다. 주공이 비방을 받아 동쪽에 거하였으나 떳떳한 법도를 잃지 않았다. 그러므로 시인이 이를 찬미한 것이다.

49 낙고(洛誥) : 주공이 낙읍을 경영한 뒤에 성왕에게 사자를 보내어 점괘를 아뢴 일과 성왕이 주공에게 낙읍에 머물러 다스리도록 명한 일 등을 기록한 것이다.

50 비이다 : 《집전》에는 흥으로 보았으니, 이하의 장도 같다.

이리가 물러나면 꼬리가 밟히고　　狼疐其尾
나아가면 턱살이 밟히도다　　載跋其胡
공이 큰 아름다움을 사양하시니　　公孫碩膚
훌륭한 명성에 하자가 없으시도다　　德音不瑕

비이다. 하(瑕)는 하자이다. 지위를 피하여 동쪽에 거주함은 주공의 큰일이다. 그러므로 이것을 편 끝에 기재하였다. 이 편은 아(雅)이다.

이상은 〈낭발〉 2장이니, 장마다 4구이다.

이상은 〈빈풍〉 7편이다.

시의 도는 의(義)를 진술하고 풍자해서, 백성을 교화하여 선하게 하고 백성을 경계하여 악을 제거하게 해서, 반복하여 읊고 감탄하여 감발(感發)시킨다. 음악이 신(神)과 같이 백성을 교화하는 것은 시가 묘하기 때문이다. 후세의 문인들의 작품은 안개와 구름, 물고기와 새를 묘사하여 허무한 것에 마음을 치달려서, 각고하여 공력을 다해 천백 번에 한 번 이루나, 내가 보기에 마귀가 붙어 미친병이 발작한 자의 말과 똑같다. 예컨대 이백(李白)의 시에 "황폐한 성에 푸른 산의 달이 헛되이 비치고, 고목(古木)은 모두 창오산(蒼梧山)의 구름 속으로 들어갔다."[51]라는 것은 이 무슨 미친 말인가? 그리고 두보(杜甫)의 시에 "복숭아꽃 서서히 버들개지 따라 떨어지고, 꾀꼬

51 황폐한……들어갔다 : 이는 〈양원음(梁園吟)〉의 한 구절로, 이백이 한(漢)나라 양효왕(梁孝王)의 장원(莊園)과 누대를 유람하면서 고금의 흥망에 대한 감회를 읊은 것이다. 창오산은 순임금이 묻힌 곳이다.

리 때때로 백조와 함께 날아간다."[52]라는 것은 이 무슨 미친 말인가? 사람이 어찌 쌀밥을 먹고 비단옷을 입고서 이처럼 맹랑한 말을 하는가? 어쩌자는 것인가? 종일토록 고심하여 시를 짓고 머리 숙여 슬픈 어조로 읊조리다가 때때로 새가 날고 구름이 떠다닌다고 하고 산이 우뚝 솟고 물이 흐른다고 하니, 이것이 미친병이 아니고 무엇인가. 그런데 그중에 더욱 미친 자를 뽑아서 과거급제를 하사하여 군주를 보좌하고 백성을 다스리는 임무를 맡기니, 이와 같이 하고서 혼란하지 않고 망하지 않고자 하나 기대하기 어려운 것이다. 수천 년 이래로 세상의 이른바 문장과 경학과 도덕은 대부분 망령된 것이고, 이른바 예악과 정사와 공업(功業)도 대부분 망령된 것이다.

오호라! 인류가 서로 해쳐서 천하의 가운데가 양의 도살장이 되었으니, 아! 하늘은 어찌하여 재앙을 내린 것을 후회하지 않는가. 아! 하늘은 어찌하여 재앙을 내린 것을 후회하지 않는가.

52 복숭아꽃……날아간다 : 이는 〈곡강대주(曲江對酒)〉의 한 구절로, 벼슬길에서 실의한 자신의 심정을 가탁한 것이다.

소아 小雅

아(雅)는 아언(雅言)이고 아악(雅樂)이다. 장엄하게 말하고 정직하게 간하여, 은미하게 풍자하지 않은 것을 아언이라 하고, 이를 조정과 연향에서 사용하는 것을 아악이라 한다. 신하에게 속하는 것과 편(篇)과 장(章)이 작고 짧은 것을 소아(小雅)라 하고, 군주에게 속하는 것과 편과 장이 크고 긴 것을 대아(大雅)라 한다.[1] 아 가운데에도 풍에 속하는 것이 있으니, 풍에 아가 있는 것과 같다.

◯연릉 계자(延陵季子)가 말하였다. "아름답다! 〈문왕(文王)과 무왕(武王)의 덕을〉 생각하여 〈당시의 왕에게〉 두 마음을 품지 않고, 〈당시의 왕을〉 원망하면서도 원망을 말하지 않으니, 아마도 주나라의 덕이 쇠했을 때의 시일 것이다. 그러나 아직도 선왕의 유민(遺民)이 있기에 이와 같은 것이다."[2]

1 신하에게……한다 : 아(雅)에 대하여, 《집전》에는 정(正)과 변(變)의 구별을 두어, "정소아(正小雅)는 연향할 때의 음악이고, 정대아(正大雅)는 조회(朝會)할 때의 음악과 제사의 음복(飮福)에 복을 받고 경계를 아뢰는 내용이다."라고 하고, 변대아(變大雅)와 변소아(變小雅)는 "일이 반드시 똑같지는 않고, 각기 그 성조(聲調)를 가지고 붙였다.〔事未必同, 而各以其聲附之.〕"라고 하였다. 또 《모시서(毛詩序)》에는 천하의 일을 말한 것을 아(雅)라 이르는데, "〈천자의 정사에〉 작은 정사가 있고 큰 정사가 있으므로 소아가 있고 대아가 있는 것이다."라고 하였다. 이에 대하여 공영달(孔穎達)의 소에 천자의 작은 정사는 빈객에게 음식을 대접하고 신하들에게 상을 주고 위로하는 일 등이며, 큰 정사는 문왕이 주나라를 일으키고 무왕이 은나라를 대신하고 천자가 선왕의 복록을 이어받는 일 등이라고 하였다.

2 선왕의……것이다 : 《춘추좌전》 양공(襄公) 29년 조의 두예(杜預)의 주에는 은

녹명지십 鹿鳴之什

아(雅)와 송(頌)은 편질(篇帙)이 무겁고 많기 때문에 10편을 한 권으로 삼아서 십(什)이라 한 것이다.[1]

녹명 鹿鳴

평화로운 사슴의 울음소리여	呦呦鹿鳴
들의 대쑥을 뜯도다	食野之苹
내 아름다운 손님이 있어	我有嘉賓
비파를 타며 젓대를 부노라	鼓瑟吹笙
젓대를 불며 생황을 울려	吹笙鼓簧
광주리를 받들어 폐백을 올리니	承筐是將
나를 좋아하는 사람은	人之好我
나에게 대도(大道)를 보여줄지어다	示我周行

《집전》에 말하였다. 흥이다. 유유(呦呦)는 소리가 조화로운 것이다. 평(苹)은 대쑥이니, 푸른색이고 흰 줄기가 젓가락과 비슷하다. 승(承)

(殷)나라 왕의 유민이 있어 주나라의 덕이 크게 펴지지 못한다고 해석하였고, 양백준(楊伯峻)의 주에는 주나라 문왕·무왕 등이 선왕이라고 하였다.

1 아(雅)와……것이다 : 【집전】 아와 송은 여러 나라의 구별이 없으므로 10편을 한 권으로 하여 그것을 십이라 일렀다.

은 받듦이다. 광(筐)은 폐백을 담는 것이다. 장(將)[2]은 잡음이다. 주항(周行)은 여러 사람이 함께 걸어가는 큰길이다. 옛날에는 여수(旅酬)를 할 때 비로소 서로 말을 나눌 수 있었으니,[3] 이 시는 연향의 악가이다. ◯'평화로운 사슴의 울음소리여 들의 대쑥을 뜯도다'는 실제의 행실이 있어서 녹봉과 관작을 누리기 때문에 훌륭한 명성이 드러나는 것이요, 분수 밖의 명예와 이익을 얻어서 좋은 결과가 없는 것이 아니라는 말이다. '비파를 타며 젓대를 붊'과 '젓대를 불며 생황을 울림'은 위아래가 사귀어서 마음을 합하여 다스림을 말한 것이다. 연향의 예절은 폐백을 올림[4]과 술을 올리고 하사함과 타이르고 가르침이 있는바, 《의례》에 자세히 보이므로[5] 여기서 번거롭게 말하지 않는다.

평화로운 사슴의 울음소리여	呦呦鹿鳴
들의 제비쑥을 먹도다	食野之蒿
내 아름다운 손님이 있으니	我有嘉賓
덕음(德音)이 매우 밝도다	德音孔昭
백성을 보기를 경솔히 하지 않으니	視民不恌
군자를 본받고 배우도다	君子是則是傚

2 장(將) : 【집전】 행함〔行〕

3 옛날에……있었으니 : 이는 《의례》 〈향사례(鄕射禮) 기(記)〉에 나오는 내용으로, 정현(鄭玄)의 주에 "예가 이루어지고 음악이 갖추어져야 비로소 서로 말할 수 있으니, 이것이 선왕의 예악의 도이다.〔禮成樂備, 乃可以言語, 先王禮樂之道也.〕"라고 하였다. 여수(旅酬)는 연회에서 술을 마실 적에 친족과 빈(賓)들이 서로 술을 권하는 예절이다.

4 폐백을 올림 : 【집전】 광주리를 받들어 폐백을 올려, 술을 마실 때에는 빈에게 권하여 술을 보내고, 밥을 먹을 때에는 빈에게 권하여 배불리 먹기를 권한다.

5 의례에 자세히 보이므로 : 연향의 예절은 《의례》 〈향음주례(鄕飮酒禮)〉·〈향사례(鄕射禮)〉·〈연례(燕禮)〉·〈빙례(聘禮)〉·〈공사대부례(公食大夫禮)〉 등에 보인다.

내 맛있는 술이 있으니 我有旨酒
아름다운 손님 잔치에 참여하여 노시도다 嘉賓式燕以敖

《집전》에 말하였다. 흥이다. 호(蒿)는 제비쑥이니, 바로 청호(靑蒿)이다. 조(恌)는 구차함이요 경솔함이다.
○백성을 보기를 구차히 하지 않으면[6] 백성을 위하여 멀리 생각하고 깊이 계책할 것이요, 백성을 보기를 경솔히 하지 않으면 감히 태만하고 소홀히 하고 잊지 않을 것이다. '군자시칙시효(君子是則是傚)'[7]는 군자의 덕을 현자가 본받고 서민이 교화됨을 말한 것이다. '내 맛있는 술이 있으니 아름다운 손님 잔치에 참여하여 노시도다'는 아랫사람이 윗사람의 덕을 본받아서 실행함을 말한 것이다.

평화로운 사슴의 울음소리여 呦呦鹿鳴
들의 금풀을 먹도다 食野之芩
내 아름다운 손님이 있어 我有嘉賓
비파를 타고 거문고를 타니 鼓瑟鼓琴
비파를 타고 거문고를 탐이여 鼓瑟鼓琴
화락하고 또 즐겁도다[8] 和樂且湛
내 맛있는 술을 두어 我有旨酒
아름다운 손님의 마음을 안락하게 하도다 以燕樂嘉賓之心

6 백성을……않으면 : '視民不恌'를 《집전》에는 시(視)는 시(示)와 같고, 조(恌)는 경박함이라 하여, '백성들에게 보여주어 경박하지 않게 함'으로 풀이하였다.

7 군자시칙시효(君子是則是傚) : 《집전》에는 '군자가 이것을 본받음'으로 해석하였다.

8 즐겁도다 : 담(湛)은 《집전》에 '오래도록 즐거운 것〔樂之久〕'이라 하였다.

《집전》에 말하였다. 흥이다. 금(芩)은 풀이름이다. '내 맛있는 술을 두어 아름다운 손님의 마음을 안락하게 하도다'는 윗사람의 실제 행실을 아랫사람의 선(善)에서 취하는 것이다.

이상은 〈녹명〉 3장이니, 장마다 8구이다.

《집전》에 말하였다. 《의례》 〈향음주례(鄕飮酒禮)〉에도 〈연례(燕禮)〉와 똑같이 이 시를 사용하였으니, 이 시는 바로 위아래의 연향에 통용하는 음악이다.[9]

사모 四牡

네 필의 말이 굳건히 달려가니	四牡騑騑
큰길이 굽어 있도다	周道倭遲
어찌 돌아감을 생각하지 않으리오마는	豈不懷歸
왕사(王事)가 견고하지 않은지라	王事靡盬
내 마음 서글퍼하노라	我心傷悲

부이다. 비비(騑騑)[10]는 굳건히 가는 모양이다. 주도(周道)는 주항

9 의례……음악이다 : 《의례》 〈연례〉는 제후가 신하들과 연회에서 술을 마시는 예이고, 《의례》 〈향음주례〉는 천자와 제후의 향대부(鄕大夫)가 3년마다 향학(鄕學)에서 덕행과 도예(道藝)가 우수한 자를 선발하여 빈(賓)으로 대우하는 예인데, 〈연례〉와 〈향음주례〉에 모두 "악공(樂工)이 〈녹명〉·〈사모(四牡)〉·〈황황자화(皇皇者華)〉를 노래한다."라고 하였으므로 말한 것이다.

10 비비(騑騑) : 【집전】 가고 그치지 않는 모양〔行不止之貌〕

(周行)과 같다. 위(倭)는 마땅히 위(逶)가 되어야 하니, 위지(逶遲)는 돌아가서 먼 뜻이다. 미고(靡盬)는 견고하고 치밀하지 않은 것이다.[11] 아(我)는 군주 자신이다.

신하의 의(義)는 공(公)을 먼저 하고 사(私)를 뒤에 하므로 수고로움을 꺼리지 않고 자기 집안을 생각하지 않으니, 윗사람이 신하의 이와 같음을 염려하여 서글퍼한 것이다. 아랫사람이 의를 행하고 윗사람이 이것을 가슴 아파하여, 신하는 공의(公義)를 잊지 않고 군주는 은혜를 변치 않은 것이다. 구설에 사신을 위로하는 시라 하였고, 《춘추좌전》에도 이렇게 말하였다.[12]

네 필의 말이 굳건히 달려가니	四牡騑騑
많고 많은 낙마(駱馬)로다	嘽嘽駱馬
어찌 돌아감을 생각하지 않으리오마는	豈不懷歸
왕사가 견고하지 않은지라	王事靡盬
기거(起居)할 겨를이 없노라	不遑啓處

11 미고(靡盬)는……것이다 : 《집전》에는 "고(盬)는 견고하지 않음이다."라고 하여 '미고'를 허술하게 할 수 없음으로 풀이하였다.

12 구설에……말하였다 : 구설은 《집전》과 《모시서》를 가리킨다. 《춘추좌전》 양공(襄公) 4년 조에 노(魯)나라 대부 숙손표(叔孫豹)가 진(晉)나라에 빙문하여 연향에 참석하였을 적에 〈삼하(三夏)〉와 〈대아(大雅)〉의 음악을 연주할 때에는 배사(拜謝)하지 않고 〈소아〉의 처음 3편인 〈녹명〉·〈사모〉·〈황황자화(皇皇者華)〉를 연주하자 배사하였다. 이에 대하여 숙손표는 〈삼하〉와 〈대아〉는 자신이 감히 들을 수 없는 음악이지만 "〈녹명〉은 진나라 군주께서 우리 군주를 칭찬하신 것이니 감히 그 칭찬에 배사하지 않을 수 있으며, 〈사모〉는 진나라 군주께서 사신을 위로하신 것이니 감히 거듭 배사하지 않을 수 있겠습니까. 〈황황자화〉는 군주께서 사신에게 반드시 두루 자문하라고 가르쳐 주신 것입니다.〔《鹿鳴》, 君所以嘉寡君也, 敢不拜嘉? 《四牡》, 君所以勞使臣也, 敢不重拜? 《皇皇者華》, 君教使臣曰'必諮於周'.〕"라고 하였다

《집전》에 말하였다. 부이다. 탄탄(嘽嘽)은 많고 성한 모양이다. 흰 말에 갈기가 검은 것을 낙(駱)이라 한다.

○계(啓)는 문을 열고 나감이요, 처(處)는 방에 들어가 거처함이니, 계처(啓處)는 기거(起居 일상생활)하고 드나듦이라는 말과 같다.[13]

훨훨 나는 비둘기여 翩翩者鵻
곧 날며 곧 내려앉아 載飛載下
총생(叢生)하는 도토리나무에 앉도다 集于苞栩
왕사가 견고하지 않은지라 王事靡盬
아버지를 부양할 겨를도 없노라 不遑將父

《집전》에 말하였다. 흥이다. 편편(翩翩)은 나는 모양이다. 추(鵻)는 부불(夫不)이니, 지금의 발구(鵓鳩 산비둘기)이다. 무릇 새 중에 꼬리가 짧은 것은 모두 추의 등속이다. 장(將)[14]은 도와서 보호함이다. 훨훨 나는 비둘기가 날다가 내려앉다가 하면서 편안한 곳에 앉는 것이다.

훨훨 나는 비둘기여 翩翩者鵻
곧 날며 곧 내려앉아 載飛載止
총생하는 구기자나무에 앉도다 集于苞杞
왕사가 견고하지 않은지라 王事靡盬
어머니를 부양할 겨를도 없노라 不遑將母

13 계(啓)는……같다 : 《집전》에는 계(啓)는 '무릎을 꿇음〔跪〕'이요, 처(處)는 '앉음〔居〕'이라고 하였다. 무릎 꿇음과 앉음은 모두 집에 거처할 때의 행위여서, 인하여 계거(啓居)는 편안히 거처하는 뜻이 된다. 《漢語大詞典》 반면에 심대윤은 계처나 계거를 사사로운 일상적인 행위로 풀이한 듯하다.

14 장(將) : 【집전】 봉양함〔養〕

《집전》에 말하였다. 흥이다. 기(杞)는 구계(枸檵 구기자나무)이다.-기(杞)는 혹은 땅버들이라 하고 혹은 산의 나무라 하고 혹은 구기자나무라 하니, 세 물건에 이름이 똑같다는 것은 감히 믿을 수가 없다.[15]-

저 네 필의 낙마를 멍에하여　駕彼四駱
달리기를 급히 하니　載驟駸駸
어찌 돌아감을 생각하지 않으리오　豈不懷歸
이 때문에 노래를 지어　是用作歌
어머니를 부양함을 와서 말하노라　將母來諗

부이다. 침침(駸駸)은 급히 달려감이다. 〈군주가〉 '이 때문에 노래를 지어서' 신하의 심정을 위로하면 장차 통달하지 않음이 없을 것이니, 어찌 아랫사람의 심정이 억눌리고 막히며 곤궁하고 절박하여, 아래에서 호소함에 이르겠는가. 윗사람이 아랫사람의 심정을 통달하지 못하면 아랫사람이 원망하고 호소하며, 호소하여도 들어주지 않으면 배반할 마음이 생기는 것이다.

이상은 〈사모〉 5장이니, 장마다 5구이다.

15 기(杞)는……없다 : 이는 《시전대전》의 소주에 화곡 엄씨(華谷嚴氏)가 "《시경》에 세 가지 기(杞)가 있으니, 〈정풍(鄭風) 장중자(將仲子)〉의 '수기(樹杞)'는 버드나무의 등속이고, 〈소아 남산유대(南山有臺)〉의 '유기(有杞)'와 〈소아 잠로(湛露)〉의 '기극(杞棘)'은 산의 나무이고, 이 시의 '포기(苞杞)'와 〈소아 사월(四月)〉의 '기이(杞桋)'와 〈소아 북산(北山)〉의 '언채기기(言采其杞)'는 구기자나무이다.〔《詩》中有三杞, 《將仲子》'樹杞', 柳屬也; 《南山》'有杞'、《湛露》'杞棘', 山木也; 此詩'苞杞'、《四月》'杞桋'、《北山》'言采其杞', 枸杞也.〕"라고 하였으므로 말한 것이다.

황황자화 皇皇者華

휘황한 꽃이여	皇皇者華
저 언덕과 습지에 있도다	于彼原隰
달려가는 정부(征夫)[16]여	駪駪征夫
매양 미치지 못할 듯이 생각하도다	每懷靡及

《집전》에 말하였다. 흥이다. 황황(皇皇)은 마땅히 황황(煌煌)이 되어야 한다. 화(華)는 풀과 나무의 꽃이다. 선선(駪駪)은 많은 무리가 빨리 가는 모양이다. 이는 군주가 사신을 보내는 것을 읊은 시이다. ○풀과 나무의 꽃이 언덕과 습지를 가리지 않고 자람을 가지고 사신이 건조한 곳과 저습한 곳, 평탄한 곳과 험한 곳을 가리지 않음을 흥하였으니, 군주가 명령하면 신하가 공손히 이행해서 어려움과 쉬움을 가리지 않고 힘을 다하는 것이다. '매양 미치지 못할 듯이 생각함'은 미치지 못하는 바가 항상 있는 듯이 여겨서, 감히 스스로 잘한다고 여기지 않는 것이니, 공경하고 삼감이 지극한 것이다. 이는 신하를 칭찬한 말이나 이 가운데에 경계하는 뜻이 붙어 있다.

내 말이 망아지이니	我馬維駒
여섯 고삐가 물에 젖은 듯 윤택하도다	六轡如濡
말을 달리며 채찍질하여	載馳載驅
이에 두루 자추(諮諏 자문)하도다	周爰諮諏

부이다. 주(周)는 '두루'이고, 자추(咨諏)는 방문(訪問 자문)이다. 유

16 정부(征夫) : 【집전】 사신(使臣)과 그 관속

구(維駒)·유기(維騏)·유락(維駱)·유인(維駰)은 재주를 구비하여, 못하는 것이 없음을 말한 것이요, '여섯 고삐가 물에 젖은 듯 윤택함'은 배움을 익혀, 그 이용이 익숙함을 말한 것이다. 재주를 구비하고 배움을 익히면 매사를 할 수 있으나 오히려 마땅히 매사를 자문하고 헤아린 뒤에 행해야 하고, 스스로 자신의 지혜를 믿고 써서는 안 된다. 《서경》〈우서(虞書)〉에 "남에게 묻지 않은 계책을 쓰지 말라."[17]라고 하고, 《서경》〈주서(周書)〉에 "너의 무리로부터 헤아리라."[18]라고 한 것이 이것이니, 단지 군주가 신하를 부릴 때만 그러한 것이 아니요, 사신이 국경을 나가서 군주의 명을 받지 않고 스스로 일을 처리하고 독자적으로 대답할 때에도 더욱 마땅히 공경하고 삼가야 하는 것이다.

내 말이 얼룩이니	我馬維騏
여섯 고삐가 고르도다[19]	六轡如絲
말을 달리며 채찍질하여	載馳載驅

17 남에게……말라 : 이는 《서경》〈대우모(大禹謨)〉에 "실제를 상고하지 않은 말을 듣지 말며, 남에게 묻지 않은 계책을 쓰지 말라.〔無稽之言, 勿聽; 弗詢之謀, 勿庸.〕"라고 보인다.

18 너의 무리로부터 헤아리라 : 이는 《서경》〈군진(君陳)〉에 "정사를 도모하되 혹시라도 어렵게 여기지 않음이 없어서, 폐할 것이 있고 일으킬 것이 있을 적에 그 변통(變通)을 너의 무리들로부터 헤아려 여러 말이 같거든 스스로 실마리를 찾아보라.〔圖厥政, 莫或不艱, 有廢有興, 出入, 自爾師虞, 庶言同則繹.〕"라고 보인다. 심대윤은 이에 대하여 "일에 폐하고 일으킬 것이 있을 적에 그 변통을 먼저 너의 무리로부터 헤아려 여러 말이 이미 같으면 네가 이에 스스로 실마리를 찾아보아 따를 만하면 따르는 것이다.〔事有廢興, 其變通, 先自爾衆虞度, 衆言旣同, 則爾乃自繹, 可從則從之也.〕"라고 풀이하였다. 《書經蔡傳辨正》

19 고르도다 : 《집전》에 '如絲'는 調忍이라 하고 소주에 忍을 直이라 하여, '고르고 곧음'으로 풀이하였다.

이에 두루 자모(咨謀)[20]하도다　　周爰咨謀

부이다.

내 말이 낙마(駱馬)이니　　我馬維駱
여섯 고삐가 윤택하도다　　六轡沃若
말을 달리며 채찍질하여　　載馳載驅
이에 두루 자탁(咨度)하도다　　周爰咨度

부이다.

내 말이 인마(駰馬)이니　　我馬維駰
여섯 고삐가 이미 고르도다　　六轡旣均
말을 달리며 채찍질하여　　載馳載驅
이에 두루 자순(咨詢)하도다　　周爰咨詢

부이다. 《집전》에 말하였다. 옅은 검은색 털에 흰색 털이 섞인 말을 인(駰)이라 한다.[21]

이상은 〈황황자화〉 5장이니, 장마다 4구이다.

20 자모(咨謀) : 《집전》에 "모(謀)는 추(諏)와 같으니, 글자를 바꾸어 운(韻)에 맞춘 것이니, 아래 장도 이와 같다."라고 하여, 자모(咨謀)·자탁(咨度)·자순(咨詢)이 모두 자문의 뜻이라 하였다.

21 열은……한다 : 《시전대전》의 소주에 "음(陰)은 옅은 검은색으로, 옅은 검은색 털에 흰색 털이 겸하여 섞인 말이니, 지금의 이름은 이총(泥驄)이다.〔陰, 淺黑色, 毛淺黑而白兼雜毛者, 今名泥驄.〕"라고 하였다.

상체 常棣

상체(常棣)의 꽃이여	常棣之華
화려하게 빛나지 않겠는가	鄂不韡韡
무릇 지금 사람들은	凡今之人
형제만 한 이가 없느니라	莫如兄弟

흥이다.[22] 상체(常棣)는 바로 당체(唐棣)이니, 해설이 〈소남(召南) 하피농의(何彼襛矣)〉에 보인다.[23] 악(鄂)과 위(韡)[24]는 모두 빛나고 화려한 모양이다. 《춘추좌전》에 이 시를 소공(召公)이 지은 것이라 하였으니, 아마도 주공(周公)이 이미 관숙(管叔)과 채숙(蔡叔)을 주벌한 뒤에 소공이 이 시를 지어서 형제들에게 보여 준 듯하다.[25]

22 홍이다 : 《집전》에 형제를 연향하는 악가(樂歌)라고 하였다.

23 상체(常棣)는……보인다 : 심대윤은 〈하피농의〉의 주에서 당체는 산배나무이니, "당체의 꽃은 작은 꼭지가 모여 있어 하나의 큰 꼭지에 합병되었으므로 이로써 형제를 비유한다."라고 하였다. 《집전》에는 상체(常棣)는 아가위라고 하였다.

24 악(鄂)과 위(韡) : 《집전》에는 악(鄂)은 '악연(鄂然)히 밖으로 드러나는 모양[鄂然外見之貌]'이고, 위위(韡韡)는 '광명한 모양[光明貌]'이라고 하였다.

25 춘추좌전에……듯하다 : 이 내용은 《춘추좌전》 희공(僖公) 24년 조에, 주나라 양왕(襄王)이 동성(同姓)의 나라인 정(鄭)나라를 치려 하자, 이에 반대하는 대부 부신(富辰)의 간언에 보인다. 부신은 주공이 관숙·채숙과 마음을 함께하지 못했던 것을 가슴 아프게 여겨 친척을 봉건(封建)하였다고 하고, 소목공(召穆公)이 주나라의 덕이 선하지 못함을 근심하여 종족을 성주(成周)에 모아 놓고서 〈상체〉를 지었다고 하였다. 소목공은 소공 석(召公奭)의 후예로서 이름이 호(虎)이며 여왕(厲王)·선왕(宣王) 때의 인물이다. 그러나 문맥으로 보아, 심대윤은 소목공이 아니라 소공 석을 〈상체〉의 작자로 본 듯하다. 《집전》에는 "주공이 이미 관숙과 채숙을 주벌한 뒤에 지은 듯하다."라고 하였다.

죽음의 두려움에 死喪之威
형제간이 심히 걱정해 주며[26] 兄弟孔懷
험난한 일들이 겹칠 때에 原隰裒矣
형제간이 도움을 구하느니라 兄弟求矣

부이다. '원습부의(原隰裒矣)'[27]의 부(裒)는 모음이니, 건조하기도 하고 저습하기도 한 여러 험난한 일이 와서 모일 적에 오직 형제가 서로 도움을 구하는 것이다.

척령(脊令)이 언덕에 있으니 脊令在原
형제가 급난(急難)을 구원하도다 兄弟急難
매양 좋은 벗이 있으나 每有良朋
형제도 어려운 일에 벗이 길게 탄식하고 돌아보랴 況也永歎

《집전》에 말하였다. 흥이다. 척령(脊令)은 옹거(雝渠 할미새)이니, 물새이다.

◯척령이 날면서 울어서, 벗과 짝을 돌아보고 그리워하는 뜻이 있으므로[28] 이로써 형제가 친애하고 돌아보고 보호함을 말한 것이다. 어려움이 있어서 형제도 기꺼이 구원하려고 하지 않는다면 하물며[29] 붕우

26 죽음의……주며 : 《집전》에 "죽음의 화(禍)는 타인들이 두려워하고 싫어하는 바이나 오직 형제만이 서로 구휼해준다."라고 풀이하였다.

27 원습부의(原隰裒矣) : 《집전》에는 3·4구를 시신이 언덕과 습지에 쌓여 있더라도 형제만이 찾아나선다고 풀이하였다.

28 척령이……있으므로 : 【집전】 척령은 날 때에는 울고, 걸을 때에는 몸을 흔들어 급난(急難)의 뜻이 있다.

29 어려움이……하물며 : 이는 황(況)을 풀이한 것인데, 《집전》에는 황(況)을 발어

간에 기꺼이 길게 탄식하고 서로 돌아보겠는가. 《예기》에 "붕우 간에 신임을 받는 것이 방법이 있으니, 어버이에게 순하지 못하면 붕우에게 신임을 받지 못할 것이다."[30]라고 하였다. 형제간에 우애하지 못하고서 붕우 간에 신임을 얻는 자는 있지 않으니, 후하게 대해야 할 사람에게 박하게 하고서 박하게 할 사람에게 후한 대우를 바라는 자는 그것을 얻지 못한다.

형제가 담 안에서는 싸우나 兄弟鬩于墻
밖으로는 남의 업신여김을 막느니라 外禦其務
매양 좋은 벗이 있으나 每有良朋
돕는 바가 없으니라 烝也無戎

《집전》에 말하였다. 부이다. 혁(鬩)은 싸움이다. 증(烝)은 어조사이다. 융(戎)은 도움이다.

○형제가 마음을 함께하여 밖의 업신여김을 막으려 하지 않고, 붕우에게 도움을 구하면 얻지 못하는 것이다.[31]-모(務)는 《춘추좌전》에는 모(侮)로 되어 있다.[32]-

사라고 하였다. 《집전》에는 '況也永歎'을 '길게 탄식함에 불과할 뿐'이라고 풀이하였다.

30 붕우……것이다 : 이는 《예기》 〈중용〉, 즉 《중용》 20장에 보인다.

31 형제가……것이다 : 【집전】 형제가 혹 불행한 일이 있어 안에서 싸우나, 밖에 업신여기는 자가 있으면 마음을 함께하여 막아낸다. 비록 좋은 벗이 있으나 어찌 돕는 바가 있겠는가.

32 모(務)는……있다 : 위의 주25의 부신(富辰)의 간언에 〈상체〉 4장을 인용하고 "시의 내용이 이와 같으니, 형제간에는 비록 작은 분함이 있더라도 지친(至親)을 버리지 않아야 한다.〔如是則兄弟雖有小忿, 不廢懿親.〕"라고 하였다.

상란(喪亂)이 이미 평정되어　　喪亂旣平
이미 안녕(安寧)해지면　　旣安且寧
비록 형제가 있으나　　雖有兄弟
벗만 못하게 여기도다　　不如友生

부이다. 일이 없을 때에는 형제가 붕우보다 소중함을 알지 못하나, 위태로움과 어려움을 당하면 비로소 이것을 아는 것이다.

네 변두(籩豆)를 늘어놓아　　儐爾籩豆
술 마시기를 실컷 하더라도　　飮酒之飫
형제간이 모두 있어야　　兄弟旣具
화락(和樂)하고 또 사모할 수 있느니라　　和樂且孺

《집전》에 말하였다. 부이다. 빈(儐)은 진열함이요, 어(飫)는 실컷 먹어 배부름이다. 유(孺)는 소아(小兒)가 부모를 사모하는 것이다. 비록 음식이 있어 취하고 배부르나 형제가 없으면 함께 편안하고 즐거울 수 없음을 말한 것이다.

처자(妻子) 간에 좋고 화합함이　　妻子好合
금슬(琴瑟)을 타는 듯하더라도　　如鼓瑟琴
형제간이 화합하여야　　兄弟旣翕
화락하고 또 길이 즐길 수 있느니라　　和樂且湛

부이다. 비록 아내와 자식의 즐거움이 있으나, 형제가 화합하지 않으면 그 편안함과 즐거움을 보전할 수 없음을 말한 것이다.

네 실가(室家)를 화순하게 하며 宜爾室家
네 처자를 즐겁게 하는 것을 樂爾妻帑
이것을 연구하고 이것을 도모하면 是究是圖
그 그러함을 믿게 될 것이다 亶其然乎

부이다. 노(帑)는 아들과 딸이다. 비록 너의 실가를 화순하게 하고 너의 처자를 즐겁게 하더라도 형제가 화합하지 않으면, 평안하여 일이 없을 때에는 그래도 혹 괜찮을 수 있지만 위태롭고 어려우며 밖의 업신여김이 올 때를 당하면 무엇에 의지하여 실가와 처자를 보전하겠는가. 그러므로 "이것을 연구하고 이것을 도모하면 그 그러함을 믿게 될 것이다."라고 한 것이다. 관숙과 채숙이 형제들을 배반하고 무경(武庚)과 함께 배반하여 끝내 멸망에 이르렀으니, 소공이 이것을 애석하고 아깝게 여겼다. 그러므로 시의 내용이 이와 같은 것이다.

이상은 〈상체〉 8장이니, 장마다 4구이다.

벌목 伐木

나무를 쩡쩡 베거늘 伐木丁丁
새는 평화로이 울도다 鳥鳴嚶嚶
깊은 골짜기에서 나와 出自幽谷
높은 나무로 올라가도다 遷于喬木
평화로이 읊이여 嚶其鳴矣
그 벗을 찾는 소리로다 求其友聲
저 새를 보건대 相彼鳥矣

오히려 벗을 찾는 소리를 하는데 猶求友聲
하물며 사람이 矧伊人矣
벗을 찾지 않는단 말인가 不求友生
벗을 친히 하면 신(神)이 들어주어 神之聽之
마침내 화평하게 되느니라 終和且平

《집전》에 말하였다. 정정(丁丁)은 나무를 베는 소리요, 앵앵(嚶嚶)은 새의 조화로운 소리이다. 이는 붕우와 오랜 친구, 친척과 향당의 사람들을 연향하는 시이다.[33]
○비이고 부이다.[34] 나무가 한 줄기에 여러 가지와 여러 잎이 붙어 있으니, 이는 마치 사람의 한 몸에 친근히 하고 함께하는 자가 많음과 같은 것이다. 나무를 벰은 나무의 도를 취함을 말한 것이다. 사람은 무리가 없이 홀로 살 수가 없어서, 반드시 사람과 사람이 동류가 된다. 사람과 사람이 동류가 되어서 능히 화합하지 못하면 우환이 이르니, 이는 사람의 도가 나무에 가지와 잎이 있고 새에게 무리가 있음에 미치지 못하는 것이다.

친근히 하고 함께하는 마음은 인(仁)의 단서[35]이니, 충서(忠恕)는

33 이는……시이다 : 《집전》에는 붕우와 오랜 친구를 연향하는 악가라고 하였다. 《집전》에는 2장의 '제부(諸父)'를 붕우 중에 동성으로서 존귀한 자라고 하고, 3장의 '형제'를 붕우의 동무들이라 하였다.

34 비이고 부이다 : 《집전》에는 흥으로 보았으니, 이하의 장도 같다. 《집전》에 "나무를 쩡쩡 베는 것으로써 새가 평화로이 울음을 흥하여 새가 벗을 찾음을 말하였고, 마침내 새가 벗을 찾음으로써 사람이 벗이 없어서는 안 됨을 비유하였다."라고 하였다.

35 인(仁)의 단서 : 심대윤은 사단(四端)에 대하여, 《서경》 〈대우모(大禹謨)〉의 "인심(人心)은 위태롭고 도심(道心)은 은미하다.〔人心惟危, 道心惟微.〕"의 주에서 "인심은 자기의 편벽된 마음이고 기질이며, 도심은 마음의 성(性)이니 사단이 이것이다. 마음의 밝은 지혜가 발하여 네 가지 단서가 있으니, 친근히 하고 함께하는 마음은 인의

친근히 하고 함께하여 인을 행하는 덕을 이루는 것이다.[36] 인은 사람의 도이니, 화와 복이 옴은 남과 상대할 적에 인(仁)한가 불인(不仁)한가에 달려 있는 것이다. 무릇 귀신을 말한 것은 화와 복을 말한 것이다. '마침내 화평하게 됨'은 충서와 중용의 덕이다. '깊은 골짜기에서 나와 높은 나무로 올라감'은 사람의 명예와 이익과 진취(進就)의 도가 오로지 남과 상대함에 달려 있음을 말한 것이다.

나무를 영차영차 베거늘	伐木許許
거른 술이 훌륭하도다	釃酒有藇
이미 살진 양을 장만하여	既有肥羜
제부(諸父)들을 부르니	以速諸父

단서이고, 차등(差等)을 두는 마음은 예(禮)의 단서이고, 취하고 버리는 마음은 의(義)의 단서이고, 변통(變通)하는 마음은 지(智)의 단서이다. 맹자(孟子)가 말씀하기를 '〈사단을 확충할 줄 알면〉 마치 불이 처음 타오르며 샘물이 처음 나오는 것과 같다.'라고 하였으니, 사단을 길러 바름을 얻으면 덕을 이룬다. 친근히 하고 함께함이 바름을 얻으면 인(仁)을 이루 다 쓸 수 없을 것이며, 차등을 둠이 바름을 얻으면 예를 이루 다 쓸 수 없을 것이며, 취하고 버림이 바름을 얻으면 의를 이루 다 쓸 수 없을 것이며, 변통함이 바름을 얻으면 지를 이루 다 쓸 수 없을 것이다.〔人心, 己也, 氣質也; 道心, 心性也, 四端是也. 心之明知, 發而有四焉. 親與之心, 仁之端也; 差等之心, 禮之端也; 取舍之心, 義之端也; 變通之心, 知之端也. 孟子曰: "若火之始然, 若泉之始達." 養之得其正則成德, 親與得其正而仁不可勝用矣, 差等得其正而禮不可勝用矣, 取舍得其正而義不可勝用矣, 變通得其正而知不可勝用矣.〕"라고 하였다. 《書經蔡傳辨正》

36 충서(忠恕)는……것이다 : 심대윤은 《주역》에서도 "인이란 충서와 중용을 하여 덕을 이룬 것이다.〔仁者, 忠恕中庸而成德也.〕"라고 하였다. 《周易象義占法 大有卦 大象傳》 또 심대윤은 충서에 대하여 "자신이 원하는 바를 미루어 남에게 베푸는 것을 충이라 하고, 자신이 하고자 하지 않는 바를 남에게 가하지 않는 것을 서라 한다.〔己之所願, 推以施之於人曰忠; 己之所不欲, 勿以加之於人曰恕.〕"라고 하였고, "몸소 행하는 것을 실덕이라 하니 충서와 중용이 이것이다.〔躬行曰實德, 忠恕、中庸是也.〕"라고 하였다. 《論語》, 《周易象義占法 益卦 象傳》

차라리 마침 일이 있어 오지 못할지언정　寧適不來
내가 돌보지 않은 것은 아니니라　微我弗顧
아, 깨끗이 청소하고　於粲灑埽
음식을 팔궤(八簋)[37]에 진열하노라　陳饋八簋
이미 살진 짐승을 장만하여　旣有肥牡
제구(諸舅)들을 부르니　以速諸舅
차라리 마침 일이 있어 오지 못할지언정　寧適不來
내가 잘못이 있는 것은 아니니라[38]　微我有咎

비이고 부이다. 《집전》에 말하였다. 호호(許許)는 힘을 쓰는 소리이니, 《회남자(淮南子)》에 "큰 나무를 드는 자들은 야호(邪許 메기는소리)를 부른다."[39]라고 하였다. 시(釃)는 술을 거름이다. 서(藇)[40]는 성한 모양이다. 저(羜)는 어린 양이다. 찬(粲)은 선명한 모양이다. 제부(諸父)는 동성(同姓) 중에 어른이요, 제구(諸舅)는 이성(異姓) 중에 높은 자이니, 그중에 어른과 높은 자를 말하여 나머지를 포함한 것이다.

37 팔궤(八簋) : 궤는 찰기장과 메기장을 담는 둥근 그릇으로, 《집전》에 "팔궤는 그릇이 많은 것이다."라고 하였다.

38 차라리……아니니라 : 【집전】 술과 밥을 장만하여 붕우를 이와 같이 즐겁게 하니, 차라리 저들이 마침 연고가 있어 오지 못할지언정 내 은혜로운 뜻이 지극하지 않아서는 안 됨을 말한 것이다.

39 큰……부른다 : 이 내용은 《회남자》 〈도응훈(道應訓)〉에 "지금 저 큰 나무를 드는 자들은 앞에서 야호 메기는소리를 부르면 뒤에서도 화답을 하니, 이는 무거운 물건을 들 때 힘쓰기를 권하는 노래이다.〔今夫擧大木者, 前呼邪許, 後亦應之, 此擧重勸力之歌也.〕"라고 보인다.

40 서(藇) : 【집전】 아름다운 모양〔美貌〕

나무를 산비탈에서 베거늘 伐木于阪
거른 술이 넉넉하도다 釃酒有衍
변두(籩豆)가 질서정연하게 놓여 있으니 籩豆有踐
형제들이 먼 사람 할 것 없이 모두 왔도다 兄弟無遠
사람들이 덕을 잃는 것은 民之失德
마른 밥 때문에 허물이 생기는 것이니 乾餱以愆
술이 있거든 내 술을 거를 것이며 有酒湑我
술이 없으면 내 받아 올 것이며 無酒酤我
둥둥 내 북을 치며 坎坎鼓我
너울너울 내 춤을 추어 蹲蹲舞我
내 한가할 때에 미쳐 迨我暇矣
이 거른 술을 마시리라 飮此湑矣

비이고 부이다. 연(衍)은 유여(有餘)함이다. 원망이 생기는 것은 큰일에 있지 않고 다른 일에 있지도 않고, 날마다 행하는 사소한 보통 일에 있으니, 한 번 동하고 한 번 말함과 한 번 웃고 한 번 찌푸리는 사이에 이것이 쌓여서 산(山)을 이루는 것이다. 그러므로 '사람들이 덕을 잃는 것은 마른 밥 때문에 허물이 생기는 것'[41]이라 하였으니, 반드시 자신의 말과 얼굴빛을 삼가 살펴서 사람들의 마음을 거스르지 않아야 한다. 군자가 전전긍긍(戰戰兢兢)하고도 오히려 천하 사람들의 마음을 잃을까 두려워하니, 사람의 마음은 바로 하늘의 마음이다. 필부필부의 마음을 거스름은 또한 하늘을 거스르는 것이요, 필부필부의

41 사람들이……것 : 【집전】 사람들이 붕우의 의(義)를 잃음에 이르는 까닭은 반드시 큰 연고가 있어서가 아니요, 혹 다만 마른 밥의 하찮은 것을 남에게 나누어 주지 않기 때문에 허물이 있음에 이른다.

마음을 순히 따름은 또한 하늘을 순히 따르는 것이다. 하늘을 순히 따르는 자는 창성하고 하늘을 거스르는 자는 망하니, 공경하지 않을 수가 없는 것이다.

서(湑) 또한 술을 거름이요, 고(酤)는 술을 사는 것이요, 준준(蹲蹲)은 춤추는 모양이다. 술을 거르고 술을 사 오고 북을 치고 춤을 춤은 사람들의 마음을 기쁘게 하는 일을 모두 힘써 함을 말한 것이다. '내 한가할 때에 미침'[42]은 아버지를 섬기고 임금을 섬긴 뒤에 향당과 붕우에게 미침을 말한 것이다. 높이고 친애하는 등급을 잃지 않음이 나뭇가지에 크고 작고 길고 짧은 차등이 있음과 같다면, 천하 사람들이 친히 따름은 나뭇잎이 가지에 붙어 있음과 같은 것이다.

이상은 〈벌목〉 3장이니, 장마다 12구이다.

천보 天保

하늘이 그대를 안정(安定)시킴이	天保定爾
또한 심히 견고하시도다	亦孔之固
그대를 모두 후하게 하시니	俾爾單厚
어느 복(福)인들 닦지 않으시리오	何福不除
그대로 하여금 많이 이롭게 하는지라	俾爾多益
풍부하지 않음이 없도다	以莫不庶

42 내……미침 : 【집전】 나는 붕우에 대하여 집안에 있고 없음을 따지지 않고 다만 한가할 때에 미치면 술을 마셔 서로 즐거워한다고 말한 것이다.

부이다. 단(單)은 마땅히 탄(殫 다함)이 되어야 한다. 제(除)[43]는 닦고 다스림이니, 《주역》에 "병기(兵器)를 수리하여 비상사태에 대비한다."[44]라고 하였다. 이는 제후가 왕에게 연향하는 악가(樂歌)이다.[45]

하늘이 그대를 안정시켜　天保定爾
그대를 선(善)에 나아가게 하시도다　俾爾戩穀
모두 마땅하지 않음이 없어　罄無不宜
하늘의 온갖 복을 받으시거늘　受天百祿
그대에게 장구한 복을 내리시되　降爾遐福
날짜가 부족하게 여기시도다　維日不足

부이다. 전(戩)[46]은 마땅히 진(晉)이 되어야 하니, 나아감이다. 진곡(晉穀)은 선에 나아감이다. 경(罄)은 모두이다. 그대가 능히 마땅하지 않은 바가 없어서 하늘의 복록을 받으므로 하늘이 그대에게 복을 내림도 날짜가 부족하게 여기는 것이다.

하늘이 그대를 안정시켜　天保定爾
홍성(興盛)하지 않음이 없는지라　以莫不興
산과 같고 언덕과 같으며　如山如阜

43 제(除) : 【집전】 옛것을 제거하고 새것을 내는 것이다.〔除舊而生新也.〕

44 병기(兵器)를……대비한다 : 이는 《주역》 〈췌괘(萃卦)〉 대상전(大象傳)에 보이는데, 이에 대하여 심대윤은 "제(除)는 수리함이다.〔除, 修理也.〕"라고 하였다. 《周易象義占法》

45 이는……악가(樂歌)이다 : 【집전】 군주가 〈녹명〉 이하 다섯 편의 시로써 그 신하에게 연향을 베푸니, 하사를 받은 신하들이 이 시를 노래하여 군주에게 답한 것이다.

46 전(戩) : 【집전】 전(戩)은 전(剪)과 같으니, 모두〔盡〕이다.

산마루와 같고 구릉과 같으며 如岡如陵
냇물이 막 이르는 것처럼[47] 如川之方至
불어나지 않음이 없도다 以莫不增

부이다. 이상은 덕이 하늘과 합하여 하늘이 도와줌을 말한 것이다. 하늘은 믿기 어렵기[48] 때문에 성대함을 말하고 오래감을 말하지 않은 것이다.

길(吉)하고 깨끗한 제물로 음식을 장만해서 吉蠲爲饎
이것을 효도로 제향(祭享)하여 是用孝享
약(禴)·사(祠)와 증(烝)·상(嘗)을 禴祠烝嘗
선공(先公)과 선왕(先王)에게 올리시자 于公先王
군(君)께서 너에게 기필하노니 君曰卜爾
만수무강으로 하시도다 萬壽無疆

부이다. 길견(吉蠲)[49]은 희생이 길하고 물품(物品)이 깨끗한 것이다. 치(饎)는 음식이다. 종묘의 제사를 봄에는 사(祠)라 하고 여름에는 약(禴)이라 하고 가을에는 상(嘗)이라 하고 겨울에는 증(烝)이라 한다. 주나라 선조의 종묘는 삼왕(三王) 이상은 공(公)이다.[50] 군(君)은

47 냇물이……것처럼 : 《집전》에 성하게 자라남을 헤아릴 수 없다는 말이라 하였다.

48 하늘은 믿기 어렵기 : 천명(天命)이 일정하지 않아 군주의 덕이 일정하지 못하면 지위를 보존하지 못함을 말한 것으로, 《서경》 〈함유일덕(咸有一德)〉에 "하늘을 믿기 어려움은 천명이 일정하지 않기 때문이다.〔天難諶, 命靡常.〕"라고 보인다.

49 길견(吉蠲) : 【집전】 길(吉)은 좋은 날을 가리고 좋은 사람을 가리는 것이요, 견(蠲)은 재계하고 씻기를 정결히 함을 말한다.

50 삼왕(三王) 이상은 공(公)이다 : 삼왕은 문왕(文王)·왕계(王季)·태왕(太王 고

선군(先君)이다. 복(卜)은 기필함이다.

신(神)이 불쌍히 여기는지라	神之弔矣
그대에게 많은 복을 주며	詒爾多福
백성들이 질박한지라	民之質矣
날로 쓰고 먹고 마시기만 하나니	日用飮食
여러 백관들이	群黎百姓
두루 그대의 덕을 실행하도다	徧爲爾德

부이다. 신(神)은 다만 선조의 신만이 아니다. 조(弔)[51]는 불쌍히 여김이다. '날로 쓰고 먹고 마심'은 실제로 행하고, 공허한 행위가 없다는 말이다. 백성(百姓)[52]은 백관(百官)이다. '두루 그대의 덕을 실행함'은 천하 사람들의 선이 바로 군주의 선이라는 말이니, 《서경》 〈홍범(洪範)〉에 "너에게 극(極)을 보존함을 준다."[53]라고 한 것이 이것이다.

공단보(古公亶父))이니, 후직(后稷) 이하로부터 태왕의 아버지 공숙조류(公叔祖類)까지를 공이라 한 것이다.

51 조(弔) : 【집전】 이름〔至〕

52 백성(百姓) : 【집전】 서민(庶民)

53 너에게……준다 : 이 내용은 《서경》 〈홍범(洪範)〉에 "다섯 번째 황극(皇極)은 군주가 극(極)을 세움이니, 이 오복(五福)을 거두어서 여러 백성들에게 복을 펴서 주면 이 여러 백성들이 너의 극과 같이 하여 너에게 극을 보존함을 줄 것이다.〔五皇極, 皇建其有極. 斂是五福, 用敷錫厥庶民, 惟時厥庶民, 于汝極, 錫汝保極.〕"라고 보이는데, 이에 대하여 심대윤은 "극은 중(中)이 지위를 얻어서 쓰는 것이므로 황극이라 하였다. 인(仁)이 중에 서고 중이 극에 서므로 세움〔建〕이라 하였다. 공자께서 '정치를 덕으로 하는 것은 비유하면 북극성이 제자리에 머물러 있으면 뭇별들이 그에게로 향하는 것과 같다.'라고 하셨으니, 황극을 말씀한 것이다.……중은 선의 지극함이고 이로움의 큼이고 복이 모이는 것이다. 음(淫)은 악의 돌아감이고 해(害)의 문이고 재앙의 창고이다.-음(淫)은 과불급하고 치우치고 기운 것의 이름이다.-……천하의 선은 또한 군주의 선이요,

달의 항상 있음과 같으며 如月之恒
해의 떠오름과 같으며 如日之升
남산(南山)의 장수함과 같아 如南山之壽
높아지지 않고 무너지지 않으며 不騫不崩
송백(松柏)의 무성함과 같아 如松柏之茂
그대를 받들지 않음이 없도다 無不爾或承

부이다. 항(恒)[54]은 달이 항상 있음과 같은 것이다. 건(騫)[55]은 올라감이요, 붕(崩)은 무너져 내려감이다. 이상은 덕이 신과 사람에게 화합하여 신과 사람이 도와줌을 말한 것이니, 신과 사람에게 정(情)과 뜻이 있어 의거할 만하다. 그러므로 신이 올라가지 않고 백성들이 무너지지 않아서 길이 보존한다고 말한 것이다. '송백의 무성함과 같음'은 신과 사람이 색깔을 변치 않는 송백과 같아서, 너를 받들지 않음이 없다는

천하의 복은 또한 군주의 복이다. 그러므로 '너의 극과 같이 하여 너에게 극을 보존함을 줄 것이다.'라고 한 것이다. 군주가 선을 하고자 해도 백성을 선하게 하는 것이 아니면 할 수가 없고, 군주가 복을 구하고자 해도 백성에게 복을 주는 것이 아니면 할 수가 없으니, 군주와 백성은 두 가지가 없다. '백성들이 너의 극과 같이 함'은 군주의 선을 따르는 것이요, '너에게 극을 보존함을 줌'은 백성의 선이 바로 군주의 선인 것이다.〔極, 中之得位而用者也, 故曰皇極. 仁立于中, 而中立于極, 故曰建. 子曰'爲政以德, 譬如北辰居其所, 而衆星拱之', 皇極之謂也.……中者, 善之至, 利之大, 福之萃也; 淫者, 惡之歸, 害之門, 禍之府也.【淫者, 過不及, 偏倚之名.】……天下善, 則亦君之善也; 天下福, 則亦君之福也. 故曰: '于汝極, 錫汝保極.' 君欲爲善, 非善民, 則不可得也; 君欲求福, 非福民, 則不可得也. 君與民, 無二致也. '于汝極', 從君之善也. '錫汝保極', 民之善, 乃君之善也.〕"라고 풀이하였다. 《書經蔡傳辨正》

54 항(恒) : 《집전》에는 현(弦)이라고 하여, 보름달로 나아가는 상현(上弦)달로 해석하였다.

55 건(騫) : 【집전】 이지러짐〔虧〕

말이니, 승(承)[56]은 받듦이다. 온갖 신들이 직책을 받고[57] 만민이 기뻐하며 복종하는 것이다.

이상은 〈천보〉 6장이니, 장마다 6구이다.

채미 采薇

고사리를 뜯고 고사리를 뜯음이여	采薇采薇
고사리 또한 발생하였도다	薇亦作止
돌아감이여, 돌아감이여	曰歸曰歸
한 해 또한 저물었도다	歲亦莫止
실가(室家)가 없음이	靡室靡家
험윤(玁狁)의 연고이며	玁狁之故
기거(起居)할 겨를이 없음이	不遑啓居
험윤의 연고이니라	玁狁之故

흥이고 부이다.[58] 작(作)[59]은 발생함이다. '고사리를 뜯음'은 제철의

56 승(承) : 【집전】 계승함이니, 옛 잎이 장차 떨어지려 하면 새잎이 이미 나와서 서로 계속하여 자라나고 무성함을 말한 것이다.

57 온갖……받고 : 이는 《예기》 〈예운(禮運)〉에 "예가 교(郊)제사에 행해지면 온갖 신들이 직책을 받는다.〔禮行於郊而百神受職焉.〕"라고 보이는데, 진호(陳澔)의 《예기집설(禮記集說)》에 "'온갖 신들이 직책을 받음'은 바람과 비가 절도에 맞고 추위와 더위가 철에 맞아서 나쁜 징조가 없음을 이르는 것이다.〔百神受職, 謂風雨節, 寒暑時, 而無咎徵也.〕"라고 하였다.

물건을 인하여 기흥(起興)한 것이니, 거듭 말한 것은 정녕한 뜻이다. '고사리를 뜯음'으로써 공(功)을 이룸을 말하였고,[60] '발생함'은 공을 이룸이 처음에 시초가 있는 것이다. '돌아감이여, 돌아감이여'는 돌아가고 싶은 심정을 말한 것이요, '한 해 또한 저물었음'은 한 해가 저물었는데도 아직 돌아가지 못함을 말한 것이다. 험윤은 북쪽 오랑캐이다. 계거(啓居)는 기거(起居)와 같다.[61] 이는 험윤을 정벌하고 돌아와서 장병들을 위로하고 연향한 시이다.[62]

고사리를 뜯고 고사리를 뜯음이여	采薇采薇
고사리가 또한 부드럽도다	薇亦柔止
돌아감이여 돌아감이여	曰歸曰歸
마음에 또한 근심하도다	心亦憂止
마음에 근심하기를 열렬(烈烈)히 하여	憂心烈烈
굶주리며 목마르노라	載飢載渴
내 수자리 간 일이 안정되지 않았으니	我戍未定
돌아가 안부를 묻게 할 겨를이 없도다	靡使歸聘

흥이고 부이다. 유(柔)는 처음 자라서 유약한 것이니, 공(功)의 형

58 흥이고 부이다 : 《집전》에는 흥으로 보았으니, 아래의 2, 3, 4장도 같다.

59 작(作) : 【집전】 땅에서 나옴〔生出地〕

60 고사리를 뜯음은……말하였고 : 《집전》에는 수자리를 나갈 때에 고사리를 뜯어 먹으면서 돌아올 기한이 먼 것을 생각하였으므로 '고사리를 뜯음'으로써 기흥하였다고 하였다.

61 계거(啓居)는 기거(起居)와 같다 : 위의 각주 13) 참조.

62 이는……시이다 : 《집전》에는 수자리를 보내는 시라고 하였다.

체가 이루어짐이 있다는 말이다. 열렬(烈烈)은 신고(辛苦 괴롭고 고생스럽게 애씀)의 뜻이다. 빙(聘)은 물음이니, 국사(國事)가 아직 안정되지 않아서 실가(室家)의 안부를 물을 겨를이 없다는 말이다.[63]

고사리를 뜯고 고사리를 뜯음이여	采薇采薇
고사리가 또한 쇠었도다	薇亦剛止
돌아감이여 돌아감이여	曰歸曰歸
한 해가 또한 양월(陽月)이 되었도다	歲亦陽止
왕사(王事)가 견고하지 않은지라	王事靡盬
기거할 겨를이 없으니	不遑啓處
마음에 근심하기를 심히 병들게 하나	憂心孔疚
우리 출정길은 그냥 돌아가지 않으리라	我行不來

흥이고 부이다. 강(剛)은 견고함이니, 공의 이루어짐이 이미 견고함을 말한 것이다. 양(陽)은 10월이다. 10월은 양이 없다고 의심할 수 있으므로 양월(陽月)이라 하니,[64] 즉 1장에서 한 해가 또한 저물었다고 한 것이다. 주나라의 한 해는 하정(夏正) 10월에 다하므로 저물었다고 한 것이니, 봄부터 10월까지는 전쟁에 대비하여 돌아가지 못하다가 11월에 이르면 돌아가는 것이다. 그러므로 돌아가지 못했다고 말한 것이 모두 10월에 그친 것이다. 구(疚)는 병듦이다. 내(來)는 돌아옴이다.

63 국사(國事)가……말이다 : 【집전】 수자리 일이 아직 끝나지 않았으니, 돌아가 그 실가(室家)의 안부를 묻게 할 만한 사람이 없다고 말한 것이다.

64 10월은……하니 : 달을 괘(卦)에 배합하면 10월은 여섯 효(爻)가 모두 음(陰)인 곤괘(坤卦 ䷁)에 해당하고 11월은 맨 아래에 양이 생긴 복괘(復卦 ䷗)인데, 정이천(程伊川)은 "양이 위에서 사라져 다하면 다시 아래에서 생기므로 10월을 양월이라 하니, 이는 양이 없다고 의심할까 두려워해서이다."라고 하였다. 《周易傳義 剝卦》

저 환한 꽃은 무엇인고	彼爾維何
상체(常棣)의 꽃이로다	維常之華
저 노거(路車)는 무엇인고	彼路斯何
군자가 타는 수레로다	君子之車
융거(戎車)를 이미 멍에하니	戎車旣駕
네 필의 말이 건장도 하도다	四牡業業
어찌 감히 편안히 거처하리오	豈敢定居
한 달에 세 번 승리하리로다	一月三捷

흥이고 부이다. 《집전》에 말하였다. 이(爾)는 꽃이 성한 모양이다. 상(常)은 상체(常棣)이다. 노(路)는 융거(戎車 병거(兵車))이다. 군자는 장수를 이른다. 업업(業業)은 건장한 모양이다. 첩(捷)은 승리함이다. ○'상체의 꽃'으로써 공이 이루어져 위엄스러운 명성이 혁혁함을 흥하였다. 〈채미〉 제3장은 아직 돌아가지 못하는 심정을 말하였고, 이 장과 아래 장은 싸우고 공격한 수고로움을 말하였으니, 모두 10월 이전의 일이다.

저 네 필의 말을 멍에하니	駕彼四牡
네 필의 말이 굳세고 굳세도다	四牡騤騤
군자가 타는 바요	君子所依
소인(小人)이 비호받는 바로다	小人所腓
네 필의 말이 정돈되고 정돈되니	四牡翼翼
상아로 만든 활 끝에 어(魚)로 만든 화살통이로다	象弭魚服
어찌 날마다 경계하지 않으리오	豈不日戒
험윤의 난이 매우 급하도다	玁狁孔棘

《집전》에 말하였다. 부이다. 규규(騤騤)는 굳셈이다. 비(腓)는 비(芘 비호)와 같다. 익익(翼翼)은 무리가 정돈된 모양이다. 상미(象弭)는 코끼리 뼈로 활고자〔弰〕를 장식한 것이다.-소(弰)는 시위를 메는 곳이다.- 어(魚)는 짐승의 이름으로 돼지와 비슷한데 동해(東海)에 있다. 그 가죽이 얼룩무늬가 있는 청색인데, 궁건(弓鞬)-활집-과 화살통을 만들 수 있다.

옛날 내가 출정할 때에는	昔我往矣
양류(楊柳)가 무성[65]하더니	楊柳依依
지금 내가 돌아올 때에는	今我來思
함박눈이 펄펄 내리도다	雨雪霏霏
길을 감이 멀고 멀어	行道遲遲
목마르며 굶주리노라	載渴載飢
내 마음 서글퍼하거늘	我心傷悲
나의 슬픔을 알아주지 않도다	莫知我哀

부이다.

이상은 〈채미〉 6장이니, 장마다 8구이다.

출거 出車

내 수레를 냄을	我出我車

65 무성 : 심대윤은 〈상호지십 거할(車舝)〉에서 의의(依依)는 '무성하고 짙은 모양〔茂濃貌〕'이라 하였다.

저 교외에 하노라 于彼牧矣
천자가 계신 곳으로부터 와서 自天子所
나더러 오라 하시도다 謂我來矣
저 마부를 불러 召彼僕夫
짐을 실어라 이르고 謂之載矣
왕사(王事)가 어려움이 많은지라 王事多難
급히 하라 하였노라 維其棘矣

부이다. 목(牧)은 야외(野外)이다. 이는 제후의 대부가 군대를 거느리고 삭방(朔方 북방)에 모여 축성(築城)할 적에 시를 지어 남중(南仲)이라는 장수를 찬미한 것이다.[66] '나더러 오라 함'은 천자가 나를 부른 것이요, '급히 하라 함'은 감히 천천히 갈 수 없는 것이다.

내 수레를 냄을 我出我車
저 교외에 하고 于彼郊矣
이 조(旐)를 꽂으며 設此旐矣
저 모(旄)를 세우니 建彼旄矣
저 여(旟)[67]와 조(旐)가 彼旟旐斯
어찌 펄럭이지 않으리오 胡不旆旆
마음에 서글피 근심하니 憂心悄悄
하물며 마부의 파리함이랴 僕夫況瘁

66 이는……것이다 : 《집전》에는 개선(凱旋)하는 장수를 위로한 시라고 하였다.

67 여(旟) : 조(旐)는 거북과 뱀을 그린 기이고, 모(旄)는 들소 꼬리를 깃대의 머리에 매단 것이고, 여(旟)는 새매를 그린 기이다.

부이다. 패패(旆旆)는 깃발이 휘날리는 모양이다. '마음에 서글피 근심함'[68]은 그 아랫사람을 생각한 것이다. '복부황췌(僕夫況瘁)'[69]는 나도 오히려 노고하는데 "하물며 마부의 파리함이랴."라고 한 것이다. 다만 마부를 말하여 그 나머지 사람을 모두 포함한 것이다.

왕이 남중(南仲)을 명하사	王命南仲
삭방에 가서 축성하게 하시니	往城于方
수레를 냄이 많고 많으며	出車彭彭
깃발이 선명하도다	旂旐央央
천자가 나를 명하사	天子命我
저 삭방에 축성하게 하시니	城彼朔方
혁혁(赫赫)한 남중이여	赫赫南仲
험윤(玁狁)을 내쫓도다	玁狁于襄

부이다. 방(方)은 삭방이다. 남중은 천자의 원수(元帥)이다. 양(襄)[70]은 마땅히 양(攘)이 되어야 하니, 험윤을 몰아 내쫓고 축성하여 방비한 것이다.

옛날 내가 출정할 때에는	昔我往矣
기장과 피에 꽃이 피었더니	黍稷方華
지금 내가 올 때에는	今我來思

68 마음에 서글피 근심함 : '憂心悄悄'의 초초(悄悄)에 대하여 심대윤은 〈패풍(邶風) 백주(柏舟)〉에서 '기뻐하지 않는 모양〔不懌之貌〕'이라고 하였다.

69 복부황췌(僕夫況瘁) : 《집전》에는 황(況)을 '이에〔玆〕'로 보았다.

70 양(襄) : 【집전】 제거함〔除〕

함박눈이 내려 길에 가득하도다　雨雪載塗
왕사가 어려움이 많은지라　王事多難
편안히 거처할 겨를이 없으니　不遑啓居
어찌 돌아감을 생각지 않으리오마는　豈不懷歸
이 간서(簡書)[71]를 두려워해서이니라　畏此簡書

부이다. '서직방화(黍稷方華)'[72]는 칠팔월 사이에 곡식에 꽃이 핀 것이다. 재도(載塗)는 길에 가득함이니, 수레에 짐을 실어서 가득함과 같은 것이다.[73] 이미 삭방에 축성을 하고 회군하여 돌아오면서 서융(西戎)을 정벌하였으므로 그 말이 이와 같은 것이다.

찌르륵 우는 풀벌레며　喓喓草蟲
펄쩍펄쩍 뛰는 메뚜기로다　趯趯阜螽
군자를 만나 보지 못한지라　未見君子
근심하는 마음 두근거리더니　憂心忡忡
군자를 만나 보니　旣見君子
내 마음 가라앉도다　我心則降
혁혁한 남중이여　赫赫南仲
잠깐[74] 서융(西戎)을 정벌하도다　薄伐西戎

71 간서(簡書) : 【집전】 경계하여 명(命)함이니, 이웃 나라에 위급함이 있으면 간서로써 서로 경계하여 명한다. 혹자는 말하기를 '간서는 장수를 보낼 때에 임하여 책명(策命)하는 말이다.' 한다.

72 서직방화(黍稷方華) : 《집전》에는 화(華)를 '성함〔盛〕'으로 보았다.

73 재도(載塗)는……것이다 : 《집전》에는 도(塗)를 진흙으로 보아 '얼음이 풀려 진흙탕이 된 것'이라고 하였다.

74 잠깐 : 【집전】 박(薄)이란 말은 애오라지의 뜻이니, 힘을 다 쓰지 않는 것이다.

흥이고 부이다.[75] 해설이 〈소남(召南)〉에 보인다.[76] 전날에는 대인을 보지 못하여 근심하였는데, 지금 남중을 보니 마음이 가라앉는다고 말한 것이다.[77]

봄 해가 길고 긴지라	春日遲遲
훼목(卉木)이 무성하고 무성하며	卉木萋萋
꾀꼬리 정답게 울며	倉庚喈喈
흰쑥을 많이도 뜯거늘	采蘩祁祁
신문(訊問)할 괴수(魁首)를 잡고	執訊獲醜
무리들을 붙잡아 잠깐 돌아오니	薄言還歸
혁혁한 남중이여	赫赫南仲
험윤을 평정하였도다	玁狁于夷

부이다. 훼(卉)는 풀이다. 신(訊)은 괴수(魁首)로서 마땅히 신문(訊問)해야 할 자이고, 추(醜)는 무리이다. 이(夷)는 평정함이다. 험윤만 말하면서 서융을 포함한 것이다.

이상은 〈출거〉 6장이니, 장마다 8구이다.

75 흥이고 부이다 : 《집전》에는 부로 보았다.

76 해설이 소남(召南)에 보인다 : 이 장의 내용은 〈소남 초충(草蟲)〉 1장과 비슷하다.

77 전날에는……것이다 : 《집전》에는 "장수가 출정함에 그 실가(室家)들이 시물(時物)의 변화에 감동하여 생각해서 말하기를 '보지 못하여 근심함이 이와 같으니, 반드시 만나본 뒤에야 마음이 가라앉을 것이다. 그러나 이 남중이 지금 어디에 계신가? 지금 막 서융을 정벌하러 가서 돌아오지 못한다.'고 하였으니, 이는 아마도 이미 험윤을 물리치고 회군하면서 곤이(昆夷)를 정벌한 것인 듯하다."라고 하여, 남중이 돌아오기 전의 말로 보았다.

체두 杕杜

우뚝한 아가위여 有杕之杜
화려한 그 열매로다 有睆其實
왕사(王事)가 견고하지 않은지라 王事靡盬
우리 날을 계속 잇도다 繼嗣我日
시절이 양월(陽月 시월)인지라 日月陽止
여인의 마음 서글퍼지니 女心傷止
정부(征夫)가 여가(餘暇)가 있으리로다 征夫遑止

홍이고 부이다.[78] 환(睆)[79]은 화려한 모양이다. 우뚝이 선 아가위의 열매가 화려함은 실제의 효험이 있음을 말한 것이요, '우리 날을 계속 이음'은 날로써 날을 이어 휴식할 때가 없는 것이다. 이는 사신이 일을 끝마치고 돌아옴을 기뻐하여, 시를 지어서 위로한 것이다.[80]

우뚝한 아가위여 有杕之杜
그 잎이 무성하고 무성하도다 其葉萋萋
왕사가 견고하지 않은지라 王事靡盬
내 마음 서글퍼지노라 我心傷悲
훼목(卉木)이 차가운지라 卉木萋止
여인의 마음 서글퍼지니 女心悲止

78 홍이고 부이다 : 《집전》에는 부라 하였으니, 이하의 장도 같다.

79 환(睆) : 【집전】 열매가 달려 있는 모양〔實貌〕

80 이는……것이다 : 《집전》에는 부역에서 돌아옴을 위로한 시이며, 돌아오지 않았을 때를 추술(追述)한 것이라 하였다.

정부가 돌아오시리로다 征夫歸止

흥이고 부이다. '훼목처지(卉木萋止)'의 처(萋)[81]는 마땅히 처(淒)가 되어야 하니, 양월의 초목이 차가운 것이다.-양월에 여가가 있을 것이라고 한 것은 장차 곧 돌아온다는 말인데, 어찌 다시 봄풀이 무성한 때에 이르겠는가. '우뚝한 아가위여 그 잎이 무성하고 무성하도다'는 흥이니, 흥은 굳이 제철의 물건을 쓰지 않아도 된다. 10월의 아가위에 어찌 열매가 있겠는가.[82]-

저 북산(北山)에 올라가 陟彼北山
구기자나물을 뜯노라 言采其杞
왕사가 견고하지 않은지라 王事靡盬
우리 부모를 근심스럽게 하도다 憂我父母
박달나무 수레의 휘장이 너덜거리며 檀車幝幝
네 필의 말이 병들었으니 四牡痯痯
정부가 오실 날이 멀지 않도다 征夫不遠

흥이고 부이다. '기나물을 뜯음'은 공을 이룸을 말한 것이다.[83] 천천

81 훼목처지(卉木萋止)의 처(萋) : 《집전》에는 '기엽처처(其葉萋萋)'의 '처처'에 대하여 "무성한 모양이니, 봄이 장차 저물려는 때이다."라고 하고 '훼목처지'의 '처'는 언급하지 않았으니, 같은 뜻으로 본 것이다. 심대윤은 '기엽처처'의 '처처'는 《집전》을 따르고, '훼목처지'의 '처'만 다르게 해석한 것이다.

82 10월의……있겠는가 : 이는 1장에서 아가위에 열매가 있다고 하고 또 시절이 양월(陽月)이라 한 것을 가리킨다. 1장의 《집전》에는 아가위에 열매가 있으므로 '가을과 겨울이 교차되는 때'라고 하였으니, 양월은 아가위 열매가 달리고 시간이 얼마 흐른 뒤를 말한 것이라 해석할 수 있다. 그러나 심대윤은 아가위 열매로써 제철에 무관하게 기흥(起興)하였다고 본 것이다.

83 기나물을……것이다 : 【집전】 산에 올라가 기나물을 뜯는다면 봄이 이미 저물어

(嘽嘽)은 해진 모양이고, 관관(痯痯)은 피곤한 모양이다.

행장을 싣고 오시지 않아 匪載匪來
근심하는 마음 매우 괴롭거늘 憂心孔疚
기한이 지나도 오시지 않으니 期逝不至
우려가 많도다 而多爲恤
거북점과 주역점을 함께 쳐 보아 卜筮偕止
모두 올 날이 가깝다 하니 會言近止
정부가 오실 날이 가까우리로다 征夫邇止

부이다. 재(載)는 행장을 실음이다. 휼(恤)은 우려함이다. 회(會)는 합함이다.

이상은 〈체두〉 4장이니, 장마다 7구이다.

〈남해(南陔)〉

이는 일시(逸詩)이다.[84]

이상은 〈녹명지십(鹿鳴之什)〉이니, 한 편은 가사가 없다.

기나물을 먹을 수 있는 것이니, 나물을 뜯는다고 칭탁하여 군자를 바라보고서 왕사 때문에 부모에게 근심을 끼침을 생각한 것이다.

84 이는 일시(逸詩)이다 : 《집전》에는 생시(笙詩)라고 하였다.

백화지십 白華之什

〈백화(白華)〉

〈화서(華黍)〉

〈백화〉와 〈화서〉는 일시(逸詩)이다. 《집전》에 〈남해〉·〈백화〉·〈화서〉는 생시(笙詩)로서, 성률(聲律)만 있고 가사가 없다고 하였으니,[1] 아무런 생각이 없이 입에서 나오는 대로 함부로 말한 것이라고 이를 만하다. 가사가 없다면 어떻게 시라고 말하여 편질(篇帙)의 가운데에 편집할 수 있으며, 성률이 어디에 있을 수 있는가. 시가 없다면 생(笙)으로 연주하는 것은 무엇의 성률인가. 선유(先儒)의 병통은 매양 무(無)에서 유(有)를 찾아내어 그것에 미혹되어 도깨비 마음속으로 들어가서 우주에 없는 일을 말함에 있으니, 내가 말하는 뜰의 토끼[2]가

1 집전에……하였으니 : 【집전】《의례(儀禮)》〈향음주례(鄕飮酒禮)〉에 비파를 타면서 〈녹명(鹿鳴)〉·〈사모(四牡)〉·〈황황자화(皇皇者華)〉를 노래한 다음, '생(笙)을 부는 악공(樂工)이 문 안으로 들어가서 당 아래에 이르러 편경(編磬)의 남쪽에서 북향하고 서서 〈남해〉·〈백화〉·〈화서〉를 음악으로 연주한다.〔笙入堂下, 磬南北面立, 樂《南陔》《白華》《華黍》.〕'라고 하였고, 〈연례(燕禮)〉에도 또한 비파를 타면서 〈녹명〉·〈사모〉·〈황황자화〉를 노래한 다음, '생을 부는 악공이 문 안으로 들어가 악기를 매달아 놓은 가운데에 서서 〈남해〉·〈백화〉·〈화서〉를 음악으로 연주한다.〔笙入立于縣中, 奏《南陔》《白華》《華黍》.〕'라고 하였다. 〈남해〉 이하는 지금 그 편명(篇名)을 지은 의의(意義)를 상고할 수 없으나, '생을 부는 악공'이라 하고, '음악으로 연주'한다 하였고, '노래한다'고 하지 않았으니, 소리만 있고 가사가 없음이 분명하다.

2 뜰의 토끼 : 심대윤은 《논어》〈위정(爲政)〉의 "생각하기만 하고 배우지 않으면 위태

이것이다. 배우는 자는 조심하여 학자들의 이런 습관을 익히지 말지어다. '배우고 때때로 그것을 거듭함'은 이 병통을 염려한 것이다.[3]-

《시전대전》에 "시의 문장으로 나타나는 것은 노래이고 음악에 붙이는 것은 성률이다."라고 하였으니, 이것은 더욱 심히 가소롭다. 음악이 바로 성률이니, 성률만 있고 시가 없다면 성률을 어떻게 소리에 붙일 수 있겠는가.[4] 도깨비의 말이 아니고 무엇인가.-

롭다.〔思而不學則殆.〕"에 대한 주석에서 "태(殆)는 위태로움이니, 미혹되어 잘못된 곳으로 들어갈까 염려하는 것이다. 지혜가 미치지 못하는 것에 대해 만약 생각을 버려두지 않으면 마침내 형체 없는 것의 형체를 보게 된다. 뜰에 토끼가 있다고 의심하면서 정신을 집중하여 뜰을 주시하면 3년이 되어 토끼를 보게 되니, 뜰에 토끼가 있는 것이 아니고 미혹으로 인하여 없는 것을 있다고 여기는 것이다. 옆 사람이 없다고 알려 주면 더욱더 주시하고 더 있다고 여기며, 스스로 믿음이 더욱 독실해져 종신토록 미혹을 벗지 못한다.……배우고 때때로 그것을 거듭하면 뜰의 토끼를 보는 우환이 없을 것이다.〔殆, 危也, 恐其惑而誤入也. 知之所不及而若思不置, 則乃見無形之形. 夫疑庭之有兎, 而凝精而注視, 則三年而見其兎矣, 庭非有兎也, 因其惑而無之有也. 傍人告之以無, 則愈益注視, 而愈益有矣, 自信愈篤, 而其惑終身不解矣.……學而時習之, 則無庭兎之患也.〕"라고 하였다.

3 배우고……것이다 : 심대윤은 《논어》〈학이(學而)〉의 "배우고 때때로 그것을 거듭하면 기쁘지 않겠는가.〔學而時習之, 不亦說乎?〕"에 대한 주석에서 "정자(程子)는 '습(習)은 거듭함이다.'라고 하였다. 배우고 때때로 그것을 거듭하면 전날에 알지 못했던 것을 더욱 알게 된다. 다만 한 번에 철저히 다 알려고 하면 될 수 없고 생각이 다하여 미혹하게 된다. 우선 버려두었다가 때때로 거듭하는 묘방(妙方)만한 것이 없으니, 이것이 학문의 첫 번째 요법(要法)이다.〔程子曰: '習, 重習也.' 學而時習之, 則益知其前日之所未知也. 直欲一時透徹, 不可得, 思竭而惑矣. 莫若且置之, 而時時更習之之爲妙也, 此學問之第一要法也.〕"라고 하였다.

4 시전대전에……있겠는가 : 《시전대전》의 소주에 동씨(董氏)가 "시에는 노래와 성률이 있으니, 시의 문장으로 나타나는 것은 노래이고, 음악에 붙이는 것은 성률이다. 시가 향인(鄕人)과 국가에 사용되었으므로 당시 사람들이 그 뜻을 익혔으니, 이 때문에 그 일을 인하여 성률을 알고 뜻을 안 것이다. 그렇다면 '무기사(亡其辭)'라는 것은 바로 본래 가사가 없는 것이요, 잃어버린 것이 아니다.〔蓋詩有歌有聲, 見於詩者, 歌也, 寓於樂者, 聲也. 以其用於鄕人、邦國, 故當時人習其義, 是以因其事而識其聲知其義也. 然則亡其辭者, 乃本亡之, 非失亡也.〕"라고 하였다. 이는 노래와 음악이 있는데, 노래의

어리 魚麗

물고기가 통발에 걸렸으니 魚麗于罶
날치와 모래무지로다 鱨鯊
군자[5]가 술이 있으니 君子有酒
맛있고 또 많도다 旨且多

흥이다. 《집전》에 말하였다. 상(鱨)은 지금의 황협어(黃頰魚)이니, 크고 힘이 있다. 사(鯊)는 몸이 좁고 작으며 입을 벌려 모래를 불어 낸다. 이는 연향에 통용하는 악가이다.
○유(罶)는 통발이니, 바로 구역(九罭)[6]의 뜻이다. '군자가 술이 있으니 맛있고 또 많도다'는 실제의 덕이 아름다움을 가탁하여 말한 것이다.

물고기가 통발에 걸렸으니 魚麗于罶
방어와 가물치로다 魴鱧
군자가 술이 있으니 君子有酒
많고 또 맛있도다 多且旨

흥이다. 예(鱧)는 지금의 여어(蠡魚 가물치)이다.

가사가 곧 시라고 보는 것이다. 반면에, 심대윤은 《서경》 〈순전(舜典)〉에 "시는 뜻을 말한 것이요 노래는 말을 길게 읊는 것이요 성(聲)은 길게 읊음에 의지한 것이요 율(律)은 읊는 소리를 조화시키는 것이다.〔詩言志, 歌永言, 聲依永, 律和聲.〕"라고 한 것처럼, 시가 먼저 있고 시로부터 노래와 성률이 나온다고 본 듯하다.

5 군자 : 【집전】 주인(主人)을 가리킨다.

6 구역(九罭) : 주머니가 9개 있는 그물로 〈빈풍(豳風) 구역(九罭)〉에 보인다.

물고기가 통발에 걸렸으니 魚麗于罶
메기와 잉어로다 鰋鯉
군자가 술이 있으니 君子有酒
맛있고 또 많도다 旨且有

흥이다. 언(鰋)은 제어(鯷魚 메기)이다.

차린 물건이 많으니 物其多矣
아름답기도 하다 維其嘉矣

부이다.

차린 물건이 맛있으니 物其旨矣
두루 갖추었도다[7] 維其偕矣

부이다.

차린 물건이 많이 있으니 物其有矣
때에 알맞도다 維其時矣

부이다. 재주가 많고 지식이 넓은 것은 재주와 지식을 훌륭하게 하려는 것이니, 이는 박문(博文)과 약례(約禮)를 말한 것이다.[8] 재주가 이

7 갖추었도다 : 아래 6장의 주에 의하면 《집전》에는 해(偕)를 '함께함〔齊〕'으로 해석하였고, 심대윤은 '갖춤〔備〕'으로 해석하였다.

8 재주가 많고……것이다 : 이는 4장을 해설한 것이다. 박문과 약례는 《논어》〈옹야

미 훌륭하게 되면 그것을 구비하고자 하니, 이는 '들어가는 곳마다 만족하지 않음이 없음'을 말한 것이다.[9] 재주가 이미 구비되면 그것을 때에 맞게 행하고자 하니, 이는 시중(時中)을 말한 것이다.[10] 재주가 아름다우면서 능히 어떤 자리에서도 훌륭하게 하고 어떤 때에도 알맞게 하는 것은 군자의 이루어진 덕이다.[11] 이 편은 풍(風)이다.

이상은 〈어리〉 6장이니, 세 장은 장마다 4구이고, 세 장은 장마다 2구이다.

(雍也)〉에 "군자가 문(文)에 널리 배우고 예로써 요약한다면 또한 도에 어긋나지 않을 것이다.〔君子博學於文, 約之以禮, 亦可以弗畔矣夫.〕"라고 보이는데, 심대윤은 '문(文)'을 문장(文章)과 제도(制度)로 해석하였다.

9 재주가 이미……것이다 : 이는 5장을 해설한 것이다. '들어가는 곳마다 만족하지 않음이 없음'은 《중용》에 "현재 부귀에 처해서는 부귀대로 행하며, 빈천에 처해서는 빈천대로 행하며, 이적(夷狄)에 처해서는 이적대로 행하며, 환난에 처해서는 환난대로 행하니, 군자는 들어가는 곳마다 스스로 만족하지 않음이 없다."라고 보이는데, 이에 대하여 심대윤은 "자기 분수를 밝게 알아 자신의 힘을 다하면 마음에 근심과 후회가 없으니, 모든 분수 밖의 일은 내가 하지 않는 바이고 모든 분수 안의 일은 내가 행하여 선(善)을 다한다. 무릇 천하의 즐거움이 이보다 더 큰 것이 없으니, 이른바 즐거움이 이 가운데 있다는 것이 이것이다. 그러므로 '만족함〔得〕'이라 하고 자신의 힘을 다한다고 하지 않은 것이다. 득(得) 자는 '자신의 힘을 다함'과 '스스로 즐거움'의 두 뜻을 겸한다.〔明知其分而自盡焉, 心無憂悔. 凡分外之事, 我之所不爲也 ; 凡分內之事, 我爲之而盡善. 凡天下之樂, 莫大於是, 所謂'樂在其中'者, 此也. 故曰得, 而不曰自盡. 得字便兼自盡、自樂二義也.〕"라고 풀이하였다. 《中庸訓義》

10 이미 구비되면……것이다 : 이는 6장을 해설한 것이다. 시중(時中)은 《중용》에 "군자가 중용을 함은 군자이면서 때에 맞게 하기 때문이다.〔君子之中庸也, 君子而時中.〕"라고 보이는데, 심대윤은 "군자가 공정하면서도 저울질을 잘한다.〔君子公正而能權.〕"라고 하였다. 《中庸訓義》

11 재주가……덕이다 : 《집전》에는 주인이 손님을 우대하여, 연향에 올리는 음식이 곡진히 완전함을 말한 것으로 풀이하였다.

〈유경(由庚)〉

이는 일시(逸詩)이다.

남유가어 南有嘉魚

남쪽[12]에 가어(嘉魚)가 있으니	南有嘉魚
많은 가리로 거듭 가리질하도다	烝然罩罩
군자가 술이 있으니	君子有酒
아름다운 손님과 잔치하여 즐기도다	嘉賓式燕以樂

《집전》에 말하였다. 흥이다. 가어(嘉魚)는 면남현(沔南縣)의 병혈(丙穴)[13]에서 나온다. 조(罩)는 가리이니, 대나무를 엮어 만든다. ◯이는 학교 안에 생도(生徒)의 악가이다.[14] 증연(烝然)[15]은 무리가 많아 거듭 겹친 뜻이다. 조조(罩罩)는 취하기를 한 번만 하지 않는 것이니, 스승의 교훈을 잘 따라 실행하고 배움을 싫어하지 않음을 말한 것이다.

12 남쪽 : 《집전》에 장강(長江)과 한수(漢水)의 사이를 말한다고 하였다.

13 병혈(丙穴) : 《시전대전》의 소주에 산음 육씨(山陰陸氏)는 "동굴의 구멍이 한중(漢中) 면남현 북쪽에 있는데, 동굴 입구가 병방(丙方)을 향하므로 병혈이라 한다.〔穴在漢中沔南縣北, 穴口向丙, 故曰丙也.〕"라고 하였다.

14 이는……악가이다 : 《집전》에는 연향에 통용하는 음악이라 하였다.

15 증연(烝然) : 【집전】 발어성(發語聲)

남쪽에 가어가 있으니　南有嘉魚
많은 통발로 거듭 통발질하도다　烝然汕汕
군자가 술이 있으니　君子有酒
아름다운 손님과 잔치하여 즐기도다　嘉賓式燕以衎

《집전》에 말하였다. 흥이다. 산(汕)은 물고기를 떠 올리는 그물이니, 통발로써 물고기를 떠 올리는 것이다.

남쪽에 규목(樛木)이 있으니　南有樛木
단박이 매달려 있도다　甘瓠纍之
군자가 술이 있으니　君子有酒
아름다운 손님과 잔치하여 편안하도다　嘉賓式燕綏之

흥이다. 이는 바로 〈주남(周南) 규목(樛木)〉의 뜻[16]이다. 스승의 도(道)가 높고 엄하나 능히 너그럽고 온화하게 아랫사람을 구제해서, 차근차근 사람을 잘 이끄는 것이 마치 규목의 줄기가 바르고 곧으나 가지가 아래로 드리워져 있는 것과 같다. 그러므로 젊은이가 스승을 사모하여[17] 기꺼이 배우는 것이다. 감호(甘瓠 단박)는 박 중에 먹을 수

16 주남(周南) 규목(樛木)의 뜻 : 〈규목〉 1장에 "남쪽에 규목이 있으니 칡덩굴이 감겨 있도다. 즐거운 군자여 복지(福祉)로 편안히 하도다."라고 하였는데, 이에 대하여 심대윤은 중화(中和)의 군자가 즐겁고 화평하여 아랫사람을 친히 따르게 하는 뜻이라고 설명하였다.

17 젊은이가 스승을 사모하여 : 원문은 '소자회지(少者懷之)'로, 《논어》〈공야장(公冶長)〉에 "〈나의 뜻은〉 늙은이가 나를 편안하게 여기고, 붕우가 나를 믿고, 젊은이가 나를 사모하는 것이다.〔老者安之, 朋友信之, 少者懷之.〕"라고 보인다. 이에 대하여 심대윤은 "겸양하므로 늙은이가 편안하게 여겨, 꺼리고 싫어함이 없는 것이다. 붕우가 공자를 믿으면 감화되고, 젊은이가 공자를 사모하면 선(善)에 권면되는 것이다.〔謙讓,

있는 것이니, 능히 실제의 얻음이 있는 자를 이른다.-단박은 얽혀서 떠나가지 않는 제자이고, 2장의 '훨훨 나는 비둘기'는 물러간 뒤의 잘못을 보장할 수 없는 제자[18]이다. 그러나 단박과 같은 제자가 없으면 훨훨 나는 비둘기와 같은 제자를 오게 할 수가 없고, 훨훨 나는 비둘기와 같은 제자가 없으면 가르침이 먼 곳에 도달할 수가 없다. 공자 문하에 단박과 같은 제자는 십여 명이고, 훨훨 나는 비둘기처럼 한때 문하(門下)에 있었던 제자[19]는 3천여 명이고, 또 공자를 사모한 자는 무수히 많다.-

훨훨 나는 비둘기여	翩翩者鵻
무리 지어 몰려오도다	烝然來思
군자가 술이 있으니	君子有酒
아름다운 손님과 잔치하고 또 하도다	嘉賓式燕又思

흥이다. '무리 지어 몰려옴'은 오는 자가 한두 명이 아닌 것이요, '잔치하고 또 함'은 가르치는 방도가 이미 좋아서 차근차근 이끌어 심원함에 미치는 것이다. 《주역》에 이르기를 "우는 학(鶴)이 음지(陰地)에

故老者安之而無忌嫌也. 朋友信, 則化之, 少者懷, 則勸於善也.〕"라고 풀이하였다.

18 물러간……제자 : 원문은 '불보기왕(不保其往)'으로, 《논어》 〈술이(述而)〉에 호향(互鄕)의 동자가 공자를 찾아와 뵈었을 때 공자가 "찾아옴을 허여할 뿐이요 물러간 뒤에 잘못하는 것을 허여하는 것은 아니니, 어찌 심하게 할 것이 있겠는가. 사람이 몸을 깨끗이 하고서 찾아오거든 그 몸을 깨끗이 한 것을 허여할 뿐이요 물러간 뒤의 잘못을 보장할 수 없는 것이다.〔與其進也, 不與其退也, 唯何甚? 人潔己以進, 與其潔也, 不保其往也.〕"라고 말씀한 것에 보인다. 주자는 《논어》의 이 장에 빠진 글자가 있는 것으로 보고 '人潔己以進, 與其潔也, 不保其往也'를 먼저 해석하였으나 심대윤은 '人潔己' 이하를 앞 구절의 각주로 보았다.

19 한때……제자 : 원문은 '급문(及門)'으로, 《논어》 〈선진(先進)〉의 공자의 말씀에 "나를 진(陳)나라와 채(蔡)나라에서 따르던 자들이 지금 모두 문하에 있지 않구나.〔從我於陳蔡者, 皆不及門也.〕"라고 보인다.

있는데, 그 새끼들이 화답하도다. 나에게 좋은 벼슬이 있어 내가 그대와 함께 매여 있노라."[20]라고 하였으니, 이것을 이른 것이다. 이 편은 풍(風)이다.

이상은 〈남유가어〉 4장이니, 장마다 4구이다.

〈숭구(崇丘)〉

이는 일시(逸詩)이다.

20 우는……있노라 : 이는 《주역》 〈중부괘(中孚卦 ䷼)〉의 구이(九二) 효사이다. 이에 대하여 심대윤은 '우는 학'은 스승, 학의 '새끼들'은 제자들, '매여 있음'은 스승과 제자 또는 제자들 간에 믿고 본받음으로 해석하였으니, 《주역상의점법(周易象義占法)》에 다음과 같이 설명하였다. "명(鳴)은 화답하여 응함이니, 우는 학은 구오(九五)가 구이(九二)의 화응(和應)을 얻음을 말한다.……'그 새끼들'은 아래에 있는 초구(初九)와 구이의 두 효를 이른다.……무릇 울음을 말한 것은 모두 화응하여 본받음이다.……'나에게 좋은 벼슬이 있음'은 구오의 언행이 선함을 말한 것이다.……'내가 그대와 함께 매여 있음'은 구이와 초구가 구오를 믿고 따름을 말한 것이다.……나의 언행이 가까운 곳에서 발하여 먼 곳에서 동(動)하므로 '우는 학이 음지에 있다.'라고 하였다. 음(陰)은 어둡고 은미한 곳이니, 《중용》에 '마음속의 은미한 것이 드러난다.'라고 한 것이 이것이다. 한 사람이 신실(信實)하면 여러 사람이 응하므로 '그 새끼들이 화답하도다.'라고 하였다. 반드시 대인(大人)인 스승에 의탁한 뒤에 남에게 신임을 받으므로 '나에게 좋은 벼슬이 있어 내가 그대와 함께 매여 있노라.'라고 하였다.〔鳴, 和應也, 鳴鶴, 言五之得二之和應也.……其子, 謂初二兩爻之在下也.……凡言鳴者, 皆和應而相效也.……'我有好爵', 言五之言行之善也.……'吾與爾靡之', 言二與初信服于五也.……我之言行, 發乎邇而動乎遠, 故曰'鳴鶴在陰'. 陰, 言幽隱之地也, 《中庸》曰'微之顯'是也. 一人旣信而衆應之, 故曰'其子和之'. 必托于大人先生而後取信於人, 故曰'我有好爵, 吾與爾靡之'.〕"

남산유대 南山有臺

남산(南山)에 잔디가 있고	南山有臺
북산(北山)에 명아주가 있도다	北山有萊
즐거운 군자여	樂只君子
국가의 터전이로다	邦家之基
즐거운 군자여	樂只君子
만수(萬壽)가 기한이 없으리로다	萬壽無期

《집전》에 말하였다. 흥이다. 대(臺)는 부수(夫須)이니, 바로 사초(莎草)이다. 명아주는 잎이 향기로워 먹을 수 있다.

◯속담에 이르기를 "천하에는 대(對)를 이루지 않는 것이 없다."라고 하였다. 하늘과 땅의 이치가 반드시 서로 짝을 지어 행해지니, 이는 음(陰)과 양(陽), 남과 여가 떨어질 수 없는 것과 같으니, 음과 양이 나누어지고 남과 여가 갈라지면 화육(化育)의 공을 이루지 못한다. 위에 요(堯)와 순(舜)의 군주가 있으면 아래에 반드시 이윤(伊尹)과 여상(呂尙)의 보좌[21]가 있고, 위에 걸왕(桀王)과 주왕(紂王)의 군주가 있으면 아래에 반드시 비렴(飛廉)과 악래(惡來)[22]의 신하가 있으니, 이는 떳떳한 이치이다. 혹 훌륭한 군주는 있지만 훌륭한 신하가 없거나, 훌륭한 신하는 있지만 훌륭한 군주가 없는 경우에도 훌륭한 일을

21 이윤(伊尹)과 여상(呂尙)의 보좌 : 이윤은 상(商)나라의 탕왕(湯王)을 도와 하(夏)나라를 멸망시키고 탕왕의 손자 태갑(太甲) 때까지 왕을 보좌하였다. 여상은 강태공(姜太公)으로 주나라 무왕(武王)을 보좌하여 상나라를 멸망시켰다.

22 비렴(飛廉)과 악래(惡來) : 두 사람은 모두 재주와 힘으로 상나라 주왕(紂王)을 섬겼는데, 비렴은 아첨하는 신하였고, 악래는 남을 비방하는 것을 잘하여 제후들이 이 때문에 소원해졌다. 악래는 비렴의 아들이다. 《史記 殷本紀, 秦本紀》《孟子注疏》

하지 못한다. 훌륭한 군주는 있지만 훌륭한 신하가 없는 경우는 반드시 군주가 선비를 제대로 양성하지 못한 것이요, 훌륭한 신하는 있지만 훌륭한 군주가 없는 경우는 반드시 군주가 현자를 제대로 기용하지 못한 것이다. 이 시는 군주와 신하가 서로 배합이 맞아서 훌륭한 정치를 함을 기뻐한 것이다. 그러므로 '남산에 잔디가 있고 북산에 명아주가 있음'으로 기흥(起興)하여 '즐거운 군자여'라고 거듭 말한 것이다.[23]

남산에는 뽕나무가 있고	南山有桑
북산에는 버드나무가 있도다	北山有楊
즐거운 군자여	樂只君子
국가의 영광이로다	邦家之光
즐거운 군자여	樂只君子
만수무강하리로다	萬壽無疆

홍이다. 〈훌륭한 정치를〉 군주가 시작하고 신하가 끝마치므로 만수무강을 신하에게 말한 것이다.-군주의 만수무강은 신하에서 말미암는다.-

남산에는 구기자나무가 있고	南山有杞
북산에는 오얏나무가 있도다	北山有李
즐거운 군자여	樂只君子
백성의 부모로다	民之父母
즐거운 군자여	樂只君子

23 이……것이다 : 《집전》에는 연향에 통용하는 음악이며, '군자'는 빈객을 가리킨다고 하였다. 반면에 심대윤은 거듭 나오는 군자를 각각 군주와 신하로 보았으니, 2장과 5장의 주석에 의하면 앞의 군자는 군주이고 뒤의 군자는 신하이다. 그래서 기홍하는 것도 남산과 북산의 두 가지로 하였다고 본 것이다.

덕음(德音)이 그치지 않도다　　德音不已

흥이다. 불이(不已)는 불망(不忘)[24]과 같으니, 군주의 은덕이 백성에게 미치는 것은 신하의 어짊에 기인한다.

남산에는 붉나무가 있고　　南山有栲
북산에는 감탕나무가 있도다　　北山有杻
즐거운 군자여　　樂只君子
어찌 미수(眉壽)하지 않으리오　　遐不眉壽
즐거운 군자여　　樂只君子
덕음(德音)이 이에 무성하도다　　德音是茂

흥이다. 고(栲)는 산저(山樗)이고, 유(杻)는 감탕나무이다. 미수(眉壽)는 눈썹이 빼어난 것이다.[25]

남산에는 헛개나무가 있고　　南山有枸
북산에는 광나무가 있도다　　北山有楰
즐거운 군자여　　樂只君子

24 불망(不忘) : 〈주송(周頌) 열문(烈文)〉에 "더 강함이 없는 사람을 사방에서 교훈으로 삼도다. 덕이 드러나지 않겠는가. 제후들이 덕을 본받으니 전왕(前王)을 잊지 못하리라.〔無競維人, 四方其訓之. 不顯維德? 百辟其刑之. 於乎! 前王不忘.〕"라고 보이는데, 심대윤은 이에 대하여 "전왕을 잊지 못하는 것은 그 교훈과 법이 사람들에게 남아 있기 때문이다.〔前王之不忘者, 由其訓、刑在人也.〕"라고 풀이하였다.

25 미수(眉壽)는……것이다 : 미수는 장수(長壽)를 뜻하니, 공영달(孔穎達)의 소에 "연로한 사람은 반드시 빼어나게 나온 가는 눈썹이 있다.〔人年老者, 必有豪毛秀出者.〕"라고 하였다. 《毛詩正義 豳風 七月》

어찌 황구(黃耈)하지 않으리오 遐不黃耈
즐거운 군자여 樂只君子
그대의 후손을 편안하게 하리로다. 保艾爾後

흥이다. 《집전》에 말하였다. 구(枸)는 지구(枳枸 헛개나무)이니, 나무가 백양(白楊)과 비슷하고, 열매가 가지 끝에 달리는데 크기가 손가락만 하고 길이가 몇 치이며 달고 맛있어 엿과 같고, 일명 목밀(木蜜)이라고도 한다. 유(楰)는 서재(鼠梓 광나무)이니, 나무가 가래나무와 비슷하다. 황구(黃耈)[26]는 노인이 누런 모발이 생긴 것이다.
○애(艾)는 마땅히 예(乂)가 되어야 하니,[27] 군주가 장수하고 복을 누림은 신하가 군주와 군주의 자손을 잘 보좌하기 때문이다.

이상은 〈남산유대〉 5장이니, 장마다 6구이다.

〈유의(由儀)〉

이는 일시(逸詩)이다.

26 황구(黃耈) : 《집전》에는 황(黃)은 노인의 머리털이 다시 누렇게 되는 것이고, 구(耈)는 노인의 얼굴이 언 배〔凍梨〕의 빛깔이어서 때가 끼어 있는 것과 같은 것이라고 하였다.

27 애(艾)는……하니 : 《집전》에는 보(保)는 편안함이고 애(艾)는 기름이라고 하여, 보애(保艾)를 편안하게 기름으로 해석하였다. 예(乂)는 다스림 또는 안정됨의 뜻으로, 보예(保乂)는 다스려 편안하게 함의 뜻이다.

육소 蓼蕭

장대(長大)한 저 쑥에　　蓼彼蕭斯
내린 이슬이 흠뻑 맺혔도다　　零露湑兮
이미 군자를 만나 보니　　旣見君子
내 마음 모두 쏟아 놓도다　　我心寫兮
잔치하여 술을 마시며 웃고 말하니　　燕笑語兮
이 때문에 편안한 곳이 있도다　　是以有譽處兮

흥이다. 《집전》에 말하였다. 육(蓼)은 길고 큰 모양이고, 소(蕭)는 쑥이다. 예(譽)는 마땅히 예(豫)가 되어야 하니, 편안하고 즐거움이다. 이는 천자가 제후를 연향하는 시이다.
◯쑥은 자라기가 쉽고 제거하기가 어려우니, 이로써 덕이 쉽게 교화되어 잊기 어려움을 비유하였다. '내린 이슬이 흠뻑 맺힘'은 덕이 있는 곳이 복이 모이는 곳임을 말한 것이요, '연소어혜(燕笑語兮)'는 잔치하여 술을 마시며 웃고 말하는 것이다. 군주와 신하의 분별은 매우 존엄하여 예와 공경으로 서로 대하나 오직 잔치하여 술을 마실 때에는 다정하게 기쁜 마음으로 대하고 담소하여 정을 다한다. 그러므로 '이 때문에 편안하고 즐거운 곳[28]이 있다'고 말한 것이다.

장대한 저 쑥에　　蓼彼蕭斯
내린 이슬이 많고 많도다　　零露瀼瀼

28 편안하고 즐거운 곳 : 이는 예처(譽處)를 해석한 것인데, 《집전》에는 예(譽)를 '훌륭한 명성〔善聲〕'이라 하고 처(處)를 안락(安樂)이라 하여, 예처를 '명예와 안락'으로 해석하였다.

이미 군자를 만나 보니 旣見君子
은총이며 영광이도다 爲龍爲光
그 덕이 어그러지지 않으니 其德不爽
장수(長壽)하기를 바라 잊지 못하리로다 壽考不忘

흥이다. 총(龍)은 《집전》에 총(寵)이라고 하였다. '은총이 됨〔爲寵〕'은 제후가 왕에게 순종함을 말한 것이요, '영광이 됨〔爲光〕'은 제후가 자기 나라의 영광으로 여김을 말한 것이다.[29]

장대한 저 쑥에 蓼彼蕭斯
내린 이슬이 젖어 있고 젖어 있도다 零露泥泥
이미 군자를 만나 보니 旣見君子
심히 편안하여 화순(和順)하도다 孔燕豈弟
형에게도 마땅하고 아우에게도 마땅한지라 宜兄宜弟
훌륭한 덕으로 장수하고 화락(和樂)하리로다 令德壽豈

흥이다. 이니(泥泥)는 흠뻑 젖어 있는 모양이다. 연(燕)은 편안함이다. 개제(愷悌)[30]는 온화하고 순함이다. '형에게도 마땅하고 아우에게도 마땅함'[31]은 이웃나라와 친목함을 말한 것이다. 수개(壽豈)는 장수

29 은총이……것이다 : 《집전》에는 '爲龍爲光'은 천자가 제후의 덕을 기뻐하는 말이라고 하였다.

30 개제(愷悌) : 《집전》에는, 개(豈)는 '즐거움〔樂〕'이고 제(弟)는 '평탄함〔易〕'이라고 하였다.

31 형에게도……마땅함 : 《집전》에는 의기가인(宜其家人)이란 말과 같다 하고, 제후는 대를 이어 즉위하여 형제간을 의심하고 시기하는 경우가 많으므로, 이로써 찬미하고 경계한 것이라 하였다.

하고 화락한 것이다.

장대한 저 쑥에 蓼彼蕭斯
내린 이슬이 방울방울 맺히도다 零露濃濃
이미 군자를 만나 보니 旣見君子
고삐가 부드러워 鞗革沖沖
화(和)와 난(鸞)이 조화롭게 울리니 和鸞雝雝
만복(萬福)이 함께 모이는 바로다 萬福攸同

흥이다. 농농(濃濃)[32]은 이슬이 모여 맺힌 모양이다. 조혁(鞗革)[33]은 고삐이고, 충충(沖沖)[34]은 부드러운 모양이니, '고삐가 부드러움'은 제후가 천자에게 통솔되어 명을 순종함을 말한 것이다. '화와 난[35]이 조화롭게 울림'은 그 명성이 위에 도달함을 말한 것이다.

이상은 〈육소〉 4장이니, 장마다 6구이다.

잠로 湛露

흠뻑 맺힌 이슬이여 湛湛露斯

32 농농(濃濃) : 【집전】 두터운 모양〔厚貌〕

33 조혁(鞗革) : 【집전】 조(鞗)는 고삐요, 혁(革)은 고삐의 머리이니, 말고삐를 잡은 곳 외에 남는 부분이 있어서 아래로 드리운 것이다.

34 충충(沖沖) : 【집전】 드리워진 모양〔垂貌〕

35 화와 난 : 방울의 이름으로, 《집전》에 "식(軾)에 있는 것을 화(和)라 하고, 재갈에 있는 것을 난(鸞)이라 하니, 모두 제후들이 타는 거마(車馬)의 장식이다."라고 하였다.

햇볕이 아니면 마르지 않도다 匪陽不晞
흡족히 밤에 술을 마심이여 厭厭夜飮
취하지 않으면 돌아가지 않도다 不醉無歸

흥이다. 《집전》에 말하였다. 잠잠(湛湛)은 이슬이 많은 모양이다. 양(陽)은 해이고, 희(晞)는 마름이다. 염염(厭厭)은 편안하고 충족한 뜻이다.

○예(禮)에 밤에 여는 잔치가 없으니,[36] 《춘추좌전》에 "낮에 잔치하는 것은 점쳤으나 밤에 잔치하는 것은 점치지 않았다."[37]라고 하였다. 밤에 잔치하는 것은 오직 혼례에 초례(醮禮)를 하고 잔치하는 날 저녁에, 치녀(致女)를 한 손님에게 또한 외침(外寢)에서 잔치를 베푸는 것이다.[38] 이 시는 천자의 아들과 아우가 제후에게 장가들면 부부가

36 예(禮)에……없으니 : 【집전】 '밤에 술을 마심'은 사사로이 잔치하는 것이다. 《의례》 〈연례(燕禮)〉에 밤이 되면 양쪽 계단과 뜰과 문에 모두 큰 횃불을 설치한다고 하였다.

37 낮에……않았다 : 이는 《춘추좌전》 장공(莊公) 22년 조에 제(齊)나라 대부 경중(敬仲)이 잔치를 베풀어 환공(桓公)을 접대하였는데, 환공이 술을 마시고 즐거워서 불을 밝히고 계속 마시자고 하자 경중이 사양하며 "신은 낮에 잔치하는 것은 점쳤으나 밤에 잔치하는 것은 점치지 않았으니, 감히 명을 받들 수 없습니다."라고 보인다. 또 이에 대한 군자의 논평에 "술로써 예(禮)를 이루고 지나치게 계속하지 않은 것은 의(義)이다.〔酒以成禮, 不繼以淫, 義也.〕"라고 하였다.

38 초례(醮禮)를……것이다 : 초(醮)는 본래 관례(冠禮)나 혼례에서 술을 따라 주기만 하고 술잔을 주고 받지 않는 예절인데, 후대에 신랑과 신부가 함께 고기를 먹고 술을 마시는 등의 혼례 예식을 초례라고 하였다. 《의례》에는 신부가 신랑의 집에 이르면 그날에 초례를 거행하고 부부가 실(室)에서 함께 쉬며, 다음날 신부가 시부모를 뵙고, 찬자(贊者)가 신부에게 단술을 주고, 신부가 시부모에게 음식을 올리고, 시부모가 신부에게 잔치를 베풀어 주고, 시부모가 신부를 전송하러 따라온 사람들에게 잔치를 베풀어 준다. 그러나 심대윤은 《의례정론(儀禮正論)》에서 《의례》의 내용을 부정하고

초례하여 술을 마신 날 밤에, 경대부(卿大夫)를 시켜 치녀를 한 손님에게 잔치를 베풀 때 노래하는 것이다. 《예기》에 "며느리를 데려온 집에서 3일 동안 음악을 연주하지 않는 것은 어버이를 이음을 생각해서이다."[39]라고 하였으니, 초례에는 역시 음악을 사용하지 않으나 손님에게 잔치를 베풀 때에는 음악을 쓸 수 있는 것이다. 《춘추좌전》에 영무자(甯武子)가 말하기를 "제후가 왕에게 조회하고 정교(政教)를 받거든 왕이 잔치를 베풀어 함께 즐길 적에 〈잠로〉를 읊는다."라고 하였으니,[40] 이 시는 본래 치녀를 한 손님을 위하여 지은 것인데, 혹 다른 잔치에도 통용한 듯하다.[41] '흠뻑 맺힌 이슬이여 햇볕이 아니면

다음과 같은 혼례를 말하였다. 신부가 신랑의 집에 온 날에 시부모를 뵙고 신부의 찬자(贊者)에게 단술을 주며, 신랑이 주인이 되어 모인 친척들에게 헌수(獻酬)의 예를 하고, 신부는 궁(宮)에 거처하는데, 신랑은 이유 없이 신부의 방에 들어가지 못한다. 3개월이 지난 뒤에 날을 정하여 신부 집안에서 사람을 보내어 치녀(致女)를 하면, 신부가 사당에 뵙고 신랑의 친족을 두루 만난다. '치녀'는 군주의 딸이 시집간 지 3개월 뒤에 다시 대부를 보내어 빙문하여 며느리의 예를 이루는 것이다. 치녀를 한 자들에게 단술을 베풀고, 이에 반마(反馬 신부가 타고 온 수레의 말을 돌려보냄)를 하고, 어두워지면 등불을 밝혀 침(寢)에서 초례를 거행하고, 마침내 부부가 동침한다. 다음날 신부가 시부모에게 직접 음식을 올리고 시어머니가 남긴 음식을 먹고서 비로소 며느리의 예를 행한다. 《의례정론》에는 치녀를 한 손님에게 저녁에 잔치를 베푸는 내용은 언급하지 않았다.

39 며느리를……생각해서이다 : 이 내용은 《예기》 〈증자문(曾子問)〉에 "딸을 시집보내는 집에서 사흘 밤을 촛불을 끄지 않는 것은 서로 이별함을 생각해서이고, 며느리를 데려온 집에서 3일 동안 음악을 연주하지 않는 것은 어버이를 이음을 생각해서이다. 3개월이 되어서 사당에 뵐 적에 내부(來婦)라고 칭하고 날짜를 가려 녜묘(禰廟 아버지 사당)에서 제사지내는 것은 며느리의 의(義)를 이루는 것이다.〔嫁女之家, 三夜不息燭, 思相離也. 取婦之家, 三日不擧樂, 思嗣親也. 三月而廟見, 稱來婦也. 擇日而祭於禰, 成婦之義也.〕"라고 보인다.

40 영무자(甯武子)가……하였으니 : 이 내용은 《춘추좌전》 문공(文公) 4년 조에 보인다. 원문의 '조정(朝正)'을 두예(杜預)는 '조회하여 정교(政教)를 받음'으로 해석하였고, 양백준(楊伯峻)은 '정월에 조회함'으로 해석하였다. 영무자는 위(衛)나라 대부이다.

마르지 않도다'는 부인이 남편을 따름을 말한 것이다.

흠뻑 맺힌 이슬이여 湛湛露斯
저 무성한 풀에 있도다 在彼豊草
흡족히 밤에 술을 마심이여 厭厭夜飮
종실(宗室)에서 훌륭한 혼례를 거행하도다 在宗載考

홍이다. '흠뻑 맺힌 이슬이여 저 무성한 풀에 있도다'는 훌륭한 부인이 어진 남편에게 시집옴을 말한 것이다. 종(宗)은 종실(宗室)[42]이니, 시집온 여자가 사당에 뵙는 저녁에 종실에서 초례를 행하는 것이다. 고(考)[43]는 훌륭함이다.-서자의 부인은 어버이 사당만 뵙고 감히 태묘(太廟)는 뵙지 못한다.-

흠뻑 맺힌 이슬이여 湛湛露斯
저 구기자나무와 멧대추나무에 있도다 在彼杞棘
밝고 진실한 군자여 顯允君子
덕이 아름답지 않음이 없도다 莫不令德

홍이다. 현(顯)은 밝게 드러남이다. 윤(允)은 진실함이다. '덕이 아름답지 않음이 없음'은 천자와 제후가 모두 어짊을 말한 것이다.[44]

41 이……듯하다 : 《집전》에는 천자가 제후에게 잔치를 베푸는 시라고 하였다.

42 종실(宗室) : 《집전》에 종실은 '노침(路寢)의 등속'이라고 하였고, 소주에는 '존자(尊者)의 실(室)'이라고 하였다.

43 고(考) : 《집전》에는 '이룸〔成〕'이라 하였고, 소주에 "연례(燕禮)를 이룬 것이다."라고 하였다.

44 천자와……것이다 : 《집전》에는 '군자'를 제후로서 손님이 된 자라고 하였고, 영덕

오동나무와 가래나무여 其桐其椅
그 열매가 연이어 달려 있도다 其實離離
화순(和順)한 군자여 豈弟君子
위의(威儀)가 아름답지 않음이 없도다 莫不令儀

흥이다. '오동나무와 가래나무여 그 열매가 주렁주렁 달려 있도다'는 혼인하여 서로 친해서 나란히 이어져 협력하는 실제의 힘을 얻음을 말한 것이다. 이리(離離)[45]는 나란히 이어진 모양이다.

이상은 〈잠로〉 4장이니, 장마다 4구이다.

이상은 〈백화지십〉이니, 다섯 편은 가사가 없다.

(令德)은 술을 많이 마셔도 혼란하지 않아서 덕이 받들만함을 말한 것이라고 하였다.

45 이리(離離) : **【집전】** 드리워짐〔垂〕

詩經集傳辨正 2

校勘·標點

國風

鄭

《集傳》曰：鄭，邑名，本在西都畿內咸林之地。宣王使其弟友食采於鄭，爲幽王司徒，死於犬戎之難，是爲桓公。其子武公掘突，定平王於東都，爲司徒，得檜、虢之地，乃徙其封而施舊號於新邑，是爲新鄭。咸林在今華州 鄭縣，新鄭卽今鄭州也。○延陵 季子曰："美哉！其細已甚，民不堪也，是其先亡乎。"

緇衣

緇衣之宜兮，敝予又改爲兮。
適子之館【叶古玩反】兮，還予授子之粲兮。

《集傳》曰：緇，黑色。緇衣，大夫居私朝之服，曰"緇衣羔裘"是也。粲，粟之精鑿者也。舊說，鄭 桓公、武公相繼爲周司徒，周人愛其賢，作是詩。○比也。緇衣敝而改爲，以比桓公之父子俱賢，父亡而子能繼業也。"適子之館兮，還予授子之粲兮"者，就子而有聞，返而實行之，以是報子也。凡言飮食，以譬實德也。以實行子之言，爲相報，故曰"還予授子之粲"。《記》曰："好賢如《緇衣》。"夫尊禮之，厚養之，未足爲好賢也，惟實行其言而不廢其道，然後可謂好賢也。好賢之實、報賢之實，竝無他矣。故曰"還予授子之粲"。愛文王者，莫如周公；愛孔子者，莫如顔淵。能實行其言，乃眞相愛也，乃眞相報也。【《集傳》以爲衣授食爲好賢，末也。不能實行其言，雖日獻千金，日食萬鍾，賢者不肯一日留也，何好賢之有哉?】

緇衣之好兮，敝予又改造【叶在早反】兮。
適子之館兮，還予授子之粲兮。

比也。

緇衣之蓆【叶祥龠反】兮，敝予又改作兮。
適子之館兮，還予授子之粲兮。

比也。蓆，安穩也。

《緇衣》三章，章四句。

將仲子

將仲子兮，無踰我里，無折【之舌反】我樹杞。
豈敢愛之，畏我父母【叶滿彼反】。

仲可懷【叶胡威反】也，父母之言，亦可畏【叶於非反】也。

賦也。將，望於他日之辭。二十五家曰里。杞，《集傳》曰："柳屬，生水傍，如柳，葉麤而白色，理微赤。"凡作事不可露其形迹。孫子曰："戰勝而天下皆曰善，非善之善者也。"天下皆知其善戰，則不可以復戰矣。爲善之迹露，而人皆曰善，則爲人所憚，敬而遠之，雖欲爲善，而不可復得也；爲惡之迹露，而人皆曰惡，則爲人所備，伺而察之，雖欲爲惡，而不可復得也，凡事無不然矣。《易》云："顯諸仁，藏諸用，鼓萬物而不與聖人同憂。"草木不見其長，而花實成焉；日月不見其行，而朝暮更焉。"無踰我里，無折我樹杞"，言形迹不可露也。"豈敢愛之"，其知之者，雖藏用而亦知之，雖露迹而亦不怪之也。"畏我父母"，其不知者，見其迹而驚焉，雖尊親如君父，不可露迹而示之也。"仲可懷也，父母之言，亦可畏也"，言事雖善也，見迹而驚，言語沸騰，則事不成也。凡爲人所指目而號曰某者，無能爲於事也。女之私男，最切於此義，故托以明之也。仲子踰里而露形，折樹而露迹，如我知之者，不愛之矣，父母不知而見此，必且驚怪有言，則吾二人之事敗矣。

將仲子兮，無踰我墻，無折我樹桑。
豈敢愛之？畏我諸兄【叶虛陽反】。
仲可懷也，諸兄之言，亦可畏也。

賦也。

將仲子兮，無踰我園，無折我樹檀【叶徒沿反】。
豈敢愛之？畏人之多言。
仲可懷也，人之多言，亦可畏也。

賦也。

《將仲子》三章，章八句。

叔于田

叔于田【叶地因反】，巷無居人。
豈無居人？不如叔也，洵美且仁。

賦也。于，往也。田，畋獵也。君子不欲多上人，夫事事勝人，匪不名譽喧赫也，而猜忌者衆焉。《易》，風雷爲益，而雷奮擊，則風奪其勢，風寒冽，則雷收其聲。雷，名聞也，風，文德也。人之名聞太盛，則我之文德奪其勢，我之文德太過，則人之名聞收其聲，故猜忌生焉。惟君子遜出而謙行也，故無是患也。今曰"巷無居人"，則人豈堪之哉？自以爲"洵美且仁"，而不遠於死亡矣。此詩外若褒揚，而意實嘲之也。至於飲酒服馬，而皆勝於人，則人豈堪之哉？以是知其嘲之也。君子不與人爭能，而善用人之能，是其大過於人而無敵於天下也。【此詩，未知所指，而《集傳》以爲共叔段，則未可信也。】

叔于狩【叶始九反】，巷無飮酒。
豈無飮酒？不如叔也，洵美且好【叶許厚反】。

賦也。

叔適野【叶上與反】，巷無服馬【叶滿補反】。
豈無服馬？不如叔也，洵美且武。

賦也。服，服習也。《將仲子》，不露形迹也；《叔于田》，不耀才能也。

《叔于田》三章，章五句。

大叔于田

叔于田，乘乘馬【叶滿補反】。
執轡如組【音祖】，兩驂如舞。
叔在藪【素口反。叶素苦反】，火烈具擧。
襢【音但】裼【素歷反】暴虎，獻于公所。
將【七羊反】叔無狃【女九反。叶女古反】，戒其傷女【音汝】。

《集傳》曰：賦也。火，焚而田也。烈，炎也。具，俱通。襢裼，肉袒也。暴，徒手搏之也。狃，習也。〇舊說以爲鄭人爲共叔段賦之。段好勇而無義，詩意刺之也。止稱其善射御，而曰"將叔無狃，戒其傷汝"，則其刺而非贊，可知也。君子義以爲上，無義而好勇，亂也。以叔之材武，謙恭好禮，則幾矣。恃其材武，而肆爲不義，若[1]者必以亂終。詩人知其將反而風之，欲令莊公有以處之也。【莊公縱段之爲惡而斃之，不思導之以義方而全其親。《春秋》書曰"克段于鄢"，言失兄弟道也。】

叔于田，乘乘黃。
兩服上襄，兩驂雁行【戶郎反】。
叔在藪，火烈具揚。
叔善射忌【音記】，又良御【叶魚駕反】忌。
抑磬【苦定反】控【口貢反】忌，抑縱送忌。

《集傳》曰：賦也。乘黃，四馬皆黃也。襄，駕也，上襄，上於駕也。雁行，少次于服後，如雁行也。忌、抑，皆語辭。騁馬曰磬，止馬曰控。舍拔【括也，矢銜弦處也。】曰縱，覆彇曰送。【弓弰曰彇。抑，反語辭。磬控、縱送，有止有作也；釋掤、鬯弓，止而不作也。一節深一節，欲公[2]制之有漸也。】

叔于田，乘乘鴇【音保。叶補苟反】。
兩服齊首，兩驂如手。
叔在藪，火烈具阜【符有反】。
叔馬慢忌，叔發罕【叶虛旰反】忌。

1 若：문맥상 "若此"인 듯함.

2 公：底本에는 "分". 奎章閣本에 근거하여 수정.

抑釋掤【音氷】忌，抑鬯【勑亮反】弓【叶姑弘反】忌。【欲公之略加操縱，待其稍戢，然後乃遂制之也。急之則生變也。】

《集傳》曰：賦也。驪白雜毛曰鴇，兩服在軛而齊首，兩驂夾轅而如手也。阜，盛也。慢，遲也。掤，矢箙，《左傳》作氷。鬯，弓囊也，與韔同。

《大叔于田》三章，章十句。【蘇氏曰："《叔于田》有二篇，故加大而別之。"】

清人

清人在彭【叶普郎反】，駟介旁旁【補彭反。叶補岡反】。
二矛重【直龍反】英【叶於良反】，河上乎翱翔。

《集傳》曰：賦也。清，邑名。彭，河上地名。駟介，四馬被甲也。旁旁，馳驅不息之意。二矛，酋矛、夷矛也。英，以朱羽爲飾也，二矛竝建於車上，則其英重疊而見也。翱翔，容與徘徊之意。鄭文公惡高克，使將清邑之兵，禦狄于河上，久而不召，師散而歸，鄭人爲之賦此詩。○《春秋》書曰："鄭棄其師。"文公惡高克，則誅之可也，行之可也，釋憾而禮之可也，今使之帥師而棄之，師何罪焉？與師同棄，而克之無罪白矣。師散而歸，又不可誅也。是[3]恩威兩亡，而法不信於民，何以爲民之主乎？詩人之所爲深惜也。止言翱翔于河上，而意在言外矣。

清人在消，駟介麃麃【素驕反】。
二矛重喬，河上乎逍遙。

《集傳》曰：賦也。消，亦河上地名。麃麃，行動貌。喬，所以懸英也。

清人在軸【叶音冑】，駟介陶陶【叶徒候反】。
左旋右抽【叶勅救反】，中軍作好【叶許候反】。

《集傳》曰：賦也。軸，亦河上地名。陶陶，樂而自適之貌。○旋，盤旋也，抽，發矢刃也，言左右盤旋而擊射以爲戲也。《集傳》以爲車左車右，非也。【吉事尙右，尊者居中，凶事尙左，上將居左，御者居中。《左傳》，韓厥夢，其祖謂己曰"避左右"，厥中御而從齊師，時厥爲司馬，非御者而代御執轡也。孔氏曰"兵車左持弓，右持矛，中人御"，得之矣。今言左御而旋，非也。】

《清人》三章，章四句。【《大叔》，棄其親也；《清人》，棄其民也。】

3　是：奎章閣本에는 "可是".

羔裘

羔裘如濡【叶而朱、而由二反】，洵直且侯【叶洪姑。洪鉤二反】。
彼其【音記】之子，舍【音赦】命不渝【叶容朱、容周二反】。

賦也。羔裘，大夫之服也。侯，美也。彼其之子，絶然不可企及之意也。舍，捨也，命，猶生也，舍命，猶授命也。渝，變也。【“羔裘如濡”，質美也；“羔裘豹飾”，質美而有才也；“羔裘晏兮”，威儀安也。是其審愼於平生之行也，故能臨事而舍命不渝也。】

羔裘豹飾，孔武有力。
彼其之子，邦之司直。

賦也。司，主也。

羔裘晏兮，三英粲兮。
彼其之子，邦之彦【叶魚旰反】兮。

賦也。晏，安便也。三英，《集傳》以爲裘飾。粲，光明也。彦者，士之美稱也。凡人之臨利害、禍福、死生之際，而惶惑擾亂，變易其所守者，無能爲之有亡矣。其能爲邦之司直、邦之彦者，以其能舍命不渝也。其心不動如山，然後能不擾不惑，而應變如流矣。中庸者，必利、必福、必生之道也，過不及，則禍害至焉，甚過不及，則死亡及焉。是非一朝一夕之故也，行之久而積之厚，天命已成，則不可移易也。是宜審愼於平生之行者也，不在於一時之事者也。死命已成，雖爲鬼爲神，亦不得免矣；生命已成，雖入水蹈火，亦無患矣。君子惟審愼於平生之行，明其利害、禍福、死生之故，而得其至善也。及其臨事，則惟義是從，利害、禍福、死生之計，未嘗一毫在於心中也。【其利害、禍福、死生之計，素定於平生，而不存於一時臨事之際也。】子曰“丘之禱久矣”，臨事而又何禱焉？又曰“獲罪於天，無所禱也”，禱又何益？是故能臨事而不慴，舍命而不渝也。

《羔裘》三章，章四句。

遵大路

遵大路兮，摻【所攬[4]反】執子之袪【叶起據反】兮。
無我惡兮，不寁【市坎反】故也。

賦也。遵，從也。摻，攬也。寁，忽也。君子不以情害義，不以小侵大，喜怒愛憎各得其分，而無相奪倫。市之怒也，不色於室，墻之鬩也，外禦於侮。是故不以一時之怨棄平生之故，不以一事之惡捐全體之好，故不失其故親。不失其親，而怨怒憎惡行乎其中。父子之愛，而有惡則怒之，仇讎之怨，而

4 攬：《詩傳大全》에는 “覽”.

有善則是之，怒之而不傷其親，是之而不釋其怨，非吾心之有喜怒愛憎也，因其當發而發也。"遵大路"者，從其大義，而不以小事參之也。"摻執子之袪"者，子雖去我，而我不捨子也。【不效尤以相較也。】"無我惡兮，不寁故"者，不以一時之怨棄平生之故也。"無我魗兮，不寁好"者，不以一事之惡捐全體之好也。不寁故，則親親之道不失矣；不寁好，則尊賢之道不失矣。

遵大路兮，摻執子之手兮。
無我魗【市由反。叶齒九反】兮，不寁好【叶許口反】也。

賦也。魗，《集傳》曰："與醜同。"《羔裘》，愼於平生而不動於臨時也。《遵大路》，全其大體而略其小事也。

《遵大路》二章，章四句。

女曰鷄鳴

女曰鷄鳴，士曰昧旦。
子興視夜，明星有爛。
將翶將翔，弋鳧【音符】與雁。

《集傳》曰：賦也。昧旦，猶昧爽也。明星，啓明之星也。弋，繳也，以生絲繫矢而射之也。鳧，水鳥，如鴨。○"女曰鷄鳴”，警其君也；“士曰昧旦”，戒其臣也，君臣相戒以怠逸也。“將翱將翔”，與相周旋和協之意也。“弋鳧與雁”，君臣協力以求賢也。

弋言加【叶居之、居何二反】之，與子宜【叶魚奇、魚何二反】之。
宜言飲酒，與子偕老【叶呂吼反】。
琴瑟在御，莫不靜好【叶許厚反】。

《集傳》曰：賦也。加，中也。宜，調和其所宜也。○“宜之”，如荇菜之芼、蘋藻之湘也。“宜言飲酒”，旣宜之則實用之也。“與子偕老”，君臣同休戚也。“琴瑟在御，莫不靜好”，君相協心好賢，左右、朝廷之臣，無非正人也。

知子之來【叶六直反】之，雜佩以贈【叶音則】之。
知子之順之，雜佩以問之。
知子之好【呼報反】之，雜佩以報之。

《集傳》曰：賦也。佩玉，上橫曰珩，下繫三組，貫以蠙珠，中組之半，置一大珠，曰瑀。末懸一玉，兩端皆銳，曰衝牙。兩旁組半，各置一玉，長博而方，曰琚。其末各懸一玉，如半璧而內向，曰璜。又以兩組貫珠，上繫珩，兩端下交貫於瑀，而下繫於兩璜，行則衝牙觸璜而有聲。呂氏曰：“雜佩，非獨玉也，觿、燧、紛、帨之類，皆是也。”○來，招來也。順，順於其志也。君之所敬愛者，臣亦敬愛之，無專寵妬賢之志者，君臣之愛憎，一出於公理而無私意也。

《女曰鷄鳴》三章，章六句。

有女同車

有女同車，顔如舜華【叶芳無反】。
將翺將翔，佩玉瓊琚。
彼美孟姜，洵美且都。

《集傳》曰：賦也。舜，槿也，其華朝生暮落。都，閑雅也。◯"將翺將翔，佩玉瓊琚"，言無妬忌傾軋之心，而協力周旋，互相和應也。"彼美孟姜，洵美且都"，言非其衆女皆賢而無嫉妬之心也，由其爲表帥者所化而致之也。妻有姙、姒之賢，而後宮無妬妾矣；臣有周、召之德，而朝廷無鄙人矣。宰相有《女曰鷄鳴》之心，則廷僚有《有女同車》之美也。

有女同行【叶戶郎反】，顔如舜英【叶於良反】。
將翺將翔，佩玉將將【七羊反】。
彼美孟姜，德音不忘。

賦也。"德音不忘"，言出而施乎人，人皆不忘也。妻能如此，故消衆妾之妬心；宰相能如此，故息廷僚之爭志也。

《有女同車》二章，章六句。

山有扶蘇

山有扶蘇，隰有荷華【叶芳無反】。
不見子都，乃見狂且【子餘反】。

興也。扶蘇，猶扶疏，木之枝條茂盛者也。子都，都雅者也。山有好木，隰有好草，豈獨世之無好人乎？不得子都，而惟得狂且者，自其藻鑑之不明，識拔之不精耳，安可遠誣一世乎？大冬隆寒，非無陽氣也，伏於重泉而不出耳。賢才者，陽氣也，有伏而不出，而未嘗無也。因陰氣盛於上，故陽氣伏於下耳。作此詩者，其知理乎。

山有橋松，隰有游龍。
不見子充，乃見狡童。

興也。橋，喬通。游龍，《集傳》曰："馬蓼也，葉大而色白，高丈餘。"子充，學識充足之人也。

《山有扶蘇》二章，章四句。

蘀兮

蘀【他落反】兮蘀兮，風其吹女【音汝】。
叔兮伯兮，倡【昌亮反】予和【胡臥反。叶戶圭反】女。

興也。蘀，落葉也。天下之事未有能獨辦者，獨辦則勞而少功，共擧則便而易成。右手之不能，左手助之；前人之不挽，後人推之。將墜之葉，必待風吹而乃脫矣；可爲之事，必待相助而乃成矣。叔兮伯兮，安可不倡予而待予之和乎？

蘀兮蘀兮，風其漂【匹遙反】女。
叔兮伯兮，倡予要【於遙反】女。

興也。漂，飄同。要，成也。《扶蘇》，無無人之世；《蘀兮》，無獨成之事也。

《蘀兮》二章，章四句。

狡童

彼狡童兮，不與我言兮。
維子之故，使我不能餐【七丹反。叶七宣反[5]】兮。

5 七丹……宣反：底本에는 뒤의 "兮" 다음에 있음.《詩傳大全》에 근거하여 수정.

賦也。“不與我言”，言不見聽也。“使我不能餐”，使我不能實行也。

彼狡童兮，不與我食兮。
維子之故，使我不能息兮。

賦也。“不與我食”，行不見信也。“使我不能息”，言不聽，道不行，則違而去之也，此人臣去君之義也。

《狡童》二章，章四句。

褰裳

子惠思我，褰裳涉溱【側巾反】。
子不我思，豈無他人？
狂童之狂也且【子餘反】。

賦也。溱、洧，皆鄭水名。

子惠思我，褰裳涉洧【叶于已反】。
子不我思，豈無他士？
狂童之狂也且。

賦也。本國之君不我用，則亦可以去之而外求君也。君臣以義合，而非屬者也。故父之君，非我之君也，子之君，非我之君也。雖世祿之臣宗廟、墳墓在焉，亦可以去之也。二章俱以"狂童之狂也且"結之者，去舊國君之道，與他國異也。"狂童之狂"，言其狂甚也，君非甚不可，則亦不去也。子之去魯，其詩曰"彼婦之謁，可以死敗"，其言曰"山梁之雉，色斯舉矣"，蓋有危禍將至，故不得已而行也。然而曰"遲遲吾行也"，去父母國之道如此矣。此宗戚及世臣去國之義也。

《褰裳》二章，章五句。

丰

子之丰【芳容反。叶芳用反】兮，俟我乎巷【叶胡貢反】兮。
悔予不送兮。

賦也。丰，貌豐胖也。

子之昌兮，俟我乎堂兮。
悔予不將兮。

賦也。昌，氣盛足也。中庸之德，無震震之言、斬斬之行、昭昭之迹、赫赫之光，有若無，實若虛，闇然而無聲無臭，藏於不藏，爲於無爲，故天下莫能窺其際也。以子之丰而昌而俟我，而我不知而不相從行，言君子之莫窺其際而不可及也。

衣錦褧【苦迥反】衣，裳錦褧裳。
叔兮伯兮，駕予與行【叶戶郎反】。

比而賦也。褧，紗縠禪衣也，言內蘊其才德，而外斂其文章，以學君子之行也。此篇，《中庸》篇末之篇[6]也。

裳錦褧裳，衣錦褧衣。
叔兮伯兮，駕予與歸。

比而賦也。

《丰》四章，二章章三句，二章章四句。

東門之墠

東門之墠【音善。叶上演反】，茹【音如】藘【力於反】在阪【音反。叶孚臠反】。
其室則邇，其人甚遠。

6 篇：奎章閣本에는 "意".

興也。東門，君子之所居也。墠，除地也，言其卑而平也。茹藘，《集傳》曰："茅蒐也，一名茜，可以染絳。"茹藘，微凡之草，而染之則其色赫然，以興君子行不異於衆，而用之則功業赫赫也。觀君子之居其室，則與人同也，施之天下，則乃逈絶也。故曰"其室則邇，其人甚遠"也。子貢稱聖人曰"夫子之得邦家者"，論人者，論其他日之成就，然後乃可謂善論人也；知人者，知其他日之成就，然後乃可謂善知人也。觀其居室之邇，而知其人之甚遠，則可謂能論人者矣，可謂能知人者矣。

東門之栗，有踐家室。
豈不爾思？子不我卽。

比也。栗，言其能敬畏也。踐，行列貌，"有踐家室"，與衆人之家室竝列，言君子之居室，與人同也。所以如此者，以其敬畏而惟恐失天下之心也。【不敢峻行高言以厲人，不敢聘[7]才揚光以掩人，懼失天下之心而招怨忌也。】"豈不爾思，子不我卽"，君子之同於人者，乃所以大過於人也。其卑就以同人，非直同於人也，愈不可及也。其就我者，愈遠我也，故曰"子不我卽"。【此二章，首句一般，而一曰興，一曰比，何也？前章下有映發之言，故爲興也，此章下無映發之言，故[8]爲比也。故觀此，可知興、比之辨也。○安城劉氏曰："自昔說詩者，惟以《東門之墠》與《溱洧》爲淫詩，朱子例以淫奔斥之。"此篇遠而不卽者，何以合淫乎？】

7 聘 : 문맥상 "騁"인 듯함.

8 故 : 奎章閣本에는 없음.

《東門之墠》二章，章四句。

風雨

風雨凄凄【子西反】，鷄鳴喈喈【音皆。叶居奚反】。
旣見君子，云胡不夷？

興也。凄凄，寒也。時昏世亂，而君子獨立孤行，不爲流俗之所變，如風雨之夜，鷄鳴自若而不改其常也。【舊說以《東門之墠》爲淫者之處，以此爲淫之時。何乃善知淫處、淫時耶？不亦醜甚矣乎？】

風雨瀟瀟，鷄鳴膠膠【叶音驕】。
旣見君子，云胡不瘳【叶憐蕭反】？

興也。瀟瀟，風雨之聲也。膠膠，猶嘐嘐，鷄聲也。瘳，病愈也。

風雨如晦【叶呼洧反】，鷄鳴不已。
旣見君子，云胡不喜？

興也。君子豈以衆人之狂而與之狂，豈以衆人之醉而與之醉哉？惟全吾之性而從吾之好也，故能喈喈嘐嘐不已也。

《風雨》三章，章四句。

子衿

青青子衿【音金】，悠悠我心。
縱我不往，子寧不嗣音？

賦也。青青，清絶瑩澈玲瓏之色也。【俗之方言，謂絶美爲青，刃之甚利者曰青，門地之甚高者曰青，言之甚當理者曰青，人之甚淸高者曰青。於五色，青獨淸絶瑩澈玲瓏，故謂絶美者曰青，青青有其意也。】衿，領也，加于衣之上者也，言爲衆人之上也。“青青子衿”，言其特絶高妙，爲人之上也。嗣音，繼續其聲音也。君子獨立孤行，逈絶於人矣，而若卑世汚人而不肯降意下濟，則亦無所貴之也。獨善其身而絶於物，非生人之道也。德不加于人，利不歸于身，不抱木立枯，則懷石投水，無所容於人之世矣。是故君子尊而接卑，大而抱細，取人之長而棄其所短，揚人之善而教其不及，如父兄之養嬰孩，寬容而成就之。不以其行能驕人而蔑棄焉，故人皆愛慕之，服化之。“縱我不往，子寧不嗣音”，言不以我之不及於子而不與之言也。【衿者，施斜領於深衣方領之內，以掩褻衣之領也。《記》云“施衿”是也。垢汚則濯而復施之，以素，不以青。此言青衿，托言也。】

青青子佩【叶蒲眉反】，悠悠我思【叶新齋反】。
縱我不往，子寧不來【叶陵之反】？

賦也。佩，言其聲聞也，“青青子佩”，言其特絶高妙，爲人之譽也。“子寧不來”，言不以我之不及於子而不與之相接也。

挑兮達【他末反。叶他悅反】兮，在城闕兮。
一日不見，如三月兮。

賦也。挑，高擧也。達，曠遠也。“在城闕”，言其深奧也。以子之高遠深奧，宜若絶望[9]而不思。然以其能下濟，故使我愛慕之深，思念不已，而一日不見如三月也。【我不往，子不來，而乃曰“一日不見，如三月”，則是又無日不見之辭也。以是知不往不來爲托辭也。】有《風雨》之獨行，而無《子衿》之下濟，則亦不成德矣。

《子衿》三章，章四句。

揚之水

揚之水，不流束楚。
終鮮兄弟，維予與女。
無信人之言，人實迋【居望反】女。

興也。迋，《集傳》曰：“與誑同。”子曰：“才難[10]，不其然

9 望：奎章閣本에는 “遠”.

10 難：底本에는 “然”. 奎章閣本에 근거하여 수정.

乎?”以才之鮮，而幸我與子共事矣，豈可內懷猜忌之心，而外聽讒間之言，以相疑阻排擊乎？我之事敗，而子之事亦敗矣。自古及今，坐是而兩敗者，無世無之，其爲藺相如、寇恂者，幾人哉?

揚之水，不流束薪。
終鮮兄弟，維予二人。
無信人之言，人實不信【叶斯人反】。

興也。【《集傳》云:“淫者相謂曰：鮮婚姻，而惟予與汝。”世豈有一女而衆夫者乎?】

《揚之水》二章，章六句。

出其東門

出其東門，有女如雲。
雖則如雲，匪我思存。
縞【古老反】衣綦【巨基反】巾，聊樂我員。

賦也。《集傳》曰:“如雲”，美且衆也。縞，白色。綦，蒼艾色也。員，與云同，語辭也。〇東門，衆人之所出行也，“如雲”，言雖美且多而浮虛無實也。“縞衣綦巾”，言質美而少文也。世之高奇鮮潔，如雲而可貴者，非不多也，終亦浮[11]虛而無立事之實，則我不思之矣。惟質美而少文，可與共功，而不飾其名者，我之所樂也。【"如雲"，東漢以來名賢皆是也；"如荼"，羊祜、宋弘之類是也。】

出其闉【音因】闍【音都】，有女如荼【音徒】。
雖則如荼，匪我思且【子餘反】。
縞衣茹藘，聊可與娛。

《集傳》曰：賦也。闉，曲城也。闍，城臺也。荼，茅華，輕白可愛也。茹藘染絳，故以名衣服之色也。○闉闍，衆人之所聚居也。"如荼"，言華而無實也。"縞衣茹藘"，言質美而可以爲文也。世之外飾華美，如荼而可愛者，非無人也，終亦輕揚而無重德之實矣。惟質美而可以爲文，可以立德，而名自盛者，我之所娛也。高奇鮮潔者，難與立功也；外飾華美者，難與立德也。惟有實而文自足者，可與有爲也。《揚之水》，知才之難而愛惜之也；《出其東門》，知才之難而審擇之也。

《出其東門》二章，章六句。

野有蔓草

野有蔓草，零露漙【徒端反。叶上兗[12]反】兮。

11 浮：奎章閣本에는 "淫".

有美一人，清揚婉兮。
邂逅相遇，適我願【叶五遠反】兮。

《集傳》曰：漙，露多貌。清揚，眉目好也。邂逅，不期而會也。○興也。野有蔓草，則自然露濃矣；人有賢德，則自然相合矣。德之麗於德，猶露集於蔓草，自然之理也。《易》云："同聲相應，同氣相求，水流濕，火就燥。"同氣之相感應，無遠而不達，無隔而不透，天理之自然也。苟我之無實，雖交臂共牀而求之，不得矣。誠我之有實，雖隔山阻海，而終亦相合矣。方以類聚，物以群分，善與善相會而共濟，惡與惡相會而交弊。子曰："德不孤，必有鄰。"彊梁者必遇其敵。"適我願兮"，我之好德誠切，而天下之德歸之也。

野有蔓草，零露瀼瀼。
有美一人，婉如清揚。
邂逅相遇，與子偕臧。

興也。瀼瀼，亦露多貌。"與子偕臧"，以其氣類同而臭味和，故相合而又相善也。《揚之水》以下四篇，有次序。《揚之水》，惜才而調諧保全之者，第一事也。【謂最初所爲也。】《出其東門》，擇才而取舍輕重之者，第二事也。《野有蔓草》，同德協心而偕臧，第三事也。《溱洧》，不求新奇而一德常行，第四事也。《丰》以下四篇，君子之德也；《揚之水》以下四篇，用

12 兗：底本에는 "充".《詩傳大全》에 근거하여 수정.

人之道也。

《野有蔓草》二章，章六句。

溱洧

溱與洧，方渙渙【叶于元反】兮。
士與女，方秉蕑【古顏反。叶古賢反】兮。
女曰觀乎，士曰旣且【子餘反】。
且往觀乎，洧之外，洵訏【況于反】且樂【音洛】。
維士與女，伊其相謔，贈之以勺藥。

《集傳》曰：渙渙，春水盛貌。蕑，蘭也。訏，大也。勺藥，香草，三月開花可愛。○興也。"方渙渙"，水不外求而自盛也。"方秉蕑"，專心於所事而無外慕也。

溱與洧，瀏【音留】其淸矣。
士與女，殷其盈矣。
女曰觀乎，士曰旣且。
且往觀乎，洧之外，洵訏且樂。
維士與女，伊其將謔，贈之以勺藥。

興也。瀏，光明潤澤之貌。殷，盛貌。"瀏其淸"，水不雜混而淸矣；"殷其盈"，人不他求而足矣。與旣觀之人，復觀於旣觀之地者，言不用新進好奇之人，以邀新奇之功也，惟與一德之臣，守其舊章、常典也。“洧之外洵訏且樂”者，言莫如舊章、常典之爲善也。將，當作相，“伊其相謔”者，君臣之交際，和平歡洽，無有猜間也。五味之和曰勺藥，“贈之以勺藥”者，君臣之臭味相合而調和庶績[13]也。君好作新奇之事，則好奇生事之臣進矣。故先言“方秉蕑”，而後言“殷其盈”也。“方秉蕑”者，不求奇功也；“殷其盈”者，不容異人也。周穆王作《呂刑》而王道亡，宋神宗用安石而天下亂，君有好奇之心，臣有生事之人，其禍大矣。惟用常德之臣，謹守先王之典，庶乎其無弊矣。子曰：“攻乎異端，斯害也。”天下之事，好異而得之者鮮矣。至妙在於至平，至神在於至常。天下之善，不在於神奇，神奇者，必不善也。

《溱洧》二章，章十二句。【二章首句之外，無一字改易者，以見一德不改之意也。】

《鄭》二十一篇。

13 績：底本에는“續”. 奎章閣本에 근거하여 수정.

齊

《集傳》曰：齊在《禹貢》，爲青州之域，周武王以封太公望。太公，姜姓，四岳之後也。今青、齊、淄、濰、德、棣等州，是其地也。○延陵季子曰："美哉！泱泱乎！大風也哉！表東海者，其太公乎。國未可量也。"

鷄鳴

鷄既鳴矣，朝【音潮】既盈矣。
匪鷄則鳴，蒼蠅之聲。

賦也。"朝既盈矣"，會朝之臣既盈也。宰相不敢怠惰宴安，而兢惕警戒，惟恐忽萬幾之來而應失其時。【幾之來也有時，失其時則敗也。】故專精留神，察於幾微、疑似之辨。凡安危、禍福之幾，常在於隱微、疑似之中，不能早辨而防之於其始萌焉，及其既著則難矣。"鷄既鳴矣，朝既盈矣"，不忘兢惕而惟恐失時也。"匪鷄則鳴，蒼蠅之聲"，慮在幾先，而辨之於早也，慮在幾先，則不待已萌而後知之矣，辨於早，則不待已著而後圖矣。《易》曰："知幾其神乎。"《顧命》曰："毋冒貢于非幾。"冒貢者，昏蔽而雜進也。不善之幾，冒貢于君相之心，不能省察，則根本病矣；不善之幾冒貢于政事，而不能覺察，則朝廷危矣；不善之幾冒貢于天下，而不能周察，則風俗敗矣。若《鷄鳴》之君子則庶可以免乎。　能辨疑似於心而致精一矣，能辨疑似於政事而致協和矣，能辨疑似於天下而致雍熙矣。

東方明【叶謨郎反】矣，朝既昌矣。
匪東方則明，月出之光。

賦也。昌，盛也。“鷄既鳴矣”，耳察之也；“東方明矣”，目察之也。

蟲飛薨薨，甘與子同夢【叶莫滕反】。
會且歸矣，無庶予子憎？

賦也。逮明則蟲飛矣，蟲飛薨薨，則不得安眠矣，言幾已著而亂已作，不得安也。“蟲飛薨薨，甘與子同夢”，言耽於晏逸，懜昧不察，至于蟲飛也。“會且歸矣，無庶予子憎”，言非不耽於晏逸，而會朝者將散，予與子且見憎於人也，言人將離叛而危亡至也。庶亦且也。先言予而後言子者，宰相以致君自任也，以治亂自責也。

《鷄鳴》三章，章四句。

還

子之還兮，遭我乎峱【乃刀反】之間【叶居賢反】兮。
竝驅從兩肩兮，揖我謂我儇【許全反】兮。

《集傳》曰：賦也。還，便捷之貌。峱，山名。獸三歲曰肩。儇，便利也。○“子之還兮”，君之敏於事功也。“遭我乎峱之間”，言君不能獨治，而必遇賢臣，然後乃有成也。“竝驅從兩肩”，君行君之職，臣行臣之職，一心無他，而盡力馳驟，未嘗少怠也。獵者相遇，各逐其獸，專心馳去，而不少休息，最近於此，故以爲托之也。兩肩，二人所逐之獸同也，君臣各盡其職，而同爲國事也。“揖我謂我儇兮”，儇，言敏於供職也。以“子之還”主之，而以“謂我儇”終之，君爲之統而臣成之也。

子之茂【叶莫口反】兮，遭我乎峱之道兮。
竝驅從兩牡兮，揖我謂我好【叶許厚反】兮。

賦也。茂，文德茂也。

子之昌兮，遭我乎峱之陽兮。
竝驅從兩狼兮，揖我謂我臧兮。

賦也。昌，事業昌也。君盡力於其職而無他意，則君安利矣；臣盡力於其職而無貳心，則臣福榮矣。君臣同爲國事而同爲身謀也，如獵者之得獸，各爲其利也。

《還》三章，章四句。

著

俟我於著【直據反。叶直居反】乎而，充耳以素【叶素租反】乎而，尙之以瓊華【叶芳無反】乎而。

《集傳》曰：充耳以纊，而懸瑱以紞也。尙，加也。瓊華，玉石也。○賦也。著，宁同，君朝臣，負扆而立於宁，宁與佇同義，言佇立以俟也。此托於新婦之至婿家，婿俟於門內，而婦盛飾以入也。然昏禮婿無俟于著、于庭、于堂之儀，而著又非有於私家者也，以明其爲托言也。"俟我於著"者，言君之注意於賢臣也。"充耳以素"、"尙之以瓊華"，言臣之椎[1]琢淬礪以進于君，媚君之相俟之，意順而不逆，以漸次引君，而日入于道也，如女之見夫之俟，而盛自修飾以進，媚順於夫而不敢逆也。【此義詳見《原委針砭》六不敬之目。】以充耳爲言者，謨謀盈於君之耳，非正之說，無從而入也。臣能善其君，則亦臣之善也，故充耳以素而尙之以瓊華，從臣言之，而兼乎君也，臣之善而君之善在其中矣。臣不能善其君，而獨善其已，則不可謂善爲臣也。

俟我於庭乎而，充耳以青乎而，尙之以瓊瑩【音榮】乎而。

賦也。瓊瑩、瓊英，皆玉石也。

俟我於堂乎而，充耳以黃乎而，尙之以瓊英【叶於良反】乎而。

賦也。

《著》三章，章三句。

1 椎：底本에는 "推".《書經蔡傳辨正·康王之誥》와 문맥에 근거하여 수정.

東方之日

東方之日兮，彼姝【赤朱反】者子，在我室兮。
在我室兮，履我卽兮。

興也。“東方之日”，與二章“東方之月”聯比而爲興，如《易》之《乾》《坤》二卦，分居而實聯，合而爲一也。月受日之光，以爲之光，如臣之受君之德，以爲之德，故以日月爲興也。東方，日之生而月之盈也，言君臣相始終也。君者，杅也，臣者，水也，杅方則水方，杅圓則水圓。君者，標也，臣者，影也，標直則影直，標曲則影曲。臣無常心，以君爲心，臣無定形，以君爲形，如月本無光，以日之光爲光也。“彼姝者子，在我室”，言臣之從君而進於德也。【善惡之施于人，皆曰德。】“履我卽兮”，言躡我之跡而就於位也，就於位者，進而止於是處也。

東方之月兮，彼姝者子，在我闥【叶它悅反】兮。
在我闥兮，履我發【叶方月反】兮。

興也。“履我發兮”，發，發行也，言我之跡而發於行躡也，發於行者，發而施於政事也。《著》，臣致君於道也；《東方之日》，君化臣於德也。

《東方之日》二章，章五句。

東方未明

東方未明【叶謨郎反】，顚倒【都老反】衣裳。
顚之倒【叶都妙反】之，自公召之。

賦也。“東方未明”，言君之不明也。東方未明而顚倒衣裳，時早矣，而又盡心也。自公已催召之矣，此刺人君不明而不知分也。分者，命也，從其稟賦而謂之命，從其分限而謂之分，其實一也，材也，位也，時也是也。隨材而異時，隨位而異時，故獨言時而材、位兼之矣。君之使臣，必當其材，當其位，當其時，然後百職得其分，而事功成矣。今不量時之早晩、人之盡心，則不知時與材矣。朝於君，臣之事也，自公召之，則不知位矣。

東方未晞，顚倒裳衣。
倒之顚【叶典因反】之，自公令【力證反。叶力星反】之。

賦也。

折【音哲】柳樊圃【叶博故反】，狂夫瞿瞿【俱具反】。
不能晨夜【叶羊茹反】，不夙則莫【音慕】。

比而賦也。樊，藩也。瞿瞿，驚視貌。折柳以樊圃，狂夫猶驚視而不敢踰，以比物有分限，則人不敢犯，言分限不可不謹也。“不能晨夜”，不知[2]早晩也，獨言時而才、位兼之矣。

《東方未明》三章，章四句。

南山

南山崔崔【子雖反】，雄狐綏綏。
魯道有蕩，齊子由歸。
既曰歸止，曷又懷【叶胡威反】止？

興也。崔崔，高貌。綏綏，安舒貌。“南山崔崔”，言居高位而爲人所瞻仰也。“雄狐綏綏”，言魯桓公縱其夫人姦淫，而恬然安之也。狐以譬君，而以言夫婦之道，故曰雄，刺其居瞻仰之位，而所爲如此也。蕩，平坦也。“曷又懷止”，言何爲使之復思乎。魯桓公娶齊僖公女，是爲文姜。桓公及文姜如齊，襄公通焉。桓公謫之，襄公使公子彭生拉桓公于車中而殺之，此刺桓公不能制御其妻也。

葛屨五兩，冠緌【如誰反】雙【叶所終反】止。
魯道有蕩，齊子庸止。
既曰庸止，曷又從止？

興也。【反類以映發也。】兩，一雙也。緌，冠上飾也。庸，用也，用此道以歸魯也。

2 知：底本에는 “如”. 奎章閣本에 근거하여 수정.

藝麻如之何？衡【音橫】從【子容反】其畝【莫後反】。
取【七喻反】妻如之何？必告【工毒反】父母【莫後反】。
既曰告止，曷又鞠【居六反】止？

興也。【只取語勢之相近，而無他義也。】藝，樹也。鞠，窮其欲也。

析薪如之何？匪斧不克。
取妻如之何？匪媒不得。
既曰得止，曷又極止？

興也。【亦取語勢之相近也。】極亦窮也。《東方未明》，言君之不能使臣也；《南山》，言夫之不能制妻也。

《南山》四章，章六句。

甫田

無田【音佃】甫田，維莠【羊九反】驕驕【叶音高】。
無思遠人，勞心忉忉【音刀】。

賦也。《集傳》曰：甫，大也。莠，稂莠也。驕驕，放肆之意。忉忉，憂勞也。以戒厭小而務大，忽近而圖遠，徒勞而無功也。○大不在大而在小，遠不在遠而在近，《中庸》之費隱，是其說也。務於遠大者，萬世之病根也。君子下學而上達，同於夫婦而參乎天地也。夫騖於遠大者，必棄利而爲名者也。

然名亦虛而不成矣。

無田甫田，維莠桀桀。
無思遠人，勞心怛怛【叶旦悅反】。

賦也。桀桀，侵虐之意。怛怛，悲悴也。

婉兮孌【叶龍眷反】兮，總角丱【古患反。叶古縣反】兮。
未幾【居豈反】見兮，突而弁兮。

比也。婉、孌，少好貌。丱，兩角貌。突，忽然高出之貌。弁，朝士之冠也。童子忽服朝士之冠，貌似而無實，以比務大圖遠，有其名而無其功也。【若如《集傳》，童子自可以弁，則是自可以務大圖遠也，何乃反前語也？曰未幾，曰突，豈循序之辭乎?】

《甫田》三章，章四句。

盧令

盧令令【音零】，其人美且仁。

比而賦也。盧，田犬也。令，當作鈴，鈴鈴，重鈴也。以比君子名利兩遂而不偏，而令名無窮也。去名而爲利，則利必窮而歸於禽獸，去利而爲名，則名必虛而憯於鬼神，要之名利兩不成而喪其性矣。名利兩遂而不偏，則中庸矣，中庸者，利盡四海，而名與天壤相弊也。重而有聲者，惟盧之鈴爲然，故以爲之托也。名利者，人之常性也。故止以鈴鈴二字發之，而不用鋪張以委曲詳說也，且見其至要而約也。美，其材美也，仁，中庸之道也，言其材美，故能名利兩遂而爲仁也。

盧重【直龍反】環，其人美且鬈【音權】。

比而賦也。鬈，鬢好貌。

盧重鋂【音梅】，其人美且偲【七才反】。

比而賦也。鋂，亦環也。偲，多鬚貌。鬢、鬚在身之外而着於身，爲之風儀者也，以言威儀也。仁爲體而威儀爲用，故一言仁，爲主，而再言儀，爲從也。

《盧令》三章，章二句。

敝笱

敝笱在梁，其魚魴鰥【古頑反。叶古倫反】。
齊子歸止，其從【才用反】如雲。

興也。笱，竹籬也。魴、鰥，大魚也。如雲，衆也。以敝笱不能防制大魚，興魯莊公不能防閑文姜也。文姜數如齊，會襄公，詩人刺莊公不能事母也。

敝笱在梁，其魚魴鱮【才呂反】。
齊子歸止，其從如雨。

興也。鱮，似魴。

敝笱在梁，其魚唯唯【唯癸反】。
齊子歸止，其從如水。

興也。唯唯，《集傳》曰："魚行出入之貌。"或曰："子可以制母乎?"趙子曰："莊公誠以事母，威以馭下，車馬、僕從莫不俟命，夫人徒往乎?"曰其從如雲，如雨，如水，則詩人之意亦在於制其僕從矣。

《敝笱》三章，章四句。

載驅

載驅薄薄【普各反】，簟茀朱鞹【苦郭反】。
魯道有蕩，齊子發夕【叶祥龠反】。

賦也。薄薄，車行聲也。"簟茀朱鞹"，以文簟蔽車而朱鞹飾之也，鞹，皮去毛者也。發夕，發於夕宿之舍也。

四驪【力馳反】濟濟【子禮反】，垂轡濔濔【乃禮反】。
魯道有蕩，齊子豈【開改反】弟【叶待禮反】。

賦也。濟濟，衆多齊一之貌。瀰瀰，緩行貌。豈弟，當作愷悌，樂易之意也，言無忌憚也。

汶【音問】水湯湯【失章反】，行人彭彭【必亡反】。
魯道有蕩，齊子翱翔。

興也。《集傳》曰："汶水，在齊南魯北。彭彭，多貌。"水則行由其道矣，行人則各歸其所矣，此反類以興也。

汶水滔滔【吐刀反】，行人儦儦【表驕反。叶音褒】。
魯道有蕩，齊子遊敖。

興也。滔滔，流盛貌。儦儦，衆貌。舊說以爲刺文姜，而《南山》刺桓公，《敝笱》刺莊公，足矣，又何煩焉？文姜之淫醜，而又足刺乎？是知舊說非也。【詩意，自齊往魯也，非自魯歸齊也。】莊公忘父之讎，而娶襄公之女，是爲哀姜。哀姜之歸魯，齊人刺之也。"簟茀朱鞹"，言無面目之可顯也。"垂轡瀰瀰"，言不當行也。"翱翔"、"遊敖"，言徘徊顧望而不敢行也。以汶水、行人之各有所歸爲興，而齊子之無所於歸，見矣。哀姜不可入於魯廟，是無夫家也，故其辭如此也。詩之重複詠嘆者，皆止於三，而此獨至四者，其旨微而難知，故重複以明之也。《敝笱》，子不能事母也，《載驅》，子不知有父也。

《載驅》四章，章四句。

猗嗟

猗嗟昌兮，頎【音祈】而長兮。
抑若揚兮，美目揚兮。
巧趨蹌兮，射則臧兮。

賦也。猗嗟，歎辭。昌，容儀昌也。抑若揚，言其容儀之美也。蹌，翼如也。

猗嗟名兮，美目淸兮，儀旣成兮。
終日射【食亦反】侯，不出正兮。
展我甥【叶桑經反】兮。

《集傳》曰：賦也。名，猶稱也。正，侯中的也，皮侯設鵠，布侯設正，畫布曰正，捿皮曰鵠。姊妹之子曰甥。

猗嗟孌【叶龍卷反】兮，淸揚婉【叶許願反】兮。
舞則選【雪戀反】兮，射則貫【叶扃縣反】兮。
四矢反【叶孚絢反】兮，以禦亂【叶靈眷反】兮。

《集傳》曰：賦也。選，異於衆也。禮每射四矢。反，復也，中皆得其故處也。舊說以爲刺莊公不能防閑其母，旣有《敝笱》，則何煩復爾？且以文理尋之，未見其如此也。桓公，兄也，子糾，弟也。魯莊公欲納子糾而不克，屢與齊戰而不悔。齊人刺其不知兄弟之序，而怙兵樂禍也。故其辭止稱容儀、射藝，而不及德行，其曰"射則臧兮"者，言惟恃其善射也，"展我甥兮"者，言以我之甥而反侵我也。【《集傳》曰"明非齊侯之子也"，何乃作白地醜詆耶?】"四矢反兮"者，言其善射好戰，禍反於己也。"以禦亂兮"者，言不足以禦亂，而反以速敗也。【未有一人之善射而能禦亂者，則知其反語也。此四句，皆其表出之辭脈也。】以是知爲莊公之欲納子糾也。《猗嗟》，刺不知兄弟之序也，《東方未明》《南山》《敝笱》《載驅》《猗嗟》，明君臣、夫婦、父子、兄弟之倫也。【五篇不相聯屬，而以《甫田》《盧令》間之者，何也? 曰君臣、夫婦，以義合者也，故《東方未明》《南山》比類相屬，而《甫田》之遠大在近小、《盧令》之名利兩遂，率其常性而不務高遠，自父母、兄弟始也。故《敝笱》《載驅》《猗嗟》在《甫田》《盧令》之後也。君臣、夫婦，成人以後之事也，比於父母、兄弟，爲稍遠。故不置於《甫田》《盧令》之後，而置於前耳，以明孝悌爲百行之源，而爲爲仁之本也。】

《猗嗟》三章，章六句。

《齊》十一篇。

魏

《集傳》曰：在《禹貢》冀州雷首之北、析城之西，南枕河曲，北涉汾水。今河中府解州卽其地也。蘇氏曰："魏地入晉，久矣，其詩疑實晉詩，猶衛之有《邶》《鄘》也。"今按篇中公行、公路、公族，皆晉官，疑爲晉詩也。○延陵季子曰："美哉！渢渢乎！大而婉，險而易行，以輔德，此明主也。"魏，先儒以爲文王子畢公高之所封，爲晉獻公所滅。則魏之爲國，屢百年矣，亦宜有詩，而季子於《邶》《鄘》《衛》則合而言之，《魏》之與《唐》則各有譏焉，《魏》之非晉，明矣。

葛屨

糾糾【吉黝反】葛屨，可以履霜。
摻摻【所銜反】女手，可以縫裳。
要【於遙反】之襋【紀力反】之，好人服【叶蒲北反】之。

比而賦也。糾糾，編綴精密之意。摻摻，縫手捷數貌。《集傳》曰："要，裳腰。襋，衣領也。"然裳何以有領乎？襋字從衣從棘，棘，急也，疑裳之繫帶也。此刺悁士繩尺謹嚴，循蹈常規，密於細行，而不可與語上而圖大，此小人之下達小知者也。可以自好而不可以濟衆，能以自守而不能以應變，非君子之所尙也。葛屨雖精密，而以之履霜，則守常而不知時變者也，女手止可以縫裳，而不可爲壼外之事矣。【葛屨履霜以爲比，女手縫裳以爲托也。】“要之襋之”，言作事精備周密而無疏漏也。“好人服之”，言修其威儀而自好也。

好人提提【徒兮反】，宛【於阮反】然左辟【音避】，佩其象揥【勑帝反】。維是褊心，是以爲刺【叶音砌】。

《集傳》曰：賦也。提提，安舒貌。讓而避者必左。○宛，目見貌，言其著於外而可見也。左避，遜讓恭下也。“佩其象揥”，言遜恭而不失其儀也，非陷於恭者也。此人禮防周備，無可攻之隙，然維是褊心，故不可與大樹立也。【不出於圈子之內，而不能度外行事也。】

《葛屨》二章，一章六句，一章五句。

汾沮洳

彼汾【扶云反】沮【子豫反】洳【如豫反】，言采其莫【音慕】。
彼其【音記】之子，美無度。
美無度，殊異乎公路。

《集傳》曰：興也。汾水出太原晉陽山，西南入河。沮洳，水浸下濕之地也。莫，采名，似柳，葉厚而長，有毛刺，可以羹。無度，言不可以尺寸量也。公路，掌公之路車者。○彼，外之之辭也。沮洳之地，雖有徑路，亦不可通行於四面，而采莫於此處，以興偏滯之人，明於一面而暗於三面，見其一隅而忘其三隅，如盆盎之水，所燭者明，而所不照者多。出一言，一人悅而數人不悅，行一事，一人利而數人不利，德鮮而害大，福薄而殃重，此不可以居人之上也。雖其才能過人，百事可辦，然惟可以居人之下而佐其成功也，不可以居人之上而專任政事也。自古小人，類多此輩，人君愛其才能而大用之，未有不敗事者也。

彼汾一方，言采其桑。
彼其之子，美如英【叶於郎反】。
美如英，殊異乎公行【戶郎反】。

《集傳》曰：興也。英，華也。公行卽公路也，以主兵車之行列，故曰公行。○一方，一偏也，言其明滯於一偏一曲，不能周徹於四遠，而照於不見不聞之處也。

彼汾一曲，言采其藚【音續】。
彼其之子，美如玉。
美如玉，殊異乎公族。

《集傳》曰：興也。藚，水舄也，今之澤瀉也。公族，掌公族之官。

《汾沮洳》三章，章六句。

園有桃

園有桃，其實之殽。

心之憂矣，我歌且謠【音遙】。
不知我者，謂我士也驕。
彼人是哉【叶將黎反】，子曰何其【音基】。
心之憂矣，其誰知之？
其誰知之？蓋亦勿思【叶新齎反】。

比而賦也。《集傳》曰：殽，食也。合曲曰歌，徒歌曰謠。◯桃、棘，不異於衆樹，而惟其有實可食爲貴，以比君子之言行，不異於衆人，而惟其有實可績爲貴也。老子曰"知我者希，則我貴矣"，君子求知於君子，而不求知於小人。獨行小人之所不行，以求知於小人，猶圜鑿而方枘，其不可也必矣。又況善與人同而不露其文章，以是求知也難矣。孟子曰："君子之所爲，衆人固不識也。"【君子之道，衆人所不識也，君子之德，衆人之所懷也。孟子則以爲君子之德，衆人不識也，故《原委針砭》駁之，蓋孟子聞而未詳也。】是故君子未嘗求知於小人也，惟務行實德而人悅服矣。小人不能知君子，而知懷其德，其實之食，此之謂也。"心之憂矣"，憂人之莫我從也。"我歌且謠"，樂我之自得也。"謂我士也驕"，不知而毁之也。"彼人是哉，子曰何其"，小人自以爲賢而侮君子也。重言"其誰知之"者，願與天下同此妙道，共享大福，而人莫從之，故深歎之也。"蓋亦勿思"，我不求知於爾，爾亦莫我知也，又何思之爲乎？其憂之，仁也；其勿思，知命也。其憂之，爲人；樂之，自樂也。爲此詩者，其知君子之志，其知君子之憂樂乎。

園有棘，其實之食。
心之憂矣，聊以行國【叶于逼反】。

不知我者，謂我士也罔極。
彼人是哉，子曰何其。
心之憂矣，其誰知之？
其誰知之？蓋亦勿思。

比而賦也。棘，《集傳》曰："短棗也。"行國，遊行於國中也，言樂以兼憂也。君子自樂而憂世，其憂之，乃樂也。如富者憂人之貧，乃富之樂也，貴者悶人之窮，乃貴之樂也。"心之憂矣，我歌且謠"，憂、樂殊矣；"聊以行國"，憂、樂並也。【遊行，樂也，遊行而莫我知，憂也】子曰："莫我知也夫。"又曰："樂亦在其中矣。"

《園有桃》二章，章十二句。

陟岵

陟彼岵【音戶】兮，瞻望父兮。
父曰嗟予子行役，夙夜無已。
上愼旃哉！猶來無止。

《集傳》曰：賦也。山無草木曰岵。上，猶尙也。○此篇托於行役，以見孝子、悌弟之於父母兄長思慕之誠，未嘗跬步忘焉，服其教訓而不敢失墜。故雖在遠而登望，懷念不置也。父母兄長於子弟，念其勞而欲其敬愼，免於禍敗，子弟奉之以旋，[1] 不敢須臾忘敬也。

陟彼屺【音起】兮，瞻望母【叶滿彼反】兮。
母曰嗟予季行役，夙夜無寐。
上愼旃哉！猶來無棄。

《集傳》曰：賦也。山有草木曰屺。

陟彼岡兮，瞻望兄【叶虛王反】兮。
兄曰嗟予弟行役，夙夜必偕【叶擧里反】。
上愼旃哉！猶來無死【叶想止反】。

賦也。必偕，與其儕同作也。不能行于家而施于天下，不能事其親而治於他人，未之有也。故《園有桃》之實德施於人，本於《陟岵》之事其父母、兄長也，猶《甫田》《盧令》之後，有《敝笱》《載驅》《猗嗟》，明父母、兄弟之道也。天下之本在家，爲仁之本在孝悌。

《陟岵》三章，章六句。

十畝之間

十畝之間【叶居賢反】兮，桑者閑閑【叶胡田反】兮，行與子還【叶音旋】兮。

賦也。《周禮》："五家爲比。"五家之宮，爲十二畝半，此

1 旋：奎章閣本에는 "旅".

言十畝，擧大數也。閑閑，雍容自得，而有防閑之貌。子，指桑者也。還，入居也。

十畝之外【叶五墜反】兮，桑者泄泄【以泄[2]反】兮，行與子逝兮。

賦也。十畝之外，隣人之宮也。泄泄，舒緩不進之貌。逝，出行也。居十畝之間而爲桑者，安其業於十畝之間者也；居十畝之外而爲桑者，安其業於十畝之外者也。桑之爲言，祥也，托言修善於分內也。《中庸》曰：“君子素其位而行，不願乎外，無入而不自得焉。”君子不求乎分外，而盡善於分內，【隨其才與位與時，而盡其至善也。】樂在其中，而無怨尤焉。入而居于家，出而行乎人，隨所處而安其分，盡其善，全其樂也。

《十畝之間》二章，章三句。

伐檀

坎坎伐檀【叶徒沿反】兮，置之河之干兮，河水淸且漣【力廛反】猗【於宜反】。
不稼不穡，胡取禾三百廛【直漣反】兮？
不狩不獵，胡瞻爾庭有縣【音玄】貆【音暄】兮？
彼君子兮，不素餐【七丹反。叶七宣反】兮。

《集傳》曰：賦也。坎坎，用力之聲。檀，車材也。漣，風行水成文也。猗，與兮同。種之曰稼，斂之曰穡。一夫所居曰

2 泄：奎章閣本에는 “世”.

廛。貆，貉類也。〇伐檀，將以爲車，行於天下也，托言君子之博畜文德，將以施措於事業也。置之河干，則畜而未用也。【《易》云"密雲不雨"是也。】干，水中高燥之地也。"河水清且漣猗"，以形容文德之美也。【河清、三百廛，明其爲托辭也。】君子修身而俟命，藏器而待時，所以能隨分而盡善也。《易》，射隼于墉之內，而不求於墉之外，是以動而不括也。不自修於分內，而妄求於分外，以取禍敗，君子不爲也。稼穡而得禾，狩獵而得禽，是得於分內也。不稼而望禾，不獵而欲禽，是妄求於分外者也。素，如素位之素，有功亦食，無功亦食，主於得食，謂之素餐。【尸位素餐，謂尸素位祿而不知其他也。】君子積實而後行，先事而後食，不爲無實而但在於行，無事而但在於食也。無實之行、無事之食，分外之物而凶禍之所倚也。凡守分而得於分內者，有天地悠久博厚之福，騖於分外者，所得不大而又速亡也。久存之道，莫如守分，速亡之術，莫如不能守分，《易》曰："以厚終也。"

坎坎伐輻【音福。叶筆力反】兮，置之河之側【叶莊力反】兮，河水清且直猗。
不稼不穡，胡取禾三百億兮？
不狩不獵，胡瞻爾庭有縣特兮？
彼君子兮，不素食兮。

《集傳》曰：賦也。直，波文之直也。十萬曰億。獸三歲曰特。

坎坎伐輪兮，寘之河之漘【順倫反】兮，河水清且淪猗。

不稼不穡，胡取禾三百囷【丘倫反】兮？
不狩不獵，胡瞻爾庭有縣鶉【音純】兮？
彼君子兮，不素飧【素門反。叶素倫反】兮。

《集傳》曰：賦也。淪，亦風行水文也。囷，倉也。

《伐檀》三章，章九句。

碩鼠

碩鼠碩鼠，無食我黍。
三歲貫【古亂反】女【音汝】，莫我肯顧【叶果五反】。
逝將去女，適彼樂【音洛】土。
樂土樂土，爰得我所。

比也。貫，習也，與慣同。碩鼠之食黍，潛隱而不見其形，以比禍害之至微，而不見其端也。君子之道，固欲去害而就利，避凶而趨吉，然亦非一槪也。其自取之禍害，宜如執熱者之濯水，去之不可不亟也，其非我有以取之，而自外儻來者，亦有不可強免也。強免其小患，而大患將至也。子曰："貧與賤，是人之所惡也，不以其道得之，不去也。"傳曰："擇福莫若重，擇禍莫若輕。""三歲貫女，莫我肯顧"者，姑安受其患而順天之命。【命卽分也，順命卽安分也。】《中庸》曰："素患難，行乎患難。"韓琦曰："去就之際，不可猛而有迹。"徐觀其甚切而不解，【此釋"莫我肯顧"之義也。】而有可以擇而輕之，則去之而就其輕，務擇於分內，而不妄出於分外以求免焉，此君子之所以能全其樂也。故曰適彼樂土，而得我所也。我之所平生苦心竭力而騁乎悠遠之道者，至是而乃得其所也。世無無患之國，君子自能去之耳；世無全樂之國，君子自能致之耳。此獨君子之其世然也？小人之其世，有患而無樂焉而已矣。已上三篇，言君子之盡性至命也。

碩鼠碩鼠，無食我麥【叶訖力反】。
三歲貫女，莫我肯德。
逝將去女，適彼樂國【叶于逼反】。
樂國樂國，爰得我直。

比也。直，伸也，平生之屈於患難者，至是而乃伸也。【訟而伸理，亦曰直。】

碩鼠碩鼠，無食我苗【叶音毛】。
三歲貫女，莫我肯勞。
逝將去女，適彼樂郊【叶音高】。
樂郊樂郊，誰之永號？

比也。重言"樂郊樂郊"，而曰"誰之永號"，言至樂而無患也。在《易》，《艮》爲君子之守分，而其究則曰："惇艮之吉，以厚終也。"君子之終全其樂，以守分得之也；小人之有患而無樂，以不能守分而致之也。

《碩鼠》三章，章八句。

《魏》七篇。

唐

《集傳》曰：在《禹貢》冀州之域，大行、恒山之西，太原、大岳之野。曲沃及絳，皆在今絳州。周成王以封弟叔虞爲唐侯，南有晉水。至子燮，改國號曰晉。其詩不謂之《晉》而謂之《唐》，仍其始號耳。○延陵季子曰："思深哉！其有陶唐氏之遺民乎。不然，何憂之遠也？非令德之後，誰能若是？"

蟋蟀

蟋蟀在堂，歲聿【允橘反】其莫【音暮】。
今我不樂【音洛】，日月其除【直慮反】。
無已大【音泰】康？職思其居【叶音據】。
好【呼報反】樂無荒，良士瞿瞿【俱具反】。

《集傳》曰：賦也。蟋蟀似蝗而小，有角、翅，九月則在堂也。聿，遂也。大，太同。職，主也。瞿瞿，驚視之貌。○夫乾貼釘着，東縛馳驟，務爲刻苦絞急，而無寬綽優游之度者，索性小人之道也。【東漢以來，大抵多此輩人也。】坐如泥塑，立如枯木，行無安步，動無和氣，人之所不堪，而鬼神之所猜惡也。《易》云："履虎尾，咥人，凶。"君子之行，樂易簡質，寬裕安平，樂人之所樂，苦人之所苦，其性情亦猶人也。張而能弛，進而能反，勞而能逸，苦而能樂。然亦無不及而怠，亦無過而荒，能因時消息而不踰其節，自然中和矣。歲暮而農作息，時可以樂矣，時可以逸矣。時可而不爲，則人壽幾何，安能作此枯槁憔悴，以了其生耶？又恐其怠而荒，則憂患將及也，故曰"無已太康？職思其居"，居，猶言分也，言專思其分所當爲也。"好樂無荒"，良士之所戒懼也。

蟋蟀在堂，歲聿其逝。
今我不樂，日月其邁【叶力制反】。
無已大康？職思其外【叶五墜反】。
好樂無荒，良士蹶蹶【俱衛反】。

《集傳》曰：賦也。蹶蹶，動而敏於事也。外，分外也。治事則在其分內，而慮患則及於分外也。

蟋蟀在堂，役車其休。
今我不樂，日月其慆【吐刀反。叶佗侯反】。
無已大康？職思其憂。
好樂無荒，良士休休。

《集傳》曰：賦也。慆，過也。休休，安吉之貌。好樂而無荒，故能長有其樂也。

《蟋蟀》三章，章八句。

山有樞

山有樞【烏[1]侯、昌朱二反】，隰有楡【夷周、以朱二反】。
子有衣裳，弗曳弗婁【力侯、力俱二反】。
子有車馬，不馳不驅【祛尤、虧于二反】。
宛【於阮反】其死矣，他人是愉【他侯、以朱二反】。

《集傳》曰：樞，荎也，今刺楡也。楡，白枌也。婁亦曳也。宛，見貌。愉，樂也。○興而賦也。【反類以興也。】"山有樞，隰有楡"，隨地而異植也。《中庸》曰"素貧賤，行乎貧賤，素富貴，行乎富貴"，隨位而異道也。富貴而行乎貧賤之所爲，則是禦福也，禦福者有殃，是自索其性而索人之性也。【利澤不及於人，故曰索人之性。】《易》曰："苦節，貞，凶，其道窮也。"又曰："用大牲，吉，順天命也。"言富而豊於自奉，厚於饋人，順天命也。世之吝惜財物，積而不能施，爲守錢虜者，終必賈禍而散，爲他人之有也。

山有栲【音考。叶去九反】，隰有杻【女九反】。
子有廷內，弗洒弗埽【叶蘇后反】。
子有鍾鼓，弗鼓弗考【叶去九反】。
宛其死矣，他人是保【叶補苟反】。

興而賦也。《集傳》曰：栲，山樗也，似樗，色稍白，葉乍狹。杻，檍也，葉似杏而尖，白色，皮赤，其理多曲少直，可

1 烏：底本에는 "鳥". 四庫全書本《詩傳大全》과《康熙字典》에 근거하여 수정.

爲弓弩幹也。考，擊也。保，居有也。

山有漆【音七】，隰有栗。
子有酒食，何不日鼓瑟。
且以喜樂【音洛】，且以永日？
宛其死矣，他人入室。

興而賦也。“子有酒食，何不日鼓瑟”，卽《易》“用大牲”之意也。永日，人汩沒事爲，則覺日之短，游嬉無事，則日長也。《蟋蟀》，言勞逸、苦樂有時也；《山有樞》，言貧賤、富貴異道也。

《山有樞》三章，章八句。

揚之水

揚之水，白石鑿【子洛反】鑿。
素衣朱襮【音博】，從子于沃【叶鬱縛反】。
既見君子，云何不樂【音洛】？

興也。鑿鑿，巉巖貌。襮，裼衣也。沃，曲沃也。

揚之水，白石皓【胡老反。叶胡暴反】皓。
素衣朱繡【叶先妙反】，從子于鵠【叶居號反】。
既見君子，云何其憂【叶一笑反】？

興也。鵠，亦晉邑名。

揚之水，白石粼粼【利新反】。
我聞有命【叶彌并反】，不敢以告人。

興也。粼粼，石相次如鱗也。舊說，晉昭侯封其叔父成師于曲沃，是爲桓叔。桓叔之孫武公伐晉滅之，以寶器賂周釐王，釐王以武公爲晉侯。武公之末，伐晉，晉人叛而歸之，故作此詩。"我聞有命，不敢以告人"者，爲之隱其謀，而欲其傾晉之計成也。然則此叛逆，同謀簒奪，而聖人取之以爲訓耶？揚之水、白石之比，不當於晉與曲沃，而【石在水中，而晉與沃異處也。】"素衣朱襮"，是諸侯之服，則晉人服之而從于沃乎？【其文理，自服而從之之辭，非致服於武公之辭也。武公滅晉，而其云桓叔滅晉，尤妄也。】若如舊說，致服于武公，則晉人何以錫武公命耶？其悖繆甚矣。揚之水，白石在中，水微弱而中有强堅，以興君子之德外恭謙而內至强，不可動，不可拔也。在《易》謙，地中有山，外卑順而中有高峻，是其義也。"素衣朱襮"，外質素無文，而內有赫然也。"從子于沃"、"于鵠"，君子之所居也，以素衣朱襮，而從于其居者，言服其教而與之同歸也。"旣見君子，云何不樂"，言樂其自得，而不以不顯於人爲憂也。"素衣朱繡"，以朱繡爲裏也。【若衣有朱繡，則何可謂之素衣乎？是知其爲裏也。】"我聞有命，不敢以告人"，言我亦服其教訓之命，不敢誇示其强大於人，而求其外著也。故亦以"揚之水，白石粼粼"爲興，言我亦當爲君子之所爲也。其曰"有命"，所包者廣，"盡性至命"之命也，哲人之言，卽天命之命也，【詳見《書·大誥》。】安分順命之命也。【中衣爲褻服之表曰襮，朝服，被之中衣之上。】

《揚之水》三章，二章章六句，一章四句。

椒聊

椒聊之實，蕃衍盈升。
彼其【音記】之子，碩大無朋。
椒聊且【子餘反】，遠條且。

興而比也。《集傳》曰：椒，樹似茱萸，有針刺，其實味辛而香。聊，語辭也。朋，雙也。○實，以言實德之行也。蕃衍，盛多有餘也。椒聊之實，不過盈升，而已有餘矣，以興君子之實德篤於近小而不騖於遠大也。遠不在遠而在近，大不在大而在小，篤於近小，而自能達於遠也。其篤於近小而碩大無朋者，以其能達於遠，如椒聊之遠條也。升，器之小者，而以其達於遠，故其大無朋也。君子之道至約，而能體萬物，正心而天地位，修身而天下平，居室而千里應，素位而萬世觀，是其至小而達於遠也。彼，其絕於人而不可及之意也。

椒聊之實，蕃衍盈匊【九六反】。
彼其之子，碩大且篤。
椒聊且，遠條且。

興而比也。兩手曰匊。匊又小於升也，“損之又損”，是也。篤，敦厚也。《揚之水》，强於內而不顯於外也；《椒聊》，篤於近小而不騖於遠也。內至强然後乃能有爲，能有爲而顯莫顯矣，執其要然後乃能有明，能有明而遠莫遠矣。

《椒聊》二章，章六句。

綢繆

綢【直留反】繆【芒侯反】束薪，三星在天【叶鐵因反】。
今夕何夕？見此良人。
子兮子兮，如此良人何？

《集傳》曰：興也。綢繆，纏結也。三星，心也。良人，婦稱夫也。〇君子能通天下之志，【言忠恕格物而通人情也。】而不違於人，言而衆莫不悅，行而衆莫不信，以其不違於人，故人亦不違也，人之所不違，天之所不違也。“綢繆束薪”，言與衆協和而爲一也。“三星在天”，其光下照於束薪，言天心亦感應而爲一也。《帝典》曰“格于上下”是也。“今夕何夕？見此良人”，自幸其遇此人也。“子兮子兮，如此良人何”，親愛之無窮也。三星在天而在隅、在戶者，言信於人者愈遠，而天心之下格愈親切也

綢繆束芻【叶側九反】，三星在隅【叶語口反】。
今夕何夕？見此邂【戶解反】逅【胡豆反。叶狠[2]口反】。
子兮子兮，如此邂逅何？

2 狠：底本에는 “狼”. 四庫全書本《詩傳大全》에 근거하여 수정.

興也。邂逅，不期而遇也，言君子不求親於人而人自親也。君子全吾性而已，非阿俗而求親也；全吾天而已，非媚天而求福也。俗不可阿也，天不可媚也，惟自全而天人協同矣。

綢繆束楚，三星在戶【侯古反】。
今夕何夕？見此粲者。
子兮子兮，如此粲者何？

興也。人三爲衆，女三爲粲，"粲者"者，言衆之所親附也。

《綢繆》三章，章六句。

杕杜

有杕【徒細反】之杜，其葉湑湑【私叙反】。
獨行踽踽【俱禹反】。
豈無他人？不如我同父【扶雨反】。
嗟行之人，胡不比【毗至反】焉？
人無兄弟，胡不佽【七利反】焉？

《集傳》曰：興也。【反類以興也。】杕，特也。杜，赤棠也。湑湑，潤澤貌。踽踽，孤獨之貌。比，輔也。佽，助也。○"特立之杜，其葉湑湑"，以況獨行之君子爲衆所附，如葉之附於樹也。"獨行踽踽，豈無他人？不如我同父"者，小人之交，甘若醴，其黨比雖衆，其親知雖廣，終不如同類、同氣之屬而不離，其實則爲一獨夫，踽踽睘睘，而無相輔助。爲善者有隣，爲惡者無親，君子之朋，不可離也，小人之黨，不可恃也。行路之人，無相比之理，無兄弟者，人無相助如兄弟之理，而曰“嗟行之人，胡不比焉？人無兄弟，胡不佽焉”者，嗟歎而謂之曰：人固無無故而相合如同類之理，爾知所以然乎？惟君子與人同性，故其相屬過於同類也。凡詩之重複詠歎，而不增損一字者，皆其注意處也。【凡人無無故而相親者，必見其有益也。見其利勢而相附者，非親於人也，乃附於利勢也，利勢盡而交亦絶矣。惟悅其德而相親者，性之所同，而性不可離也，故過於同類者之相屬也。】

有杕之杜，其葉菁菁【子零反】。
獨行睘睘【求螢反】。
豈無他人？不如我同姓【叶桑經反】。
嗟行之人，胡不比焉？
人無兄弟，胡不佽焉？

《集傳》曰：興也。菁菁，盛貌。睘睘，無所依貌。《綢繆》，爲天、人所親也；《杕杜》，爲天、人所離也。

《杕杜》二章，章九句。

羔裘

羔裘豹袪【起居、起據二反】，自我人居居【斤於、斤御二反】。
豈無他人？維子之故【攻乎、古慕二反】。

興而賦也。羔裘而續以[3]豹袪，以興諸侯之與天子相續而治世，如豹袪之續於羔裘而成服也。我人，諸侯指王也。居居，相與保居之意也。"自我人居居"，言自王之敎澤而天下之國相與保安也。"豈無他人，維子之故"，言豈無兄弟、姻婭、牧伯之國相與援比以存，而其實由於王之敎澤也，天下之安危，係於一人之昏明。夫子作《春秋》，傷天下之無王，而華夷交訌，强弱相食，爲諸侯者，豈不樂天子之治而憂王室之危哉？《羔裘》《鴇羽》，其知爲遠慮者乎。

羔裘豹褎【徐救反】，自我人究究。
豈無他人？維子之好【呼報反。叶呼候反】。

興而賦也。褎，袖同[4]。究究，次次引及之意。

《羔裘》二章，章四句。

鴇羽

肅肅鴇羽，集于苞栩【況禹反】。
王事靡盬【音古】，不能蓺稷黍，父母何怙【候古反】？
悠悠蒼天，曷其有所？

3 以：底本에는 "而". 奎章閣本에 근거하여 수정.

4 同：奎章閣本에는 "也".

興而賦也。《集傳》曰：肅肅，羽聲。鴇，似鴈而大，無後趾，不能集於樹也。苞，叢生也。栩，柞櫟也，其子爲皂斗，殼可以染皂。○盬，堅緻也，靡盬，言不能堅緻也。天子安諸侯，非諸侯安天子，常理也。今王室不能自安，而諸侯勤而平之，如鴇之集於苞栩，失其常所矣。“王事靡盬”，言王室不能安固也。“不能蓺稷黍，父母何怙”，言不暇私圖其國事也，帥國之衆，而役於王室，廢其農作，民之父母將無所恃而養也。上爲天子憂，下爲國民隱也，王室之亂，世運之否也。故曰：悠悠蒼天，曷其有定而得其常所乎？《黍離》之刺王，亦曰“悠悠蒼天”，蓋比天子於天也。此諸侯勤王室之亂，而作詩以歎之。【何不言征役之民作之乎？曰：“以侯國之民而憂王室之亂，非其職也。非其職，則乃爲怨王之辭也，是無道而不可爲訓也。諸侯而勤王，其義正也。”】

肅肅鴇翼，集于苞棘。
王事靡盬，不能蓺黍稷，父母何食？
悠悠蒼天，曷其有極？

興而賦也。極，至也，言曷其有底定乎。

肅肅鴇行【戶郎反】，集于苞桑。
王事靡盬，不能蓺稻粱，父母何嘗？
悠悠蒼天，曷其有常？

興而賦也。

《鴇羽》三章，章七句。

無衣

豈曰無衣七兮？不如子之衣，安且吉兮。

賦也。衣無七與六。【《集傳》云"七命"、"六命"，妄也。說具於《禮記》焉。】七與六者，明其爲托辭也，如《干旄》之良馬五與六也。【此篇只是二句，若不甚明其托辭，則人無以知之，七與六，以必無之事而甚明之也。】凡言衣者，以言威儀也。此篇以衣托威儀，下篇以飮食托實行也。"豈曰無衣七兮"，言威儀非不多也，【"九十其儀"，亦言多也。】不如君子之威儀安且吉也。《帝典》曰："欽明文思，安安。"文之施於身者曰威儀，視聽言動見於外者是也；文之施於事者曰文德，典章、法度可以做功業者是也。威儀亦文也，文以安爲貴。《論語》之四勿、三貴，以禮制中也，中則安矣，安則和矣。視聽言動，詭奇邪僻，暴慢鄙悖，輕躁頑鈍，虛僞扮飾，則不安矣。威儀安，則人亦安之，人之所安，福之所歸也。劉康公所云"養之得福"是也。故曰"安且吉兮"也。言堯之文，亦曰安，威儀莫如安之爲善也。

豈曰無衣六兮？不如子之衣，安且燠【於六反】兮。

賦也。燠，言其和也。喜怒哀樂，發而中節則和矣，安則和矣，中節則安矣。【喜怒哀樂形於外，則爲視聽言動也。】

《無衣》二章，章三句。

舊說以爲曲沃武公滅晉，請命于天子之詩，且曰：武公既負簒弑之罪，辭又倨慢無禮，釐王誅討不加，而又錫命焉，王綱絶而人紀滅矣。其亦知如此，而顧以爲聖人取之以爲訓耶？眞可謂夢話、風説矣。聖人取之，則釐王之錫命不亦可乎？釐王之果悖，則聖人之不取也決矣，何不覺悟耶？

有杕之杜

有杕之杜，生于道左。
彼君子兮，噬肯適我？
中心好【呼報反】之，曷飮【於鴆反】食之？

比而賦也。噬，《集傳》曰“發語辭”。○道路，貴者由右，賤者由左，以特立之杜生于道左，比君子之大德行於衆所同行之道，無異於匹夫匹婦之微賤者也。天地萬物之情，安於常而已矣，非常者乃不可常也，必速亡。君子之行，平常而不異於人。故人安之，人安之者，以其平常而不異於人也。君子之同於人，非直同於人也，合同與異而同，故大同也。“中心好之”者，以其安之之故，心誠好之，而無嚴憚貌敬之意也。“曷飮食之”，言何以用其道而實行之乎。行加于人而人安之，則可以行之而立其功業也。君子威儀安，德行安，《帝典》所謂“安安”是也。

有杕之杜，生于道周。
彼君子兮，噬肯來遊？

中心好之，曷飮食之？

比而賦也。周，周行之周，道周，衆所同行之道也。

《有杕之杜》二章，章六句。

葛生

葛生蒙楚，蘞【音廉】蔓于野。
予美亡此，誰與獨處？

比而賦也。蘞，白蘞也，《本草》云："蔓生，枝端有五葉。"葛之蔓大而綿長者，蒙于林木矣，蘞之蔓細而短[5]者，自在于野域無物之處矣，言各其材不同也。葛以比人之道足以生民，而德足以覆物者也。故特言生，言蒙也。蘞以比人之才足以事人，而不足以濟民者也。故不言生、蒙，而止言蔓也。"誰與獨處"，言誰與於獨處之中乎。我今無夫而獨處矣，復誰人之與乎？蓋亡國之大夫，義不事二君，如王蠋、田疇者作詩以見其志。君子之道德足以利民濟物者，義不可爲一人死也，當如管仲之仁也，【此義詳見《論語》。】其才不足以大有樹立，而止可以事人者，義當守其僕妾之節，自遁于野，而不復立於他君之朝也，此其禮之所尙也。若乃不能守節而從於他君者，

5 短：奎章閣本에는 "端".

如孀婦之無從而改適者，禮之所不誅也。然禮之所尙，貴矣。【當與《凱風》《柏舟》參看。臣之義當死與否，詳於《論語》及《王制》。】

葛生蒙棘，蘞蔓于域。
予美亡此，誰與獨息？

比而賦也。域，兆域也，墓門無人之處也。息，休息也。

角枕粲兮，錦衾爛兮。
予美亡此，誰與獨旦？

賦也。此托言其文之美也，而角枕、錦衾乃婦人事夫之具也，非所以施於外人者也，自知其才足以事人，而不足以濟世也。

夏之日，冬之夜【叶羊茹反】。
百歲之後，歸于其居【叶姬御反】。

賦也。夏日長，冬夜長。居，分也，言悠悠卒世而守其分也。

冬之夜，夏之日。
百歲之後，歸于其室。

賦也。言悠悠卒世而守其節也。室，在門限之內，故以言節也。【此篇，若以爲婦人思其夫行役，及婦人守節不嫁，則俱爲醜淫之辭。禮"寡婦不夜哭"，避嫌也．況婦人作詩詠歌，恨不與其夫同宿同淫於角枕、

錦衾之中乎？此其無恥，不遠於禽獸也。又審其文理，亦徑庭不合，是知守節之臣無疑也。】

《葛生》五章，章四句。

采苓

采苓采苓，首陽之巓【叶典因反】？
人之爲言，苟亦無信【叶斯人反】。
舍旃舍旃【之然反】，苟亦無然。
人之爲言，胡得焉？

比而賦也。首陽山在河東。

采苦采苦，首陽之下【叶後五反】？
人之爲言，苟亦無與。
舍旃舍旃，苟亦無然。
人之爲言，胡得焉？

比而賦也。苦，《集傳》曰："苦菜也，得霜則甛脆而美。"

采葑采葑，首陽之東？
人之爲言，苟亦無從。
舍旃舍旃，苟亦無然。
人之爲言，胡得焉？

比而賦也。“采苓采苓”，則於首陽之巓矣，“采苦采苦”，則於首陽之下矣，“采葑采葑”，則於首陽之東矣，【他詩，無苓、苦、葑每章異物者也。】言采人之言，各於其人，而不可槪也。耕當問農，織當問女，決獄責廷尉，錢穀責內史。凡議事，當當[6]於曾試有效之人，用計，當聽曾試有效之言，不可苟也。重言采者，丁寧之意也。堯之用舜，尙有歷試，先王之明，不侮老成。彼昏不知，常以愛憎聽言，而不察其人之本末，語氷於夏蟲，求媒於鴆鳥，其有不敗者鮮矣。“人之爲言，苟亦無信”，爲言者不衷於事理，而徒爲之言也，當考其素行之能否而取舍其言也，不當不考其行而徒聽其言也。重言“舍旃”，丁寧之意也。舍之而不然，則可謂明也，可謂遠也，人之僭言，【不合於事理之言】何得以售之哉？《葛生》《采苓》二篇不相比類者，篇止於此，不可求其比類也，且其旨明著，雖無比類，而亦可知也。

《采苓》三章，章八句。【《葛生》，審己而守志，《采苓》，察人而聽言，亦有比類之意。】

《唐》十二篇。

6 當 : 문맥상 “聽”인 듯함.

秦

《集傳》曰：在《禹貢》雍州之域，卽今之秦州也。伯益佐禹，治水有功，賜姓嬴氏。其後中潏居西戎以保西垂。六世孫大駱生成及非子，非子事周孝王，養馬於汧、渭之間，馬大繁息，孝王封爲附庸而邑之秦。至宣王時，犬[1]戎滅成之族，宣王命非子曾孫秦仲爲大夫，誅西戎，不克，見殺。幽王爲西戎及犬戎所弑，平王東遷，封秦仲孫襄公爲列侯，曰："能逐犬戎，卽有岐、豐之地。"於是秦遂盡有西都方八百里之地，至玄孫德公，徙於雍。○延陵季子曰："是之謂夏聲。夫能夏則大。大之至也，其周之舊乎。"○列國，自武、成始封，至平、桓詩亡之前，凡四百餘年。【從《呂刑》穆王享國百年，而不從邵氏《皇極書》也。】先王之世，德敎休明，宜多達理君子，而《國風》多叔世之作，蓋由於治平之國少風而多雅。然休明之世，君子專精於力行，未暇於著作，而人多曉達義理，無用復明之爾。是故經書之作，多在於衰世，以其不能行故有言，以其不明[2]知故明之也。由是言之，治平之國，雅亦當少，不獨少風也。《衛風》至於四十篇之多，而鄭之受封未久，而亦得二十篇，豈亦有繫於國俗之所尙不同歟？《秦》詩十篇，少風而多雅，又不比類相屬如他風，亦鮮奧旨、委曲者。蓋周之舊俗敦實，務篤行而不務著作，繼之以秦尙武勇，而急於事務，故其詩獨少，未容精選，而特概取之，以著周之所以衰、秦之所以大云爾。

1 犬：底本에는 "太". 奎章閣本과 《詩傳大全》에 근거하여 수정.

2 明：奎章閣本에는 "能".

車鄰

有車鄰鄰，有馬白顚【都田反。叶典因反】。
未見君子，寺人之令【力星[3]反】。

比而賦也。鄰當作轔，車行聲。白顚，額白也。【今之的顙戴星馬也。】寺人，內臣將命者也。車以比君之能載物，馬以比臣之能行道，而言有馬之壯，然後車乃行也。"未見君子，寺人之令"，急於見君，而君不可見，則先謁於寺人，以求通於君也。言君不得臣，則無以濟險難，故賢者不敢雍容自而故[4]急於見君如此也，此亂世臣擇君之義也。平王擧西都之民，而委之於犬戎虎狼之口，棄其宗廟、墳墓，忘其戴天之讎，而恬不以爲意也。當是時，西都之隱士、逸賢之伏於草野者，義當慷慨泣血，瞋目攘臂，求其可輔以撥亂者，攘除腥羶，而拔民於水火之中，宜若救焚拯溺，不可用平時之禮而雍容進退也。於是乎誅其因景監以見，而醜其自衒自售者，小人之不知時義者也。詩人未必因寺人以見，而曰"寺人之令"者，以明時義之不可不急，而雖因寺人以見，亦可也，非其實因寺人以進也。

阪有漆，隰有栗。
旣見君子，竝坐鼓瑟。
今者不樂，逝者其耋【田[5]結反。叶地一反】。

3 星：奎章閣本에는 "呈".

4 而故：奎章閣本에는 "好而". 문맥상 奎章閣本이 옳은 듯함.

5 田：底本에는 "用". 四庫全書本《詩傳大全》에 근거하여 수정.

興而賦也。“阪有漆，隰有栗”，言其上有君而下有臣也，既幸君臣相遇，時乎時乎！不可失也。若不亟反其患難而爲安樂，則時去而悔何及矣？以鼓瑟爲樂，托言君臣竝力扞難。有旨哉，言乎！篤而遠，淵而深哉！季子所謂夏聲而大之至者也。夫以暴露百戰視爲樂，樂則豈有姑息偸安之志、怯懦謀避之心哉？處患難而視爲安樂，則夫豈自知其爲難哉？視勞爲逸，則忘其勞矣，視苦爲甘，則忘其苦矣。君子之所以能處窮困患難，而夷然不以爲憂者，知其榮顯安樂在於窮困患難之中，故視窮困患難爲榮顯安樂也，所以能不憂也。農者不以夏畦爲病，知秋收之在於夏畦也；工者不以斲削爲勞，知嬴利之在於斲削也。夫不經暴露百戰，何以安樂乎？安樂在暴露百戰之中，故視爲安樂也．豈若是小人之知一而不知二，見面而不見背，欲以不勞而求逸，不苦而求甘？祇益敗焉，豈有得哉？子曰“先難而後獲”，獲在難中矣。抑又有一焉，惟固執其必然之事【如農之爲田，工之爲器。】而盡心者，如此說也。若夫捕風捉影者，雖極難，而何後獲之有哉？

阪有桑，隰有楊。
既見君子，竝坐鼓簧。
今者不樂，逝者其亡。

興而賦也。鼓，鼓動也。“逝者其亡”，托言將有危亡之患也。

《車鄰》三章，一章四句，二章章六句。

《秦》詩大抵樂趨事務，而不尙言說，其終能招八州而朝同列，有以也夫。

駟驖

駟驖【田結反】孔阜【符有反】，六轡在手。
公之媚【眉冀反】子，從公于狩【叶始九反】。

《集傳》曰：賦也。驖，黑色如鐵也。六轡，四馬各兩轡，而驂之兩轡納之於觖，故惟六轡在手也。媚子，親愛之人也。○此以田獵托言戰伐也。"公之媚子，從公于狩"，從軍者自幸得與於役，而喜公之愛我也。其視死如生，爲公如身，上下一心，而無異貳之心，可以見之矣。犬戎及西戎弑幽王，充斥西都之畿，二戎又秦之讎也。掃除荐食，而討公私之讎賊，大義光矣。

奉時辰牡，辰牡孔碩【叶常灼反】。
公曰左之，舍拔【蒲末反】則獲【叶黃郭反】。

《集傳》曰：賦也。時，是也。辰，時也，辰牡，冬獻狼，夏獻麋，春秋獻鹿、豕之類。奉之者，虞人養以待獵也。拔，矢括也。○辰牡，言敵有可乘之機，而不失其時也。中獲尙左，"公曰左之，舍拔則獲"，言君之謀慮善，而下用命也。

遊于北園，四馬旣閑【叶胡田反】。
輶車鸞鑣[6]【彼驕反】，載獫【力驗反】歇【許謁[7]反】驕【許喬[8]反】。

《集傳》曰：賦也。閑，調習也。輶，輕也。鸞，鑾通，鑾鑣，置鈴於銜之兩旁也。獫、歇驕，皆田犬名，長喙曰獫，短喙曰歇驕。以車載犬，休其足力也。○"遊于北園"，言北出而擊戎也。"載獫、歇驕"。言乘車者皆武勇，逐獲獸兎之才也。

《駟驖》三章，章四句。

小戎

小戎俴【錢淺反】收，五楘梁輈【陟留反】。
游環脅驅【叶俱懼反。又居錄反】，陰靷鋈續【叶辭屨反】。
文茵暢【敕亮反】轂，駕我騏馵【之樹反。又之錄反】。
言念君子，溫其如玉。
在其板屋，亂我心曲。

《集傳》曰：賦也。小戎，兵車也。【天子之車[9]，謂之元戎，小戎，謂諸侯之車也。】俴，淺也。收，軫也，車前後兩端橫木，所以收斂所載者也。凡車制，廣六尺六寸，其任載大車，軫深八尺，兵車，軫深四尺四寸也。楘，以皮束輈，使堅也。五楘，五束也。梁輈，輈穹隆，如梁之曲也。【輈，車轅也，其前端橫之以衡，以駕馬。】游環，靷環也，以皮爲環，當兩服之背上，游移前

6 鑣：底本에는 "鏕". 奎章閣本과《詩傳大全》에 근거하여 수정.

7 謁：奎章閣本과《詩傳大全》에는 "竭".《經典釋文》에는 "謁".

8 喬：底本에는 "驕". 奎章閣本과《詩傳大全》에 근거하여 수정.

9 車：底本에는 "軍". 奎章閣本에 근거하여 수정.

却無定處，引兩驂馬之外轡，貫其中而執之，所以制驂馬，使不得外出。《左傳》曰"如驂之有靷"是也。脅驅，亦以皮爲之，前繫於衡之兩端，後繫於軫之兩端，當服馬脅之外，所以驅驂馬，使不得內入也。陰，掩軓也，【軓音範。】軓在軾前，以板橫側掩之，故曰陰也。靷，以皮二條繫於陰板之上，而前繫驂馬之頸也。鋈續，陰板之上續靷之處，消白金，沃其環，以爲飾也。服馬駕于衡，而驂馬則以靷引車，靷之係絡馬之胸者曰靳也。文茵，車茵也。暢，長也。轂者，輪中受輻之橫木也，長三尺二[10]寸。騏，綦色也。足白曰馵。西戎之俗，以板爲屋，"在其板屋"，言征西戎也。心曲，心之曲盡也。○從行者有《駟驖》之詩，居守者有《小戎》之作，喜其軍戎之盛，而美其君之賢，憂其勤勞而懷念未已也。

四牡孔阜【扶有反】，六轡在手。
騏駵是中【叶諸仍反】，騧【古花反】驪是驂【叶疏簪反】。
龍盾【順允反】之合，鋈以觼【古穴反】軜。
言念君子，溫其在邑【叶於合反】。
方何爲期？胡然我念之？

《集傳》曰：賦也。赤馬黑鬣曰駵。中，服馬也。黃馬黑喙曰騧。驪，黑色也。盾，干也，畫龍於盾，合而載之，必載二者，備破毀也。觼，環之有舌者也，軜，驂內轡也，置觼於軾前以繫軜。故謂之觼軜，而鋈以爲飾也。邑，鄙邑也。方，猶將也。

10 二：底本에는 "三".《詩傳大全》과《毛詩正義》에 근거하여 수정.

俴駟孔群，厹矛鋈錞【徒對反。叶朱倫反】。
蒙伐有苑，虎韔【勑亮反】鏤膺。
交韔二弓【叶姑弘反】，竹閉緄【古本反】縢【直登反】。
言念君子，載寢載興。
厭厭【於鹽[11]反】良人，秩秩德音【叶一陵反】。

《集傳》曰：賦也。俴駟，以淺薄之金爲馬介也。厹矛，三隅矛也。錞作鐓，矛之平底也，以金鋈之。蒙，雜也，畫雜羽之文於盾也。伐，中干也，盾之別名。苑，文貌。虎韔，以虎皮爲弓室也。鏤膺，鏤金以爲飾，當胸也。"交韔二弓"，交二弓於韔也。竹閉，以竹爲弓檠也。緄，繩也，縢，纏也，以繩纏弓於竹閉，使弓體正也。厭厭，充足貌。"秩秩德音"，言語有序也。 不念其父兄而念君， 爲公而忘私， 爲義而忘情也。《駟驖》《小戎》，樂事趨功，無少顧憚之意，一心在君，所以能攘斥戎狄而成立基業也。此篇，雅也。

《小戎》三章，章十句。

蒹葭

蒹【古恬反】葭蒼蒼，白露爲霜。
所謂伊人，在水一方。

11 鹽：底本에는 "鹽". 《詩傳大全》에 근거하여 수정.

遡【所路反】洄從之，道阻且長。
遡游從之，宛在水中央。

興也，蒹，《集傳》曰："似萑[12]而細，一名蘼。"遡洄，逆水之回流而上也，遡游，順流而下也。宛，目見貌。中央，以譬中德也。白露下，則蒹葭成材，而可采用矣，以興君子之成就人才也。逆理回互而從之，則道阻且長，而不可得至也，順理而從之，則宛然在中央而相見矣。順於天，順於人，順於性，順於位，順於時，順於勢，而無所逆焉，無所回焉，【回互，不相合，不相値也。】則中庸至善之德也。

蒹葭凄凄，白露未晞。
所謂伊人，在水之湄。
遡洄從之，道阻且躋。
遡游從之，宛在水中坻。

興也。《集傳》曰：湄，水、草之交也。躋，升也，言難至也。小渚曰坻。

蒹葭采采【叶此禮反】，白露未已。
所謂伊人，在水之涘。
遡洄從之，道阻且右【叶羽軌反】。
遡游從之，宛在水中沚。

12 萑：底本에는"雀". 奎章閣本과《詩傳大全》에 근거하여 수정.

興也。采采，旣已采用而敎誨未已也，學而優則仕，仕而優則學也。右，上也。沚，水際也。中沚，托言也，水中無沚也。

《蒹葭》三章，章八句。

終南

終南何有？有條有梅【叶莫悲反】。
君子至止，錦衣狐裘【叶渠之反】。
顔如渥【於角反】丹，其君也哉【叶將黎反】。

興也。《集傳》曰：終南山，在今京兆府。條，山楸也，皮葉白。○“有條有梅”，以興秦國之有君有臣也。“錦衣狐裘”，言其威儀美也。顔，體之可見者也，“顔如渥丹”，言其質美也。以有君有臣起興，而獨言君賢者，以明有君則自有臣也。

終南何有？有紀有堂。
君子至止，黻衣繡裳。
佩玉將將【亡羊反】，壽考不忘。

興也。《集傳》曰：紀，山之廉角也。堂，山之寬平處也。○“佩玉將將”，言其聲名美也，將當作鏘。“壽考不忘”，可[13]以

13 可：奎章閣本에는 “言可”.

爲法於子孫而久傳也。

《終南》二章，章六句。

黃鳥

交交黃鳥，止于棘。
誰從穆公？子車奄息。
維此奄息，百夫之特。
臨其穴【叶戶橘反】，惴惴其慄。
彼蒼者天，殲我良人。
如可贖兮，人百其身。

興而賦也。交交，往來不一之貌。特，特出也。以好鳥之止于棘，興賢者之死。棘之爲言，急迫也；桑之爲言，傷悲也；楚之爲言，楚痛也，借其聲之相近，以托意也。"彼蒼者天"，傷王綱弛解，諸侯無道而不能禁也。《左傳》曰："秦穆公卒，以子車氏之三子爲殉，皆秦之良也。國人哀之，爲之賦《黃鳥》。君子曰：'死而棄民。先王違世，猶貽之法，而況奪之善人乎！'"【《史記》，秦武公卒，初以人殉死者六十六人，至穆公，用百七十七人，而三良與焉。】

交交黃鳥，止于桑。
誰從穆公？子車仲行【戶郎反】。
維此仲行，百夫之防。

臨其穴，惴惴其慄。
彼蒼者天，殲我良人。
如可贖兮，人百其身。

興而賦也。防，扞也，言一人可以扞百夫也。

交交黃鳥，止于楚。
誰從穆公？子車鍼【其廉反】虎。
維此鍼虎，百夫之禦。
臨其穴，惴惴其慄。
彼蒼者天，殲我良人。
如可贖兮，人百其身。

興而賦也。禦，猶防也。此篇，雅也。

《黃鳥》三章，章十二句。

晨風

鴥【伊橘反】彼晨風【叶孚愔反】，鬱彼北林。
未見君子，憂心欽欽。
如何如何，忘我實多？

《集傳》曰：鴥，疾飛貌。晨風，鸇也。鬱，茂盛也。欽欽，不忘之意也。◯比而賦也。平王東遷，西都淪於戎，西都之人怨而作詩，以晨風疾飛譬平王之脫走。"鬱彼北林"，言東都之所統猶盛，可以圖復舊業也。

山有苞櫟【盧狄反。叶歷各反】，隰有六駮【邦角反】。
未見君子，憂心靡樂。
如何如何，忘我實多？

《集傳》曰：駮，梓楡也，皮靑白如駮。○比而賦也。"山有苞櫟"，言東都王畿之衆猶盛也。"隰有六駮"，言六州之諸侯未叛也。《禹貢》九州，雍州淪於戎，梁、揚隔遠，王靈之所不及也，其餘六州之諸侯，猶可鞭策而使也。

山有苞棣，隰有樹檖。
未見君子，憂心如醉。
如何如何，忘我實多？

《集傳》曰：棣，唐棣也。檖，赤羅也，實似梨而小，酢可食。○比而賦也。樹檖，言封樹之國也。

《晨風》三章，章六句。

或曰："何以《晨風》在《黃鳥》之下，不以世之先後爲序乎？"曰："詩以比類相屬，豈有時世之先後乎？《渭陽》在《黃鳥》之下，則其無時世次序可知矣。此篇與《無衣》比類相屬也。"

無衣

豈曰無衣？與子同袍【抱毛反。叶步謀反】。
王于興師，修我戈矛，與子同仇。

賦也。西土之民憤慨奮發，日望平王之興師以來，相與之言曰：“王若興師以來，則吾儕誓不顧死，以報公私之讎矣，豈曰無衣，而不以相借乎？且與子同之。”言一體同心，無復異意也。

豈曰無衣？與子同澤【叶徒洛反】。
王于興師，修我矛戟【叶訖約反】，與子偕作。

賦也。《集傳》曰：澤，裏衣也，以其襯膚之澤，故曰澤也。

豈曰無衣？與子同裳。
王于興師，修我甲兵【叶晡茫反】，與子偕行【叶戶郎反】。

賦也。觀《晨風》《無衣》，益[14]見下王之不仁，罪通于天矣。此篇，雅也。

《無衣》三章，章五句。

14 益：奎章閣本에는 “蓋”.

渭陽

我送舅氏，曰至渭陽。
何以贈之？路車乘【繩證反】黃。

賦也。《集傳》曰：晉文公，康公之舅也。穆公之納文公于晉也，康公爲太子，送之渭陽，而作此詩。路車、乘黃，諸侯之服也。○路車、乘黃以贈之，望其長爲君於晉也。

我送舅氏，悠悠我思【叶新齎反】。
何以贈之？瓊瑰【古回反】玉佩【叶蒲眉反】。

賦也。瓊瑰，玉石也。贈以瓊瑰、玉佩，望其聲聞遠振也。此詩，不過送別之章也，無足取者，而何以取之也？爲天下樹賢，天下之大德也，爲一國樹賢，一國之大德也。天下有大利焉，樹賢爲大利焉，天下有大害焉，樹惡爲大害焉。德以受福於天，利以得助於人。穆公說賂而納惠公，已爲韓之戰，悔前之失，而納文公，可謂善補過矣。聖人取此詩，以訓樹賢之爲大德、大利也。向令穆公終與晉相旋，其受福而得助，豈可量哉？乃又背晉而襲鄭，以致三帥之縶，棄德與利，而結怨速禍，何其有始而無終也？是故繼之以《權輿》，以見用賢之不終也。此篇，雅也。

《渭陽》二章，章四句。

權輿

於我乎夏屋渠渠，今也每食無餘。
于嗟乎！不承權輿。

《集傳》曰：賦也。夏，大也。渠渠，深廣貌。權輿，始也。【造衡，自權始；造車，自輿始。】此言其君用賢不終也。○夏屋，托言位高也，“食無餘”，言不實行也。

於我乎每食四簋【叶已有反】，今也每食不飽【叶捕苟反】。
于嗟乎！不承權輿。

賦也。簠簋，禮器也。此篇亦無足取者，而特取之，以次《渭陽》，以見穆公之樹賢不卒，爲大過也。

《權輿》二章，章五句。

《秦》十篇。

《晨風》《無衣》之後，繼以《渭陽》《權輿》，其意若曰：周失王業而秦受之，亦不能終也。

陳

《集傳》曰：在《禹貢》豫州之東，其地廣平，無名山大川。西望外方，東不及孟諸，今之陳州，卽其地也。帝舜之後，有虞閼父爲周陶正，有功，武王以元女大姬妻其子滿，而封於陳，都於宛丘，是爲胡公。○延陵季子曰："國無主，其能久乎？"陳詩多諷刺，而亦無遠旨，獨不及他國，蓋其季世之作也。"

宛丘

子之湯【他郎、他浪二反】兮，宛丘之上【辰羊、辰亮二反】兮。
洵有情兮，而無望【武方、武放二反】兮。

賦也。湯，當作蕩，坦蕩也。望，威望也。此刺君之寬和坦平，而無威嚴震慴也。一家之長，亦必有威，然後乃有恩也。《易》曰"家人嗃嗃"，況人君爲萬民之上乎？苟無威震，則何以董振怠倦，而逆折姦凶乎？將上慢下暴，而紀綱不立矣。《易》云"負且乘，致寇至"，此之謂也。"宛丘之上"，指其君也。信有情而無威望，此篇之主意也。

坎其擊鼓，宛丘之下【叶後五[1]反】。

1　五：底本에는 "反".《詩傳大全》에 근거하여 수정.

無冬無夏，値【直置反】其鷺羽。

賦也。坎，用力擊鼓之聲。値，當作植。【音置】鷺，《集傳》曰："鷺鷥[2]，白而頭有長毛。一名舂鉏，舞者執其羽也。"此言長見其喜樂，而不見其威怒也。

坎其擊缶【方有反】，宛丘之道【叶徒厚反】。
無冬無夏，値其鷺翿【叶殖[3]有反】。

賦也。缶，瓦器，可以節樂。翿，亦羽也。

《宛丘》三章，章四句。

東門之枌

東門之枌【符云反】，宛丘之栩【況浦反】。
子仲之子，婆娑【素何反】其下【叶後五反】。

《集傳》曰：賦也。枌，白楡也，先生葉而莢，皮白。婆娑，游揚之貌。子仲之子，子仲氏之女也。○此刺其君、大夫不急於事務，而以雅致相尙也。托言子仲之子，故隱晦其辭也。【子仲之子以嚴邁，則是知爲托辭也。】夫居上者，勞心以爲德，

2 鷥：底本에는 "鶿".《詩傳大全》에 근거하여 수정.

3 殖：底本에는 "値".《詩傳大全》에 근거하여 수정.

居下者，勞力以爲利，此之謂有實。凡文之可以爲實者，曰文德，文之不可以爲實而徒爲美觀者，曰虛文。軍志曰"實用則不美觀，美觀則不實用"，此言可以喩道也。夫不務事實，而以雅致相尙，風流照映於一時，若王衍、王導、庾亮、謝安之類，非不曄然有光矣，不免於神州陸沈，而偏邦亦不得安保。其流禍餘烈，至于今千餘載而未已，嗚呼！不仁，憯矣。【篤行，近仁。】詩人以婆娑二字目之，不亦善爲形容者乎？

穀旦于差【初佳反。叶七何反】，南方之原。
不績其麻【叶謨婆反】，市也婆娑。

《集傳》曰：賦也。穀，善也。差，擇也。○"穀旦于差"，言擇其觀美而不勞難者，爲之也。"市也婆娑"，言與衆也，一國之人靡然同風也。

穀旦于逝，越以鬷【子公反】邁【叶力制反】。
視爾如荍【祁饒反】，貽我握椒。

《集傳》曰：賦也。鬷，衆也。荍，芘芣，一名荊葵，紫色。○越，語辭。"越以鬷邁"，言國人靡然趨之也。"視爾如荍，貽我握椒"，言互相稱揚贊美，而不知其非也。《戰國策》：趙靈王欲伐中山，使李疵覘之，還曰："可伐也。中山之君，所傾蓋與車而朝窮廬隘巷之士者，七十家。"王曰："是賢君也，安可伐？"疵曰："朝賢則民務名，不存本，耕者惰而戰士儒，若此不亡者，未之有也。"【若有賢者，豈在窮廬而受君[4]之朝而已乎？上下爲好名也，非爲實事者也。】趙果伐而取之。趙威后謂齊使者曰："於陵仲子尙存乎？是其爲人也，上不臣於王，下不治其家，此率民而出於無用者，何爲至今不殺乎？”凡不務其實德、實利而好爲無益以自喜者，禍之最大者也。《宛丘》之寬和、《東門》之婆娑，外若美善，而內實大敗矣。

《東門之枌》三章，章四句。

衡門

衡門之下，可以棲遲。
泌【悲位反[5]】之洋洋，可以樂飢。

賦也。《集傳》曰：衡門，橫木爲門也。棲遲，安息也。泌，水名。○此言身體之所安、耳目口鼻·心志之所欲，當苟取其無闕而已，不可求其足意也。士而志在於溫飽逸樂，則未足與有爲也。惟隨其所得而安之，不以豊鮮爲意，然後其庶乎。

豈其食魚，必河之魴？
豈其取妻，必齊之姜？

賦也。食色，人之所大欲存焉，故君子之克己，必自食色

4 君：奎章閣本에는 “人”.

5 悲位反：底本에는 앞의 “遲” 다음에 있음.《詩傳大全》과 奎章閣本에 근거하여 수정.

始也。

豈其食魚，必河之鯉？
豈其取妻，必宋之子【叶奬里反】？

賦也。此篇，雅也。

《衡門》三章，章四句。

東門之池

東門之池，可以漚【烏豆反】麻【叶謨婆反】。
彼美淑姬，可與晤【五故反】歌。

興也。漚，漂也，漂則水生泡漚，故謂漂爲漚。晤，講明也。此言不責備於人，苟無大過，而才足與有爲，則與之，不可求其盡善也。《衡門》，不求足於身也；此篇，不責備於人也。

東門之池，可以漚紵【直呂反】。
彼美淑姬，可與晤語。

興也。紵，麻屬。

東門之池，可以漚菅【古顔反。叶居賢反】。
彼美淑姬，可與晤言。

興也。菅，《集傳》曰：“似茅而滑澤，莖有白粉，柔韌，宜爲索也。《左傳》：‘雖有絲、麻，無棄菅、蒯。’”

《東門之池》三章，章四句。

東門之楊

東門之楊，其葉牂牂【子桑反】。
昏以爲期，明星煌煌。

《集傳》曰：興也。牂牂，盛貌。明星，啓明也。煌煌，光明貌。○此刺緩不及事而失時也。東門之楊則及春之時而牂牂，反類以興也。昏以爲期，而明星煌煌，則時已失而事已過矣。

東門之楊，其葉肺肺【普計反】。
昏以爲期，明星晢晢【之世反】。

《集傳》曰：興也。肺肺，猶牂牂也。晢晢，明貌。

《東門之楊》二章，章四句。

墓門

墓門有棘，斧以斯【所宜反】之。

夫也不良，國人知之。
知而不已，誰昔然矣。

《集傳》曰：興也。墓門，凶僻之地。斯，廝同，盡也。誰昔，猶疇昔也。○此刺不聽諫而敗事也。墓門有棘，則斧可以盡之矣，而夫人之過則諫而不改也。人知之而不知愧恥，蓋其天性然也。

墓門有梅，有鴞萃止。
夫也不良，歌以訊【叶息悴反】之。
訊予不顧【叶果五反】，顚倒思予【叶演女反】。

《集傳》曰：興也。鴞，惡聲之鳥也。顚倒，狼狽之狀也。○墓門有梅，則有鴞萃止，夫人之過則諫不肯改，而又益甚矣。“訊予不顧”，訊之而不予顧也。“顚倒思予”，狼狽而後乃思予也。此篇，雅也。

《墓門》二章，章六句。

防有鵲巢

防有鵲巢，邛【其恭反】有旨苕【徒雕反。叶徒刀反】。
誰侜【陟留反】予美，心焉忉忉【都勞反】?

《集傳》曰：興也。防，水隄也。邛，丘也。旨，甘美也。

茗，茗饒也，莖如勞豆而細，葉似蒺藜而靑也。侜，侜張也，卽《書》曰譸張也。○“防有鵲巢，邛有旨茗”，言物各有於有處，而讒人則構成其無而生有也，此刺聽讒也。

中唐有甓【蒲歷反】，邛有旨鷊【五歷反】。
誰侜予美，心焉惕惕【吐歷反】？

《集傳》曰：興也。廟中路，謂之唐。甓，瓴甋也。鷊，小草，雜色如綬。

《防有鵲巢》二章，章四句。

月出

月出皎兮，佼【古卯反】人僚兮。
舒窈【烏[6]了反】糾【己小反】兮，勞心悄【七小反】兮。

《集傳》口：興也。佼人，美人也。○僚，心無士見，而隨人進退之意也。窈糾，幽深糾結也。月無本明，而藉日之光以爲明，如人之內闇無明，而外飾慧黠也。舒我幽深糾結之所懷，則懵然不能省察，故勞心悄悄也。凡人之內闇而外慧者，徒以口辯隨風低昂，而不能聽深謀遠計也。故詩人刺之，內暗外慧者，最不聽人之深言也。《防有鵲巢》，好聽人之讒言

6 烏：底本에는 “鳥”.《詩傳大全》에 근거하여 수정.

也；《月出》，不聽人之深計也。

月出皓【胡老反】兮，佼人懰【力久反。叶郎老反】兮。
舒懮【於久反】受【叶時側反】兮，勞心慅【七老反】兮。

興也。懰，心懰懰，外光明而內暗之意也。【懰懰，外潤澤光明而內闇之貌。】懮受，未詳，蓋亦深切之意也。慅，猶悄也。

月出照兮，佼人燎【力召反】兮。
舒夭【於表反】紹【實照反】兮，勞心慘【七弔反】兮。

興也。燎，如燎火之內暗外明也。夭紹，《集傳》曰："糾緊之意也。"慘，痛切也。此篇，雅也。

《月出》三章，章四句。

株林

胡爲乎株林？從夏【戶雅反】南【叶尼心反】。
匪適株林，從夏南。

《集傳》曰：賦也。株林，夏氏之邑也。夏南，徵舒字也。靈公淫於夏徵舒之母夏姬，徵舒弑之，楚莊王討之，遂滅陳。此詩，國人刺靈公也。

駕我乘馬【叶滿浦反】，說于株野【叶上與反】。
乘我乘駒，朝食于株。

賦也。此篇，雅也。

《株林》二章，章四句。

澤陂

彼澤之陂，有蒲與荷。
有美一人，傷如之何？
寤寐無爲，涕【他弟反】泗滂【普光反】沱【徒何反】。

興而賦也。陳民苦於靈公之淫亂，思楚莊王之賢。“有蒲與荷”，言楚之有君有臣也。“傷如之何”，思之而憂傷也。“寤寐無爲”，言國亂而不可爲也。

彼澤之陂，有蒲與蕑【古顏反。叶居賢反】。
有美一人，碩大且卷【其員反】。
寤寐無爲，中心悁悁【烏玄反】。

興而賦也。卷，當作鬈。悁悁，猶悒悒也。

彼澤之陂，有蒲菡【戶感反】萏【大感反。叶待檢反】。
有美一人，碩大且儼【魚檢反】。

寤寐無爲，輾轉伏枕【叶知險反】。

興而賦也。菡萏，荷華也。儼，莊重貌。《株林》《澤陂》本不足取，而以著陳之亡也。

《澤陂》三章，章六句。

《陳》十篇。

夫民無遠圖，無君以主之，則不能久安；夫心無遠慮，無志以主之，則不能深計。《陳風》旨近而言淺，其無志可見矣。季子所謂“國無主”者，豈謂是歟。聖人取之者，蓋有微意也，《王風》，著周之衰也；《陳風》，著陳之亡也。懷安苟保，而不能振發者，衰之徵也；淺謀短慮，而不爲遠圖者，亡之兆也。以明如周者必衰，如陳者必亡也。固未有能振發而不興者也， 能遠圖而不存者也。 衰之徵，必在於不能振發；亡之兆，必在於不能遠圖也。

檜

《集傳》曰：在《禹貢》豫州外方之北、滎波之南、溱·洧之間，今之鄭州，卽其地也。其君妘姓，祝融之後也。爲鄭桓公所滅而遷居焉。○延陵季子自《檜》《曹》以下，無譏焉。《檜》《曹》之詩，皆憂嘆世運之辭。聖人取之，以見天下之所以亂也，非其有意於檜、曹也，故季子無譏耳。

羔裘

羔裘逍遙，狐裘以朝【直遙反。叶直勞反】。
豈不爾思？勞心忉忉。

賦也。周衰文弊，人多外飾於威儀、辭令，而不篤於實德，不修於實行，故君子傷之也。"羔裘逍遙，狐裘以朝"，托言用力於威儀之勤，而隨處盡心也。"豈不爾思，勞心忉忉"者，言非不燁然可愛，而是用憂傷也。君子之亂于威儀，務其實德、實行，克己以復禮,【言先治其心也。】則喜怒哀樂自然中節，而視聽言動皆合於禮也。小人不務其本,【言以治心爲本也。】而徒治其末，赫然如秋葉之華彩浮於外，而其實則將枯而落也。子夏曰"小人之過也，必文"，言必以文也。凡國家、天下之衰也，必文。

羔裘翱翔，狐裘在堂。

豈不爾思？ 我心憂傷。

興[1]也。“逍遙”、“翱翔”，皆着實篤行之反也。

羔裘如膏【古報反】，日出有曜【羊照反。叶羊號反】。
豈不爾思？ 中心是悼。

賦也。“羔裘如膏，日出有曜”，言其光彩浮於外也。

《羔裘》三章，章四句。

素冠

庶見素冠兮，棘人欒欒【力端反】兮，勞心慱慱【徒端反】兮。

賦也。棘，急也，棘人，詩人自謂也。世人爭以虛文相尙，而獨不忍心知其非而效之也。欲勿效，則爲時所嘲棄，不可如何，故名之謂棘人也。欒欒，愁瘠貌。慱慱，憂勞之貌。君子傷時之尙於虛文而不務實行，庶見忠信質直之君子，而不可得，故以素冠托言也。

庶見素衣兮，我心傷悲兮，聊與子同歸兮。

1 興：奎章閣本에는 “賦”. 문맥상 奎章閣本이 옳은 듯함.

賦也。寧爲時所棄，而不忍爲此態也，故欲與古人同歸也。

庶見素韠兮，我心蘊【於粉反】結【叶訖力反】兮，聊與子如一兮。

賦也。蘊結，猶鬱結也。

《素冠》三章，章三句。

隰有萇楚

隰有萇【丈羊反】楚，猗【於可反】儺【乃可反】其枝。
夭【於驕反】之沃沃【烏毒反】，樂子之無知。

《集傳》曰：萇楚，銚弋，今羊桃也。子如小麥，亦似桃。猗儺，阿娜同，柔嫩貌。夭，少好貌。沃沃，光澤貌。○比也。世治則民安樂而順其天性，各得其分，而無失職之人。世亂則民失其性，爭以詐力攘奪，智愚、强弱互相魚肉，長於患難，而無生之樂。不肖者隨波浮沈而不自覺，以爲世固如是也，視憂患爲樂事，趨陷穽如樂土，汨沒於其中，而不以爲憂也。猶糞中之蛆，群聚蠢動，不暫休息，而不自知爲糞中也。一有超然獨覺者，則不勝其愁苦，而脈脈無稱意者。故詩人傷之，以萇楚居汚下而枝而華而實於其中，不自知爲汚下，爲比，而獨不堪其憂，自恨其有知，反不如彼人之無知之爲樂也。聖人取此，以見世之不可無明王，使民不見天地之全、日月之明，而冥冥以卒世也。

隰有萇楚，猗儺其華【芳無、胡瓜二反】。
夭之沃沃，樂子之無家【古胡、古牙二反】。

比也。

隰有萇楚，猗儺其實。
夭之沃沃，樂子之無室。

比也。無室，無妻子也。父子、兄弟、夫婦不能相保以生，而反以爲樂也。

《隰有萇楚》三章，章四句。

匪風

匪風發【叶方月反】兮，匪車偈【起竭反】兮。
顧瞻周道，中心怛【都達反。叶旦悅反】兮。

《集傳》曰：賦也。偈，疾驅貌。賢者嘆周室之衰微，而作此詩。○風至則車偈矣，今非風至車偈，而天下之擾擾驨虒，如風至車偈者。知風之所自矣，因於周道衰微，而天下無王也。

匪風飄【符遙反。叶匹妙反】兮，匪車嘌【匹遙反。叶匹妙反】兮。
顧瞻周道，中心弔兮。

賦也。嘌，同漂，漂搖不安也。弔，傷也。【《記》曰："弔而不傷。"】

誰能烹魚？溉【古愛反】之釜【符甫反】鬵【音尋】。
誰將西歸？懷之好音。

興也。以烹魚言治天下，卽老聃之烹鮮也，謂其不擾而化之也。溉，滌也。鬵，釜屬。"溉之釜鬵"，言滌其穢德而更新也。"懷之好音"，欲進其忠言、嘉謨也。聖人取之者，傷天下之無王也。

《匪風》三章，章四句。

《檜》四篇。

曹

《集傳》曰：在《禹貢》兖州陶丘之北、雷夏、荷澤之野，今之曹州，卽其地也。武王以封其弟振鐸。

蜉蝣

蜉蝣之羽，衣裳楚楚【叶創擧反】。
心之憂矣，於我歸處。

《集傳》曰：蜉蝣，似蛣蜣，身狹而長角，黃黑色，有翅能飛，朝生暮死。◯興而賦也。楚楚，鮮盛貌。子曰："亡而爲有，虛而爲盈，約而爲泰，難乎有恒矣。"諺曰"作心三日"，言本無而作之者，不得過三日也。源盛而流深，根滋而條暢，君子務其實而華自美，修其質而文自足，無暇於外飾也。小人無乎中而飾於外，鮮不忽然而有，俄然而亡矣。故以"蜉蝣之羽"爲興，而以"衣裳楚楚"托言外飾也。"於我歸處"，言何不去爾之乍有乍無，而效我之有恒乎。

蜉蝣之翼，采采衣服【叶浦北反】。
心之憂矣，於我歸息。

興而賦也。采采，華飾也。

蜉蝣掘【求勿反】閱，麻衣如雪。
心之憂矣，於我歸說。

興而賦也。掘閱，暫忽之意。"麻衣如雪"，言鮮美而不可常也。說，稅同。

《蜉蝣》三章，章四句。

候人

彼候人兮，何【何可反】戈與祋【都律、都外二反】。
彼其之子，三百赤芾【芳勿、蒲昧二反】。

賦也。候，當作俟，俟，美也。祋，當作殳。芾，韠也。一命，縕芾黝珩；再命，赤芾黝珩；三命，赤芾葱珩。下大夫一命，中大夫再命，上大夫三命。"荷戈與殳"，言有威望而居卒伍也。"三百赤芾"，言外飾文華而處高位者衆多也。先王取人，以德與能，而不以虛譽、飾行也。士不務實德，而務爲巧言令色，習儀以眩於上，上不考實行，而以耳目愛憎取人，賢不肖易位，擧枉以措諸直，天下之所以亂，不在乎他矣。故《檜》之《羔裘》《素冠》、《曹》之《蜉蝣》《候人》重複詳說之也，此聖人之微意也。

維鵜【徒低反】在梁，不濡其翼。

彼其之子，不稱【尺證反】其服【叶蒲北反】。

《集傳》曰：興也。鵜，鵜鶘，一名淘河，水鳥也。○鵜翼入水而不濡，無入水之痕矣，興雖有其服，而無服之效也。“不稱其服”，言德不稱儀，才不稱位也。

維鵜在梁，不濡其咮【陟救反】。
彼其之子，不遂其媾【古豆反】。

興也。咮，喙也。媾，昏姻也。君之有臣，如夫之有室，望其相助爲理，而乃不遂其望也。

薈【烏會反】兮蔚【於貴反】兮，南山朝隮【子兮反】。
婉【於阮反】兮孌【力轉反】兮，季女斯飢。

比也。薈、蔚，雲霞彌滿興起之貌，以比華彩無實之徒，充於朝廷也。“季女斯飢”，言質美而自藏者，不得實行之也。【不修虛文以眩於人者，如女子之自藏也。】

《候人》四章，章四句。

鳲鳩

鳲鳩在桑，其子七兮。
淑人君子，其儀一兮。

其儀一兮，心如結【叶訖力反】兮。

《集傳》曰：興也。鳲鳩，秸鞠也，一名戴勝，又名布穀也。○鳲鳩在桑，其母一而其子七，七子生於一母，以興一德在中，發而爲多儀也。淑人，從其多儀而名之也；君子，從其一德而名之也。其儀雖多，而一於中者，以其心精一，而隨處發見也。“心如結兮”，言其心純一不已，終始不變也。此篇言君子之德，以明如彼則亂，如此則治，如彼則無常，如此則有恒也。

鳲鳩在桑，其子在梅【叶莫悲反】。
淑人君子，其帶伊絲【叶新齎反】。
其帶伊絲，其弁伊騏【音其】。

興也。騏，當作綦，蒼艾色也。鳲鳩在桑而不移，其子則在梅，在棘，在榛，言一德不變於中，而威儀隨處而善也。“其帶伊絲，其弁伊綦”，言隨處而異儀，而不失其中也。前章言其儀一，此言其儀不一，以明不一而一也，時中則不一而一也。

鳲鳩在桑，其子在棘。
淑人君子，其儀不忒【它得反】。
其儀不忒，正是四國【叶于逼反】。

興也。此言教化達於天下，天下宗之也。

鳲鳩在桑，其子在榛【側巾反】。
淑人君子，正是國人。

正是國人，胡不萬年【叶尼因反】？

興也。此言爲百世之所則象，而福祿、令聞無窮也。

《鳲鳩》四章，章六句。

下泉

洌彼下泉，浸彼苞稂【音郎】。
愾【苦愛反】我寤歎，念彼周京【叶居良反】。

《集傳》曰：洌，寒也。下泉，泉之下流者也。稂，童梁，莠屬也。○比而賦也。此亦《匪風》之意也，以寒泉下流而浸於苞稂之惡草，比周之餘波流於天下，而習俗敗壞也。《匪風》《下泉》，旨同而俱取之者，傷天下之無王，爲之重嘆也。

洌彼下泉，浸彼苞蕭【叶疎鳩反】。
愾我寤歎，念彼京周。

比而賦也。蕭亦惡草也。

洌彼下泉，浸彼苞蓍。
愾我寤歎，念彼京師。

比而賦也。蓍，以文理考之，非筮草之靈者也，乃惡草有與筮草同名者也。

芃芃【薄工反】黍苗，陰雨膏【古報反】之。
四國有王，郇伯勞【力報反】之。

興也。郇伯，《集傳》曰："文王之後，爲郇侯，爲州伯，治諸侯有功也。"《萇楚》極亂之後，繼之以《匪風》"漑之釜鬵"、"懷之好音"，其意若曰亂極則將反也。終之以《鳲鳩》之"正是四國"、"胡不萬年"，《下泉》之"四國有王"，其意若曰天下終不可無王，將有聖人復興，而天下永昌也。如《書》之終以《秦誓》之悔過，而曰一人有慶，兆民賴之也。

《下泉》四章，章四句。

《曹》四篇。

豳

《集傳》曰：在《禹貢》雍州岐山之北、原隰之野，今邠州三水縣也。〇太王居邠，國號周，武王以邠爲周公之采邑，而號爲周公。故周公之詩，謂之《豳風》。〇延陵季子曰："美哉，蕩乎！樂而不淫，其周公之東乎。"

七月

七月流火【叶虎委反】，九月授衣。
一之日觱【音必】發【叶方吠反】，二之日栗烈【叶力制反】。
無衣無褐【叶許例反】，何以卒歲？
三之日于耜【叶羊里反】，四之日擧趾。
同我婦子【叶獎里反】，饁【炎輒反】彼南畝【叶滿彼反】，田畯【音俊】至喜。

《集傳》曰：賦也。七月，夏建申之七月也，凡言月者，倣此。流，西流也。火，大火心星也。九月始霜而授民衣也。一之日，周正月建子之月也，凡言日者，皆周月也。觱發，風寒也；栗烈，氣寒也。褐，毛布也。于，往也。耜，田器也。于耜，言往修田器也。擧趾，擧足而出田也。饁，餉田也。田畯，勸農之官也。此章前段言衣，後段言食，二章至五章，終前段之意，六章至八章，終後段之意。周公以成王未知稼穡之艱難，故作此詩以諷誦之。○歲，周正之歲，夏之十月，寒氣加隆，不可無衣而卒歲也。此篇皆言田家之樂，而勸其樂趨而預備，而不少及於艱難勞苦，知非爲成王而作，明矣。乃周公始行徹法而作此，以勸農民也。

七月流火，九月授衣。
春日載陽，有鳴倉庚【叶古郎反】。
女執懿筐，遵彼微行【叶戶郎反】，爰求柔桑。
春日遲遲，采蘩祁祁【巨之反】。
女心傷悲，殆及公子同歸。

《集傳》曰：賦也。載，始也。倉庚，黃鸝也。懿，深美也。微行，小逕也。蘩，白蒿也，所以生蠶也，蠶初生，以此啖之也。祁祁，安閑之貌。公子，貴族之稱也。言許嫁之女，預以秋後將及公子同歸，遠其父母，爲傷悲也。

七月流火，八月萑葦【韋鬼反】。
蠶月條【它彫反】桑，取彼斧斨【七羊反】。
以伐遠揚，猗【於宜反】彼女桑。
七月鳴鵙【圭覓反】，八月載績。
載玄載黃，我朱孔陽，爲公子裳。

《集傳》曰：賦也。萑葦，蒹葭也，取以爲曲薄而棲蠶也。蠶月，治蠶之月也。條桑，桑始生條而葉也。斨，斤也。遠揚，遠枝揚起者也。猗，條達貌，取葉而不傷其枝也。女桑，柔桑也。鵙，伯勞也。陽，明也。“八月載績”，績絲以爲帛也。公子，稱其夫也。

四月秀葽【於遙反】，五月鳴蜩【徒彫反】。
八月其穫【戶郭反】，十月隕【于敏反】蘀。
一之日于貉【戶各反】，取彼狐貍【力之反】。
爲公子裘【叶渠之反】，二之日其同。
載纘【子管反】武功，言私其豵【子公反】，獻豜【古年反】于公。

《集傳》曰：賦也。秀，發穗也。葽，草名。蜩，蟬也。八月獲[1]其早熟者也。貉，祭獸也，《周禮》“田表貉”是也。同，公私同力也。纘，繼而贊之也。田獵者，習武也。豕一歲曰豵，三歲曰豜。

五月斯螽動股，六月莎【素和反】雞振羽。
七月在野，八月在宇，九月在戶【後五反】。
十月蟋蟀，入我牀下【叶後五反】。
穹【起弓反】窒【除[2]悉反】熏【許云反】鼠，塞向墐【音覲】戶。
嗟我婦子【叶玆五反】，曰爲改歲，入此室處。

《集傳》曰：賦也。宇，屋簷下也。穹，空隙也。窒，塞也。向，北出牖也。墐，塗也。○斯螽、莎雞、蟋蟀，非一物也。秋氣稍寒，則諸蟲皆避寒而依人，至十月，則諸蟲皆盡，而獨蟋蟀深入牀、壁也。

1 獲：《詩傳大全》에 근거할 때 “穫”인 듯함.

2 除：內閣藏板《詩傳大全》에는 “除”. 四庫全書本《詩傳大全》에는 “殄”.

六月食鬱及薁【於六反】，七月亨【普庚反】葵及菽。
八月剝棗【叶音走】，十月穫稻【叶徒苟反】。
爲此春酒，以介眉壽【叶殖酉反】。
七月食瓜【叶音孤】，八月斷壺，九月叔苴【七餘反】。
采荼薪樗【勅書反】，食我農夫。

《集傳》曰：賦也。鬱，棣屬。薁，蘡薁也。菽，豆也，葉謂之藿。剝，落也。春，周正之春也。壺，瓠也。叔，拾也。苴，麻子也。樗，木名也。○介，夾介也。《書》、《易》用介字，皆夾介之義也。副介、紹介、甲介，皆夾介之義也。酒食以養老，如甲之介身也。老者有酒肉之養，壯者食菜也。

九月築場圃【博故反】，十月納禾稼【叶古護反】。
黍稷重【直容反】穋【音六。叶六直反】，禾麻菽麥【叶訖力反】。
嗟我農夫，我稼旣同，上入執宮功。
晝爾于茅，宵爾索綯【徒刀反】。
亟【紀力反】其乘屋，其始播百穀。

《集傳》曰：賦也。宮隙之地，春爲圃種蔬，秋爲場納禾也。禾者，有穗之總名。重，當作穜。先種後熟曰穜，後種先熟曰穋。同，收納無差池也。綯，索也。乘，升載也。【禮，民受二畝半，以爲宅田，士大夫倍之以上。孟子云"五畝之宅"，言其中也。先儒云"二畝半爲田廬，二畝半爲宅"，妄也，民無田廬也。】

二之日鑿氷冲冲，三之日納于凌【力證反】陰【叶於容反】。
四之日其蚤【音早】，獻羔祭韭【音九。叶已小反】。

九月肅霜，十月滌【徒力反】場。
朋酒斯饗【叶盧良反】，曰殺羔羊。
躋【子奚反】彼公堂，稱彼兕觥【虢彭反。叶古黃反】，萬壽無疆。

《集傳》曰：賦也。冲冲，鑿氷之貌。凌陰，氷室也。韭，菜名，獻羔、韭以告廟，用氷也。滌場，農事畢而掃除場地也。朋，一對也。稱，舉也。○藏氷以備暑月飮食之用、【無氷則食敗也。】喪祭之供，此亦勞民之事也，故及之。農民無稱壽公堂之禮，以言公私安樂豊亨，皆自農功致之也。農者，天下之大本。先王爲政，惟農務是急。觀《月令》，終年注意者，在於農功，而凡可以有益於農者，無不盡心爲之，凡可以害於農者，無不極力去之，《七月》之詩，所以勸民趨農也。察於星月、寒暑、節物之變，而不失其時，農事以時爲重也。言百稼次第收入之樂，而不言勞難者，勸民樂業而忘勞也。衣可以禦寒，食可以養老奉公，田獵之娛、朋酒之饗，足以自樂以卒世，使民安分而無外慕也，此《七月》之義也。此篇，雅也。《周禮》祈年，吹《豳雅》，卽此詩也。蜡祭吹豳頌，頌中言農事者，謂之豳頌，以《豳雅》用於農田之事，故頌之以祭田祖者，亦從而謂之豳頌也。

《七月》八章，章十一句。

鴟鴞

鴟鴞鴟鴞，旣取我子，無毁我室。

恩斯勤斯，鬻【由六反】子之閔【叶眉貧反】斯。

賦也。鴟鴞，鵂鶹也，惡聲之鳥也，攫衆鳥之子而食之。鬻，養也。託言武庚旣誤管、蔡，而又欲毁我王室也。武王克商，封武庚于殷，而封弟管叔鮮、蔡叔度、霍叔處于殷之接境，以監殷。三叔與武庚謀反，流言曰周公將不利於孺子。周公避位居東二年，乃得流言之所自，公乃作此詩，以貽成王，託鳥以言也。

迨天之未陰雨，徹彼桑土【音杜。徒古反】，綢【直留反】繆【莫侯反】牖戶【後五反】。
今女【音汝】下民，或敢侮予【叶演女反】？

賦也。《集傳》曰：迨，及也。徹，撤通，取也。桑土，桑根也。○言自治其國，而預備患難，則四國雖叛，而無如之何也。四國未叛，而有將叛之兆，故告王如此也。

予手拮【音吉】据【音居】，予所捋【力活反】荼，予所蓄租【子胡反】。
予口卒瘏【音徒】，曰予未有室家【叶古胡反】。

賦也。《集傳》曰：拮据，手口共作之狀。捋，取也。荼，萑苕，可藉巢者也。蓄，積也。租，聚也。卒，盡也。瘏，病也。言其勤勞如此者，以王室之新造而未集也。

予羽譙譙【在消反】，予尾翛翛【素雕反】，予室翹翹【祈消反】。
風雨所漂【匹遙反】搖，予維音嘵嘵【呼嘵反】。

賦也。《集傳》曰：譙譙，殺也。翛翛，敝也。翹翹，危也。嘵嘵，急也。○言四國將爲難，而王室危，君臣當一心共圖也，不可疑阻而敗事也。

《鴟鴞》四章，章五句。

東山

我徂東山，慆慆【吐刀反】不歸。
我來自東，零雨其濛。
我東曰歸，我心西悲。
制彼裳衣，勿士行【戶郎反】枚【叶謨悲反】。
蜎蜎【烏玄反】者蠋【音蜀】，烝在桑野【叶上與反】。
敦【都迴反】彼獨宿，亦在車下【叶後五反】。

賦而興也。《集傳》曰：慆慆，猶慢慢，行遲貌。零，墜也。濛，雨昏貌。士，事也。行枚，行陣銜[3]枚也，言兵役已息，制之衣裳，而不事行陣也。蜎蜎，動貌。蠋，桑蟲，如蠶者也。烝，語辭。敦，頹臥之貌。○周公東征，四國因留而安集懷附之，三年乃歸，勞饗將士，作此詩，以爲樂歌。"零雨其濛"，言東征之勞，不避風雨也。"我心西悲"，言懷念其家室也。"蜎蜎者蠋，烝在桑野"，以興軍士之暴露，因"勿士行枚"之語，而追

3 銜：底本에는 "御". 奎章閣本에 근거하여 수정.

言東征之時也。

我徂東山，慆慆不歸。
我來自東，零雨其濛。
果臝【力果反】之實，亦施【羊豉[4]反】于宇。
伊威在室，蠨【音蕭】蛸【所交反】在戶【後五反】。
町【他頂反】畽【他短反】鹿場，熠【以執反】燿【以照反】宵行【叶戶郎反】。
不可畏【叶於非反】也，伊可懷【叶胡威反】也。

《集傳》曰：賦也。果臝，栝樓，今之瓜蔞也。施，延也。伊威，鼠婦也，室不掃則有之。蠨蛸，小蜘蛛也。町畽，舍傍隙地也，無人，故鹿以爲場也。熠燿，明貌。宵行，蟲名，如蠶，夜行，喉下有光，如螢，言室廬荒蕪也。○"不可畏"，言不可畏憚其葺治之勞也。

我徂東山，慆慆不歸。
我來自東，零雨其濛。
鸛【古玩反】鳴于垤【田節反。叶地一反】，婦歎于室。
洒掃穹窒，我征聿至。
有敦【都會反】瓜苦，烝在栗薪。
自我不見，于今三年【叶尼因反】。

《集傳》曰：賦也。鸛，鳥似鶴者也。垤，蟻冢也。"鸛鳴于垤"，言無人而鳥集也。○敦，縋同，繫懸也。

4 豉：底本에는 "跛". 奎章閣本에 근거하여 수정.

我徂東山，慆慆不歸。
我來自東，零雨其濛。
倉庚于飛，熠燿其羽。
之子于歸，皇駁【邦角反】其馬【叶滿浦[5]反】。
親結其縭【叶離、羅二音】，九十其儀【叶宜、俄二音】。
其新孔嘉【叶居宜、居何二反】，其舊如之何【叶奚、何二音[6]】？

賦而興而賦也。《集傳》曰：黃白曰皇，騮白曰駁。縭，婦人之幃也，母戒女，施衿結幃。"九十其儀"，言其儀之多也。【"倉庚于飛"，只取語辭之相近，以爲興也，無他義也。】東征之士旣歸，而男女婚嫁，亦甚美矣，而況其室家久別復會，其喜如何哉？〇此詩止敍久別勞苦之情，而不言創痍死喪，則東征之不血刃，而戰士無傷，可知矣。上之使下，通其情，則下亦順上之志也。此篇，雅[7]也。

《東山》四章，章十二句。

破斧

旣破我斧，又缺我斨【七羊反】。
周公東征，四國是皇。

5 浦：《詩傳大全》에는 "補".
6 音：底本에는 "反".《詩傳大全》에 근거하여 수정.
7 雅：底本에는 없음. 奎章閣本에 근거하여 보충.

哀我人斯，亦孔之將。

賦也。破斧缺斨，言勞於薪樵、材木之役也，非擊[8]刺之用也。皇，張大也，言欲張大四國之人也，非殘之也。將，扶持也，言公之東征，乃哀我之人而扶將之也。將士不以勞苦爲怨，而知上之心，樂行其義，可見聖人之行險而順，能以衆正也。

既破我斧，又缺我錡【巨宜反。叶巨何反】。
周公東征，四國是吪【五戈反】。
哀我人斯，亦孔之嘉【叶巨何反】。

賦也。錡、銶，皆斲削之器也。吪，化也。

既破我斧，又缺我銶【音求】。
周公東征，四國是遒【在羞反】。
哀我人斯，亦孔之休。

賦也。遒，進而及也，言使四國之人進及於善道也。此篇，雅也。

《破斧》三章，章六句。

8 擊：奎章閣本에는 "擊".

伐柯

伐柯如何？匪斧不克。
取【七喩反】妻如何？匪媒不得。

比也。柯，斧柄也。言不得君子爲之師表，則無以進於德也。東人喜得周公爲之師法，而作此詩。

伐柯伐柯，其則不遠。
我遘【古豆反】之子，籩豆有踐【賤淺反】。

比也。執柯以伐柯，比而視之，則得矣，視君子而謹行之，則不遠於道矣。之子，指周公也。"籩豆有踐"，踐，行列貌，言禮法井井有條理，可以按譜而行之也。

《伐柯》二章，章四句。

九罭

九罭【于逼反】之魚，鱒【才損反】魴【音房】。
我遘之子，衮【古本反】衣繡裳。

《集傳》曰：興也。九罭，九囊之網也。鱒，似鯶而鱗細眼赤。鱒、魴，魚之美者也。○鱒、魴，言實行之美也。"我遘之子"，以有周公爲幸之辭也。"袞衣繡裳"，言威儀之盛也。周公作洛，成王作此詩，欲周公之留治也。

鴻飛遵渚，公歸無所。
於女【音汝】信處。

興也。"鴻飛遵渚"，以興公之居洛，然後可以有爲也。"公歸無所"，言公歸西都，則無復展治之所也。【西都，文、武之所盡善也，雖有周公，無所復加也。】女，指洛人也。

鴻飛遵陸，公歸不復。
於女信宿。

興也。

是以有袞衣兮，無以我公歸兮，
無使我心悲兮。

賦也。是以欲留公於洛也。"無以我公歸兮"，言洛人之情如此也。治洛，周公之大事業也，故《書》有《洛誥》，《詩》有《九罭》也。

《九罭》四章，一章四句，三章章三句。

狼跋

狼跋【蒲末反】其胡，載疐【丁四反】其尾。
公孫【音遜】碩膚，赤舃【音昔】几几。

比也。《集傳》曰：跋，躐也。胡，頷下懸肉也。載，語辭。疐，跲也。【躓也。】狼進而躐其胡，則退而跲其尾也。孫，當作遜。膚，美也。赤舃，冕服之舃也。几几，安重貌。周公遭謗居東，而不失常度，故詩人美之。

狼疐其尾，載跋其胡。
公孫碩膚，德音不瑕【叶洪孤反】。

比也。瑕，瑕疵也。避位居東，周公之大節也，故載之於篇終也。此篇，雅也。

《狼跋》二章，章四句。

《豳》七篇。

詩之道，陳義諷刺，以化民爲善，以戒民去惡，反復詠歎以感發之。樂之所以化民如神，以詩之妙也。後世詞人之作，描寫煙雲、魚鳥，騁意虛無，刻苦而致其工，千百而一遂。然以予觀之，正類着魔發狂者之言也。如李白詩"荒城虛照碧山月，古木盡入蒼梧雲"，是何等狂語也？杜甫詩"桃花細逐楊花落，黃鳥時兼白鳥飛"，是何等狂語也? 人何爲食稻衣帛, 而爲此孟浪之語? 欲何爲耶? 終日苦吟, 側頭悲吻, 時云鳥飛雲浮, 山峙水流, 是非狂而何? 乃選其尤狂者, 而賜之科第, 授之補君治民之任, 如此而欲望不亂而亡, 難矣。 數千世以來, 世之所謂文章、經學、道德, 大抵妄矣; 所謂禮樂、政事、功業, 大抵妄矣。嗚呼! 人之類相殘, 而圜區之中爲屠羊之肆。嗚呼, 天何以不悔禍哉! 嗚呼, 天何以不悔禍哉![9]

9 何爲食……禍哉 : 奎章閣本에는 없음.

小雅

雅者，雅言也，雅樂也。莊言直諫，而不爲隱諷，謂之雅言，用之朝廷、燕饗，謂之雅樂。其在於臣下及篇章小而短者，謂之小雅，其在於君上及篇章大而長者，謂之大雅。雅中亦有附風者，猶風之有雅也。

○延陵季子曰：“美哉！思而不貳，怨而不言，其周德之衰乎。猶有先王之遺民焉。”

鹿鳴之什

雅、頌，篇帙重多，故以十篇爲一卷，而謂之什。

鹿鳴

呦呦【音幽】鹿鳴【叶音芒】，食野之苹【叶音旁】。
我有嘉賓，鼓瑟吹笙【叶師莊反】。
吹笙鼓簧，承筐是將。
人之好【呼報反】我，示我周行【叶戶郎反】。

《集傳》曰：興也。呦呦，聲之和也。苹，藾蕭也，青色，白莖如筯。承，奉也。筐，所以盛幣也。將，持也。周行，衆所同行之大道也。古者於旅也語，此燕饗之樂歌也。〇“呦呦鹿鳴，食野之苹”，言有實行而享祿爵也，故令聞彰也，匪其得於分外之名利，而無其終也。“鼓瑟吹笙”、“吹笙鼓簧”，言上下交如而協心爲治也。燕饗之禮，有贄幣、獻賜、規誨，詳見《儀禮》，今不煩也。

呦呦鹿鳴，食野之蒿。
我有嘉賓，德音孔昭【叶則豪反】。
視民不恌【他彫反。叶音洮】，君子是則是傚【胡教反。叶胡高反】。
我有旨酒，嘉賓式燕以敖。

《集傳》曰：興也。蒿，菣也，卽青蒿也。恌，偸也，輕也。〇視民不偸，則爲之遠慮深計也；視民不輕，則不敢怠慢忽忘也。“君子是則是傚”，言君子之德，賢者則之，庶民化之也。“我有旨酒，嘉賓式燕以敖”，言下效上之德，而實行之也。

呦呦鹿鳴，食野之芩【其今反】。
我有嘉賓，鼓瑟鼓琴。
鼓瑟鼓琴，和樂且湛【都南反。叶持林反】
我有旨酒，以燕樂嘉賓之心。

《集傳》曰：興也。芩，草名。“我有旨酒，以燕樂嘉賓之心”，上之實行，取於下之善也。

《鹿鳴》三章，章八句。

《集傳》曰：《鄕飮酒》亦同此詩，乃上下燕饗通用之樂也。

四牡

四牡騑騑【芳非反】，周道倭【放危反】遲。
豈不懷歸？王事靡盬【音古】，我心傷悲。

賦也。騑騑，健行貌。周道，猶周行也。倭，當作逶，逶遲，回遠之意也。靡盬，不堅緻也。我，君自我也。人臣之義，先公後私，故不憚勞，不懷家。爲其上者，念其如此，而傷悲也。下行其義，而上軫其情，臣不忘公，君不替恩也。舊說以爲勞使臣之詩，《左傳》亦云。

四牡騑騑，嘽嘽【他丹反】駱【音洛】馬【叶滿補反】。
豈不懷歸？王事靡盬，不遑啓處。

《集傳》曰：賦也。嘽嘽，衆盛貌。白馬黑鬣曰駱。○啓，開戶而出也；處，入室而處也。啓處，猶言起居出入也。

翩翩【音篇】者鵻，載飛載下【叶後五反】，集于苞栩【況甫反】。
王事靡盬，不遑將父【扶雨反】。

《集傳》曰：興也。翩翩，飛貌。鵻，夫不也，今鵓鳩也。

凡鳥之短尾者，皆隹屬也。將，扶護也。翩翩者隹，則或飛或下而集于安處也。

翩翩者隹，載飛載止，集于苞杞【音起】。
王事靡盬，不遑將母【叶滿彼反】。

《集傳》曰：興也。杞，枸檵也。【或曰杞柳，或曰山木，或曰枸杞，三物而一名，未敢以爲信也。】

駕彼四駱，載驟【助救反】駸駸。
豈不懷歸？是用作歌，將母來諗【深、審二音】。

賦也。駸駸，驟也。"是用作歌"，以慰其情矣，將無不達，下情抑遏窮迫[1]，以至於自下號訴乎？上不通下情，則下怨而號訴矣，號訴而不聽，則叛心生矣。

《四牡》五章，章五句。

皇皇者華

皇皇者華【芳無反。與夫反】，于彼原隰。
駪駪【所巾反】征夫，每懷靡及。

1 迫：奎章閣本에는 "逫".

《集傳》曰：興也。皇皇，當作煌煌。華，草木之華也。駪駪，衆多疾行之貌。此遣使臣之詩。○以草木之華不擇原隰而生，興使臣之不擇燥濕夷險也。君令臣恭，不擇難易而盡力也。“每懷靡及”，常若有所不及，而不敢自以爲善也，敬愼之至也。蓋褒之之辭，而寓戒其中也。

我馬維駒【恭于、恭侯二反】，六轡如濡【如朱、如由二反】。
載馳載驅【虧于、虧由二反】，周爰諮諏【子須、子侯二反】。

賦也。周，徧也。諮諏，訪問也。維駒、維騏、維駱、維駰，言其才備而無所不可也。“六轡如濡”，言其學習而用熟也。才備學習，每事可辦，而猶宜每事咨度而後行也，不可自恃而自用也。《虞書》曰“不詢之謀，勿用”，《周書》曰“自爾師虞”，是也。非惟使臣之爲然，而使臣出疆，專命專對，尤宜敬愼也。

我馬維騏【音其】，六轡如絲【叶新齎反】。
載馳載驅，周爰咨謀【叶莫悲反】。

賦也。

我馬維駱，六轡沃【烏毒反】若。
載馳載驅，周爰咨度【待洛反】。

賦也。

我馬維駰【音因】，六轡旣均。

載馳載驅，周爰咨詢。

賦也。《集傳》曰：陰白雜毛曰駰。

《皇皇者華》五章，章四句。

常棣

常棣之華，鄂【五各反】不韡韡【韋鬼反】？
凡今之人，莫如兄弟【待禮反】。

興也。常棣，卽唐棣，說見《何彼襛矣》。鄂、韡，竝光華貌。《左傳》以此詩爲召公之作，蓋周公旣誅管、蔡，而召公作此以示兄弟也。

死喪之威，兄弟孔懷【叶胡威反】。
原隰裒【薄侯反】矣，兄弟求矣。

賦也。"原隰裒矣"，裒，集也，燥濕險難之事來集，惟兄弟相求助也。

脊【井益反】令【音零】在原，兄弟急難【叶泥沿反】。
每有良朋，況也永歎【吐丹反。叶它涓反】。

《集傳》曰：興也。脊令，雝渠，水鳥也。○鶺鴒飛而且鳴，有顧戀朋儔之意，故以言兄弟之親愛顧護也。有難而兄弟不肯相救，則況在朋友而肯爲之永歎以相顧乎？《記》曰："信乎朋友有道，不順乎親，不信乎朋友矣。"不能於兄弟而得於朋友者，未之有也；所厚者薄而求厚於所薄者，未之有得也。

兄弟鬩【許歷反】于墻，外禦其務。
每有良朋，烝【之承反】也無戎【叶而主反】。

《集傳》曰：賦也。鬩，鬪狠也。烝，語辭。戎，助也。○兄弟不肯同力禦侮，而求助於朋友，則不得也。【務，《左氏》作侮。】

喪亂既平，既安且寧。
雖有兄弟，不如友生【叶桑經反】。

賦也。言在無事之時，則不知兄弟之重於朋友，而當其危難，則乃見之也。

儐【賓胤反】爾籩豆，飮酒之飫【於慮反】。
兄弟既具，和樂且孺。

《集傳》曰：賦也。儐，陳也。飫，饜也。孺，小兒之慕父母也。言雖有飮食醉飽，而無兄弟，則無與爲安樂也。

妻子好【呼報反】合，如鼓瑟琴。
兄弟既翕【許及反】，和樂且湛【答南反。叶持林反】。

賦也。言雖有妻子之樂，而兄弟不協，[2] 則無以保其安樂也。

宜爾室家【叶古[3]胡反】，樂爾妻帑【音奴】。
是究是圖，亶其然乎。

賦也。帑，子女也。言雖宜爾室家，樂爾妻帑，然兄弟不協，則在於平安無事之時，容或可矣，當其危難、外侮之至，何恃而保全乎？故曰："是究是圖，亶其然乎。"管、蔡背其兄弟，而同於武庚，終底滅亡，召公痛惜之，故詩辭如此也。

《常棣》八章，章四句。

伐木

伐木丁丁【陟耕反】，鳥鳴嚶嚶【於耕反】。
出自幽谷，遷于喬木。
嚶其鳴矣，求其友聲。
相【息亮反】彼鳥矣，猶求友聲。
矧伊人矣，不求友生【叶桑經反】？
神之聽之，終和且平。

《集傳》曰：丁丁，伐木聲。嚶嚶，鳥和聲也。此燕朋友、

2 協 : 底本에는 "則". 奎章閣本에 근거하여 수정.

3 古 : 底本에는 "吉". 奎章閣本에 근거하여 수정.

故舊、親戚、鄕黨之詩。○比而賦也。木一幹而衆枝衆葉附之，如人之一身而親與者衆也。伐木者，言取於木之道也。人不可無群而獨生，必人與人爲類也。人與人爲類，而不能和合，則憂患至矣，是人之道不及樹木之有枝葉、禽鳥之有群隊也。親與之心，仁之端也，忠恕者，所以成其親與而仁之德也。仁，人道也，禍福之來，在於與人相接之仁與不仁也。凡言鬼神，以言禍福也。"終和且平"，忠恕、中庸之德也。"出自幽谷，遷于喬木"，言人之名利、進就之道，專在於與人相椄也。

伐木許許【呼古反】，釃【所宜反】酒有藇【象呂反】。
既有肥羜【直呂反】，以速諸父【扶雨反】。
寧適不來，微我弗顧【叶居五反】。
於粲灑【所懈反】埽【蘇報反。叶蘇吼反】，陳饋八簋【叶己有反】。
既有肥牡，以速諸舅【其九反】。
寧適不來，微我有咎【其九反】。

比而賦也。《集傳》曰：許許，用力之聲，《淮南子》云："擧大木者，呼邪許。"釃，漉也。藇，盛貌。羜，羊羔也。粲，鮮明貌。諸父，同姓之長者；諸舅，異姓之尊者，言其長且尊者，而包其餘也。

伐木于阪【叶孚欒反】，釃【所宜反】酒有衍。
籩豆有踐【在演[4]反】，兄弟無遠。
民之失德，乾餱【音侯】以愆【叶起淺反】。

4 演：底本에는 "寅". 奎章閣本에 근거하여 수정.

有酒湑【思呂反】我，無酒酤【音古】我。
坎坎鼓我，蹲蹲【七旬反】舞我。
迨我暇【叶後五反】矣，飲此湑矣。

比而賦也。衍，有餘也。怨不在大，亦不在他，在於日用細微之常事,[5] 一動一言、一笑一嚬之間，而積以成山。故曰“民之失德，乾餱以愆”，必愼察其辭色，而不逆於其心也。君子戰戰兢兢，猶恐失天下之心。人之心，卽天之心也。逆於匹夫匹婦之心，亦逆天也；順於匹夫匹婦之心，亦順天也。順天者昌，逆天者亡，不可不敬也。湑，亦漉也。酤，沽也。蹲蹲，舞貌。湑酤鼓舞，言所以悅其心者，無不力爲之也。“迨我暇矣”，言事父事君之餘，及於鄕黨、朋遊。而不失尊親之等殺，如木之枝大小長短有差等，則四海親附，如葉之附於枝也。

《伐木》三章，章十二句。

天保

天保定爾，亦孔之固。
俾爾單【音丹】厚，何福不除【直慮反】？
俾爾多益，以莫不庶。

5 常事：底本에는 “事常”. 奎章閣本에 근거하여 수정.

賦也。單，當作殫。除，修治也，《易》云：“除戎器，備不虞。”此諸侯饗王之樂歌。

天保定爾，俾爾戩【子淺反】穀。
罄無不宜，受天百祿。
降爾遐福，維日不足。

賦也。戩，當作晉，進也。晉穀，進于善也。罄，盡也。能無所不宜，以受天祿，故天之降福，亦維日不足也。

天保定爾，以莫不興。
如山如阜，如岡如陵，如川之方至，以莫不增。

賦也。已上言德合于天，而天佑之也。天難諶，故言盛大而不言壽久也。

吉蠲【古玄反】爲饎【尺志反】，是用孝享【叶虛良反】。
禴【餘若反】祠烝嘗，于公先王。
君曰卜爾，萬壽無疆。

賦也。吉蠲，牲牢吉而品物潔也。饎，饌也。春曰祠，夏曰禴，秋曰嘗，冬曰烝。周之親廟，三王以上則公也。君，先君也。卜，期必也。

神之弔矣，詒爾多福【叶筆力反】。
民之質矣，日用飮食。

群黎百姓，徧爲爾德。

賦也。神，不獨祖考之神也。弔，恤念也。“日用飮食”，言實行而無虛爲也。百姓，百官也。“徧爲爾德”，言天下之善卽君之善也，《洪範》“錫汝保極”是也。

如月之恒【胡登反】，如日之升。
如南山之壽，不騫【起虔反】不崩。
如松柏之茂，無不爾或承。

賦也。恒，如月之常存也。騫，騰去也；崩，隤下也。已上言德協于神、人，而神、人助之也。神、人有情志可據，故言神不騫、民不崩而長存也。“如松柏之茂”，言神、人如松柏之不改其色，無不承爾也。承，承奉也。百神受職，萬民悅服也。

《天保》六章，章六句。

采薇

采薇采薇，薇亦作止。
曰歸曰歸，歲亦莫【音暮】止。
靡室靡家【叶古乎反】，玁【音險】狁【音允】之故。
不遑啓居，玁狁之故。

興而賦也。作，發生也。采薇，因時物以起興，重言者，丁寧之意也。采薇以言成功，而作止者，功之始有緒也。“曰歸曰歸”者，言其思歸之情也。“歲亦莫止”者，言歲暮而未歸也。玁狁，北狄也。啓居，猶起居也。此征玁狁，歸而勞饗將士之詩。

采薇采薇，薇亦柔止。
曰歸曰歸，心亦憂止。
憂心烈烈，載飢載渴【叶居[6]烈反】。
我戍未定，靡使歸聘。

興而賦也。柔，始長而弱也，言功之有成形也。烈烈，辛苦之意也。聘，問也，言公事未定，不暇問其室家也。

采薇采薇，薇亦剛止。
曰歸曰歸，歲亦陽止。
王事靡盬，不遑啓處。
憂心孔疚【叶訖力反】，我行不來【叶六直反】。

興而賦也。剛，堅固也，言功之旣堅固也。陽，十月也，疑於無陽，故謂之陽月也，卽歲亦莫止也。周歲盡於十月，故曰暮，蓋自春至十月，備戰未歸，至十一月，則歸矣，故言其未歸，皆止於十月也。疚，病也。來，歸也。

彼爾維何？維常之華【芳無、胡瓜二反[7]】。

6 居：奎章閣本과《詩傳大全》에는“巨”.

彼路斯何？君子之車【斤於、尺奢二反】。
戎車旣駕，四牡業業。
豈敢定居？一月三捷。

興而賦也。《集傳》曰：爾，華盛貌。常，常棣也。路，戎車也。君子，謂將帥也。業業，壯貌。捷，勝也。○維常之華，以興功成而威名赫然也。《采薇》三章，言未歸之情，此與下章，言戰攻之勞，皆十月以前之事也。

駕彼四牡，四牡騤騤【求龜反】。
君子所依，小人所腓【符非反】。
四牡翼翼，象弭【彌氏反】魚服【叶蒲北反】。
豈不日戒【叶訖力反】？玁狁孔棘。

《集傳》曰：賦也。騤騤，强也。腓，猶芘也。翼翼，衆整貌。象弭，以象骨飾弓弰也。【弰，安弦處也。】魚，獸名，似猪，東海有之，其皮斑靑，可爲弓鞬、【弓衣也。】矢服也。

昔我往矣，楊柳依依。
今我來思，雨【于付反】雪霏霏【芳菲反】。
行道遲遲，載渴載飢。
我心傷悲，莫知我哀【叶於希反】。

賦也。

7 反：底本에는 "音". 奎章閣本에 근거하여 수정.

《采薇》六章，章八句。

出車

我出我車，于彼牧【叶莫狄反】矣。
自天子所，謂我來【叶六直反】矣。
召彼僕夫，謂之載矣。
王事多難【乃旦反】，維其棘矣。

賦也。牧，外野也。此諸侯之大夫，帥師會城于朔方，作詩以美南仲也。"謂[8]我來矣"，天子召我也。"維其棘矣"，不敢緩行也。

我出我車，于彼郊矣。
設此旐【音兆】矣，建彼旄【音毛】矣。
彼旟【音餘】旐斯，胡不旆旆【叶蒲寐反】？
憂心悄悄，僕夫況瘁【似醉反】。

賦也。旆旆，飛揚貌。"憂心悄悄"，念其下也。"僕夫況瘁"，言我猶勞苦，而況僕夫之瘁乎。止言僕夫以包其餘也。

王命南仲，往城于方。

8 謂：底本에는 "諸". 奎章閣本에 근거하여 수정.

出車彭彭【叶鋪郎反】，旂旐央央【於良反】。
天子命我，城彼朔方。
赫赫南仲，玁狁于襄。

賦也。方，朔方也。南仲，天子之元帥也。襄，當作攘，蓋驅逐玁狁，而築城以防之也。

昔我往矣，黍稷方華【叶芳無反】。
今我來思，雨【于付反】雪載塗。
王事多難，不遑啓居。
豈不懷歸？畏此簡書。

賦也。“黍稷方華”，七八月之間，穀生華也。載塗，滿路也，如車之載而滿也。旣城朔方，歸而回師，伐西戎，故其辭如此。

喓喓【於遙反】草蟲，趯趯【他歷反】阜螽。
未見君子，憂心忡忡【敕中反】。
旣見君子，我心則降【戶江反。叶胡攻反】。
赫赫南仲，薄伐西戎。

興而賦也。說見《召南》。言前日未見大人而爲憂矣，今見南仲則心降也。

春日遲遲，卉木萋萋【七西反】，倉庚喈喈【叶居奚反】。
采蘩祁祁【巨移反】，執訊獲醜，薄言還歸。

赫赫南仲，玁狁于夷。

賦也。卉，草也。訊，魁首當訊問者也。醜，徒類也。夷，平也。獨言玁狁，以包西戎也

《出車》六章，章八句。

杕杜

有杕【大計反】之杜，有睆[9]【華板反】其實。
王事靡盬，繼嗣我日。
日月陽止，女心傷止，征夫遑止。

興而賦也。睆，華美之貌。特立之杜，其實華美，以言其有實效也。"繼嗣我日"，以日繼日，而無休息之時也。此喜使臣竣事而歸，作詩以勞之。

有杕之杜，其葉萋萋。
王事靡盬，我心傷悲。
卉木萋止，女心悲止，征夫歸止。

興而賦也。"卉木萋止"之萋，當作凄，陽月草木寒也。【陽月云遑止，則將歸之辭也，乃復至春草之萋乎？"有杕之杜，其葉萋萋"，興

9 睆：底本에는 "晥". 奎章閣本에 근거하여 수정.

也，興則不必以時物也。十月杜豈有實乎?】

陟彼北山，言采其杞。
王事靡盬，憂我父母【叶滿洧反】。
檀車幝幝【尺善反】，四牡痯痯【古緩反。叶古轉反】，征夫不遠。

興而賦也。采杞，言成功也。幝幝，敝貌。痯痯，疲貌。

匪載匪來【叶六直反】，憂心孔疚【叶訖力反】。
期逝不至【叶朱力反】，而多爲恤。
卜筮偕【叶舉里反】止，會言近【叶渠紀反】止，征夫邇止。

賦也。載，裝也。恤，憂念也。會，合也。

《杕杜》四章，章七句。

《南陔》

此逸詩也。

《鹿鳴之什》，一篇亡其辭。

白華之什

《白華》

《華黍》

《白華》《華黍》，逸詩也。《集傳》以爲《南陔》《白華》《華黍》笙詩也，有聲而無辭，可謂無心而信口者矣。無辭則何以謂之詩，而編於篇帙之中乎？聲在何處乎？無詩則笙之所奏者，何聲乎？先儒之病，每在於無中尋有，沈惑而入於鬼魅之腹，說出宇宙所無之事，余所謂庭兎是也。學者愼無爲此習哉！"學而時習之"，所以慮此患也【其云"見於詩者，歌也；寓於樂者，聲也"者，尤極可笑。樂則聲也，有聲而無詩，聲何以寓於聲乎？非鬼魅之說而何?】

魚麗

魚麗【力馳反】于罶【音柳。與酒叶】，鱨【音常】鯊【音沙。叶蘇何反】。
君子有酒，旨且多。

興也。《集傳》曰：鱨，今之黃頰魚也，大而有力。鯊，狹而小，張口吹沙。此燕饗通用之樂歌。○罶，笱也，卽九罭之意也。"君子有酒，旨且多"，托言實德之美也。

魚麗于罶，魴鱧【音禮】。
君子有酒，多且旨。

興也。鱧，今之鱻魚也。

魚麗于罶，鰋【音偃】鯉。
君子有酒，旨且有【叶羽已反】。

興也。鰋，鯷魚也

物其多矣，維其嘉【叶居何反】矣。

賦也。

物其旨矣，維其偕【叶擧里反】矣。

賦也。

物其有矣，維其時【叶上紙反】矣。

賦也。其才多而識博者，欲其善矣，博文約禮之謂也。旣善矣，則欲其備矣，無入而不得之謂也。旣備矣，則欲其時矣，時中之謂也。才美而能隨位而善，隨時而中，君子之成德也。此篇，風也。

《魚麗》六章，三章章四句，三章章二句。

《由庚》

此逸詩也。

南有嘉魚

南有嘉魚，烝【之承反】然罩罩【張教、竹卓二反】。
君子有酒，嘉賓式燕以樂【五教、歷各二反】。

《集傳》曰：興也。嘉魚出於沔南之丙穴。罩，篧[1]也，編竹爲之。○此學中生徒之樂歌。烝然，衆多重複之意也。罩罩，取之不一也，言服師之敎訓而實行之，不厭於學也。

南有嘉魚，烝然汕汕【所諫反】。
君子有酒，嘉賓式燕以衎【苦旦反】。

《集傳》曰：興也。汕，樔也，以薄汕魚也。

南有樛木，甘瓠纍之。
君子有酒，嘉賓式燕綏之。

興也。此卽《周南·樛木》之意也。師道尊嚴，而能寬和下濟，循循善誘，如樛木之幹正直而枝下垂，故少者懷之而樂學

1 篧：底本에는 "管". 奎章閣本에 근거하여 수정.

也。甘瓠，瓠之可食者也，謂能有實得者也。【甘瓠，纍而不解，翩雛，不保其往。然無甘瓠，則無以來翩雛，無翩雛，則無以達於遠。孔門爲甘瓠者十數人，翩雛及門者三千餘人，又思者無數也。】

翩翩者雛【之誰反】，烝然來思。
君子有酒，嘉賓式燕又【叶夷昔反】思。

興也。"烝然來思"，來者非一也。"式燕又思"，教道旣善，引次而及於遠也。《易》曰"鳴鶴在陰，其子和之。我有好爵，吾與爾靡之"，此之謂也。此篇，風也。

《南有嘉魚》四章，章四句。

《崇丘》

此逸詩也。

南山有臺

南山有臺【叶田飴反】，北山有萊【叶陵之反】。
樂【音洛】只【音紙】君子，邦家之基。
樂只君子，萬壽無期。

《集傳》曰：興也。臺，夫須，卽莎草也。萊，葉香可食。○諺曰"天下無不對"，天地之理，必相配而行，如陰陽、男女之不可離也。陰陽分而男女判，則不能成化育之功也。上有堯、舜之君，則下必有伊、呂之佐，上有桀、紂之君，則下必有飛廉、惡來之臣，此理之常也。其或有君而無臣，有臣而無君，亦不能有爲。有君而無臣，必其君之不能造士也；有臣而無君，必其君之不能用賢也。此詩喜君臣之相配而爲治也，故以“南山有臺，北山有萊”起興，而重言“樂只君子”也。

南山有桑，北山有楊。
樂只君子，邦家之光。
樂只君子，萬壽無疆。

興也。君始而臣終之，故言萬壽於臣也。【君之萬壽，由於臣也。】

南山有杞，北山有李。
樂只君子，民之父母【叶滿彼反】。
樂只君子，德音不已。

興也。不已，猶不忘也，君之德澤，因臣之賢也。

南山有栲，北山有杻【女九反】。
樂只君子，遐不眉壽【叶直酉反】?
樂只君子，德音是茂【叶莫口反】。

興也。栲，山樗也。杻，檍也。眉壽，秀眉也。

南山有枸【俱甫反】，北山有楰【音庾】。

樂只君子，遐不黃耇【叶果五反】？
樂只君子，保艾【五蓋反】爾後【叶下五反】。

興也。《集傳》曰：枸，枳枸，樹如白楊，子着枝端，大如指，長數寸，甘美如飴，一名木蜜。楰，鼠梓，樹如楸。黃耇，老人生黃髮也。○艾，當作乂，君之壽祚，因臣之善補君及君之子孫也。

《南山有臺》五章，章六句。

《由儀》

此逸詩也。

蓼蕭

蓼【音六】彼蕭斯，零露湑【息呂反】兮。
既見君子，我心寫【叶想羽反】兮。
燕笑語兮，是以有譽處兮。

興也。《集傳》曰：蓼，長大貌。蕭，蒿也。譽，當作豫，逸樂也。此天子燕諸侯之詩。○蕭易生而難除，以況德之易化而難忘也。“零露湑兮”，言德之所在，福之所萃也。“燕笑語兮”，言燕飮而笑語也。君臣之分尊嚴，以禮敬相待，而惟於燕飮，慇懃接歡，談笑盡情，故曰：是以有逸樂之處也。

蓼彼蕭斯，零露瀼瀼【如羊反】。
旣見君子，爲龍爲光。
其德不爽【叶師莊反】，壽考不忘。

興也。龍，《集傳》曰：寵也。爲寵，言順於王也；爲光，言榮於其國也。

蓼彼蕭斯，零露泥泥【乃禮反】。
旣見君子，孔燕豈弟。
宜兄宜弟【待禮反】，令德壽豈【開改反。叶去禮反】。

興也。泥泥，霑濕貌。燕，安也。愷悌，和順也。“宜兄宜弟”，言與鄰國親睦也。壽豈，壽[2]而和樂也。

蓼彼蕭斯，零露濃濃【奴同反】。
旣見君子，鞗【徒彫反】革沖沖【勅弓反】。
和鸞雝雝，萬福攸同。

興也。濃濃，融結貌。鞗革，轡也。沖沖，和柔貌。“鞗革沖沖”，言爲天子所御而順命也。“和鸞雝雝”，言其聲聞達於上也。

《蓼蕭》四章，章六句。

2 壽：底本에는 없음. 奎章閣本에 근거하여 보충.

湛露

湛湛【直減反】露斯，匪陽不晞【音希】。
厭厭【於鹽反】夜飮，不醉無歸。

興也。《集傳》曰：湛湛，露盛貌。陽，日也。晞，乾也。厭厭，安足之意也。○禮無夜燕，《左傳》曰："卜其晝[3]，未卜其夜。"夜燕者，惟婚禮醮燕之夕，亦燕致女之賓於外寢。此天子之子若弟，娶於諸侯，夫婦醮飮之夜，使卿大夫燕致女之賓而歌之。《記》曰"娶婦之家，三日不擧樂，思嗣親"，醮禮則亦不用樂，而燕賓則可以用樂也。《左傳》甯武子曰："諸侯朝正於王，王宴樂之，於是賦《湛露》。"蓋本爲致女之賓作之者，而或通用於他燕也。"湛湛露斯，匪陽不晞"，言婦人之從於夫也。

湛湛露斯，在彼豊草。
厭厭夜飮，在宗載考。

興也。"湛湛露斯，在彼豊草"，言良婦之歸於賢夫也。宗，宗室也，女廟見之夕，行醮禮于宗室也。考，令善也。【庶子之婦，見於親廟，而不敢見於太廟也。】

湛湛露斯，在彼杞棘。
顯允君子，莫不令德。

3 晝：底本에는 "夜". 奎章閣本에 근거하여 수정.

興也。顯，明著也。允，信也。“莫不令德”，言天子與侯氏俱賢也。

其桐其椅【於宜反】，其實離離。
豈弟君子，莫不令儀。

興也。“其桐其椅，其實離離”，言昏姻相親，得其聯比之實力也。離離，聯比之貌

《湛露》四章，章四句。

《白華之什》，五篇亡其辭。

지은이 **심대윤(沈大允)**

1806(순조6)~1872(고종9). 조선 후기의 학자로 본관은 청송(青松), 자는 진경(晉卿), 호는 백운(白雲)·석교(石橋)이다. 당쟁에 연루되어 집안이 쇠락한 탓에 출사를 포기하고, 생계를 위하여 나무 반상(盤床)을 제작하는 공방과 약방을 운영하기도 하면서 경전 연구와 저술에 몰두하였다. 40여 책의 경학 저술을 포함하여 역사와 경세(經世)에 걸쳐 110여 책을 저술하였다. 그의 학문은 이(利)를 종지(宗旨)로 삼고 현실 지향적이었으며, 경서 전반에 걸쳐 새로운 해석을 제시하여 독자적인 체계를 이룩하였다. 저서로《복리전서(福利全書)》,《한중수필(閒中隨筆)》,《동사(東史)》,《전사(全史)》,《주역상의점법(周易象義占法)》,《서경채전변정(書經蔡傳辨正)》,《예기정해(禮記正解)》,《의례정론(儀禮正論)》,《주례산정(周禮刪正)》,《좌전정론(左傳正論)》,《효경산정(孝經刪正)》 등등이 있다.

옮긴이 **성원규(成元圭)**

1984년 서울에서 태어났다. 단국대학교 한문교육과를 졸업하고, 고려대학교 국어국문학 석사 과정을 수료하였다. 한국고전번역교육원 연수부 과정을 졸업하고, 현재 해동경사연구소 연구원으로 재직하고 있다.

옮긴이 **윤은숙(尹銀淑)**

1957년 인천에서 태어났다. 덕성여대 경영학과와 방송통신대 중문학과를 졸업하였다. 민족문화추진회(현 한국고전번역원) 연수부와 일반연구부 과정을 마치고 현재 해동경사연구소 연구위원으로 일하고 있다. 번역서로는〈자치통감강목(4-14)〉(공역)이 있다.

옮긴이 **김형석(金炯奭)**

1967년 서울에서 태어났다. 대학에서 전자공학과 중어중문학을 공부하였고, 한국고전번역원 연수부를 졸업하였다. 현재 해동경사연구소 연구원으로 재직하고 있다.

특수고전협동번역사업(경전주석서) 연구진

연구책임자 성백효(해동경사연구소 소장)
공동연구원 신영주(성신여자대학교 한문교육과 교수)
연구원 윤은숙
김형석
성원규

시경집전변정 2

심대윤 지음 | 성원규 · 윤은숙 · 김형석 옮김
2021년 6월 30일 초판 1쇄 발행
편집 · 발행 학자원
등록 2011.4.6 제2011-14호
주소 (05355) 서울시 강동구 천호대로 1121
전화 02-6403-1000 | 팩스 02-6338-1001 | 이메일 hakjaone@daum.net

값 35,000원
ISBN 979-11-6247-216-3 94810
979-11-6247-214-9 (세트)